U0454422

当代马克思主义哲学研究文库
主编　杨　耕

历史的存在论维度

马克思历史观的当代阐释

The Ontological Dimension of History: Contemporary Interpretation of Marx's View of History

陈立新　著

中国人民大学出版社
·北京·

国家社科基金重点项目（16AZX003）结项成果

总序　理论的深度与思想的容量

历史常常出现这样一种现象，即一个伟大哲学家的某个理论以至整个学说往往在其身后，在经历了较长时期的历史运动之后，才充分显示出它的本真精神和内在价值，重新引起人们的关注，促使人们“重读”。可以说，“重读”是哲学史乃至整个思想史上的常见的现象，黑格尔重读柏拉图、皮尔士（又译皮尔斯）重读康德、歌德重读拉斐尔……在一定意义上说，一部哲学史就是后人不断“重读”前人的历史。所以，哲学史被不断地“重写”。

马克思哲学的历史命运也是如此。20 世纪的历史运动以及当代哲学的发展困境，使马克思哲学的本真精神、内在价值和当代意义凸显出来了，当代哲学家不由自主地把目光再次转向马克思，重读马克思。历史和现实都告诉我们，每当世界发生重大历史事件、产生重大社会问题时，人们都不由自主地把目光转向马克思，重读马克思。在一定意义上说，在伦敦海格特公墓安息的马克思，比在伦敦大英博物馆埋头著述的马克思，更加吸引世界的目光。当代著名哲学家德里达甚至发出这样的感叹：“不去阅读且反复阅读和讨论马克思……而且是超越学者式的‘阅读’和‘讨论’，将永远都是一个错误，而且越来越成为一个错误，一个理论的、哲学的和政治的责任方面的错误。”

呈现在读者面前的《当代马克思主义哲学研究文库》，就是当代中国学者重读马克思的理论成果。正是以当代实践、科学以及哲学本身的发展为基础重读马克思，我们深深地体会到，马克思主义哲学的确是我们这个时代不可超越的哲学。在当代，无论是用实证主义哲学、结构主义哲学、新托马斯主义哲学，还是用存在主义哲学、解构主义哲学、弗洛伊德主义哲学乃至现代新儒学，来对抗马克思主义哲学，都注定是苍白无力的。在我看来，这种对抗犹如当年的庞贝城与维苏威火山岩浆的对抗。

我断然拒绝这样一种观点，即马克思主义哲学产生于“维多利亚时代”，距今170多年，因而已经过时。这是一种“傲慢与偏见”。我们不能依据某种学说创立的时间来判断它是不是过时，是不是真理。实际上，“新”的未必就是真的，“老”的未必就是假的；既有最新的、时髦的谬论，也有古老的、千年的真理。阿基米德定理创立的时间尽管很久远了，但今天的造船业无论多么发达，也不能违背这一定理。如违背这一定理，那么，造出的船无论多么“现代”化，多么“人性”化，也无法航行；如航行，也必沉无疑。真理只能发展，不可能被推翻；而科学之所以是真理，就是因为它发现和把握了某种规律。正是由于发现并深刻地把握了人类社会发展的一般规律、资本主义生产方式的运动规律，正是由于发现并深刻地把握了人与世界的总体关系，正是由于所关注并力图解答的问题深度契合着当代世界的重大问题，所以，产生于19世纪中叶的马克思主义哲学又超越了19世纪这个特定的时代，依然是我们这个时代的真理和良心，依然占据着真理和道义的制高点。正如美国著名思想家海尔布隆纳所说，“我们求助于马克思，不是因为他毫无错误之处，而是因为我们无法回避他。每个想从事马克思所开创的研究的人都会发现，马克思永远在他前面”。

我不能同意这样一种观点，即在当代中国，随着市场经济体制的确立，马克思主义哲学研究越来越趋于“冷寂”以至衰落。这种观点看到了某种合理的事实，但又把这种合理的事实融于不合理的理解之中。我不否认哲学研究目前在社会生活中较为冷清，一些人对马克思主义哲学持一种冷漠、疏远的态度。但是，我又不能不指出，这种所谓的马克思主义哲学研究的“冷寂”，实际上是人们对马克思主义哲学本身的一种深刻反思，是对马克思主义哲学“本性”的一种回归。具体地说，国内哲学界通过对现代西方哲学的批判反思，通过对中国传统哲学的批判反思，通过马克思主义哲学的自我批判反思，以及通过对哲学的重新定位，完成了这种回归。在我看来，正是这三个“批判反思”以及“重新定位”，促使中国的马克思主义哲学研究走向成熟。换言之，目前，马克思主义哲学研究的“冷寂”并不意味着马克思主义哲学研究在中国的衰落，相反，它标志着中国马克思主义哲学研究的成熟。

实际上，市场经济与马克思主义哲学的关系并非如同冰炭，不能相溶。没有市场经济也就没有马克思主义哲学，马克思主义哲学本身就是在市场经济的背景下产生的。无论是对资本主义市场经济历史性的肯定，还是对资本主义市场经济局限性的批判，马克思主义哲学都为社会主义市场经济的实践提供了理论支撑。随着社会主义市场经济实践的不断深化和拓展，我们真正理解了市场经济不仅是资源配置的现代形式，而且是人的生存的现代方式；真正理解了市场经济是以“物的依赖性”为基础的“人的独立性”的时代，从而深刻地理解了在市场经济中人与人的关系何以转化为物与物的关系；真正理解了市场经济是从“人的依赖性”向“人的自由个性”过渡的时代，从而深刻地理解了“以所有人的富裕为目的”（马克思）、实现每个人的全面而自由发展的重要性；真正理解了社会主义公有制以及“重建个人所有制”（马克思）的重要性，从而深刻地理解了人“成为自己的社会结合的主人”“成为自然界的主人”“成为自身的主人——自由的人”（恩格斯）的真实含义……随着社会主义市场经济实践的不断深化和拓展，一个“鲜活”的马克思正在向我们走来，马克思主义哲学不是离我们越来越远，而是越来越近了。马克思仍然“活”着，并与我们同行。

当然，马克思主义哲学没有也不可能包含关于当代中国问题的现成答案。自诩为包含一切问题答案的学说，只能是神学，而不可能是科学或哲学。历史已经证明，凡是以包罗万象、无所不知、无所不能自诩的思想体系，如同希图万世一系的封建王朝一样，无一不走向没落。“马克思主义是我们这个时代‘必要的’哲学。它为我们生活的历史和社会难题提供了至关重要的见解。这并不意味着，马克思主义为我们的历史难题提供了全能的解释，就跟柏拉图无法回答存在和认识的所有问题，以及弗洛伊德无法解释潜意识思维所有过程一样。能够带来启发但并不是无所不能，它只不过是看得更长远一些，理解得更深刻一些而已。这正是马克思及其后继的马克思主义学者们的著作能帮助我们的事情。”海尔布隆纳的这一观点正确而深刻。我们应当明白，马克思是普罗米修斯，而不是“上帝”；马克思主义是科学，而不是启示录；马克思主义哲学是方法，而不是教义。正如恩格斯所说："马克思的整个世界观不是教义，而是方法。它提供的不是现成的教条，而是进一步研究的出发点和**供**这种研究**使用**的方法。"卢卡奇甚至认为，即使"放弃马克思的所有全部论点"，但只要坚持、"发展、扩大和深化"了马克思主义的方法，就仍然是"正统"的马克思主义者，因为"马克思主义问题中的正统仅仅是指方法"。马克思主义哲学是科学的世界观和方法论的高度统一。我们只能按照马克思主义哲学的"本性"期待它做它所能做的事，而不能要求它做它不能做或做不到的事。

实际上，早在马克思主义哲学创立之初，马克思就以其远见卓识"告诫"后辈马克思主义者：马克思主义哲学"是从对人类历史发展的考察中抽象出来的最一般的结果的概括。这些抽象本身离开了现实的历史就没有任何价值。它们只能对整理历史资料提供某些方便，指出历史资料的各个层次的顺序。但是这些抽象与哲学不同，它们绝不提供可以适用于各个历史时代的药方或公式。相反，只是在人们着手考察和整理资料——不管是有关过去时代的还是有关当代的资料——的时候，在实际阐述资料的时候，困难才开始出现。这些困难的排除受到种种前提的制约，这些前提在这里是根本不可能提供出来的，而只能从对每个时代的个人的现实生活过程和活动的研究中产生"。因此，我们必须立足当代的"现实生活过程和活动"坚持和发展马克思主义哲学。这种坚持和发展包括学理上的坚持和发展。

正因为如此，受中国人民大学出版社的委托，我主编了《当代马克思主义哲学研究文库》。首批列入《当代马克思主义哲学研究文库》的20部著作分别从哲学观、哲学史、理论前提、理论形态、存在论、唯物主义形态、辩证法基础，以及经济哲学、政治哲学、道德哲学、历史哲学、社会发展理论等方面深入而较为全面地研究了马克思主义哲学，向我们展示了一幅色彩斑斓的思想史画面。

从这些著作的作者来看，他们分别来自北京大学、中国人民大学、北京师范大学、南开大学、吉林大学、复旦大学、同济大学、南京大学、华中科技大学、武汉大学、浙江大学、山东大学等。这是一个特殊的学术群体。其中，一部分作者出生在20世纪50年代，他们经历了共和国的风风雨雨，尔后在70年代末那个"解冻"的年代走进大学校园，其学术生涯几乎是与改革开放同步的；之前，他们曾被驱赶到生活的底层，其身受磨难的程度、精神煎熬的强度、自我反省的深度，是任何一代大学生都未曾经历过的。正是这段特殊的经历，使这些作者对马克思主义哲学有了深刻的体认。另一部分作者出生在 20 世纪 60—70 年代，成长于改革开放时期，正是改革开放，使这一部分作者的学术生涯一开始就“睁眼看世界”，形成了宽广的理论视野、合理的知识结构，从而对马克思主义哲学有了独特的体认。

从这些著作的内容来看，它们分别涉及马克思主义哲学的本体论、辩证法、历史观、实践论、认识论以及马克思主义哲学史，包括西方马克思主义。这些著作或者对已经成为“常识”的马克思主义哲学的基本观点讲出新内容，从而赋予其深刻的当代含义；或者深入挖掘本来是马克思主义哲学的基本观点，但由于种种原因，未被现行的哲学教科书涉及或重视的观点，从而“发现”马克思；或者深入分析、系统论证马克思有所论述，但又未充分展开、详尽论证，同时又深度契合着当代重大问题的观点，使其上升为马克思主义哲学的基本观点，从而“发展”马克思。

马克思主义哲学是由马克思创立的，但马克思主义哲学并非仅仅属于马克思。实际上，马克思主义哲学是由马克思所创立、为他的后继者所发展的关于无产阶级和人类解放的学说。所以，列宁提出了“马克思的哲学”和“马克思主义哲学”这两个概念。我们不能以教条主义的态度对待马克思主义哲学，认为只有马克思所阐述的哲学思想才是马克思主义哲学。按照这种标准，马克思主义哲学就必然终止于 1883 年；同时，我们又不能以虚无主义的态度对待作为马克思主义哲学主要创始人马克思的哲学思想，奉行没有马克思的马克思主义哲学。“马克思主义是马克思的观点和学说的体系”。列宁的这一定义表明，离开了马克思主义的马克思，是虚构的马克思；离开了马克思的马克思主义，同样是虚构的马克思主义。坚持和发展马克思主义哲学，首先就要准确理解和把握马克思主义哲学主要创始人马克思的哲学思想。

在我看来，这些著作既无压倒千古大师的虚骄之气，也无自我否定的卑贱之心，相反，这些著作是作者们上下求索、深刻反思的结果，是他们哲学研究的心灵写照和诚实记录，展示出一种广博的科学知识和高超的哲学智慧，有着惊人的理论深度和足够的思想容量。从中，我们可以看到，中国的马克思主义哲学研究是“在希望的田野上”。

我并不认为这些著作完全恢复了马克思主义哲学的“本来面目”，这些解释完全符合马克思主义哲学的文本，因为我深知解释学的合理性，深知这些著作受到作者本人的人生经历、知识结构、哲学修养以及价值观念，即“理解的前结构”的制约。中国有句古诗：“春潮带雨晚来急，野渡无人舟自横”（韦应物），表面上说的是“无人”，实际上是“有人”，至少春潮、急雨、野渡、孤舟的画面体现了人对物、主体对客体的感受。因此，《当代马克思主义哲学研究文库》中的著作既反映了作者对马克思主义哲学文本的忠实，又体现出作者研究马克思主义哲学的不同视域和不同方法，并凝聚着作者的特定感受和思维个性。

当然，我注意到，人们对马克思主义哲学的认识并非一致，而且存在着较大的分歧和争论。从历史上看，一个伟大的哲学家逝世之后，对他的学说产生分歧和争论，并不罕见。但是，像马克思主义哲学这样在世界范围内进行如此持久的研究，产生如此重大的分歧，却是罕见的。而且，马克思离我们的时代越远，对他的认识的分歧也就越大，就像行人远去，越远越难以辨认一样。美国社会学家米尔斯由此认为，“正如大多数复杂的思想家一样，马克思并没有得到人们统一的认识。我们根据他在不同发展阶段写出的书籍、小册子、论文和书信对他的著述做出什么样的说明，取决于我们自己的观点，因此，这些说明中的任何一种都不能代表‘真正的马克思’”。

米尔斯所描述的问题是真实的，但他对问题的回答却是错误的，即不存在一个客观意义上的、真正的马克思，存在的只是不同的人所理解的不同的马克思。有人据此把马克思与哈姆雷特进行类比，认为犹如一千个观众的眼中有一千个哈姆雷特一样，一千个读者心中有一千个马克思，不存在一个“本来如此”的马克思主义。在我看来，这是一个似是而非、“不靠谱”的类比和说法。问题的关键就在于，哈姆雷特是莎士比亚塑造的艺术形象，马克思主义是由马克思创立的科学理论；艺术形象可以有不同的解读，而科学理论揭示的是客观规律，这种认识正确与否要靠实践检验，而不是依赖认识主体的解读。实际上，即使是艺术形象，也不能过度解读。合理的解读总是有“底线”的。例如，同一首萨拉萨蒂创作的小提琴曲《流浪者之歌》，德国小提琴演奏家穆特把它诠释成悲伤、悲凉、悲戚，美国小提琴演奏家弗雷德里曼把它诠释成悲愤、悲壮、悲怆，但无论是悲伤、悲凉、悲戚，还是悲愤、悲壮、悲怆，都具有“悲”的内涵，而没有“喜”的意蕴。

从认识论的角度看，对马克思主义哲学认识的分歧，是由认识者生活的历史环境和“理解的前结构”决定的。人们总是生活在特定的历史环境中，并在特定的意识形态氛围中进行认识活动的。问题就在于，历史环境的不可复制性，历史进程的不可逆转性，历史事件的不可重复性，使认识者不可能完全“回到”被认识者生活的特定的历史环境，不可能完全“设身处地”地从被认识者的角度去理解他的文本，因而也就不可能完全恢复和再现被认识者思想的“本来面目”。特定的历史环境和“理解的前结构”支配着理解的维度、深度和广度，即使是最没“定见”的认识者也不可能“毫无偏见”。人的认识永远是具体的、历史的，不可能超出认识者的历史环境，必然受到认识者的“理解的前结构”的制约。

但是，我们又能够通过“自我批判”达到对事物的“客观的理解”。“基督教只有在它的自我批判在一定程度上，可说是在可能范围内完成时，才有助于对早期神话作客观的理解。同样，资产阶级经济学只有在资产阶级社会的自我批判已经开始时，才能理解封建的、古代的和东方的经济。”马克思的这一观点具有普遍意义，同样适合哲学史、马克思主义哲学史研究。具体地说，我们能够站在当代实践、科学和哲学本身发展的基础上，通过“自我批判”，通过对马克思主义哲学产生的历史背景的考察，通过对马克思主义哲学文本的分析，通过对马克思主义哲学历史的梳理，使作为认识者的我们的视域和作为被认识者的马克思的视域融合起来，不断走向马克思，走进马克思哲学的深处，从而对马克思的哲学做出“客观的理解”，即准确理解和把握“真正的马克思”，准确理解和把握马克思主义哲学的本真精神、本质特征和理论体系，准确理解和把握“本来如此”的马克思主义哲学。这正是《当代马克思主义哲学研究文库》所追求的理论目标和理论境界。

我注意到，收入《当代马克思主义哲学研究文库》的这些著作的观点并非一致，甚至存在着这样或那样的错误。问题在于，“不犯错误的人没有”（邓小平）。科学研究更是如此。“科学的历史，正如所有人类的观念史一样，是一部不可靠的猜测的历史，是一部错误的历史。”（波普尔）因此，我们应当“从错误中学习”。只有当我们从对错误的“错误”理解中摆脱出来，只有当错误不再成为我们的思想包袱的时候，我们才能少犯错误，才能在求索真理的过程中发现更多的真理。在今后的研究中，我们将不断地修正错误，从而使《当代马克思主义哲学研究文库》不断完善。但是，我们永远也不可能达到完善。在我看来，追求完善，这是学者应有的品格；要求完善，则是对学者的刻薄。实际上，这是一种形而上学的要求。“一切发展中的事物都是不完善的，而发展只有在死亡时才结束。”（马克思）因此，向学者以至任何人要求完善，实际上是向他索取生命。

杨耕

2021 年 7 月于北京世纪城

目　录

导论　在当代语境中重读马克思

立足于当代语境来阅读马克思，对于当下生活筹划乃是最关本质的思想事情和明智选择。从马克思哲学的品质和当代生活实践的双重要求出发，马克思的哲学之于当代生活依然具有决定性的发言权和解释力。萨特曾切中肯綮地宣称，马克思哲学是当代唯一不可超越的哲学，“对马克思主义的一种超越，在最坏的情况下是回到马克思主义以前的时代，在最好的情况下则是重新发现一种已包含在人们自以为超越的哲学中的思想”。萨特还引用法国的马克思主义哲学家加罗姆的话说，马克思主义是个“坐标系统，只有这个系统才能对从政治经济学到伦理学、从历史学到地理学的任何一个领域中的任一种思想进行定位和定性”①。这些提法实际上表明，我们今天重读马克思，需要再度回到马克思的哲学革命，把握马克思在存在论上对于近代哲学的思想决断，彰明马克思在何种意义上充分吸取了近代哲学的积极成果而同时又实现了革命性的超越。

马克思在哲学上发动的思想革命，毕竟是针对近代哲学基本原则而展开的，因此，在马克思与近代哲学家之间始终有着存在论分殊一事，只有在这件事情得到真正澄清的情况下，我们才能来到马克思思想的切近处。综合马克思本人的文本、恩格斯的评价、当今的学术研究与公众意见等多方面因素，我们发现，如何对待历史性这一问题，是马克思与近代哲学分道扬镳之关节点。我们由此入手，可望能够发现马克思与近

① 萨特．辩证理性批判：上．林骧华，徐和瑾，陈伟丰，译．合肥：安徽文艺出版社，1998：10，28-29.

代哲学之根本分野的可信线索。这是因为，意识内在性被近代哲学建构为自身思考的存在论原则，历史性给予了关键的奠基，但内在性的逻辑思辨却恰恰把历史性这一关键点遮蔽起来；马克思深入现实生活过程，以“历史性的领悟”为切入点，指证历史性乃是现实的人的本源结构，就在关注生活世界的沉思中毅然决然地挺立历史性的源始意义，让历史性突破逻辑遮蔽，开启了在新的存在论地平线上从事哲学致思的革命，终结了近代理性形而上学以概念演绎为动力机制的知识论哲学进路，使哲学回到了自己的真正故乡——现实生活世界。

在当代语境中阅读马克思，“时间间距”似乎构成了一个理解的屏障，因为马克思的理论活动毕竟是在19世纪展开的。其实，“时间间距”是理解活动中正常的且具有建设性的现象，这由“阅读伦理”提供着支持：我们理当在“读者权利”与“作者权利”的张力中建构对于文本的意义预期。所以，理解一个文本，“时间间距”既可以警示不能“过度诠释”，也提醒不要丢弃解释。就此而论，我们不但不能抵制“时间间距”，也无法抵制“时间间距”，反而可以积极地利用“时间间距”蕴含的历史联系，在专注于解读马克思原典中充分展示马克思的理论沉思对于当代的意义。因此，“时间间距”恰恰彰显着立足于当代语境阅读马克思的确当性。

马克思在《关于费尔巴哈的提纲》第一条中明确无误地提出：“从前的一切唯物主义（包括费尔巴哈的唯物主义）的主要缺点是：对对象、现实、感性，只是从**客体**的**或者直观**的形式去理解，而不是把它们当做**感性的人的活动**，当做**实践**去理解，不是从主体方面去理解。因此，和唯物主义相反，唯心主义却把**能动的**方面抽象地发展了，当然，唯心主义是不知道现实的、感性的活动本身的。”① 这就是说，只有从“感性的人的活动”出发，人们才能真正理解“对象、现实、感性”。“从前的一切唯物主义”和“唯心主义”，并不了解“现实的、感性的活动本身”，当然不可能遵循从“感性活动”出发的认识路线。就此推而论之，马克思揭示的这条从“感性活动”出发的思想道路，把“感性活动”即“实践”当作自己哲学思考的主导原则，其意义并不是仅仅为了突出一条合理可靠的认识路径，更为关键的，则是具有能否确保并实现

① 马克思恩格斯选集：第1卷．北京：人民出版社，2012：133.

哲学之合理存在的切要性，且已然相关于所有的哲学或哲学之一般。正因为马克思开辟的哲学新路昭然可见，我们实际进入这一思想道路，依马克思之见，毕竟关系到哲学本身自律性的建设，所以，学术界已经深入探讨马克思以“感性活动”为原则的哲学革命，充分发掘这次变革的学术史意义及其深远的社会影响。在这些研究基础上，我们着重阐述哲学在马克思的思想变革之后如何才能守护思想且有助于建设人类的精神家园。

一、感性活动开启的哲学任务

从“感性活动”出发，哲学就要直接面向现实生活世界，用哲学的方式解答现实生活问题。诚然，用概念、逻辑等主观性形式，静态地理解和表达现实生活世界及其问题，这是可能的，甚至也能够自圆其说，马克思之前和之后皆有很多思想家达到了这样的成就。问题在于，马克思从来不做现实世界之外的遐想，自始至终密切关注自己生活于其中的那个当下世界。众所周知，这个世界的实际图景，正是以资本原则为导向的现代性生活状态。随资本而来的这个“文明时代”，从“短缺经济”逐步发展到当今的“过剩经济”阶段，就是资本力量支配并再造整个社会生活的过程。这表明，从“感性活动”出发，是马克思针对资本主义时代状况为哲学发展厘定的基本方向，当今哲学无疑需要以此为据来筹划自身，从而才能参与现实生活而合理地确证自身的存在。

（一）透过“现存”把握“现实”

世俗所理解或认同的“现实”，比较常见的有两种情况：其一，把日常生活中出现的事情看作“现实”；其二，当下看得见、摸得着的事情就是“现实”的。不可规避的是，这两种看法虽然十分流行，但皆为皮相之见，因为都没有切中“现实”之真义。我们在日常生活中很容易发现，只要是不利于人的事情，即便已经出现在人们的眼前，最终都会消失；只要是有利于人的事情，即便还只是一种可能性，最终都会成为生活世界的正常现象。这样说来，既然问题不在表面现象而在深层内容，那么，我们若能真正把握“现实”，就并不是俯拾皆是那般简单。在此，黑格尔对于“现实”与“现存”富有卓识的区分，就决定性地进入了我们的眼帘。

在《法哲学原理》中，黑格尔提出了一个我们今天已耳熟能详的命题："凡是合乎理性的东西都是现实的；凡是现实的东西都是合乎理性的。"这一命题在当时产生的影响，恩格斯曾有一个中肯的描述，即"引起近视的政府的感激和同样近视的自由派的愤怒"①。从表面上看，这是态度相反的两种反应。不过，恩格斯使用"近视"的修饰语，不仅揭示了两者确有的共同点——这些人以为黑格尔"把现存的一切神圣化"了，而且直逼问题之要害——人们想当然地以为"现实"就是"现存"。这表明，把"现实"与"现存"混为一谈，甚至把两者看作等同的关系，不是人类历史进程中某个时期特有的思维迷误，而是早已有之的一种世俗之见。正是这样，黑格尔的判断或理解就更加弥足珍贵。

黑格尔对于"现实"的理解，有两个观点尤其具有启发意义。其一，"现实性在它的展开中表明它自己是必然性"。日常生活中，我们与之照面的事物或现象，可谓林林总总，千变万化。黑格尔认为，决不是所有的事物或现象都无条件地是现实的，现实性仅仅属于那些同时有着必然性的事物或现象。这就是说，我们所遇到的事物或现象，只有那些具有必然性的事物或现象，才是现实的，否则就不能视之为现实。把现实性与必然性相勾连，用必然性来支持、限定、丰富现实性，这是极其重要的创见。其二，"可能性与偶然性是现实性的两个环节"②。与必然性有着决定性关联的现实性，不是飘浮无据的形式或抽象空疏的遁词，而是体现在实际存在着的事物或现象之中。进而言之，现实生活中的大量事物或现象，总是随机偶然地出现，虽说它们并不都是具有存在必然性的现存事物或现象，但不可否认地参与到现实性的建构之中，成为现实性的外在表现形式。这就是说，"现实"必定要通过"现存"表现出来，人们把两者等同起来看待也是事出有因。

这样说来，黑格尔既挑明了一般由"现存"来想象"现实"的成因，又富有识见地彰显从必然性的高度来阐述现实之为现实的本质根据。可见，黑格尔对于必然性的使用或期待，是有自己的深意的。

一方面，黑格尔说："概念是必然性的真理，它包含有扬弃了的必然性在自身内。反过来，同样可以说，必然性是潜在的概念。必然性只有在它尚未被理解时才是盲目的。"③ 正是这样，除了理念以外没有什

① 马克思恩格斯选集：第 4 卷．北京：人民出版社，2012：221.

② 黑格尔．小逻辑．贺麟，译．北京：商务印书馆，1980：300.

③ 同②307.

么东西是现实的，只有概念才具有现实性。另一方面，“在哲学的认识中，概念的必然性是主要的东西；生成运动的过程，作为成果来说，是概念的证明和演绎”①。这就十分清楚，在关乎自己哲学之原则方面，黑格尔毫不妥协地坚持意识内在性这个存在论原则，最终还是无比坚定地把必然性指派给精神、理性、概念。既然支撑现实性由以区别“现存”的必然性，归根结底还是以概念或精神为核心，那么，黑格尔所持守的必然性，无非是执行绝对精神的指令而成为事物之基本建制的“逻辑必然性”。就此而言，我们应当高度清醒，依循黑格尔是不可能切近把捉现实性的。

在剖析黑格尔思辨哲学结构时，马克思指出，黑格尔哲学体系维系于“斯宾诺莎的实体”“费希特的自我意识”“绝对精神”这三个要素，而专属于黑格尔的被当作核心的“绝对精神”，实质上则是形而上学改了装的“**现实的人**和现实的**人类**”。② 我们由此当可推论，在黑格尔那里，绝对精神的精髓和旨归是现实生活过程中的人，其他诸如思维、意识、逻辑等与绝对精神同源同质的范畴皆以此为圭臬。既是这样，则黑格尔所论证的“逻辑必然性”就不过是“为历史的运动找到**抽象的、逻辑的、思辨的**表达”③ 罢了。换言之，“逻辑必然性”的秘密或真理乃是“历史必然性”。这是依据黑格尔哲学的思路而应当得出的判断。

由于历史就是追求着自己目的的人的活动，也就是人的自我创生过程，所以，“历史必然性”无疑表达了现实的人筹划自己生存活动的现实内容。于是，我们经由马克思改造过的黑格尔思想便能明白，“现实”就是指生活世界中具有必然性的人的活动状态。就此说来，“现存”与“现实”之间是有差别的。“现实”当然属于实际存在着的现存事物或现象，但现存的事物或现象未必都是现实的，人们需要把认识视线从杂多偶发的“现存”推进到具有必然性的“现实”。既是这样，我们如何能够在“现存”与“现实”之间做出合理而有效的区分呢？

经过黑格尔哲学“大海”的磨炼和砥砺，马克思视野中的社会现实，无可辩驳地相关于现实生活世界中那些具有必然性的事物、属性、趋势、状态等，而不仅仅是过眼云烟般现身的现存的东西。马克思固然

---

① 黑格尔．法哲学原理．范扬，张企泰，译．北京：商务印书馆，1961：3.

② 马克思恩格斯文集：第1卷．北京：人民出版社，2009：341－342.

③ 同②201.

没有提出人们可以直接上手的具体区分细则，但是，从人的感性活动出发，针对“逻辑必然性”思维的垄断，依循“历史必然性”来厘定我们的工作方向，这当是起码的要求。既然“现实”不是飘浮在生活世界表面的东西，我们只有透过生活世界的表象才能把握“现实”，而且，我们在实际生活中总是能够达到这个目标或要求，于是，“思想”的本质重要性就凸现出来，可以说这本身即是思想的事情，是思想的“现身说法”。因为只有拥有“思想”，我们的认识才能进展到事物的深层，才能从现存的东西中把“现实”彰显出来。在这种情况下，“思想”与“现实”的原初关联便豁然显现。梳理马克思的论说语境，我们可以发现，马克思把“意识”指证为被意识到了的“人们的存在”亦即“现实生活过程”。[①] 这就是说，意识、思维等被近代哲学安置于人的内心世界的“思想”样式，其现实存在取决于人的现实生活的实际需要，“现实生活过程”始终是意识或思想须臾不可脱离的安身立命之基。进而言之，“现实”是“思想”的原始出生地，也毫无疑问永远是“思想”的可靠扎根处。就此而言，依照本然状态来推论，“思想”既然归属于“现实”，那当然就要倾听“现实”的呼声，表达“现实”的要求，完成“现实”所赋予的任务。问题在于，我们若是观察现实生活世界，“思想”并没有以如此这般的本性来敞开自身。

在现实生活世界，“现实”与“现存”不完全等同，人们需要在两者之间进行必不可少的分辨。这是“思想”责无旁贷的任务。一般之见常常把“现实”与“现存”混为一谈，习惯性地把“现存”指认为“现实”。这说明，要想完成“思想”的任务并不是轻而易举的。就后一种情况而言，“思想”任务之难以完成，在一般意义上固然与事物发展程度有关，但人们误解“思想”之真义也是极其重要的原因。这一点尤其值得我们深思和追究。

在当今文化语境中，“思想”被误解的一个典型症候，就是人们把“思想”降格为思想的构成要素——这里主要是指概念。思想的确需要借助于概念来表达，思想也常常凝结在概念之中，更何况思想史上富有成就和影响力的哲学家皆有自己独创的核心概念。正是这样，思想中就有很多观点，把概念的形成当作实际从事思想活动的标尺，以至于人们

① 马克思恩格斯选集：第 1 卷．北京：人民出版社，2012：152.

进行思想活动似乎就是把玩概念，或以概念为思想活动的先行预设，或以概念为思想活动的归宿。把思想活动降格为概念的抽象化运动，在哲学研究中突出表现为“下定义”这种做法。伽达默尔曾对此做出了颇有说服力的精辟分析。他说：“如果外行想知道究竟哲学为何许物，他会想到，搞哲学就意味着下定义，负起责任去定义所有人都用它进行思维的需要定义的概念。正因为我们一般都看不到这种情况的发生，我们就借助于一种隐定义学说来帮助自己。”① 这就是说，人们自觉不自觉地“通过使用一个概念在思维某种明确的东西”，执迷于“概念的天真”②之中。在这种情况下，以“爱智慧”为源始含义的哲学，与其说是守护了思想，毋宁说是通过致力于概念建构来维持据说是思想活动的那种外貌。由此可见，把“思想”下降为自己的构成要素即概念，其实则是让思想活动充当概念扩张的竞技场。这样一来，原本开放的、全面的思想活动，却走向了以概念为半径的自我旋转的闭合圆圈。

当下“思想”被误解的又一个常见症候，就是人们把“思想”等同于思想“成果”。平心而论，这种现象情况的出现，确有人性结构的深层动因，因为人们皆有接受某种思想的引导以筹划生活的心理需求或期待。具体到生活实践中，人们接受某种思想，很容易把所要接受的思想看成是静态地起作用的思维形式。这里当然避免不了要对思想进行选择和评价，但这自觉不自觉地要以这种思想的相对稳定的形式为依据。从而，人们自然会更加关注作为“成果”的思想，而淡化甚至忽略这个“成果”由以形成的过程。正是因为人类认识过程中确实存在着这样的实情，大量的心安理得地止于接受状态的思想消费者才存在。当然，这种对待思想的态度或取向，无论是对思想而言，还是对消费思想的当事人来说，都是不可取的。因为在这种情形之下，人们尚未思想，或者说处于不思想的状态。不消说，这是人对人自己的反叛，是人自己否弃了自己最本己的东西，即人原始地就是一个需要且时刻进行着思想活动的存在物。这就是帕斯卡尔所洞见的，思想不仅仅是人的“全部的尊严”，而且，“努力好好地思想”甚至可以视为人必须谨守勿失的一条“道德的原则”③。可以说，用思想“成果”来置换“思想”，不啻让原本活生

① 加达默尔．哲学解释学．夏镇平，宋建平，译．上海：上海译文出版社，1994：125.
② 同①.
③ 帕斯卡尔．思想录．何兆武，译．北京：商务印书馆，1985：158.

生的思想活动凝固化。

把实证科学思维当作考量“思想”的决定性标准，也是当今“思想”被误解的一个常见症候。马克思对于近代实证自然科学的实际影响，有一个切中肯綮的判断：“自然科学却通过工业日益**在实践上**进入人的生活，改造人的生活，并为人的解放作准备，尽管它不得不直接地使非人化充分发展。”① 我们之所以要特别引证这一论断，是因为马克思从正反两个向度评价近代实证科学，击中了近代实证科学社会功能的实情。从发生学意义上说，近代实证科学首先当然是以正面积极形象面世，其负面效应毕竟只能裹挟在其正面意义之中而出场，并随着正面意义的发扬而扩张开来。正是这样，近代以来，人们在实证科学中找到了改造现实的力量，又据此构建了向往未来的必胜信念。也因为实证科学的运用给人们带来了丰裕的物质生活，社会大众势必衍生皈依实证科学的心理诉求，实证科学决定一切的文化氛围遂由此构筑起来。在如此这般文化环境中，实证科学思维无疑成为人们思想活动的榜样乃至衡量思想水平的标志杆，人们也就淡忘了实证科学运用中有可能产生的负面效应。在唯自然科学马首是瞻的时代，如果不遵从自然科学标准和要求，这是可能的吗？正是这样，海德格尔在 20 世纪 40 年代仍然忧心忡忡：“到目前为止大为不幸的是，人们以为似乎科学思维才是唯一的和真正严格的思，唯有它，也必须是它才能成为哲学运思的准绳。可事实却正好相反。一切科学的运思都只是哲学运思衍生出来的和凝固化了的形态。哲学决不由也决不通过科学产生。”② 显而易见，思想一旦被归结为实证科学思维这样一种样式，我们将不再有可能领略到思想的丰富性。

简要归纳以上枚举的这三种现象，我们可以看到：把思想降格为自身的构成要素即概念，开放性的思想就走向了止于自身内部不停息旋转的封闭循环；用思想“成果”替代思想，鲜活的思想就沦为平面化的静止状态；让实证科学思维左右思想的方向，具有丰富包容性的思想就蜕化成为贫乏和武断的技术性知识。毫无疑问，思想一旦沾染了封闭、静止、贫乏等资质，便不可遏制地失去其事情、任务和担当，落入永久的荒漠化。在这种情况下，“思想衰变”势必要在当代生活中现身，疏离

① 马克思恩格斯文集：第 1 卷．北京：人民出版社，2009：193.

② 海德格尔．形而上学导论．熊伟，王庆节，译．北京：商务印书馆，1996：26.

“思想”这一违反人性本真的取向将不可避免地被再造或生产出来。尤为突出的是，这种取向在现实生活中日复一日地复制，进而催生一种遮蔽甚至抵制“思想”的排异机制，牵引着社会大众的世界观。这样说来，当代人果真能够让思想滞留于如此这般的险途之中吗？在现实生存活动中，且不说放弃思想，就是躲避思想，人都将陷入无家可归的生存困境。

（二）认清“抽象统治”的现实

通过以上两端的分析，我们能够看出，“现实”需要“思想”的提升才得以澄明，“思想”需要“现实”的滋养才能茁壮成长。两者的相互作用，存在着相互倚靠又相互分离甚至相互背反的情况，由此标识了两者之间不是人工斧凿般的工整对应关系。如此这般性质的关系，恰好正是人类生存演历中一个特定生活状态亦即资本文明时代的缩影或写照。这就引发了追问资本主义时代现实生活性质或状况的必要性。在资本仍然是我们当下生活一种动力的情况下，此等追究，无疑就是我们切近地建构和引领现实的一个组成部分。

马克思曾把资本主义时代的本质特征概括为“以**物的**依赖性为基础的人的独立性”，而“物的依赖关系”作为社会生活的基础，也就是“抽象统治”或“观念统治”在“新时代”的大行其道。① 这究竟是如何成为可能的呢？

众所周知，马克思史无前例地揭示了“体现在商品中的劳动的二重性”：“具体劳动”生产商品的使用价值，“抽象劳动”形成商品的价值。资本主义整个社会建立在无止境地追逐价值的基础上，并以实现价值增殖为最终目标。进而言之，抽象劳动俨然成为资本主义社会生活的原动力。在这种情况下，资本主义社会似乎自行制造了一个生活悖论：具体劳动是人们能够直接感知的，但仅是资本主义社会得以存在的必要手段；抽象劳动作为资本主义社会的决定性力量，却是人们无法感性指认的，但始终寓于具体物品之中，与人们的生存筹划相伴随。这就是说，人们看到的只是社会生活的表象，抽象劳动作为社会生活的实质却蔽而不明，以至于这种生活境遇被人们认定为世俗生活的基本内容而有其形式上的正当性。

其实，这不过是一个认识上的幻象。抽象劳动的确不可感知，但并

---

① 马克思恩格斯全集：第30卷．北京：人民出版社，1995：114.

不是说抽象劳动是与人绝缘的东西。恰恰相反，社会以抽象劳动为基础，却具有极其公正和平等的外观。如果说，具体劳动突出的是劳动的“质”，亦即“怎样劳动”“什么是劳动”的问题，那么，抽象劳动则撇开了劳动的具体性质而作为“一般人类劳动的耗费”，指向劳动的“量”，亦即“劳动多少”“劳动时间多长”。而且，如果说具体劳动的多样差异性确实无法形成人们共信的考量标准，那么，抽象劳动因其由“社会必要劳动时间”来计量，便可以予以等价的比较。在这种情况下，只要是等量的抽象劳动，不管人们之间在社会地位以及财富等方面是如何悬殊，但都可以公平地进行交换，以满足自己的需要。此时，每个人都是平等的，人们相互之间的经济行为纯粹出于自愿，由此本质重要地确证了自由的存在。可以说，与前资本主义社会相比，只有资本主义社会才需要并建构了平等和自由。这是人们在经济活动中都能亲身经历的过程，且在形式上皆能受惠。因为平等和自由是人们梦寐以求的生存状态和生活目标，所以，资本主义社会以抽象劳动为基础，就被人们认定是合法的，进而成为社会生活内在巩固的性质。然而，从根本上来看，抽象劳动赢获社会生活原动力的地位，纯全是获得性的、继生性的，因为抽象劳动作为“物化劳动”归根结底是由“活劳动”所决定的。可是，实际创造财富的“活劳动”即具体劳动，作为原发性的社会生活原动力，却沦为抽象劳动的从属和附庸。更为严重的是，抽象劳动对活劳动的放逐和役使，不仅是社会生活的常态，而且是整个社会得以存在的前提条件。

问题的关键在于，当整个社会围绕交换价值运行、物化劳动支配人的活劳动时，劳动与资本的分离和对峙也就达到了顶点。工人作为抽象劳动的发起者，不仅不能享受抽象劳动，反而只能依靠不断地出卖具体劳动才能换取自身生存之底线的“抽象劳动”。资本主义社会从底层或根基开始就落入对抗和分裂之中，证明其本身就是一个有缺陷的存在。这样一种扭曲的、病态的社会生活何以能够持存？这一追问，其实是拷问资本主义社会之动力供给或动力支持状况。依照马克斯·韦伯那个著名的“社会学假说”，既然人类任何一项事业的背后都有一种无形的起支撑作用的时代精神力量，那么，我们在此就把视线指向资本主义社会的时代精神或精神气质。

海德格尔富有洞见地指出：“尽管有关于黑格尔哲学的崩溃的肤浅闲谈，但依然有这样一点：在 19 世纪，只有这种哲学才规定了现实，虽然并不是以一种被遵循的学说的表面形式，而是作为形而上学，作为确信意义上的存在状态的统治地位。”① 我们从这段论述中直接获得的信息无疑就是黑格尔哲学作为形而上学在 19 世纪确信无疑地规定了现实。所谓“规定”现实，可以理解为就是规范现实、筹划现实，实即建构现实。所谓“作为形而上学”来行使这样的规定，实则点明了黑格尔把意识“内在性”建构为哲学基本原则以及这一原则富有成就的开展或实行。这就是说，海德格尔在关乎问题之根本的原则高度，指证了黑格尔哲学参与到建构资本主义社会的生活运动，乃至于成为资本主义文明基本建制的实情。如此说来，黑格尔哲学不就是资本主义社会抽象劳动原则的观念表达吗？这一表达不正是通过形式上的文化辩护而实质上促进并指引着抽象原则的再生产吗？

不仅如此，海德格尔还有更为深入具体的申说：“在黑格尔的《精神现象学》中，劳动的现代形而上学的本质已经得到先行思考，被思为无条件的制造（Herstellung）的自行设置起来的过程，这就是被经验为主体性的人对现实事物的对象化的过程。”② 这就更加清晰确凿地彰显黑格尔哲学之于资本主义社会“抽象统治”的建设性和同质性：其一，黑格尔哲学为资本主义时代的劳动构思了一个形而上学本质。倘若参照黑格尔完成了意识“内在性”的论证并使之成为近代形而上学的基本原则这一思想史实情，那么，马克思说“黑格尔唯一知道并承认的劳动是**抽象的精神的**劳动”③，无疑先期指证了黑格尔劳动观的形而上学性质或归属。这应当就是海德格尔所说的那个“形而上学本质”。其二，劳动是人的无条件制造的自我设置。这就是说，人只是通过劳动才开始了自我创设自己的过程，并始终是以这样的方式来筹划自己的生存。人正是在这样的活动过程中练就了人之为人的主体性。顺便提一句，海德格尔在此虽然没有给出明确的文字说明，但这里是不是蕴含着“劳动专属于人”的思想呢？其三，劳动是人把现实的东西对象化的过程。黑格尔立足于意识“内在性”的哲学立场，把对象化理解为意识克服经验事物的外在性，使对象自在地成为精神性的东西。进而言之，对象化意味着扬弃对象；对象的扬弃或克服，与其说是对象向意识的复归，毋宁说

① 海德格尔．演讲与论文集．孙周兴，译．北京：三联书店，2005：74.
② 海德格尔．路标．孙周兴，译．北京：商务印书馆，2000：401.
③ 马克思恩格斯文集：第 1 卷．北京：人民出版社，2009：205.

是要使对象成为消逝的东西。[①] 这样说来，人在劳动中外化自身的主体性，通过改造经验事物而确证自身，其实是主观性对经验事物的形塑和宰制。于是，劳动过程就是主观性张扬或放肆的抽象化过程。

由于劳动在社会生活及其发展中的基础性决定性作用，由于《精神现象学》乃是"黑格尔哲学的真正诞生地和秘密"[②]，所以，海德格尔的这一具体阐说，毋庸置疑标识了黑格尔哲学的抽象思辨性，独具匠心地让我们相信，黑格尔哲学不仅与资本主义具有原则同构意义上的若合符契关系，而且以其独特的方式阐释资本主义社会"抽象统治"的合法性，并扎扎实实地予以推动。近代哲学以思辨的形式与自己的生活基础保持同步，用思想上的矛盾表述世俗生活的分裂，并把后者推到了它所能达到的极点，自觉不自觉地充当资本及其制度化开展的思想模型，用"概念神话"续写资本在世俗生活中使用的"法术"。换言之，黑格尔所完成和代表的近代形而上学，为资本主义社会提供了与之匹配的文化辩护和精神导引。可以说，在事关抽象原则的实行方面，近代理性形而上学不折不扣地成了资本主义社会的理论纲领、精神动力和文化向导。两者共同支撑了资本降临以来的人类文明进程，决定了所谓"现代世界"的基本面貌和发展的可能性空间。在这种情况下，资本主义时代的"抽象统治"，就不仅能够持存，而且能够不断地再造和升级。所以，破除资本和形而上学对人的抽象统治，重现人的现实活动的丰富性，已经不是时可有时可无的日常生活游戏，而是关乎人的生存命运的重大抉择。重中之重的行动，当是揭穿资本时代抽象统治的真相，哲学无疑有着不可推卸的担当。因为"任何真正的哲学都是自己时代精神的精华"。"哲学不仅从内部即就其内容来说，而且从外部即就其表现来说，都要和自己时代的现实世界接触并相互作用。"[③] 马克思切近现实生活过程，领悟到资本时代的愿望，独具匠心地从"感性的人的活动"出发"对现存的一切进行无情的批判"，发动了具有原则高度的存在论革命。就此而言，我们还必须发问：思想如何作为才能守护自身且可以前行？

（三）感性活动的突围

从"感性活动"出发，马克思首先指证了近代哲学意识"内在性"

① 黑格尔．精神现象学：下卷．贺麟，王玖兴，译．北京：商务印书馆，1979：258-259.

② 马克思．1844年经济学哲学手稿．北京：人民出版社，2000：97.

③ 马克思恩格斯全集：第1卷．北京：人民出版社，1956：121.

的来历，也就同时彰显了资本抽象统治的文化基础。在马克思看来，“意识［das Bewußtsein］在任何时候都只能是被意识到了的存在［das bewußte Sein］，而人们的存在就是他们的现实生活过程”①。这就是说，意识、思维等被近代哲学安置于人的内心世界的现象，原本就是从人的现实生活过程中生长出来的“思维花朵”。进而言之，被近代形而上学奉为哲学存在论原则的意识“内在性”，正是人们的现实生活过程为之创设了扎根的基础和发展的动力。既然如此，资本和形而上学合谋统治、压迫、放逐人的感性活动，就是非法的僭越，毫无疑问不能任其肆无忌惮地持续蔓延下去了。

马克思指出：“在思辨终止的地方，在现实生活面前，正是描述人们实践活动和实际发展过程的真正的实证科学开始的地方。关于意识的空话将终止，它们一定会被真正的知识所代替。对现实的描述会使独立的哲学失去生存环境，能够取而代之的充其量不过是从对人类历史发展的考察中抽象出来的最一般的结果的概括。这些抽象本身离开了现实的历史就没有任何价值。”② 马克思在此与其说中止了由意识而来的抽象思辨的空话，不如说宣布了抽象思辨的有限性，进而凸显了资本主义时代“抽象统治”的有限性、片面性和虚妄性。既然资本和形而上学双重抽象统治下人的现实感性存在蜕变为一种虚幻的无根的存在，那么，我们就不能停留于或满足于在思辨哲学范围内寻找出路，而要毫不妥协地由人的感性活动进入现实生活世界，直接面对世俗生活的异化状态，寻求人类解放的通途。

马克思的信心源自何处？

马克思说：“自我异化的扬弃同自我异化走的是同一条道路。”③ 异化作为人的感性活动的否定方面，不可避免地自行制造了自己的反对力量。更何况建立在交换价值基础上的生产，“在产生出个人同自己和同别人相异化的普遍性的同时，也产生出个人关系和个人能力的普遍性和全面性”④。所以，克服异化的根本力量一定是在异化内部生成的。人的感性生命活动在异化生活状态中一旦被剥夺、被放逐，人本身必定蕴

① 马克思恩格斯选集：第1卷．北京：人民出版社，2012：152.

② 同①153.

③ 马克思恩格斯文集：第1卷．北京：人民出版社，2009：182.

④ 马克思恩格斯全集：第30卷．北京：人民出版社，1995：112.

藏着突破异化状态的要求和冲动。因为“人作为对象性的、感性的存在物，是一个**受动的**存在物；因为它感到自己是受动的，所以是一个**有激情的**存在物。激情、热情是人强烈追求自己的对象的本质力量”①。人的感性活动是受动性与能动性相统一的过程，只有从人的感性活动出发，我们才能走上克服异化的合理道路，进而找到行之有效的解决办法。

那么，究竟如何来破除资本和形而上学对人的抽象统治呢？这是关乎马克思哲学能否更加贴近地观照人之生存的核心。解决这一问题，海德格尔提供的一个角度值得我们借鉴。海德格尔认为，要解决形而上学的抽象统治，就要返回到存在的根基处，从存在本身的揭示来说明存在何以可能，而不是从存在者的角度来追问存在。对存在本身的追问，或者说，对存在怎样存在的揭示，才是当下哲学面临的紧迫任务。马克思找到且不可辩驳地突出了存在的源始根基即人的感性活动，并毫不犹豫地把感性活动提升为自己哲学的主导原则。这一存在论意义上的伟大创制，当能引领人们找到扬弃异化的合法途径，实现人类真正的解放。

马克思以前的那些形而上学家，由于迷恋抽象的概念世界，他们把人的解放指认为理性思维范围内的运动，便在理性演绎范导下追求人的解放。在马克思看来，对存在的抽象理解已经没有任何意义，对现实的历史的描述将会代替抽象的解答，人类的真正解放一定是一种基于人的现实感性活动而开展并达到的对于世俗生活的根本改造。正像世俗生活的异化状态不是简单地宣布其为无就有了根本的改观，人们不可能也不应该因反对或否定异化世界而再度陷入抽象的议论或想象之中。正是基于存在论原则高度的合法坚守，马克思密切关注人们的现实生活过程，洞察世俗基础的“自我矛盾和自我分裂”，阐明人类解放就在于扬弃私有财产为目的的人性回归：“只有通过发达的工业，也就是以私有财产为中介，人的激情的本体论本质才既在其总体上、又在其人性中存在；因此，关于人的科学本身是人在实践上的自我实现的产物”②。这说明，扬弃异化不是指望从异化外部而展开，而是只能深入异化本身，从人的对象性活动状态中来认识异化产生的原因，进而克服异化的生存状态。就此而言，只有上升到一个原则高度——存在论的原则高度来体会马克

① 马克思恩格斯文集：第1卷．北京：人民出版社，2009：211.

② 同①242.

思提出的异化扬弃之路，我们才能本真地理解马克思所说的感性活动的根本意义，进而把握马克思对以往所有哲学的超越。

在这个层面上讲，感性活动才真正发现自己就是自己的解放者。私有财产的产生是感性活动发展的必然，但是，以往那些哲学家不懂得异化的产生与异化的扬弃走的是同一条道路的历史堂奥，结果，他们都是在异化的外部，从私有财产的结果上来寻找解决异化的途径，其根源就是受到形而上学理性思辨逻辑的支配。马克思从异化进入异化劳动这个层面，立足于存在论原则高度，挑明异化在根本上就是人的感性活动所经历的一种具有否定性质的对象化，其实与人自己的感性活动有着不可分离的关涉。“既然人的生命的现实的异化仍在发生，而且人们越意识到它是异化，它就越成为更大的异化；所以，对异化的扬弃只有通过付诸实行的共产主义才能完成。要扬弃私有财产的**思想**，有**思想上的**共产主义就完全够了。而要扬弃现实的私有财产，则必须有**现实的**共产主义行动。”① 这就告诉我们，那些试图通过抽象思辨来反对私有财产的人，最多只能达到发泄自己不满的结局，却对人类解放毫无裨益，甚至会造成新的障碍和遮蔽。实现人类的真正解放，一定要立足于现实生活世界且通过现实的行动才能达到，“对**实践的**唯物主义者即**共产主义者**来说，全部问题都在于使现存世界革命化，实际地反对并改变现存的事物”②。

由此可见，马克思哲学的根本路向，乃在于存在论原则上的转折，是从感性活动出发才终结了全部形而上学。把感性活动提升到存在论原则高度，更加贴近地阐释了异化产生的根源以及扬弃异化的合法路径，通过暴露资本时代“抽象统治”放逐感性活动的真相，为人类解放廓清了意识迷梦而指明了行动方向。由人的感性活动深入于资本统治的文明时代，“物的依赖关系”作为社会生活的“普遍基础”，“抽象统治”或“观念统治”无孔不入等实情，就清晰可见。马克思独具慧眼走进了资本文明时代的深处，开辟了哲学参与并引领这个时代的前进方向。虽然正像有人质疑或忧愁的那样，马克思的伟大创制至今确有百余年的时间距离，但是，人类历史的变迁毫无保留地把马克思置身于其中的那个“现实”带到了今天：资本伙同形而上学制造的抽象统治依然构成了当今的生活境遇，感性活动被边缘化而使生活意义黯淡依然是当今人类生

① 马克思恩格斯文集：第1卷．北京：人民出版社，2009：231－232.

② 马克思恩格斯选集：第1卷．北京：人民出版社，2012：155.

存的主要焦虑。这就是说，我们今天仍然生活在以资本为原则导向的社会现实之中。作为佐证，海德格尔说马克思主义也懂得的“经济发展与这种发展所需要的架构”这样的现实，至今没有实质性的改变。仅此而言，如何消化和阐扬马克思的思想创制，已经不是一个纯粹的理论问题或理论任务那么简单了。

作为直接的参照，近代哲学家们不但未能克服资本主义社会的弊端，而且增加了一层自身根基虚妄的思辨保护膜，把世俗生活基础的矛盾遮蔽起来。结果，“颠倒的世界”经过“颠倒的世界意识”的包装和辩护，反而更加自信，当然更加神秘，也更有欺骗性。这样说来，当今的哲学若要在有助于人类现实生活筹划中标明自身的存在价值，不仅仅要破除近代形而上学制造的思辨迷思，更要在关乎哲学之根本的存在论领域实行富有原则高度的根本转换，成为“适合于自觉的人的形态”。进而言之，与近代哲学由意识内在性而模塑现实相区别，当今哲学需要响应马克思的号召，“向现实本身去寻求思想”。马克思认为，“**思想**永远不能超出旧世界秩序的范围，在任何情况下，思想所能超出的只是旧世界秩序的思想范围。思想本身根本**不能实现什么东西**。思想要得到实现，就要有使用实践力量的人”①。正是基于这样的认识，马克思反对竖起任何教条主义的旗帜，而是致力于暴露现实生活世界的真相，鼓励并引领人们自己进行思想，让人们掌握自己思想的主动权，抛掉“不思”的麻木不仁状态，进而享受有思想的生活。在这种情况下，我们当可相信，哲学作为守护思想的事业，就不是一句空话，而是有着坚实的基础。

从哲学致思的走向和前景来说，紧扣人的感性活动，哲学无疑能够深入人们的现实生活过程，思考人们现实生活中的现实问题。在这种情况下，哲学发展就获得了源头活水，并因此切中了现实生活世界而富有切实可行的现实意义。显而易见，以“感性活动”为基本原则，马克思开辟了一条全新的哲学发展路向。唯有迈上这一路径，哲学才能参与现代世界生活且能够击中其最核心的问题，而呈现出巨大的生命力。

二、实践原则的存在论意义

基于深切领悟和扎实推行马克思的从感性活动出发的哲学路线，当

① 马克思恩格斯文集：第1卷．北京：人民出版社，2009：320.

今中国的马克思主义哲学研究皆高度认同，“实践观点是马克思主义哲学的核心观点”。这是当代中国马克思主义哲学研究所取得的一项重大理论成果，表明学术界越来越切近地把握和凸显马克思哲学的真谛。如此之学术成就实际上表明，我们把握马克思的实践观点时，需要联系并充分估计马克思哲学与以往哲学在存在论上的分殊。只有达到并立足于这样的原则高度，我们才能倾听马克思的声音，把握马克思哲学革命的思想成果，让马克思的存在论关切深入人心。如果在当代语境中阅读马克思对于当代生活的筹划依然是最关本质、最有前景活力的思想事情，那么，只有依循马克思的从感性活动出发的存在论原则来理解马克思哲学，从马克思的存在论原则入手实现思考方向的根本转换，清理并超越那些退行性的阐释和原则体系，才能推进马克思所开创的关注现实生活过程的思想事业，为当代生活提供精神资源和文化动力。

（一）弘扬马克思的存在论深思

我们首先追问这样的问题：中国哲学界在改革开放之后强调并提升马克思的实践观点，在哲学范围内，这到底属于什么性质的工作？它应该是什么性质的工作？或许有人认为此等再简单不过的问题在今天已无发问的必要。的确，仅从现象来看时下的哲学研究，“实践”这个词被频繁使用并似乎构成了一种学术时髦，此类追问似乎不应发生。然而，在曾经盛行的依靠定义来帮助思考的一般做法至今仍被大量地采用，以至于很多研究在起始处依然沉湎于定义“实践”的情况下，此类追问就不仅是必要的，而且具有不可延宕的迫切性。

真正说来，当代中国的马克思主义哲学研究高度关注马克思的实践观，实质上是对照传统的某些理解，从存在论原则高度推进马克思主义哲学。马克思主义哲学主张彻底的唯物主义一元论，把一切从实际出发视为唯物主义一元论的根本要求。传统阐释体系把“世界物质统一性”原理当作马克思主义哲学的理论基石，以“物质”作为马克思主义哲学的逻辑起点，坚持了马克思主义哲学的唯物主义性质。传统阐释体系把马克思的实践观主要放在认识论领域中来论说，有一些观点和论述在阐发和运用“世界物质统一性”原理时出现了两个存在论上的欠缺或盲点。其一，拘执于“抽象物质”的观念，没有深入“客观实在性”的社会历史内涵。其二，疏离事物之生成与变化的实情，滞留于具体的、有形的、可感的物体来想象或诠释“物质”范畴。

关于"抽象物质"的存在性质，马克思主义经典著作家很早就有关键性的提示和明确的说明。在《1844年经济学哲学手稿》（以下简称《手稿》）中，马克思从自然科学造成的"非人化充分发展"的现状中思考自然科学真正合理的根基，明言自然科学只有扎根于现实生活世界才有其现实性，"自然科学将抛弃它的抽象物质的方向，或者更确切地说，是抛弃唯心主义方向，从而成为**人的**科学的基础"①。在此，马克思富有卓识地揭示了一个极其要紧的思想关联，尽管没有给予详细论证。马克思提醒人们，自然科学造成的"非人化"生存境遇，与其选择"抽象物质"或"唯心主义"的方向或根基有着不解之缘。

恩格斯后来进一步阐述了马克思所洞察的这个关联。恩格斯指出："实物、物质无非是各种实物的总和，而这个概念就是从这一总和中抽象出来的"②。这里有两点尤其值得关注：第一，"物质"是一个"概念"；第二，"物质"这个概念是由"抽象"而来的。不消说，这是对马克思较早的"抽象物质"之说的具体化呼应。不仅如此，恩格斯还有更为详细的发挥："物质本身是纯粹的思想创造物和纯粹的抽象。当我们把各种有形地存在着的事物概括在物质这一概念下的时候，我们是把它们的质的差异撇开了。因此，物质本身和各种特定的、实存的物质不同，它不是感性地存在着的东西。如果自然科学企图寻找统一的物质本身，企图把质的差异归结为同一的最小粒子的结合所造成的纯粹量的差异，那末这样做就等于不要看樱桃、梨、苹果，而要看水果本身，不要看猫、狗、羊等等，而要看哺乳动物本身，要看气体本身、金属本身、石头本身、化合物本身、运动本身。"③

恩格斯的论述证明，"物质"乃是一个借助于"抽象"才能得到的概念，没有抽象即无"物质"这个概念。这样一来，不仅马克思所说的"抽象物质"获得了具体的阐释，而且"物质"赖之有其自身的根据被真切地揭示出来。由后一方面内容可以推断，"物质"固然是离不开各种各样具体的或有形的实物或物体，但这些实物或物体仅是"物质"成为自身的材料，只是预示着"物质"之形成的可能性，实现"物质"从可能性到现实性的转换，完全归因于"抽象"之功。显而易见，"物质"

---

① 马克思恩格斯文集：第1卷．北京：人民出版社，2009：193.

② 马克思恩格斯全集：第20卷．北京：人民出版社，1971：579.

③ 同②598－599.

作为概念或范畴，是“被规定者”，“抽象”才是“行规定者”或“规定者主体”。西方哲学思想近代以来的演变，也给予了相应的证明。

正是这样，马克思主义哲学贯彻实行唯物主义的基本路线，把“物质”与唯心主义的“精神”相对，根本不是也不可能是停留于作为一个概念或范畴的“物质”上，而是通过揭示“物质”的“客观实在性”而标明和坚持自身超越近代哲学的存在论性质。列宁强调“客观实在性”是物质的“唯一特性”，正是切中并彰显了马克思主义哲学存在论之实质的论断，提示了如何在超越以往哲学存在论的原则高度理解和把握“物质”存在论寓意的应有方向。问题在于：人们为什么在物质“客观实在性”这一关键点上左摇右摆，乃至于丢失了马克思开启的确保思想上升前行的存在论境域？请看恩格斯的提醒：“世界的真正的统一性在于它的物质性，而这种物质性不是由魔术师的三两句话所证明的，而是由哲学和自然科学的长期的和持续的发展所证明的。”[①] 从此可知，哲学和自然科学的长期的、持续的发展所证明的“物质性”（即“客观实在性”），根本就与“抽象物质”无缘，可以说实质上正好能够揭穿“抽象物质”的虚妄的存在真相。更为重要的存在论寓意还在于：“哲学和自然科学的长期的和持续的发展”，如果不是发生在尘世的现实生活实践中，由人类实践所建构，并在人类实践历史性发展中获得决定性支撑，那还有可能吗？换言之，缺失马克思的实践观的历史性视野，“抽象物质”观念的迷雾就会遮盖人们的视线，不能洞悉问题的根本。用具体的、有形的、可感的物体来指证马克思主义哲学的“物质”范畴，所坚守的存在论原则和性质也如出一辙。

以有形之物为依据来立论，在表现形式上似乎更有说服力，人们一望便知的不都是有形物嘛！其实，这种态度依然游离于马克思的存在论境域。马克思毕生坚守“按照事物的真实面目及其产生情况来理解事物”[②] 的认识路线。为什么还要依照事物的“产生情况”来认识事物？答案只能是：任何事物都不是一成不变的，都不是孤立自成一体的，都是在人类实践活动中才成为其自身的。追究事物的来历，才能把握事物的真相和性质。在现代社会“自然界生成为人”的必然进程中，人们身边的自在自然界已然成为“现实的生活要素”，成为人的“无机的身

① 马克思恩格斯选集：第3卷．北京：人民出版社，2012：419.

② 马克思恩格斯选集：第1卷．北京：人民出版社，2012：156.

体”，以至于马克思真切地指出自然界是“另一个”感性地存在着的人。海德格尔也有本质重要的提示，现实的自然是“作为村园、居住区和垦殖区，作为战场和祭场”① 而存在的。既然自然有形物都具有了人化的性质，成为“人的本质力量的公开的展示”，那么，只有立足于人类的感性活动、在历史的地平线上，才能看清事物的真正性质与意义就是不言而喻的。同样不言而喻的是，把马克思主义哲学的“物质”范畴降解为具体的有形物，是何等的存在论偏蔽！

因此，从存在论原则高度厘清对于马克思主义哲学的误读，特别是要澄清那些错估马克思哲学性质的观点，毫不妥协地做出根本的划界，就成为当代中国马克思主义哲学研究的重中之重。在当代语境中重读马克思，加强和推进马克思实践观的研究与推广，决定性地属于存在论意义上的理论自觉。就是说，我们对马克思实践观的再度关注，根本不能看成是处于众多理论博弈中所选择的一种解读策略，不能简单地视之为讨论马克思哲学的一个原理，更不能盲从于传统体系的阐释方向，而是要把它看作在存在论原则领域实现的彻底转向。明乎此，我们还必须思考这样的问题：马克思何以要把“实践”作为自己哲学的存在论原则？“实践”何以能够成为哲学的存在论原则？进一步的引申则是：在西方近代哲学的存在论背景中，马克思的存在论沉思是旁出偶发抑或余兴附会，还是思想史进程中具有继往开来意义的批判性超越和建构？

马克思在“成为马克思”的过程中，尤其与近代哲学的意识“内在性”存在论原则有关，其间经历了从信任到怀疑到批判地脱离的思想转变。当然，与旧哲学存在论原则的脱离，不是像宣布一个决裂口号那样简单，而是要做出富有原则高度的理论划界。一旦明察“**现实的人**和现实的**人类**”② 是黑格尔绝对精神所隐含的巨大秘密，马克思与近代哲学存在论原则分道扬镳就是不可逆转的了。这一存在论原则上的分殊，简明扼要地凝结在这样的论断中：“人们是自己的观念、思想等等的生产者，但这里所说的人们是现实的、从事活动的人们，他们受自己的生产力和与之相适应的交往的一定发展——直到交往的最遥远的形态——所制约。意识［das Bewußtsein］在任何时候都只能是被意识到了的存在

---

① 海德格尔．存在与时间．陈嘉映，王庆节，译．北京：三联书店，1999：439.

② 马克思恩格斯文集：第1卷．北京：人民出版社，2009：342.

[das bewußte Sein]，而人们的存在就是他们的现实生活过程。”①

由此可见，把“实践”作为哲学存在论原则，是近代哲学意识“内在性”原则的“真理”，也是走出近代哲学困境的通途。这样，我们理当清楚实践在马克思哲学中的真正意义和地位，以及马克思存在论沉思的合法性。以此为据在当代语境中阅读马克思哲学，特别是洞悉马克思的存在论关切，我们才能与马克思的哲学境域相遇。这正是我们今天探究马克思实践观应当谨守毋失的阐释方向。

（二）马克思是如何理解“实践”的？

澄清马克思实践观的哲学性质以及我们应当持守的解读立场，是为了在具体解读中能够明确前提和划清界限，从而真正贯彻和执行依循马克思的运思进路来阅读马克思的基本要求，彰显马克思哲学所蕴含的当代意义。正如前文已经交代的，马克思把“实践”提升为哲学存在论原则，既是对近代哲学意识“内在性”存在论原则的清算，更是对存在论境域新的开启。

《关于费尔巴哈的提纲》第一条能够使我们真切感受到马克思推陈出新的思想变革。这段耳熟能详的论述至少蕴含着这些信息：其一，马克思明确把“感性的人的活动”或“人的感性活动”表述为“实践”，这正是马克思视野中的“实践”。在“实践”观点已被人们看成是马克思主义哲学“基本的”“第一的”观点的今天，这里特别需要提出，晚近众多的研究者或阐释者，极尽发挥和创造之能事，纷纷阐说并归纳马克思对于“实践”的理解。但不容争辩的是，我们对于这些理解的判断和接受，毋庸置疑要以马克思自己的表述和理解为标尺。其二，“感性活动”已然具有哲学之存在论原则的重要性或基本高度。这一判断的依据是，马克思在此有一个清晰可见的划界，并直接相关于“从前的一切唯物主义”和“唯心主义”。标识马克思与以往哲学的根本分界，就是“现实的、感性的活动本身”。马克思开辟了一条全新的哲学路向，由领悟“感性的人的活动”而彰显现实生活世界的本源优先，从而解构了意识“内在性”作为存在论原则的虚妄性，让哲学回到了自己的原始根据地。其三，马克思由“感性活动”凸显了哲学深入现实生活世界的迫切性和实际可能性。马克思明言，“从前的一切唯物主义”的“主要缺

① 马克思恩格斯选集：第1卷．北京：人民出版社，2012：152.

点”，就在于“只是”从“客体的或者直观的形式”去理解对象。这一判断极其重要地指证了问题的实质或要害——旧唯物主义者实际上只是从“形式”出发来理解对象。所谓“形式”，在西方文化语境中，特别是经过了德国古典哲学的改造和武装，在归根结底的意义上，就是指概念，亦即思维形式。这样说来，尽管旧唯物主义坚守“客体的”或“直观的”形式而与唯心主义的“抽象”形式形成了对立，但实质上却没有离开“形式”这个轴心而与唯心主义殊途同归，并实际分享着唯心主义的存在论前提。然而，哲学肯定不能醉心于且滞留于“抽象的无内容的形式”。从“感性活动”出发，哲学的确要遭遇到“感性的现实”乃至其实际的纠缠，但却来到了自己的原始出生地，获得了确保自身存在的现实内容。

这些简要分析表明，马克思对于“感性活动”的器重和高扬，基于深刻洞察以往哲学在存在论原则方面的根本缺陷，致力于呈现哲学本应持守的基本原则，从而实现哲学合理地引领人类生活筹划的本务。不过，马克思对于“感性活动”的使用，不是自己的臆想或杜撰。马克思把“感性活动”与以往哲学进行存在论划界的同时，又表露了把以往哲学所建构的合理的、积极的成果据为己有的理论境界。如果说用“感性活动”来表述实践表明马克思匠心独运的理解，那么，这种别具一格究竟是如何成为可能的？其深刻寓意何在？

从形式上来看，“感性活动”可以分解为“感性”与“活动”这两端。结合德国古典哲学的思想背景而深入语义上来把捉，我们会发现，“感性活动”是马克思整合德国古典唯心主义哲学的“活动”原则和费尔巴哈“感性-对象性”原理的结果。“活动”原则所蕴藏的含义，就是唯心主义“抽象地发展了”的“能动的方面”，可以从以下几个富有逻辑承接关系的环节来体会：康德的构成经验对象的具有“自发性”的**“纯粹活动”**、费希特的设定“非我”的具有创造性的**“活动本身”**、谢林的体现主观与客观绝对无差别之同一的**“无限活动”**、黑格尔的具有绝对自主性的自在自为的**“自我活动”**。“感性-对象性”原理主要与费尔巴哈联系在一起，是费尔巴哈批判宗教异化时所承诺和器重的“现实性”。可以说，“感性”意味着受动性现实性，“活动”则意味着能动性否定性。把两者勾连在一起，就是能动的受动性或受动的能动性。如此看上去相互抵牾颇为诡异的结合真是可能的吗？在近代哲学视域中，依照“哲学家”或“理论家”的“眼睛”，这种可能性是不可想象的，“感性”与“活动”被当作两种不可通约的性质，是隔离分开的，两者是不可能结合在一起的。整个德国古典哲学运动，就是一个很好的例证。与之相反，马克思从人这样一个既是能动的又是受动的存在物中洞察到“感性”与“活动”原本就共属一体，并且独具慧眼地指证了“感性活动”与人的原初同一。马克思明言，“人作为自然存在物，而且作为有生命的自然存在物，一方面具有**自然力**、**生命力**，是**能动的**自然存在物；这些力量作为天赋和才能、作为**欲望**存在于人身上；另一方面，人作为自然的、肉体的、感性的、对象性的存在物，和动植物一样，是**受动的**、受制约的和受限制的存在物”①。人感到自己是受动的，从而也就是有激情的、能动的存在物，而“激情、热情是人强烈追求自己的对象的本质力量”②，所以，“能动”和“受动”就是人之为人的“本体论本质”③。正是如此，马克思批评费尔巴哈把人只看作“感性对象”，而不是“感性活动”。推而论之，“感性活动”或实践可以被视为人的“本体论本质”。而且，我们还能够看到，“感性活动”与人具有源始的同一性。这是因为，“人们生产自己的生活资料，同时间接地生产着自己的物质生活本身”④。现实的人是通过自己的感性活动而自我创生的。

由此说来，马克思深入现实生活过程，真切领悟到人之为人的真谛，让“感性”与“活动”回归其原始出生地，如其原貌地再现它们本来就是融为一体的实情，结束了近代哲学的人为分割。马克思综合吸收了德国古典唯心主义的“活动”原则和费尔巴哈“感性对象性”原理的积极内容：“活动”原则体现并强调了人的能动性，却具有基于意识内在性的虚妄性，而感性“受动性”的现实介入遂可得以克服；费尔巴哈“感性对象性”原理承认并坚持人的受动性，却具有偏信单纯“直观”的简单性、肤浅性和片面性，随着“能动性”的范导而能够被超越。于是，在马克思所理解的“感性活动”原则之中，能动性以受动性为基础，受动性以能动性为动力。这一深思肯定不能简单地视为巧遇式的思维拼凑，而是具有关乎根本之意义的伟大创制。马克思此等用心对于我

① 马克思恩格斯文集：第1卷．北京：人民出版社，2009：209.

② 同①211.

③ 同①242.

④ 马克思恩格斯选集：第1卷．北京：人民出版社，2012：147.

们当今的理解究竟有什么意味呢?

(1) 实践不是与“理论”相对立的概念,而是前概念的人的存在。

伽达默尔曾经敏锐地指出:“今天的人们倾向于把实践定义为和理论对立的东西。人们在用**实践**一词时有着一种反教条的意味,怀疑自己对某些还没有任何经验的东西仅有理论和生搬硬套的知识。”① 以马克思的深思为参照,这种对实践的理解已有偏颇之处,倘若以之为据来解读马克思,其结果肯定是悖谬之论。按照马克思,意识在任何时候都只能是被意识到了的人们的现实生活过程,而人们的现实生活过程就是“实践”,从而,从存在论意义上来说,意识在起源和根据两个向度上皆是继起性质的,实践不可辩驳地具有先在性。由此可以说,没有理论概念却有人的感性活动即实践,实践是概念干扰或概念范导发生之前的存在;尽管人的感性活动避免不了理论概念的运用或纠缠,但概念终究在人的感性活动中才有其来由。就此而言,把实践当作与理论对立的东西,虽说看到了两者的不同,但却把实践与理论相提并论,并且注定还有从理论来推想实践之嫌。

(2) 诸如劳动或生产等等具体活动是人的感性活动的表现,不能与实践相等同。

人的感性活动有多种表现形式,依其表现形式分别加以阐释和理解无疑是必要的,但肯定不能因此就把人的感性活动即实践归结为自身的表现形式。这是不容争辩的定则。可是,把实践与劳动或生产画等号,正是当下比较盛行的做法。要害在于,有人据此就试图论证劳动或生产是历史唯物主义的出发点,进而引申为历史唯物主义的存在论原则。可以肯定,如此推断不仅让实践降了格,而且贬抑了马克思实践原则的存在论意义。如果考虑到当代劳动的技术化、碎片化特质,我们更有责任阻止这种把实践等同于劳动的退化理解。

在当代丰裕社会,科学技术已然渗透到社会生活的方方面面而成为“第一生产力”,以至于科学技术被很多学者指认为当代社会的意识形态,成为人们判断是非的标准,甚至被人们图腾化。当代情境下的人类劳动,不仅人们的心理预期或理论阐释,就是其现实展开和实际运行,都注定要以技术化为归宿,而且是程度越高越好。劳动技术化带来了技

---

① 伽达默尔.科学时代的理性.薛华,等译.北京:国际文化出版公司,1988:61.

术理性在当代的大行其道，人的存在被边缘化。结果，在现实生活世界，劳动游离于人的感性活动，被还原为可以计算的数量单位，充当了资本实施统治的工具。在这种情况下，倘若固执于如此变了质的劳动，并用之指代人的感性活动即实践，岂不正是马克思所批判的那种“无批判的实证主义”吗？我们应该坚定不移地依循马克思的深思，挑明劳动在当代情境中是其所是的发展前景，从而成为确证和观照人的感性活动的可靠依据。

（3）实践是无须定义的，实践原本就是自明的。

从理论上审视时下对马克思实践原则的解读，我们发现，这在很大程度上与人们痴迷于“下定义”的理解方式有关。这一判断不应被视为要全盘否定“下定义”方法，而是旨在提醒要高度重视和区分“下定义”这种方法的适用范围和使用限度。一般而言，下定义方法的实际运用，总是要有一个先决条件，即被定义对象处于未知状态——至少也是模糊不清的，最终通过下定义者的主观能动性，这个被定义的对象获得了内涵，从而可以现实地出场和在场。这样说来，下定义方法毋庸置疑不能适用于阐述人的感性活动或实践，可以说，用这种方法来诠释实践，乃是不折不扣的非法操作。原因在于：其一，根据马克思的论说，人的感性活动与人俱在，纯属人的自发性，原本就明如白昼，虽然会遭到扭曲或遮蔽，但解蔽而使之澄明的办法显然不是下定义这种方法所能担当的。其二，定义结果的获得，得益于下定义者的思维劳作。没有这样的思维过程，被定义对象仍然朦胧不知。易言之，正是下定义者的主观能动性支撑着我们对被定义对象的了解。不消说，这是意识“内在性”的真实运用，毫无疑问归属于近代哲学的存在论谱系，更是马克思坚决予以解构的东西。至此显而易见，用下定义的方法来对待实践，不仅无助于我们的理解，反而真正是对人的感性活动即实践的非法僭越，打开了返回近代哲学存在论的方便之门。

（三）守护思想的事业

我们的分析表明，为了揭穿近代哲学基于“内在性”存在论原则的思辨专制，马克思从“感性的人的活动”中澄明了“内在性”的真正来历，提出了终止以概念演绎为动力机制的知识论哲学进路的实际要求，指证了哲学赖以安身进而有其实际作用的原始根基。可以断定，实践作为存在论原则的确立，标志着马克思开启了全新的哲学境域。按照荷尔德林的理解，“你如何开端，你就将如何保持”。那么，马克思究竟是如何守护并不断推进自己所开创的哲学路向的呢？

马克思生活在“以物的依赖性为基础的人的独立性”的资本主义统治时代。这个时代的“每一种事物好像都包含有自己的反面”，“一切发明和进步，似乎结果是使物质力量成为有智慧的生命，而人的生命则化为愚钝的物质力量”①。于是，“人类往何处去”就凸显为资本主义时代一切问题的核心。马克思深知，与“教条式地预料未来”相比较，切入现实生活世界，“在批判旧世界中发现新世界”才是唯一合法的选择，进而才能“从世界本身的原理中为世界阐发新原理”②。马克思所说的“批判旧世界”，首要的是指向为资本主义时代进行合法化辩护的思想观念即近代思辨哲学，在此基础上，遂由旧世界的观念“副本”进入“原本”即资本主义社会的世俗生活。如果近代思辨哲学就是资本主义时代本身的原理——作为证词，卢卡奇就指出近代思辨哲学不过“达到了对资产阶级社会的完全思想上的再现和先验的推演”③，海德格尔则明确认定黑格尔的《精神现象学》先行思考并构造了“劳动的现代形而上学的本质”④，那么，以实践为存在论原则的历史唯物主义正是马克思所阐发的相关于“新世界”的“新原理”。

由“批判旧世界”而得的“新原理”，毫无疑问不能重返近代思辨哲学的老路，像黑格尔那样，用思辨的体系笼罩或粉饰世界。相反，在实践原则的支持和要求下，“新原理”必定要解构抽象思辨对“思想”的霸占，义无反顾地切入现实生活世界，引导人们筹划和安排自身的生存问题，让人在自己的感性活动中守护“思想”，从而重建自己的精神家园。这表明，马克思用“感性活动”来表述实践，并毅然决然地视之为自己哲学的存在论原则，目的不在于提供一个让人们现成地加以消费的思想体系，而是要告诉人们“思想”乃是人类的尊严，告诉人们要富有尊严地筹划自己的生活，由此表明，“人类往何处去”的时代课题与“现实中的个人”息息相关，人们理当在自己的感性活动中做出解答和

① 马克思恩格斯选集：第1卷．北京：人民出版社，2012：776.

② 马克思恩格斯全集：第1卷．北京：人民出版社，1956：416，418.

③ 卢卡奇．历史与阶级意识．杜章智，任立，燕宏远，译．北京：商务印书馆，1999：231.

④ 海德格尔．路标．孙周兴，译．北京：商务印书馆，2000：401.

阐明，从而更为切近地“发现新世界”。就此可知，马克思的实践原则是调节性的、规范性的、指导性的思想原则，亦即人们常说的“行动指南”。马克思本人为我们贯彻这一原则做出了表率。

以马克思的文本为据，《关于费尔巴哈的提纲》是实践即感性活动作为存在论原则的“独立宣言”，《德意志意识形态》（以下简称《形态》）则是这一原则的精详论述和实行。从此以后，马克思转移了注意力，此前所论的那些哲学问题已经很少关注，有的甚至不再讨论了。马克思明确把视线指向具体的社会问题，实证研究成为马克思此后一以贯之的理论兴趣。马克思理论思考的这一转向给后世的诸种诠释留下了想象空间。更有甚者，由于马克思是在旧哲学襁褓中成长起来的，并且是用旧的哲学术语来表达自己的存在论原则乃至哲学思想，所以，“资产阶级的哲学教授们一再相互担保，马克思主义没有任何它自己的哲学内容，并认为他们说的是很重要的**不利于**马克思主义的东西。正统的马克思主义者们也一再相互担保，他们的马克思主义从其本性上来讲与哲学没有任何关系，并认为他们说的是很重要的**有利于**马克思主义的东西。但还有从同样的基本观点出发的第三种倾向；在整个这个时期内，这是唯一多少更彻底地关心社会主义的哲学方面的倾向。它由各种‘研究哲学的社会主义者’所组成，他们声称他们的任务是用来自文化哲学（Kultur-philosophie）的观念或者用康德、狄慈根、马赫的哲学概念或别的哲学来‘补充’马克思主义。然而，正是因为他们认为马克思主义体系需要哲学的补充，他们也就使人们明白了，在他们的眼里，马克思主义本身是缺乏哲学内容的”①。这类出于不同立场却达到相同结果的判断，尤其让后世的马克思主义哲学家不能容忍——马克思关注了具体的社会问题怎么会停止哲学思考呢？马克思主义怎么可能没有自己的哲学呢？于是，在马克思主义哲学范围内，人们绞尽脑汁，极尽诠释之能事，试图为接续马克思哲学做出应有的贡献。

从我国马克思主义哲学研究来看，对于马克思《形态》之后思想的解读，主流的观点认为，马克思是在具体运用已经形成的哲学思想，并在运用中不断地完善和发展，现行的“马克思主义哲学史”教科书就是这一观点的代表和体现。不过，在具体内容安排上，我们是依照“马克

① 卡尔·柯尔施．马克思主义和哲学．王南湜，荣新海，译．重庆：重庆出版社，1989：4.

思主义哲学原理”教科书的观点来指认马克思在《形态》之后有了何种哲学思想，以及较之以前有怎样的发展，而着眼于马克思思想文本的内在联系、依照马克思哲学思考的存在论原则来阐发马克思的哲学思考，则显得不够。必须看到，按图索骥式地梳理马克思的文本，很有可能把马克思文本当成某种观点的试验场，何种文本获得关注则是按照观点的变化来取舍，马克思文本本身的整体联系就被忽略或割断了。在这种情形下，姑且不说实际叙述的仅是一个关于马克思哲学思想的编年史，也不谈作为马克思哲学革命之枢纽和标志的实践原则已然被闲置和掩盖，单从叙述的内容来看，就有强行的认同和归并而为“哲学”抢占地盘之嫌，仅此来说肯定不能让人心悦诚服，遑论反驳对于马克思没有哲学的诋毁了。

真正说来，主张马克思主义没有哲学，以及上面列举的批判这种观点的解决方案，从形式上看两者针锋相对，实则殊途同归。两者或直接或间接地按照“概念和命题构成理论体系”的方式——亦即近代思辨哲学的方式来想象哲学的现实存在，以为这就是哲学的唯一存在样式，并就此对号入座来评判马克思的哲学，包括马克思在《形态》之后的哲学思考。殊不知，这种解读无形中错过了马克思所开辟的哲学路向，未能充分理解马克思实践原则的存在论关切，未能充分估计马克思由实践原则而形成的对于哲学使命的全新期待，未能充分把握哲学在马克思毕生理论思考中的真正意义。我们还是以《资本论》为例来看看马克思本人的态度吧。

马克思认为，资本主义社会“不仅要生产使用价值，而且要生产商品，不仅要生产使用价值，而且要生产价值，不仅要生产价值，而且要生产剩余价值”①。这就是说，整个资本主义社会以无止境地追逐价值为生存目标，并且必定要不断地实现价值增殖。由于价值是由抽象劳动所决定的，而抽象劳动是由纯粹抽象的数字化的时间来计量的，所以，在资本主义社会，当整个社会把价值作为趋之若鹜的生存目标，就不可否认地受到抽象劳动的引导和支配，抽象劳动成为资本主义社会生活的原动力，甚至可以说是资本主义社会赖以存续的基础。马克思由此证明，在资产阶级津津乐道的资本主义这个所谓“文明时代”，人们受到“抽象”或“观念”的统治。② 这样一来，由黑格尔集大成的近代理性

① 马克思恩格斯文集：第5卷．北京：人民出版社，2009：217-218.

② 马克思恩格斯全集：第30卷．北京：人民出版社，1995：114.

形而上学立即呈现出来，因为近代哲学制造了堪称极致的思辨专制或抽象统治。就此可以看出，马克思在《资本论》中不仅再次揭穿了近代思辨哲学参与资本文明建构的实情，与此同时还分享和运用了自己此前哲学思考的成果，并已然遵循着这一思考的存在论划界——与抽象思辨的决裂。既然如此，我们便能推断，作为马克思由“原本”来批判资本主义社会的代表作，《资本论》揭露了人们在资本文明时代遭受“抽象统治”的生存命运，在理论根基处呼应着马克思早先发动的哲学革命，而且尤其体现了马克思一以贯之的存在论关切。显而易见，即使把理论视线指向资本主义社会的现实问题，并采用具体实证的研究路径，马克思却没有白白浪费曾经的思想经历，没有放弃自己以前的心得，而是把这些成果贯彻于思想发展的始终。

马克思本人的哲学致思表明，《形态》是马克思哲学发展历程的路标，标志着实践作为存在论原则的真正确立，进而彰明历史唯物主义由实践原则而现实地出场，并且制定了基本的出场路径——“使现存世界革命化，实际地反对并改变现存的事物”①。据此可以看出，《资本论》正是实践原则的真正呼应、确证和实行。既是这样，我们对于那些恣意割裂马克思哲学思想的连续性而又无视自身不足的主观断言究竟应该怎么想呢？当然，我们从《资本论》中还能够发现，马克思贯彻了实践原则，但并不是用实践原则来解决具体实证的问题，而是把实践原则作为解决问题的“绝对命令”和“定向标”。也就是说，依照马克思的思想，在实践原则的引导下，哲学研究就会铭记自身的出生地，自觉地扎根于人的感性活动，阐明现实生活世界的现实问题。这就是马克思赋予哲学的基本任务。因此，在《资本论》也被人们视为马克思哲学文本的情况下，我们显然需要体悟马克思的用心，把握马克思哲学的特质，真正依循马克思的路向来思想哲学。

由此可见，马克思的实践原则不是我们可以从中获得关于问题确定答案的知识原理，并不告诉我们“对象是什么”，我们也不能按照这种思维定式来对待实践原则而使之陌生化。与人的感性活动同在的实践原则，旨在彰显现实生活过程的本源优先，从而规范哲学的前进方向，由此守护思的事业，实现“改变世界”的愿望。

---

① 马克思恩格斯选集：第1卷．北京：人民出版社，2012：155.

三、历史唯物主义与历史科学

从感性活动出发确立哲学的任务，把感性活动表述为实践，马克思实现了哲学发展史上的革命变革，首创了历史唯物主义。历史唯物主义的问世，标识了人类知识园地将真正增添一门新型的科学，即“历史科学”——以历史为原则的科学。时下很多研究者把历史唯物主义指证为“历史科学”，进而热衷于由“历史科学”来解读并推进历史唯物主义，以至于人们有必要开始构造作为“历史科学”的历史唯物主义的知识图像。这种学术研究态势的出现，不能说是偶然或纯属炒作。马克思主义经典著作中毕竟确有“历史科学”的说法，当代实证自然科学的成就更是让人们满怀信心地想象“历史科学”的意蕴。正是这样，我们想问：马克思所说的“历史科学”，的确是一般所阐释的与自然科学相对且以自然科学为榜样的那种含义吗？深入马克思的语境，我们能否获得与此不同的理解？

（一）如何理解马克思所说的“历史科学”？

把历史唯物主义说成“历史科学”，人们直接援引的马克思文本，是《形态》手稿中作者自己删除的一段论述：“我们仅仅知道一门唯一的科学，即历史科学。历史可以从两方面来考察，可以把它划分为自然史和人类史。但这两方面是不可分割的；只要有人存在，自然史和人类史就彼此相互制约。自然史，即所谓自然科学，我们在这里不谈；我们需要深入研究的是人类史，因为几乎整个意识形态不是曲解人类史，就是完全撇开人类史。意识形态本身只不过是这一历史的一个方面。”①

迄今为止，学界不约而同地忽略马克思自己删除这段论述的实情，很多研究都引证马克思这段论述用作原典依据；有的研究者即便没有直接引证，但也间接地从这段论述出发，展开进一步的阐发或论证。问题在于：当代人如此普遍地无视马克思的做法，这究竟说明了什么？把马克思的这种删除还原于马克思的思想历程之中，我们是否会有新的发现呢？这里先来分析马克思谈论“历史科学”的那句话。

马克思说：“我们仅仅知道一门唯一的科学，即历史科学。”依字面意思，我们很容易从这句话获取这样一条信息：马克思自称不知道除了

① 马克思恩格斯选集：第1卷．北京：人民出版社，2012：146注①．

“历史科学”之外的其他什么科学——包括自然科学。而且，“仅仅”和“唯一”的用词，毫无疑问能够增加这条信息形式上的确凿性。然而，这一信息初看似有可能，但其实指一定无关于马克思。且不说马克思知识渊博，也不论马克思高度重视并充分利用自然科学成就以促进和深化自己的哲学思想，仅就这段论述而言，马克思就明明白白提到了“自然科学”。马克思首先明确提出，“历史”可以划分为“自然史”和“人类史”这两个不可分割且相互制约的方面，下文即明言“自然史”就是“自然科学”。显然，在马克思的视野中，“历史科学”涵括“自然科学”，且用来阐说“自然科学”，而不是相反。在自然科学处于强势霸权的时代，马克思居然有此想法，岂不有悖于时代文化精神？马克思为何有此似乎不可理喻之论？如此这般不识时务，难道是马克思愤世嫉俗的偶发奇想？马克思使用的“历史科学”这个术语，能够给我们一个可信的解答。

马克思使用的“历史科学”，原文是 Wissenschaft der Geschichte。这里的关键是“历史”的用词。在德语中，“历史”有两个用词，即 Geschichte 和 Historie。而 Historie 则来自希腊文的 historein。有关这两个词词义上的分殊，卡尔·洛维特有一个富有启发性的指证：“历史（Geschichte）在词源上与发生的事情同义，而 historein 在希腊文中指的是‘考察某种东西’或者‘探究某种东西’，并且借助报告公布所考察和探究的东西。”① 就此而言，中文把 Geschichte 译为“历史”，把 Historie 译为“历史学”，还是准确可靠的。这样便可推论，马克思所说的“历史科学”，显然不是为了在知识地图上为“历史学”（Historie）抢占一块地盘，也没有把“历史”（Geschichte）阐释为一个学科领域或朝着这个方向理解的明显迹象。作为旁证，在 18 世纪中叶，德国学术界已经开始使用 Geschichtswissenschaft 这个专用名词，用来表示作为一个知识领域的“历史科学”。② 马克思舍弃不用这个形式上已经完整、功能指向也已明确的术语，表现出对于大众用法的拒绝——至少是思想划界，这一明确可见的取向无疑耐人寻味，我们真的能漠然置之吗？

---

① 卡尔·洛维特．从黑格尔到尼采．李秋零，译．北京：三联书店，2006：287.

② 德罗伊森．历史知识理论：引论．胡昌智，译．北京：北京大学出版社，2006：2. 唐纳德·R·凯利．多面的历史．陈恒，宋立宏，译．北京：三联书店，2006：479.

不宁唯是，这里的“历史科学”也不是与“自然科学”相对且有自律性内涵的专用名词。马克思所说的“自然科学”，原文是 Naturwissenschaft。在德语中，与 Naturwissenschaften 相对的，是 Geisteswissenschaften，即人文科学或精神科学。这一用法，在当今的德语中已司空见惯，但在马克思生活的那个时代，Geisteswissenschaften 作为一个专用名词，出现在人们的学术研究中。“1843 年，历史学家德罗伊森（Johann Gustav Droysen）在《希腊化时期史》第二卷的前言中就已经使用了这一术语。”① 我们当然不应也无法揣摩马克思为什么没有使用这个术语，但这个实情无疑表明，马克思对于“历史科学”当有着区别于世俗的理解或意义期待。这就证明，当今对于马克思这段论述的阐释，采用从“自然科学”视角来理解或看待“历史科学”的解读方案，无疑是背离马克思思想的现实想象。那么，马克思通过“历史科学”究竟要表达怎样的思想呢？为此，我们将侧重讨论：由“历史”（Geschichte）之词源含义可以彰显马克思至为根本地思考并赋予了“历史”何种源始的寓意？

众所周知，现代德语已经广泛使用卡尔·洛维特所说的“历史”之词源含义。还原于思想史语境，我们不难发现，虽说人们大体上认同“历史”即是指“发生的事情”，但具体到“发生的事情”之所指及其动因时，不同的人就有相当不同的态度和叙说。有的人将此归于自然及其力量，有的人则用神的意志来解释。我们无意于在此评价这些观点，只想突出马克思与之不同的理解，进而展示马克思的理解所敞开的富有原则高度的认识方向和范导意义。

马克思指出：“正像一切自然物必须**形成**一样，**人**也有自己的形成过程即**历史**，但历史对人来说是被认识到的历史，因而它作为形成过程是一种有意识地扬弃自身的形成过程。历史是人的真正的自然史。”② 这段论述比较集中地表达了马克思对待“历史”的基本态度。其一，关乎问题之根本的方面，是马克思把“历史”与“人”相关联。一方面，“历史”是以人为核心、动力和归宿的过程；另一方面，“人”是摆脱不了以过去、现在、未来三重时间向度为生存条件的历史性存在物。其二，“被认识到的历史”之提法，表明历史的可认识性与可理解性，毋

① 鲁道夫·马克瑞尔．狄尔泰传．李超杰，译．北京：商务印书馆，2003：30.

② 马克思恩格斯文集：第 1 卷．北京：人民出版社，2009：211.

庸置疑与鼓吹或制造历史神秘化的谬论区分开来。其三，历史过程“有意识地扬弃自身”，意味着历史不是像自在自然界那样自发地变化，而是蕴含包括人的自觉选择在内的人的自主活动过程——换言之，历史正是人的自我把捉、自我决定、自我建构的过程。

这样简要的分析可以证明，依马克思之见，“历史”与“人”其实同源同质，历史专属于人，现实的人是“在历史中行动的人”。既然如此，马克思所说的“历史科学”就一定有着人们习焉不察的内涵。我们当然可以按照时下所盛行的做法，把“历史科学”设想或描画为一个学科知识领域。即便是这样，“历史”与“人”的源始关联，作为先于一切知识且为一切知识之根基的存在，理当是我们进入理解实践断然不能忽略的原则。立足于这样的原则高度来思考“历史科学”，特别是遵循马克思制定的由“历史科学”而“自然科学”的认识方向，我们将有怎样的思想收获呢？

（二）“人的科学”提示了什么？

非常清楚，由“历史科学”而“自然科学”的思想进路，即是以人为轴心的认识路线。这当然不是在具体内容上框定或干涉“自然科学”，而是对于“自然科学”之存在性质的基本判断。这一观点或理论视野，马克思并非在《形态》中才首次提出，《手稿》精详论证的“人的科学”(Wissenschaft vom Menschen)，应是其前期理论成果或思想前奏。

首先需要明确的是，我们阅读《手稿》都会轻易看出，《手稿》所说的“人的科学”，正是以“自然科学”为论说对象，而不是要讨论“自然科学”之外的某种“科学”。这应当更加使我们相信，上文所论马克思制定的那个认识方向，不是马克思一时灵感偶发，而是经过深思且已成熟稳定的思想。我们在此集中注意力来梳理马克思所论的“人的科学”的问题。

马克思说：“只有通过发达的工业，也就是以私有财产为中介，人的激情的本体论本质才既在其总体上、又在其人性中存在；因此，关于人的科学本身是人在实践上的自我实现的产物”①。

在思想史上，如何对待或处理“人在实践上的自我实现”问题，有多种诠释方案。有的让其表现在华丽的辞藻中，有的使之潜行于现实的

① 马克思恩格斯文集：第1卷．北京：人民出版社，2009：242.

想象中。与这些停留于现实世界之外的遐想迥然相异，马克思始终把视线指向人们的现实生活过程，尤其关注在“发达的工业”且“以私有财产为中介”的资本文明时代人的自我实现问题。一方面，马克思把“工业”看成“人的本质力量的公开的展示”，是人的自我实现的重要途径。由之而来，“发达的工业”的说法，既确证了借助“工业”这一感性活动形式人可以达到自我实现的现实保障、可靠前景、彻底化程度，又点明了人的自我实现的历史阶段性特征。众所周知，“发达的工业”正是在资本主义生产方式基础上形成的，是资本文明的一个标志。另一方面，马克思肯定私有财产能够表征社会财富、凝结并体现人的本质力量的“积极的本质”，把“劳动”指认为“私有财产的主体本质”。这就道破了私有财产运动之于“人的实现或人的现实”原本就有的建构性——比方说，私有财产的现实存在彰显了人类筹划自身生存的主动性、创造性，以及坚守“自己的生命活动”即劳动的积极性，等等。

由“发达的工业”以及“私有财产”的现实运动来楬橥人的自我实现，马克思独具慧眼，再现了资本主义社会现实生活世界的现象实情，在此基础上绽露了自然科学作为“人的科学”的现实性和明证性。

不可否认，“发达的工业”是18世纪下半叶蜂起的欧洲工业革命的直接成果。工业革命以机器代替人力，以大规模的工厂生产代替个体手工生产，为自然科学成果的转化与应用提供了可能性和现实环境。两者如此这般地内在相关，工业革命利用自然科学成果，以加速度的方式迅猛发展与扩张，同时又反过来为自然科学的发展提供强大坚实的助力，推动自然科学进步。这就是说，生活世界以人们可以用“纯粹经验的方法”加以确认的现实成就和图景，标明工业乃是“自然科学对人的现实的历史关系”。

“在大工业已经达到较高的阶段，一切科学都被用来为资本服务”①。在资本主义社会，“私有财产神圣不可侵犯”成为国民牢固的成见。在此观念的驱动和指引下，整个资本社会皆无止境地追逐和增加财富。随着“自然科学从属于资本”成为资本新时代的一般特征，以“发达的工业”为主导的资本主义生产过程便不可阻挡地需要并利用自然科学，且以史无前例的方式和程度占有自然科学。可以说，“只有资本主

---

① 马克思恩格斯全集：第31卷．北京：人民出版社，1998：99.

义生产方式才第一次使自然科学为直接的生产过程服务”，“资本主义生产第一次在相当大的程度上为自然科学创造了进行研究、观察、实验的物质手段”，“**科学因素**第一次被有意识地和广泛地加以发展、应用并体现在生活中”①。在这种情况下，若要追究自然科学服务于现实生活的程度或水平，我们可由社会生活的一种新颖变化而获得解答：大工业时代以来产生了只有用科学方法才能解决的实际问题，社会生活过程及其条件已经以不可延宕之势“受到一般智力的控制并按照这种智力得到改造”。这样说来，马克思这段反问式阐述堪称切中肯綮：“如果抛掉狭隘的资产阶级形式，那么，财富不就是在普遍交换中产生的个人的需要、才能、享用、生产力等等的普遍性吗？财富不就是人对自然力——既是通常所谓的‘自然’力，又是人本身的自然力——的统治的充分发展吗？财富不就是人的创造天赋的绝对发挥吗？”②

由此我们当要追问：如果资本的“文明一面”、资产阶级“非常革命”的历史作用已然为人类文明发展进程所证明，资产阶级对于自然科学的器重、运用和推动也被证明是其中的一个至关重要的原因和内容，那么，这不也是自然科学只有服务于人的现实生活才能有其存在和发展的历史性证明吗？这不更是自然科学按照“人的科学”而自我建构且成效卓著的历史性证明吗？近代以来，自然科学在有助于人类生活中所取得的巨大成就，正是“人的激情的本体论本质”的充分运用和展示，是人在感性活动中的自我实现。在这种情况下，正如马克思所洞察的，自然科学已经成为“人的科学的基础”“真正人的生活的基础”。这就不可辩驳地证明，自然科学可以探究各种各样的问题，但无一例外都源自人的现实生活，也需要且能够反哺人的现实生活。因此，马克思断然拒绝让自然科学游离于现实生活世界之外的任何企图和行动。马克思毫不隐讳地指出，以为“生活”有一种基础，而“科学”有另外一种基础，这根本就是谎言。正是因为切近领悟并深刻阐明自然科学之生存基础与人类筹划现实生活的源始同一性，马克思认为，“自然科学往后将包括关于人的科学，正像关于人的科学包括自然科学一样：这将是**一门**科学”③。

就此可以肯定，马克思使用“人的科学”，旨在启明自然科学的存

---

① 马克思恩格斯文集：第8卷．北京：人民出版社，2009：356，359.

② 马克思恩格斯全集：第30卷．北京：人民出版社，1995：479－480.

③ 马克思恩格斯文集：第1卷．北京：人民出版社，2009：194.

在根基、发展方向和终极使命。易言之，这是在关乎根本的意义上挑明自然科学的源始出生地和扎根处。由于生存历史性之于人的天生注定性质，也唯有人才是历史性存在物，所以，在思想史的上下文关联中，《手稿》论证的“人的科学”其实就是《形态》所论“历史科学”的前期思想表达，而“历史科学”则是对“人的科学”的接续和推进。不论是“人的科学”，还是“历史科学”，两者都是为了规范、指引、守护自然科学的，而不是相反；同时，它们也无关于建构与自然科学相对待的某种学科知识领域的美妙臆想。

这表明，早在《手稿》之中，马克思就已经深入问题之根本点，切中问题之要紧处，匠心独运地解答了自然科学之存在合法性问题。如此富含理论建树的思想经历，马克思不会轻易地打发以至丢弃。思想的承接并予以稳定化，是人类思想演变中的常态，马克思对于自然科学的认识也没有例外，《形态》中一段相关的论述可以为证。

这是一段我们耳熟能详的论述：“在思辨终止的地方，在现实生活面前，正是描述人们实践活动和实际发展过程的真正的实证科学开始的地方。”①

马克思这里至少有三点提示：其一，思辨的有限性。人们的现实生活筹划需要思辨的力量，但思辨不是万能的。思辨缘起于现实生活世界的现实需要，人的现实生活是逻辑思辨的根由，思辨的秘密就在人的现实生活之中。思辨疏离于或凌驾于人的现实生活过程，就会丧失自己的立足之基，沦为虚妄之念。这对自然科学的合理定位亦有针对性，因为自然科学一刻都离不开抽象思维。其二，实证科学的源始“出生地”。实证科学在人的现实生活面前“开始”，意味着自然科学“生命之旅”的启程。起源指示着以后的发展方向，实证自然科学唯在此方向上前行，才是实行自己的本务，进而才有存在的合法性。其三，“真正的实证科学”所以可能之根本——“描述人们实践活动和实际发展过程”。应该说，这个限定不是指实证科学的具体内容或具体开展状态，而是在一般意义上确认实证科学安身立命的“许可证”。这里还要明确两点：其一，“真正的”即是指“人的”，从而，“真正的实证科学”就是指“人的”实证科学，亦即“历史的”实证科学。这不过是要提醒人们牢

① 马克思恩格斯选集：第1卷．北京：人民出版社，2012：153.

记实证科学得以存在的根基，从而在任何时候都不脱离人的现实生活这一源始基础来谈论和倡导科学。甚至那些在表现形式上研究似乎与人无关的问题的具体实证科学，也不能疏离自己的立命之根。其二，实证科学即是指自然科学。《形态》成书之时，孔德等人的思想已经开始传播。且不论如何评价孔德等人的思想，实证自然科学的提法及所指在当时已然获得学术界的认同。这些当能证明，马克思隐然未彰地道说了“人的科学”“历史科学”。由此看来，对于自然科学之存在性质的判断或要求，马克思的思想一以贯之，就是要求自然科学理当是“人的科学”，是以人为本的科学。

因此，第一，马克思删除了前面提到的《形态》的那段论述，这是不是可能的呢？第二，一般的那种迷恋于由自然科学来诠释“历史科学”的思想倾向，这是不是可能的呢？第三，或有把马克思所言的“真正的实证科学”说成就是指历史唯物主义，这是不是可能的呢？第四，不要说马克思文本的深层寓意，仅仅是马克思含义明白且切合时代语境要求的用词，居然受到不同的解读，甚至是曲解，这究竟是如何成为可能的呢？

（三）历史唯物主义的自律性何以可能？

通过还原马克思的思想语境，我们突出了马克思由“人的科学”“历史科学”而思考“自然科学”的认识方向。这就呈现出不同于一般由“自然科学”而想象“历史科学”的思路，可以说暴露了这一解读思路出离马克思文本的虚妄性。既然如此，实质性的扭转和改变，当是我们要着力解决的思想事情。难处在于，人们已经习惯于一般的这种理解，偶见疑虑者也是讳莫如深。这样说来，廓清问题之症结无疑是首要的任务。就此我们想问：究竟是什么力量实际支撑着世俗的这种理解，以至人们对之习以为常，使其能够持存至今？

近代自然科学的影响力。

1543年，哥白尼和比利时医生维萨里（A. Vesalius）分别出版了《天体运行论》和《人体的构造》，标志着自然科学冲破神学藩篱而进入一个新时代。自此到19世纪，由“经验自然科学”进展到“理论自然科学”，自然科学突飞猛进，成就卓著，以至于19世纪被人们誉为“科学的世纪”。从此开始，自然科学各门具体学科皆相继独立，科学知识迅速传播并普及，科学成为社会生活的一个极其重要的组成部分。而且，理论自然科学的创新不断转化成为技术科学，具体应用于生产，科学与社会物质生产的联系日益密切。“在19世纪里，我们就看见为了追求纯粹的知识而进行的科学研究，开始走在实际的应用与发明的前面，并且启发了实际的应用与发明。发明出现之后，又为科学研究与工业发展开辟了新的领域。”① 始自19世纪，自然科学就逐渐成为人们信念建构的支撑、社会生活风尚的准则、一切知识的渊薮和表率。在现实生活世界完全化简为科学的世界、自然科学成了万能的“普照的光”、人类生活在唯自然科学马首是瞻的时代，如果不遵从自然科学标准，这还有可能吗?

近代自然科学规制社会生活，并不是孤立无援的，近代哲学为之提供了富有建设性的精神动力。相应地，近代哲学也在这种精神输出中不断地巩固和扩张。

近代自然科学虽然在“牛顿时代”获致决定性的奠基，然而，这种奠基却从“形而上学的沉思”中获得了关键的推动。按照海德格尔的诠释，构成牛顿第一运动定律之基础的，乃是“数学因素”。数学因素内在地需要自我论证，从而把自身展现为“一切思想的尺度”。笛卡尔通过“形而上学的思考”参与了数学因素这一自我建构的工作。② 海德格尔这里是指，笛卡尔由突出“我思”而使思想成为理性的基本行为，随着“我思”被设定为一切知识的“第一根据”，人们便仅仅相信由“我思”而出的东西，从而，源于思想且作为“公理”的数学因素便顺理成章地从形而上学中寻求滋养。

然而，只是康德才超越了笛卡尔而建构了“我思”的必然性。在对“纯粹自然科学是怎样可能的”追问中，康德明确指出，“纯粹理智概念”为自然界立法，是自然科学知识得以成立的先天条件。在康德看来，单纯依靠自然本身的机械作用原理，我们永远不能获得对于有机物及其内部可能性的足够认识，更不用说解释它们了。即便有一天再有一个牛顿出现，他也不能让我们了解甚至一根草不是由于有意安排而是按其自然规律的作用而发生长成的。③ 黑格尔由此更前进了一步，指出为

① 丹皮尔．科学史及其与哲学和宗教的关系．李珩，译．桂林：广西师范大学出版社，2001：195.

② 海德格尔．海德格尔选集：下卷．上海：上海三联书店，1996：877.

③ 康德．判断力批判：下卷．韦卓民，译．北京：商务印书馆，1964：55.

自然界立法的"纯粹理智"乃是理性的自我制造，就使理性的"规范性"和"构成性"共属一体，从而彻底解决了"思想之为思想"的问题，让形而上学引领时代精神生活。因此，黑格尔非常有把握地宣称，科学作为"精神世界的王冠"，决不是"一开始"就完成了的，科学方法的性质只有在思辨哲学中才能获得真正的表述。在发展中知道自己是精神的这种精神乃是科学，科学赖以存在的基础就是"概念的自身运动"。黑格尔煞费苦心，着力于在理性形而上学领域内为自然科学确定存在根据："物理学没有思维就会一事无成；物理学只有通过思维才能获得它的范畴和规律，——没有思维，它再也不能前进。"①

黑格尔之后兴起了声势浩大的"叛离黑格尔"的哲学运动，实证主义是始作俑者。柯林武德认为，"实证主义可以定义为是为自然科学而服务的哲学"，"不过是把自然科学的方法论提高到一种普遍的方法论的水平之上而已"②。此言不虚。实证主义就是要宣扬，只有自然科学才是唯一值得信赖的知识，自然科学的方法是唯一可信的方法，"神学"和"形而上学"都应该予以拒斥和抛弃。依照实证主义的要求，哲学可以在科学范围内、在诠释并服务于科学方面发挥有益的作用，但必须遵守一个基本规则：凡是科学方法不能解决的问题，哲学必须满足于让其永无答案，哲学不能声称拥有自然科学所没有的获取知识的手段。在逻各斯主义甚嚣尘上的文化氛围中，面对缺失直接功效且晦涩难懂的抽象思辨，人们从实证主义中能够感受到明晰有用的思想指向，恰如炎热中享受到一股清风，社会大众的精神情感究竟归属何种哲学是不言自明的。

可是，一旦把自然科学的标准用在自然科学领域之外，实证主义的欠缺便暴露无遗。实证主义者乐观地消解历史过程和自然过程的异质性，主张用自然主义的方法构成历史，进而为历史研究颁布一个"实证主义纲领"：首先确定事实，其次构成规律。历史学家们满腔热情地投身于实行这一纲领的第一步，却不能进展到第二步。因为单纯为了事实而确定事实是无法令人满意的，事实之被确定仍然需要追究其合法性，"判断事实"乃是最起码的要求。就是说，研究者的主观情感无论如何都无法一笔勾销。如此说来，"实证主义纲领"的真正实行，势必蕴藏

① 黑格尔．哲学史讲演录：第4卷．贺麟，王太庆，译．北京：商务印书馆，1978：162.

② 柯林武德．历史的观念．何兆武，张文杰，译．北京：中国社会科学出版社，1986：143，152.

着对于某种“超验原则”的诉求。难道实证主义在前门拒斥的东西却又要从后门偷运进来？为了维护实证主义的研究纲领，孔德把“社会学”（又称为“历史机械学”或“社会物理学”）当作“整个实证哲学的唯一基本目标”。可是，这种维护充其量还是停留于这一纲领的第一步，因为社会学被牢固定位为实证科学。由此可见，以孔德为代表的实证主义，漠视现实生活的多样化，脱离生活实际而固守自己的哲学原则，事实上允诺了抽象思辨的现实可能性。

发轫于批判黑格尔，却走向了分享黑格尔抽象思辨哲学原则的终局。实证主义打造的思想苦旅，既有为自然科学推波助澜之功，却也不折不扣地成为黑格尔哲学原则的一个反证，成为运用理性形而上学的急先锋。这表明，人们依从自然科学思维来认识社会、思考问题、制定对策，固然直接得益于近代自然科学的巨大影响，但近代理性形而上学的思想导引更是不容争辩的重要动因。

人们为什么能够认同和接受近代理性形而上学呢？

在人类历史长河中，资本的出现标志着一个新时代即资本文明时代的来临。这个新时代把商品当作整个社会的细胞，把整个社会建立在无止境地追逐价值的基础上，并以实现价值增殖为目标。换言之，在资本主义社会，不论是工人还是资本，抽象劳动的增加皆是生命延续的基本保证。于是，抽象劳动成为社会生活的原动力，尽可能地追逐最大化抽象劳动成为整个社会生活的主旋律。由于抽象劳动撇开了劳动的具体性质而只是“一般人类劳动的耗费”，且由“社会必要劳动时间”来计量，便于等价等量地进行比较，因此，社会生活以抽象劳动为基础，就有极其公正和平等的外观。平等和自由是人们梦寐以求的生存状态，所以，以抽象劳动为基础的社会生活亦能获得社会大众的认同，抽象原则由此便内在巩固地实现了对于生活世界的普遍统治。

资本到来引发的巨大社会变迁，势必需要相应的文化辩护和论证。这既是为了获得必不可少的精神动力，也是为了推行自己的原则。而且，资本运动愈频繁，资本势力扩张得愈强盛，资本的这种思想观念上的需求就愈甚。由黑格尔集大成的近代哲学正是这样的文化理论。这一哲学之所以能够有此等承担，关键在于其坚守意识“内在性”的存在论原则，精辟论证了抽象原则及其现实展开的必然性。这就是说，抽象原则是资本和近代形而上学能够联姻共谋的关节点。资本与近代形而上学借助这个关节点而形成了休戚相关、相得益彰的联系，以至于在世俗社会生活中，资本是形而上学的物质基础，形而上学成为资本的文化向导，两者共同决定了所谓“现代世界”的基本面貌和发展空间。

这表明，人们把抽象思辨奉为圭臬，正是资本时代“抽象统治”或“观念统治”① 大行其道的必然结果，是资本降临以来人们在日常生活中的当然选择。既然如此，前述世俗的那种理解不过是切合抽象原则这一时代精神的正常观念反映或表达，尤其隐而不彰地贯彻或执行了以黑格尔为代表的近代哲学原则。这是其能够稳固地流传的根本原因。

这样说来，全部问题的关键便集中于黑格尔哲学。

伽达默尔曾说：“黑格尔哲学通过对主观意识观点进行清晰的批判，开辟了一条理解人类社会现实的道路，而我们今天仍然生活在这样的社会现实中。”② 从我们在上文的分析来看，参照我们当下的生活处境，伽达默尔这一评价可谓入木三分、击中要害。黑格尔用哲学的方式参与建构了资本主义社会的主导原则，并形诸哲学语言，表现出切中现实生活、把握时代精神的思想特质。这是黑格尔哲学的巨大功绩。问题在于：黑格尔生活在他所揭示的社会现实中，马克思也不可能离开这样的社会现实；虽然从黑格尔哲学中获得了极其重要的思想资源，但马克思毫不妥协地与黑格尔区别开来则是不容置疑的；历史唯物主义正是在这种区别中并通过这种区别而通达人类社会现实，进而形成了标注自身存在的自律性。看来，理解并把握这种区别堪称重中之重。

卢卡奇认为，以黑格尔为最高成就的西方近代哲学，“目的是从思想上克服资产阶级社会，思辨地复活在这个社会中并被这个社会毁灭了的人，然而其结果只是达到了对资产阶级社会的完全思想上的再现和先验的推演”。于是，近代哲学以没有解决的和不能解决的二律背反的形式，最深刻地表达了资产阶级社会根基的二律背反和资产阶级社会所连续不断地生产和再生产的二律背反。③ 这就是说，黑格尔开辟了“思想把握现实”的哲学进路，致力于在理论上阐明现代世界之优越性及危机，并通过思辨力量激活被抽象原则湮没的现实的人。

---

① 马克思恩格斯全集：第30卷．北京：人民出版社，1995：114.

② 加达默尔．哲学解释学．夏镇平，宋建平，译．上海：上海译文出版社，1994：111.

③ 卢卡奇．历史与阶级意识．杜章智，任立，燕宏远，译．北京：商务印书馆，1999：231－232.

与之相反，马克思则转而“向现实本身去寻求思想”，既延续黑格尔哲学理解社会现实的合理取向，又扬弃其用概念框架来形塑社会现实的抽象思辨性。历史唯物主义的自律性正是由此而建构并呈现出来。从马克思致力于终结以概念演绎为动力机制的思辨哲学进路来考量，历史唯物主义的自律性当有以下三个本质重要的环节或向度需要我们去阐扬：

第一，抽象思辨的来历——“意识［das Bewußtsein］在任何时候都只能是被意识到了的存在［das Bewußte Sein］，而人们的存在就是他们的现实生活过程。”① 第二，历史唯物主义的立足根基——“旧唯物主义的立脚点是市民社会，新唯物主义的立脚点则是人类社会或社会的人类。”② 第三，历史唯物主义的存在方式——“哲学家们只是用不同的方式**解释**世界，问题在于**改变**世界。”③

综观马克思主义的发展史，审视学术界目前的研究动态，必须承认，我们对于后两个向度的理解和阐释，出现了巨大的偏差，以至于严重消减了历史唯物主义的自律性。究其原因，马克思主义经典著作家没有给出具体的方案固然带来了多种阐释的可能性，但最重要的，则是人们把黑格尔所代表的近代哲学当作哲学的唯一样式，用来评判或指点任何哲学，恰如当年黑格尔指证包括中国在内的东方世界没有哲学那样地武断。哲学岂能不用概念来构造？哲学不就是反思吗？于是，历史唯物主义就被按照概念框架以及反思要求来设计并描画——用“自然科学”来想象“历史科学”进而来规制历史唯物主义，正是其中的一种表现。这样一来，马克思批评费尔巴哈仅仅是“理论家和哲学家”所表现的哲学态度、所指向的哲学视域、所蕴含的哲学境界、所思考的哲学使命等，皆毫无例外地被忽略了。当然，这正是“不用想象某种现实的东西就能现实地想象某种东西”的意识形态迷思。看来，马克思批判意识形态曲解或完全撇开“人类史”，当年就不是故作姿态，今天仍有击中或矫正时弊之效。顺便说一句，这是不是人们忽略马克思删除那段论述的深层原因呢？

至此，我们通过分析资本文明时代抽象原则的主导性及其一种哲学

① 马克思恩格斯选集：第1卷．北京：人民出版社，2012：152.

② 同①136.

③ 同①136.

表达，绽露了世俗以“自然科学”来想象“历史科学”进而规制历史唯物主义的思想成因及其实际可能性。虽说这种世俗理解正合时宜，历史唯物主义由此或许能够获得很多知识元素，甚或真能被构造为一个理论体系，但显而易见的是，历史唯物主义将更加稳当地倒退为近代哲学，最好的情况下也只是与近代哲学相对待且有自己解释原则的知识体系。果真如此，历史唯物主义矢志于“改变世界”的理论诉求或使命承担，就仍是诱人的空头口号，甚至会被更为巧妙精致地置换为“解释世界”的某种特殊形式。在这种情况下，历史唯物主义安身立命的自律性还有可能吗？正是这样，对于这种高傲地或天真地撇开马克思思想本有之义而自作深思，却又感觉不到自身不足的世俗理解，我们究竟应该怎样想呢？经过历史唯物主义的思想革命，“自然科学”已被提升到“人的科学”“历史科学”的原则高度和发展方向，我们确能心安理得地由“自然科学”来规划“历史科学”，进而要求和期待历史唯物主义成为“真正的实证科学”吗？

厘清马克思语境中的“历史科学”的基本寓意及其不可移易的使命担当，我们理当可以看出，马克思的哲学思考对于引领世道人心、人类知识家园的当代建构可谓弥足珍贵。特别是在大工业“首次”开创了世界历史、“自然科学从属于资本”① 的时代处境中，人类知识地图的底色无可辩驳地只有依照“历史科学”而不是“自然科学”来重新规划和描绘，当代知识体系才能有助于人类追求美好生活，并由此确证存在的合法性。从问题的根本性质及其前景来看，人类知识的当代重塑已然需要从存在论原则高度实现突破。如果马克思义无反顾地扬弃了黑格尔青睐于绝对精神这个抽象普遍性的虚妄性质，通过批判重建“历史性”原理，坚持在纷繁复杂的现实生活中把握历史过程，实现了思想史的革命变革，那么，正如恩格斯所评价的，历史唯物主义结束了“历史领域内的哲学”，从此以后就不应“从头脑中想出联系”，而是“从事实中发现联系”②。这就是说，坚持和运用历史唯物主义的基本精神，具有革命意义的“历史科学”就呈现在我们的面前。所以，在历史唯物主义的导引下、遵循“历史科学”要求的哲学，是富有实体性内容和现实前景的“唯物史观-历史哲学-历史科学”。

---

① 马克思恩格斯选集：第 1 卷．北京：人民出版社，2012：194.

② 马克思恩格斯选集：第 4 卷．北京：人民出版社，2012：264.

上　篇

历史唯物主义的思想魅力

历史唯物主义作为“科学思想中的最大成果”，标志着马克思完成了哲学上的存在论创制。与以往哲学从抽象理性、自我意识或外在于人的抽象物质出发来观察历史相比，历史唯物主义“从直接生活的物质生产出发”亦即从人的感性活动出发，考察人们的实际生活过程，切入社会历史问题之根本，无疑能够把握人类历史变迁的现实动因，决定性地绽露历史派生因素的源始根据和基础，澄明这些因素何以能够有其作用的奥秘。历史唯物主义的伟大变革，不是发生在理论边缘地带的某些观点的调整或增减，而是发生在理论核心处的革新，是哲学之基本原则即存在论原则的改弦更张。正是依赖于基本原则高度的理论自觉，历史唯物主义不是在每个时代中寻找某种范畴，而是始终立足于现实生活世界；不是从观念出发来解释人的感性活动即实践，而是从人的感性活动出发来解释观念的形成。恩格斯批判杜林时曾有切中肯綮的论说：“原则不是研究的出发点，而是它的最终结果；这些原则不是被应用于自然界和人类历史，而是从它们中抽象出来的；不是自然界和人类去适应原则，而是原则只有在符合自然界和历史的情况下才是正确的。”①

从人的感性活动即实践出发，历史唯物主义坚持社会存在决定社会意识，高度评价人民群众作为社会存在的主体在创造历史中的决定作用，在基本原则高度上与历史唯心主义区别开来。历史唯物主义断然拒绝或者把历史当作“上帝的目的的实践”，或者把历史等同于自在自然界的演化过程，或者把历史描画为“自由意识”的进展等观点，史无前例地揭示了“人们自己创造自己的历史”的真相，肯定在人类“历史剧”中每个人既是“剧作者”又是“剧中人物”，主张“研究每个世纪中人们的现实的、世俗的历史”② 乃是一切历史观的基本使命。通过历史唯物主义的理论阐释和思想引领，我们能够毫无例外地看到，“人们的社会历史始终只是他们的个体发展的历史”，历史的真正动因是人们通过感性活动而进行的“生活资料和生活本身的现实生产”，历史的内容是后代在利用以前各代遗产基础上的不断创造、不断更新，历史的发展是充满着曲折和反复的波浪式前进的连续性过程，历史发展的最终目标是实现“每个人的自由发展是一切人的自由发展的条件”的共产主义社会。

---

① 马克思恩格斯选集：第 3 卷．北京：人民出版社，2012：410.

② 马克思恩格斯选集：第 1 卷．北京：人民出版社，2012：227.

我们可以简要地把历史唯物主义的划时代成就归纳为两方面：一是把历史作为原则引进哲学，在本体论建设高度上推进和丰富了哲学的内涵——历史原则；二是把关注和切中现实世界问题当作哲学安身立命的基础和支柱，开启了哲学实现自身的合理可靠的路径——现实要求。历史唯物主义的理论奠基，无可辩驳地把哲学的尊严、哲学的神圣性、哲学的存在前景展示在人们的面前，为哲学的现实存在创建了一座绕不过去的丰碑。经过历史唯物主义的思想革命，哲学不仅合乎逻辑地把历史观建构为哲学知识体系的一个领域或一个部门，更为关键的是实现本体论原则的改造与升级——历史原则已然被标举为哲学运思的基本原则。从此以后，在“历史原则”和“现实要求”的引领和激励下，哲学踏上了一条在把握和解答时代问题中获致旺盛生命力的道路。进而言之，只要哲学实际参与现实生活运动，历史原则就成为哲学思考的基本遵循，历史认识就成为哲学思考的先声。这根本不是人为炮制的夸张高调或虚幻说辞，而是有着思想史和现实的双重依据。

回溯思想史我们可以发现，黑格尔哲学提供了弥足珍贵的启示和思想资源。黑格尔明确提出，哲学的真正出现在于实现理性与现实的和解。黑格尔认为，全部世界历史表现为“自由”意识的发展过程，世界历史就是从东方到西方的“自由”意识的进展和逐级提升的过程。黑格尔把绝对精神和“人类的热情”并称为“世界历史的经纬线”。所谓热情，就是指从私人的利益、特殊的目的或利己的企图而产生的人类活动。黑格尔在坚持绝对精神或绝对观念为“原则”的前提下，通过关注人的热情和激情在生活世界的现实开展，揭示人类历史不过是一幕幕人的热情的表演，论证绝对精神的“实行”和“实现”进程。在维护“自由”作为精神的本性的哲学思考中，黑格尔独具匠心地把人的热情引进哲学阐释框架，由此开掘哲学关注和理解现实生活世界的切实可行的道路。“黑格尔的思维方式不同于所有其他哲学家的地方，就是他的思维方式有巨大的历史感做基础。”黑格尔是“第一个想证明历史中有一种发展、有一种内在联系的人”①，新开了关乎哲学发展方向的出发点。当然，黑格尔哲学的“历史感”，根本上是为绝对精神实现自身目的而服务的。这就呈现出需要加以原则性改造的理论前景。

---

① 马克思恩格斯选集：第 2 卷．北京：人民出版社，2012：12.

还原于现实生活过程，现代社会的生存境遇彰显了历史原则在人们认识世界中的优先性和基础性的意义。马克思的洞见道破了原委：“在土地所有制处于支配地位的一切社会形式中，自然联系还占优势。在资本处于支配地位的社会形式中，社会、历史所创造的因素占优势。”① 这就是说，在资本普遍统治的现代社会，由于资本以物为媒介而表征着人与人之间一定的社会关系，所以，现代社会所有的事物皆有其独特的社会联系。正是这样，除非抓住事物的社会性质、事物的来龙去脉即历史性质，否则，我们对事物的认识就会是疏离真相的抽象认识，就不可能认识并把握事物的存在性质，就只能是所谓认识主体的现实想象。如果说真理性认识都是通过中介才能达到的，那么，在现代社会，社会历史因素是任何时候都不能失却的认识中介，所有的事物都是在社会历史因素的中介作用下才存在的。这就是历史唯物主义存在论革命的现实基础。

任何真正的哲学都是自己时代精神的精华，都要与自己时代的现实世界接触并相互作用。每一个时代的时代精神都是历史性地生成，并在实际生活中展示其历史性前景，从而，每一种真正的哲学并不仅仅属于自己的时代，其实际影响都要超出自己的时代。历史唯物主义因其源于现实又用于现实的思想品质和理论追求，在思想上历史性地引领了无产阶级乃至全人类的解放事业。历史唯物主义已然进入了当代精神世界，成为人类筹划生存和发展的精神动力。历史唯物主义能够指导人们认识现代社会的变迁和现代生活的本质，人类社会至今仍然生活在马克思所阐明的发展规律之中。

---

① 马克思恩格斯选集：第2卷．北京：人民出版社，2012：707.

第一章　近代哲学的存在论原则

历史唯物主义作为马克思哲学革命的真正成果，决不是离开思想史发展大道而出现的一种理论或学说。正像所有新出的思想学说皆有的经历那样，历史唯物主义的问世，有其必不可少的思想资源或理论先导。在哲学革命必定相关于哲学之基本原则层面即存在论领域的变动的情况下，我们无疑有必要把视线对准公认是马克思主义哲学直接理论来源的德国古典哲学，并顺理成章地指向构成这一哲学之基础或立场的存在论原则。还原到德国古典哲学语境中，我们能够发现，意识“内在性”即是德国古典哲学所持守的存在论原则。正是这个意识“内在性”原则，蕴含着马克思发动哲学革命的全部理由，也把历史唯物主义理论建构应当持守的原则方向烘托出来。在马克思之前的整个近代哲学，尽管由黑格尔标识其存在论的完成得益于历史原则的导入，并从历史中吸纳营养，但历史终究没有获得出场的机会，而是囿于庞大的逻辑脚手架之中，遭到了最关本质的遮蔽。就此而论，厘清近代哲学对于自身存在论的建构，我们不仅得以明察近代哲学在何处失足以及如何失足，而且能够本质重要地获悉马克思哲学革命的上手处。

一、内在性原则的最初提出

黑格尔认为，“哲学的真正出现，在于在思维中自由地把握自己和自然，从而思维和理解那合理的现实，即本质，亦即普遍规律本身”。黑格尔睿智的洞见就在于，如果实现与现实的和解乃是摆在近代哲学面前的时代课题，那么，除非哲学把思维当作原则，否则就断然不能进入这一课题，因为思维才是哲学自己的“家园”。而且，“思维的原则就是世界的原则，世界上的一切都受思维的制约”。既然“从自身出发的思维”亦即“内在性”作为基本原则是哲学出现的标志，那么，笛卡尔就是近代引领哲学回“家”的开创者，所谓内在性原则正是肇始于笛卡尔提出的“我思故我在”原理。黑格尔说道：“按照这个内在性原则，思维，独立的思维，最内在的东西，最纯粹的内在顶峰，就是现在自觉地提出的这种内在性。”① 所以，“我思故我在”原理就被黑格尔喻为“转移近代哲学兴趣的枢纽”②。

笛卡尔坚信，只有“清楚而且明晰的认识”才是可靠的，依靠感官获得的知识是不可信的，因为感官有时会欺骗人。“我们的想象、我们的感官如果没有理智参与其事，并不能使我们相信任何东西。”③ 问题在于，我们所拥有的知识基本上经由感官而得；更为甚者，这些所谓知识一经形成就被看作理所当然的定论。直面如此这般轻率地掠过理智的时代知识状况，笛卡尔提出了“怀疑一切”的口号，将之视为“哲学的第一要义”。笛卡尔此举的要旨，在于抛弃一切假设和规定，使人们的心灵摆脱一切成见，使哲学获得一个绝对的、纯洁的开端。也正是这样的缘故，笛卡尔之后的很多近代哲学家，如斯宾诺莎、黑格尔等，就提醒人们不能简单地把笛卡尔与怀疑论相提并论。因为怀疑论是为怀疑而怀疑，把怀疑作为哲学的目的和结局，实际上是主张“人的精神应当始终不作决定”，笛卡尔的“怀疑一切”毫无疑问与此无涉。在笛卡尔那里，怀疑之后接踵而至的是建设，是精神通过理智的自我建构。易言之，笛卡尔推崇的具有解构性质甚至破坏性质的怀疑，乃是精神必定要产生实际成果的前奏。

为了达到这样的目标，笛卡尔需要使他所怀疑的一切复归可靠，这就面临着阐明“一切知识的基础”或寻找“真正的知识原则”的艰巨任务。由此就要进而思考这样的问题：是否一切事物都能够被怀疑？是否存在着未曾被怀疑甚或说根本就不能被怀疑的东西？这是笛卡尔不能不解决的问题。倘若有这样的东西，笛卡尔就有权宣布，这种用任何理由

---

① 黑格尔．哲学史讲演录：第4卷．贺麟，王太庆，译．北京：商务印书馆，1978：7，62，59.

② 黑格尔．小逻辑．贺麟，译．北京：商务印书馆，1980：157.

③ 笛卡尔．谈谈方法．王太庆，译．北京：商务印书馆，2000：31.

都无法施加怀疑的东西必定可以成为一种“基础”，在其之上建立的全部知识毋庸置疑都有合法性；倘若无，笛卡尔就要重新思考自己的立论基础，就要盘算着如何收场，而不至于落入贻笑大方的窘况。事实上，笛卡尔胸有成竹。他最终发现，虽说表面上一切都被怀疑了，但还有一个对象没有问津，没有被触动，即执行怀疑任务的“怀疑者本身”，亦即“我”。按照笛卡尔的意思，这个怀疑者“本身”，肯定不是指有头有手等具有可感性质的“我”——这些东西理当毫无例外地一一受到怀疑，而是指当下正在怀疑的那个“我”——姑且称之为“怀疑之我”。无须赘论，这个“怀疑之我”的存在是一点也不能怀疑的。理由十分简单，要是没有这个“怀疑之我”，“怀疑一切”岂不是空谈？于是，在“怀疑之我”不可被怀疑或质疑的存在中，“我在”就冠冕堂皇地出现了。当然，“我在”不是没有牵挂的，不是无条件的，而是天生需要履行“怀疑一切”的职责的。换言之，没有怀疑，焉有“我在”？这样一来，标识“我在”的那个“怀疑”究竟是什么性质的东西呢？笛卡尔给出了答案：“我是一个在思维的东西，这就是说，我是一个在怀疑，在肯定，在否定，知道的很少，不知道的很多，在爱、在恨、在愿意、在不愿意、也在想象、在感觉的东西。”① 这就是说，怀疑是思维的一种样式，“在怀疑”也就是“在思维”。于是，笛卡尔就宣布：“我怀疑，我思想，因此我存在（dubito，cogito，ergo sum）”。笛卡尔对此十分自信：“这条真理是十分确实、十分可靠的，怀疑派的任何一条最狂妄的假定都不能使它发生动摇，所以我毫不犹豫地予以采纳，作为我所寻求的那种哲学的第一条原理。”②

笛卡尔的这番苦心孤诣，如何让哲学回到了黑格尔所指称的“家园”呢？这在近代哲学运动中究竟有什么意义呢？

我们已经交代，笛卡尔的心意在于寻求清楚且明晰、确定且真实的知识。就此要问：我们如何就能知道自己达到或拥有了这样的知识呢？或问：知识何以能够符合这样的要求而真正是知识呢？黑格尔代替笛卡尔做了回答：“凡属真实的东西，都一定要在意识中得到内在的明证，或者明白确凿地为理性所认识，绝对不可能怀疑。”③ 这就是说，真实

---

① 笛卡尔．第一哲学沉思集．庞景仁，译．北京：商务印书馆，1986：34.

② 笛卡尔．谈谈方法．王太庆，译．北京：商务印书馆，2000：27.

③ 黑格尔．哲学史讲演录：第4卷．贺麟，王太庆，译．北京：商务印书馆，1978：69.

的知识依赖于“思维的直接确认”。依此，“我思故我在”就是“第一号最确定的认识”。何以见得？在笛卡尔看来，虽说“我在”不能否认，但其自明性不在自身，而在“我思”——“我思”提供或确保了“我在”的合法存在。那个不能怀疑自己却能怀疑其余一切的“怀疑之我”，并不是我们说成是“形体”的那个东西，而是我们称之为“灵魂”或“思想”的那个东西。这说明，“怀疑之我”就是“能思之我”，只是因为“我思”，“我在”才有理由成为可能，由此足见“我在”绝对必真的自明性在于“我思”。由“我思”来确证“我在”，“我思故我在”的确凿性自不待言。我们在此毫无例外地看到，笛卡尔已然把“我思”认定为“最初的本原”。

笛卡尔曾认为，作为本原的东西，应当能够满足两个条件：其一，它们非常清楚，非常明显，以至于人心一注意到它就不能怀疑其真理性；其二，只有依靠它们才能认识其他事物，也就是说，离开其他事物能够认识它们，而不是反过来离开它们能够认识其他事物。① 由此可以肯定，“我思”就是一切知识的基础、一切真理的尺度和准则。正是这样，笛卡尔就为哲学重建了一个全新的并且是原初的基础——思维。由于思维存在于“我”的心里，或者说是在“我”心里呈现出来的，因此，笛卡尔就明确地坚持“内在性”本身，并毫无疑问上升到原则性高度予以坚守。笛卡尔之后的近代哲学发展历程表明，笛卡尔就是因为这样的发现而当之无愧地成为近代哲学的奠基者，笛卡尔哲学是近代哲学的决定性开端。

之所以用“开端”来指证笛卡尔的奠基意义或地位，是因为笛卡尔思考中具有不彻底性。“胡塞尔发现，笛卡尔普遍怀疑思想缺少一种真正的彻底性，因为与一切怀疑相抵的超验的我仍然被笛卡尔看作‘世界的一小部分’，是一种实体。与此相应，从有关世界的一切知识这个基础着眼，它确实不能理解为意义的超验来源。”② 笛卡尔刚刚公布了自己的哲学沉思，就遭受到较多的诘难。我们在此不打算在那些诘难与笛卡尔的反驳之间周旋，而是侧重于讨论笛卡尔论证内在性成为原则的亏欠。这里所涉及的关键性问题，就是“我在”与“我思”的真正联系。

笛卡尔在答复诘难时曾提到，“我思故我在”并不是从任何三段论

① 笛卡尔．谈谈方法．王太庆，译．北京：商务印书馆，2000：62.

② 加达默尔．哲学解释学．夏镇平，宋建平，译．上海：上海译文出版社，1994：153.

式推论出来的，而是用“精神的一种单纯的灵感”就能看出来，“因为，由个别的认识做成一般的命题，这是我们精神的本性”①。黑格尔也为笛卡尔的辩解提供支持，多次提醒人们，这个“故”（ergo）不是推论意义的“所以”，自然不应把“我思故我在”理解为三段式推论。“如果有人把笛卡尔这一命题认作是三段式的推论的话，那么这人恐怕除了认识这命题中的‘故’字以外，对于三段式推论的性质知道得似乎并不很多。”② 如此这般地关切，奥秘在于黑格尔高度认同笛卡尔的这些工作所开启的存在论意义，在于黑格尔与笛卡尔在存在论原则上源出乎一心，在于黑格尔明白此等问题的影响并非仅止于笛卡尔本人的思考是否确当，而是波及整个近代哲学，故而需要严密看守。倒是当代的海德格尔非常干脆，主张“把这个令人棘手的‘ergo’〔‘故’〕从笛卡尔定理的公式中删除”，直接就用“我思我在”的表达形式。③ 海德格尔作为近代形而上学最为彻底的反叛者之一，十分清楚“我在”与“我思”的勾连对于近代哲学的致命性意义，从而就极其公正地点破了近代哲学在开端处所包含的问题。

的确，如果“我在”与“我思”的勾连是由推论推导而来，那么，内在性作为原则只能算是人为的设计和斧凿，必定缺少公信力。就此说来，笛卡尔的辩解正好暴露其内心的紧张，在最好的情况下，也说明他在这一环节上还有工作要做。实际上，从笛卡尔的整个哲学沉思来看，此等问题的存在，可谓成也萧何，败也萧何，笛卡尔自己负有不可推卸的责任。他所倡导的实体二元论，真正使“我在”与“我思”的勾连成了问题。

笛卡尔设定了两个实体，一是物质实体，一是精神实体。他不仅指出了精神实体在本性上是不灭的、永恒的，而且也列举各种理由来证明物质实体的实在性。就是说，这两种实体都是可以各自独立存在的，正如两条平行的直线互不干扰地无限延伸一样。正是这样的论证，笛卡尔自行制造了麻烦。作为精神实体的“我思”，在没有感性来源的支持下究竟如何能孑然独行？也许“我思”的确可以独善其身，但在这种情形下怎么能让人相信它竟能成为优先于一切的本原呢？它能提供行之有效

① 笛卡尔．第一哲学沉思集．庞景仁，译．北京：商务印书馆，1986：144.

② 黑格尔．小逻辑．贺麟，译．北京：商务印书馆，1980：157.

③ 海德格尔．尼采：下卷．孙周兴，译．北京：商务印书馆，2002：793.

的证明吗？想必笛卡尔也能明了这些疑虑——至少他没有回避，因为他反复强调并论证上帝是完满的，“我思”可以借助于“天赋观念”来强身健体，君临天下。笛卡尔“借助于论证上帝存在的方式即借助我思观念之所以产生的方法，来迂回地证明以数学为中介的世界知识的可凭性”[①]。可是，笛卡尔却万万没有意识到，用“神助说”来注解“我思”，给内在性原则带来的却是灾难。这是从“创造者”与“受造物”关系的角度来看待“我思”——在基督教文化语境中堪称十分恰当和切题，却毋庸置疑消解了自己为之呕心沥血的“我思”的权能和效准——这样一个连自身的存在尚且有着巨大依附性的“我思”，岂能有资格成为“最后的根据”？毫无疑问，此等疏漏对于内在性原则可能是致命性的打击或摧毁。

由此看来，虽说意识内在性已被提出来作为哲学的存在论基础或原则，但真正达到这一步尚需时日，内在性原则还处于自身充实和巩固的路途之中，它需要合乎必然地安放在人的内心世界，只有“我思”与“我在”之间的联结具有不可移易的必然性，才能谈得上内在性原则完善与否。可以说，哲学在近代重回“家园”之际就嵌入了先天的缺陷，笛卡尔耽搁了对于“我在”必须要思考、追问和阐说的东西。这就出现了康德之思的重要性。

二、“纯粹活动”对于内在性的建设性推动

近代哲学在笛卡尔之后的发展，在经历几个环节的洗礼之后，康德对于“我思”的关注和论证，决定性地进入我们的视野。

在康德看来，一切知识皆发自于“心”的两个基本源流：一是接受表象的能力即“感受性”，或曰“感性”；一是通过这些表象而知道对象的能力即“自发性”，或曰“知性”。“直观”和“概念”便是构成一切知识的“要素”，以至于概念没有与之相应的直观，或者只有直观而没有概念，知识的产生都没有可能。换言之，“感受性”和“自发性”同等重要，没有谁轻谁重之分。[②] 具体到知识的形成，康德首先强调一个前提性要求：我们是按照对象所表现给我们的那样，而不是按照对象本身那样来认识对象的。“作为我们的感官对象而存在于我们之外的物是

---

① 加达默尔．哲学解释学．夏镇平，宋建平，译．上海：上海译文出版社，1994：153.

② 康德．纯粹理性批判．邓晓芒，译．北京：人民出版社，2004：51－52.

已有的，只是这些物本身可能是什么样子，我们一点也不知道，我们只知道它们的现象，也就是当它们作用于我们的感官时在我们之内所产生的表象。"① 明乎此，知识的形成过程大体上可以描述如下：通过"纯粹直观"，我们获得了对象作用于我们的感官而在我们之内所产生的表象；与此同时，直观提供的杂多表象必须被包摄在一个"纯粹理智概念"之下，把杂多联系统一起来，如此便做成了一个普遍有效的判断。这就是知识。可见，知识得以可能的真正根据乃在人的内心，玄机在于"概念的统一性"。现在要问："概念的统一性"究竟是如何成了可能？康德宣布，这种可能性源于人心的"纯粹统觉"。这是康德对于"我思"意义的一个绝大发现，是对内在性原则的关键推动。

康德说："'我思'必须**能够**伴随着我的一切表象；因为否则的话，某种完全不可能被思考的东西就会在我里面被表象出来，而这就等于说，这表象要么就是不可能的，要么至少对于我来说就是无。"②

康德相信，这一论述决不是骄矜虚妄之言辞，而是切入"我思"之根本的描述。这里的直接提示在于：第一，"我思"不同于"我"的表象。表象乃是经验层面的现象，"我思"是高于经验层面的东西，不能被降格来理解。第二，"我思"与"我"的表象同在，这就由表象的经验个体性衬托出"我思"的普遍有效性。第三，"我"的表象离开"我思"即为不可能，"我思"就是"我"的"一切"表象能够可能的条件，这就呈现了"我思"具有逻辑先在性，也就是一切知识的根据。

"我思"何能如此？

在康德看来，"我思"本身不能特有所指，而是"我"所拥有的"单纯的机能"，是"我"的"自发性的活动"，因而，"我思"必须能够伴随着一切别的表象，其自身却不能为任何另外的表象所伴随——这几乎是笛卡尔对于"本原"规定的另一种表达。在这种情况下，"我思"就具有把直观给予的杂多表象统摄起来的必然要求，且有能力联结杂多表象。于是，康德就把"我思"这种表象称为"纯粹统觉"或"本源统觉"。由于把直观给予的各个表象统属于"我"，也就是"我"把这些表象统一在一个自我意识里，所以，"纯粹统觉"就是"自我意识的先验

① 康德．任何一种能够作为科学出现的未来形而上学导论．庞景仁，译．北京：商务印书馆，1978：50.

② 康德．纯粹理性批判．邓晓芒，译．北京：人民出版社，2004：89.

统一性”，又可称为“统觉的本源综合统一性”。康德就此明确指出：“意识的综合统一是一切知识的一个客观条件，不仅是我自己为了认识一个客体而需要这个条件，而且任何直观**为了对我成为客体**都必须服从这一条件，因为以另外的方式，而没有这种综合，杂多就**不**会在一个意识中结合起来。”①

海德格尔在解读康德的“统觉原理”时曾有过这样的评价：“这个原理乃是一个统一作用的原理，而且，‘统一性’并不只是共在（Beisammen），不如说，它是既统一着又聚集着的，是原初意义上的 λογοζ〔逻各斯〕，但却转移到自我主体（Ich-Subjekt）身上。这种 λογοζ〔逻各斯〕掌握着‘整个逻辑学’。”② 海德格尔在这里实际上告诉我们：第一，康德已经把“我思”安装在自我身上，并当作规约一切的基质来使用。第二，逻各斯中心主义正是黑格尔“逻辑学”的精髓，也是近代哲学的基本品质，康德对于“我思”的建构为这一品质的成熟做出了重要的贡献。第三，康德再度关注内在性，把内在性作为原则提示出来，毫无疑问在存在论原则意义上给予了深化和扩展。

由此可见，同样是把“我思”看成“能思之我”，但康德不可否认地推进了笛卡尔的思考：康德的“能思之我”乃是“统觉之我”“单纯之我”“绝对之我”，从而就是“逻辑之我”。而且，康德说：“在外部现象之中永远也不可能有思维着的存在者**作为自身**出现在我们面前，或者说，我们不可能从外部直观到它们的思想、它们的意识、它们的欲望等等；因为这一切都是应归内感官处理的。”③ 这就不言而喻地宣布，“我思”是内在的。

这样的话，我们就能予以识别：

其一，笛卡尔的“我思”，是指“我在思”——“思”是“我”的属性，“思”在“我”之外；康德的“我思”，是指“我等于思”——“思”是“我”的本性，“思”就是“我”，“我”就是“思”，“思”在“我”之内。

其二，笛卡尔的“我思”是直接用来肯定“我”的存在，“我”还是“被规定者”；康德的“我思”是表达那种确定“我”之存在的活动——

---

① 康德．纯粹理性批判．邓晓芒，译．北京：人民出版社，2004：92－93.

② 海德格尔．路标．孙周兴，译．北京：商务印书馆，2000：542.

③ 同①316.

“自发性”，“我”是绝对的“行规定者”。

其三，笛卡尔的“我思”是心理学意义上的实体，具有与客观性——物质实体——相对的主观性；康德的“我思”是纯粹逻辑意义上的实体，是人人皆有的“纯思”，具有客观性和普遍性。

其四，笛卡尔的“我思”意味着“思”是“我”的时可有时可无的属性，“我”与“思”之间是若即若离的联系；康德的“我思”没有任何例外地坚持“我”与“思”之间的内在必然相关，“思”合乎必然地进入“我”的内心，并给予武装和支撑。

一言以蔽之，康德深入必然性的层面，论证“我”与“思”之间的必然相连，建构了“思想的绝对内在性”，达到了对于近代形而上学的关键性奠基。由此种奠基而来的成果，就是张扬“思维之先验的主体”的主体性。进而言之，康德颇有识见地揭示，对形而上学的证明就是对人的探讨。既然这样，康德能否让笛卡尔所耽搁的“我在”重现光明呢？康德笃信的“实践理性优先”似乎带来了曙光。

康德告诉人们，“我”是按照自己“生而固有的”内在法则行事的，对于日常有效性的确信皆出自“我”的内心，从而“我”就是自由的，自己立法自己遵守。这就走进了人理当筹划自身生活的“实践理性”领域。如同纯粹理性批判并不针对任何具体的知识而只倾心于探究知识存在的先天形式那样，在实践理性批判中，康德也没有对任何具体行为做出道德评判，而是把矛头指向“幸福主义”的道德理论，研究道德的“应当”和命令之性质。在康德看来，道德若是被归结于幸福这种经验的层面，则只能流于主观而难有客观的普遍有效性。只有根本没有任何经验性质和感官内容羁绊的无条件的、先验的、纯粹理性的“绝对命令”亦即“道德律令”，才是具有普遍必然性的道德原理。不消说，康德看重并竭力突出的仍是人们道德行为的一般形式的特质。而且，这是由理性来立法的纯粹形式。既然如此，在不必进入康德的“道德律令”的情况下，我们已然洞晓，在实践理性领域，人是抽象理性法则的守护者，恰如人是具有“思”之自发性的主体那样。由此看来，在康德的视野中，“我”就是以“纯思”的逻辑主体的身份生存在世的。这是康德对于“我在”的期待。问题在于，人作为能“思”的精神实体是人生存在世的全部内容吗？纯粹的形式能够解决人的哪怕是比较具体的问题吗？黑格尔对此实在不能苟同，明确把康德“极其形式的”道德原则评价为：

“冷冰冰的义务是天启给予理性的胃肠中最后的没有消化的硬块”①。

那么，黑格尔能给我们带来什么希望呢？

三、内在性在“自我活动”中成为原则

虽然康德从认识得以可能的意义上论证了“我思”的普遍必然性，但笛卡尔没有解决的思维与自然的对立此时依然存在。康德建构内在性的巨大“形式主义”招致了众多的诟病。黑格尔就发现，康德形式地建立了思维“自身规定”的原则，却没有明确思维如何以及在何种程度上展开。倘若不能阐明思维如何开展，则思维就成为无源之水、无本之木。康德的缺陷在于，他并不真正理解思想的“客观性”。在黑格尔看来，“思想的真正客观性应该是：思想不仅是我们的思想，同时又是事物的**自身**（an sich），或对象性的东西的本质”②。而出路在于揭明作为形式的理性先验性之具有历史维度的经验内容，在于指出这种经验内容仍然源于人的理性的自行创造。

在黑格尔看来，“我”不仅仅是“自我”即主体，本质重要地还是“实体”。作为实体，“我”既包含着“知识自身的直接性”，也包含着“作为知识之对象”的那种直接性，从而“我”还有一个“树立对立面”的本质要求。唯有在这种意义上组建的“自身的同一性”或“在他物中的自身反映”，才是“绝对的真理”，而原始的“自身等同性”则不具备如此之品质。③ 看来，黑格尔揭示了“我思”还具有把对象视为自己发展的一个环节的任务，这就不可否认地超越了康德。黑格尔何以有此洞见？

费希特曾经提出“自我设定非我”，试图通过赋予自我“生产力”来弥补康德的形式主义。即便如此，黑格尔也不满意。因为这种情况下的自我仍是受到“外界的刺激”才显现的，从而就面对着一个异己的“他物”及其构成的限制，无疑永远是一个有限的存在。自我被判定了如此这般的命运，岂能成为绝对行规定的“规定者主体”？黑格尔认为，世界上的任何事物莫不是由一个长住稳定的“内在的本性”和一个变化

---

① 黑格尔．哲学史讲演录：第4卷．贺麟，王太庆，译．北京：商务印书馆，1978：291.

② 黑格尔．小逻辑．贺麟，译．北京：商务印书馆，1980：120.

③ 黑格尔．精神现象学：上卷．贺麟，王玖兴，译．北京：商务印书馆，1979：10－11.

无常的“外在的定在”所构成。例如，狗之为狗，不在于那些具体多样的个别实例，而是因其所具有的“动物性”。抽掉狗之动物性，则狗便失其为狗。[①] 当然，虽说任何事物都有自己的本性，但这并非事物自身所为，而要归功于一个“普遍神圣的理念”即绝对精神的劳作。绝对精神才是事物“自身”，是万物的“灵魂”、“共性”和“真形相”。正是绝对精神的无所不能，自我不仅具有起着“规范性”作用的纯粹形式——参见康德，而且也有确定的内容——绝对精神的自行制造。所以，自我就不仅具有“形式”方面的意义，同时也有“内容”方面的优越性，从而才能承当重任。由此可见，全部问题的关键在于承认并发掘绝对精神的“自我活动”性质。

所谓精神的“自我活动”，一方面是指精神的自我调适和自我把握：“精神不仅知道它**自在地**或按其绝对的**内容**说是怎样的，也不仅知道它**自为地**按其无内容的形式说或从自我意识方面看是怎样的，而且知道它**自在和自为地**是怎样的。”[②] 换言之，精神不仅知道自己的肯定方面，而且知道自身的否定方面亦即自身的“界限”。另一方面，精神基于“内在的冲力”的自我生成和自我造就：精神不仅不惜“牺牲自己”而扬弃自身的主观性，而且必定要扬弃对象的片面性，具有绝对信心去建立主观性和客观世界的同一，从而重建自身为绝对主体。[③] 精神如此这般的“自我活动”，意味着精神总是从自身出发，外化自身沉没到对象中，又能够扬弃对象的差别而返回自身，达到对自身的“概念式理解”。这一自己回归自身的运动，是以自己的开端为前提并且只有在终点时才能达到开端。可见，精神的本质就是自由，自由是精神的“唯一的真理”。

就此可以看出，黑格尔让思想内蕴于事物之中，成为事物的本质，而事物不过是思想的外在表现。于是，思想和事物就是同一的，但毫无例外地是以思维或精神为基础的同一。在这种情况下，近代哲学以往分开言说的“思”和“有”就被同一起来。这就是黑格尔明确提出的也是其哲学之中轴原理的“思维与存在的同一性”。这样一来，“我思”的内容就是理性或精神，再结合康德所论证的“我思”的理性形式，“我思”的普遍效准就在内容与形式两者相结合的意义上真正得以确立，并且有

---

① 黑格尔．小逻辑．贺麟，译．北京：商务印书馆，1980：80.

② 黑格尔．精神现象学：下卷．贺麟，王玖兴，译．北京：商务印书馆，1979：262.

③ 同①410.

着不可怀疑的权威。只有到这时，意识内在性作为哲学原则的论证才圆满完成。所以，黑格尔第一次绝对地思考了理性形而上学的本质，并诉诸为哲学语言；无论是哲学的存在论原则建构，还是哲学内容的体系化建设，黑格尔当之无愧地都是近代哲学的标志性代表人物，为哲学在人类知识地图上重立了一个走向未来的标杆。

透过黑格尔的叙述语境，我们能够体会到：其一，同样是力求在原则高度上把“活动”指派给精神，但康德沉湎于“我思”纯而又纯的形式上的统摄力（“纯粹活动”），黑格尔则力求精神“树立对立面”并回复到自身的“双重化”的实质性运动（“自我活动”）。这种区别显示了黑格尔思考的深度，意味着“我思”在内容上获得了突破以及由之而来可以达到的真正的普遍性。至此，内在性原则才获得了合乎自身逻辑发展需要的完整和成熟，近代哲学的存在论原则建构便由此而大功告成。基于如此这般显赫的哲学成就，近代哲学就给人们传播了这样的信念：“真理内在于人心，人心可以把握真理。”① 黑格尔所做的决定性提升告诉人们，只有在内容上获致必不可少的武装或支援，内在性作为存在论原则才是可能的。为“活动”添加坚实的实体性“内容”，意味着黑格尔彻底与空疏浅薄的哲学观进行划界，展示了哲学只有在把握时代问题中才能永葆生命力。其二，黑格尔完成了内在性原则，缘起于对理性之“自我活动”的论证和持守。可以说，没有后者就不会有前者。这种关联乃是近代哲学发展最为要紧也最为精彩之处，其中蕴含的深意尤其值得玩味。黑格尔心知肚明，精神通过“自我活动”的自己造就自己，不是晴天霹雳般地突如其来的，而是要经过一个发展过程的，黑格尔念兹在兹的“圆圈”式发展，正表明发展始终处于不可移易的过程之中。无过程，就谈不上发展。由此而言，过程乃是精神成为自身、成就自我的“寓所”——恩格斯对此看得通透见底，我们阅读黑格尔的文本亦能获致同样真切的感受。黑格尔沉思中的这一实情，究竟说明了什么呢？我们从马克思或海德格尔那里可以知道——我们很快就能看到这一点，凡是“自我活动”的东西，必定是以“时间性”作为自身存在的本质方式，从而蕴藏着对于“历史性”的承诺和依靠。换言之，这种基于生存时间性的历史性乃是一切“自我活动”成为自身的“寓所”或曰生存之

① 黑格尔．小逻辑．贺麟，译．北京：商务印书馆，1980：157.

基。黑格尔所心仪的自己造就自己的精神当然不能例外。我们还是来看看黑格尔本人的相关论述。

四、历史性为内在性的奠基

黑格尔说："时间是在**那里存在着**的并作为空洞的直观而呈现在意识面前的**概念**自身；所以精神必然地表现在时间中，而且只要它没有**把握到**它的纯粹概念，这就是说，没有把时间消灭，它就会一直表现在时间中。"①

这段论述毋庸置疑的提示是：其一，时间是"概念"自身。在此，我们理当能够想起来，在黑格尔语境中，客观性被指派给"概念"，精神运动达到概念阶段就是客观存在，而此处着重强调是在"那里存在着"的概念，表明时间的存在是不可怀疑的。其二，时间经由"空洞的直观"而达到概念，这是对康德的超越。康德把时间和空间一并称为存在于人心中的纯粹感性直观形式，其任务止于先天地给经验的东西做基础，为理性的"隐秘判断"提供质料。黑格尔不能容忍康德的这种形式主义，遂用高于"直观"的"概念"来武装时间。问题是，黑格尔沿用了康德首先开启的时间与人相勾连的致思理路吗？其三，精神落入时间之中。不过，这是有条件的。精神发展的目标是达到本己的概念，在此之前只能滞留在时间中，并不断地展现自身的发展阶段。所以，时间是精神尚未完成自身的"命运"和"必然性"。依此推论，精神完成自身就会处于时间之外。即便如此，精神摆脱不了与时间的因缘则是肯定的。

由上述解析我们可以注意到，黑格尔把时间指派给精神，而精神确证并表现自身的手段是思辨、逻辑或抽象。这里不需任何理论的帮助，我们每个人只要曾经进行过思辨或抽象就会有体验：思辨或逻辑或抽象，具有当下即是的性质，也就是在"现在"现相，它们既不需要"过去"也没有"将来"。由此表明，黑格尔只是把时间定格于"现在"这样一种样式。换言之，只有"现在"存在，至于现在之"前"和之"后"，黑格尔并不需要——顺便说一句，我们能否说时下一般的时间领会是由黑格尔奠定了认知方向吗？如此这般地约束时间，而时间与历史

① 黑格尔．精神现象学：下卷．贺麟，王玖兴，译．北京：商务印书馆，1979：268.

又是不可分割的，黑格尔将给予历史什么样的待遇呢?

黑格尔认为，“**历史**，是**认识着的**、自身**中介着的**变化过程——在时间里外在化了的精神”①。这里的提示在于：其一，历史是“认识着的”“变化”过程。用“变化”来指认历史，蕴含着对历史之感性性质的眺望。用正在进行时态的语气提出对历史变化过程的认识，意味着历史不仅是可以认识的，而且需要持之以恒地予以理解和领悟。其二，历史是“自身中介着的”变化过程。简单地说，“自身中介”具有无须外物帮助而完成的含义，这理当是“自我活动”的应有之义。“中介”之用法，表明“自我活动”真正是一个过程。其三，历史是精神在时间中的表现，指证了历史——时间——精神不可移易的相关性。这层寓意最关键，是落脚点，说明历史不能脱离精神，反过来亦可说精神不能脱离历史。

基于对历史的这些要求，黑格尔宣称：“被概念式地理解了的历史，就构成绝对精神的回忆和墓地，也构成它的王座的现实性、真理性和确定性，没有这个王座，绝对精神就会是没有生命的、孤寂的东西”②。

黑格尔自己道破了真相：历史乃是绝对精神安身之地。诚哉斯言！

我们就此能够发现，只有在历史被导入精神中以后，精神的自我活动才成为可能，内在性作为原则由此臻于完善，近代哲学的存在论原则就真正确立起来。正因此故，如果说随着历史元素在黑格尔哲学中获致确认和重用，从笛卡尔开始的近代哲学家持续不断地探索和建构的内在性存在论原则便真正完成，那么，这除了标明内在性作为存在论原则历史性形成的实情，近代哲学合乎逻辑的思想演进确凿无疑地证明了内在性成为原则的必然性，历史在其中乃至于对于整个哲学所具有的本质重要意义。黑格尔本人自觉不自觉地为之提供了现身说法：黑格尔整个理论建构充满着前所未有的巨大“历史感”，黑格尔从而才能成为近代哲学的集大成者，成为理性形而上学的正统代表。可以说，近代哲学到黑格尔这里，便完成了自我“生产”或自我“制造”，为资本文明的“现代性”运动提供了文化动力，并使自身成为“现代性”的一个引人注目的部分或内容。19 世纪的 R. 海姆在《黑格尔和他的时代》中对于黑格尔在当时的影响有过如下描述：

---

① 黑格尔．精神现象学：下卷．贺麟，王玖兴，译．北京：商务印书馆，1979：274.

② 同①275.

> 在现在活着的人们当中，还有不少人清楚地记得那样一个时候：那时全部学术都从黑格尔的智慧的丰盛餐桌上得到滋养；那时一切学科都为哲学学科服役，目的不外是想从绝对者的领域的最高监督以及著名的辩证法的无所不通的威力那里给自己弄到一些什么东西；那时任何一个人，如果他不是黑格尔的信徒，他就必定是一个野蛮人，一个愚人，一个落后的和可鄙的经验主义者；那时人们都认为，国家本身所以在不小的程度上感到安全和巩固，正是由于黑格尔老人已经论证了它的必然与合理；而且那时由于同样的原因，不信奉黑格尔的学说，这在普鲁士的文化和教学机构的工作人员看来，几乎就是一种罪过。大家必须回忆一下这个时代，为的是能够懂得，一个哲学体系的真正统治和受到推崇是意味着什么。必须想象一下1830年黑格尔的信徒们在严格、认真地研究这样一个问题时的那种热情，那种坚强的信心，这个问题就是：宇宙精神在黑格尔的哲学中达到自己的目的——自我认识——之后，世界将会变成什么样子。①

当然，虽说经过黑格尔的建设性工作，历史为内在性原则进行了关键性的奠基，但我们必须保持清醒，真正的历史并不为黑格尔所拥有。正如海德格尔所评判的，“黑格尔以某种方式来规定历史本身，认为历史在其基本特征上必定是哲学的”②。在黑格尔的阐释语境中，为了能够摆脱或超越对于历史的故意卖弄、先天的胡吹或空虚的想象，黑格尔坚决且明确地提出“概念式地理解”历史的实际要求，并真正予以落实，这是富有远见卓识的哲学创制。把历史引进哲学，是哲学把握时代、与现实和解的前提保证；用“概念”理解历史，可以为具体的历史研究提供方法论上的指导，克服没有方向和灵魂的史料堆砌。不消说，黑格尔的这一深思，推动了历史达到最高级。无论是对哲学还是对历史，即使把两者当作纯粹的知识形态，也都意义重大。问题在于，黑格尔在哲学上坚定不移地推行内在性的存在论原则，没有任何犹豫地把历史当作逻辑的附属物。倘若把黑格尔所说的历史称作逻辑的历史，一点也不为过。这样说来，历史对于黑格尔建构内在性原则的奠基作用不就

---

① 奥古斯特·科尔纽．马克思恩格斯传：Ⅰ．刘丕坤，王以铸，杨静远，译．北京：三联书店，1963：78 注 70.

② 海德格尔．路标．孙周兴，译．北京：商务印书馆，2000：503.

是妄言了吗？不然。马克思曾指出，绝对精神是形而上学改了装的“现实的人和现实的人类”。这是黑格尔哲学隐含的秘密或真理。由于现实的人都是历史性的存在物，所以，黑格尔在逻辑形式下表达了人的历史性，在思辨的过道上展示人的历史性，让人们看到了人的历史性的意义。黑格尔哲学的“历史感”正是由此而出，为内在性原则奠基的历史性正是这种所指。显然，绝对精神令人目眩的光环遮蔽了一切，黑格尔没有也不愿意走出思辨的迷宫，尽管他对于人的历史性已然有着清晰可辨的理论敏感。

廓清黑格尔完成内在性原则的哲学历程，我们就能够理解何以必定要出现“叛离黑格尔”的哲学运动。因为滥觞于笛卡尔、终结于黑格尔的近代理性形而上学为哲学建造的“家园”，并不是哲学的真正家园。看来，在近代哲学营造的文化语境中，哲学还是有着离“家”出走一事。哲学将走向何方？生活世界才是哲学的故乡。因此，让历史性穿破逻辑遮蔽，还内在性得以成长的实情，理当是哲学还乡的当务之急——此亦为西方现代性狂飙突进中呈现出来的问题。马克思一走上哲学舞台，就把思想的触角深入于人的现实生活世界，便开启了一个新的思想地平，成为引领哲学还乡的开路人。

第二章　作为理论酵母的人本学

意识内在性为近代哲学的存在论原则，由黑格尔完成了最后的理论论证和话语表达。依赖历史性及其关键性的思想奠基，这是内在性作为哲学存在论原则而蕴含的存在论承诺。不过，正如马克思所洞察到的，黑格尔只是给历史运动找到了“抽象的、逻辑的、思辨的表达”。就是说，黑格尔把逻辑当作历史的“脚手架”，把逻辑当作理解历史的中心线索，让本该居于中心的本真历史性置于边缘。在这种情形下，历史沦为逻辑思辨的“试验品”。这般本末倒置，当然不可能兑现其中所包含的存在论承诺，相反，严密的逻辑思辨必定遮蔽着人的历史性，进而真正放逐人的感性生命。这是黑格尔哲学最受诟病的存在论局限性。毋庸置疑，如果历史唯物主义从黑格尔哲学中获得了弥足珍贵的精神资源，那么，这只有在批判地脱离和超越黑格尔哲学的局限性基础上才是可能的。就此言之，对黑格尔哲学的批判，已经不是可有可无的事情，而是历史唯物主义创立中必然要发生的思想史事件，是为了拯救历史性而把握现实生活过程的根本要求。不消说，这是哲学存在论原则高度上的革命。费尔巴哈最先开始了对黑格尔哲学逻辑思辨的批判，在“人本学”的名义下阐发的感性对象性原理，为马克思的思想转变和哲学革命提供了直接的理论启示。

一、“以清醒的哲学来对抗醉醺醺的思辨”

在费尔巴哈看来，“**斯宾诺莎**是近代思辨哲学真正的创始者，**谢林**是它的复兴者，**黑格尔**是它的完成者”①。应该说，费尔巴哈的这一判

① 费尔巴哈哲学著作选集：上卷．荣震华，李金山，等译．北京：商务印书馆，1984：101.

断是有道理的。斯宾诺莎把笛卡尔的“实体二元论”转换为“属性二元论”。这种转换的意义就在于，实体在笛卡尔那里是没有任何内容的抽象存在，而斯宾诺莎则赋予实体“思维”和“广延”的属性，从而使“唯一的实体”因其有着实际的内容（即属性）而成为真实的存在。黑格尔极为欣赏斯宾诺莎的哲学探索，以为“斯宾诺莎是近代哲学的重点：要么是斯宾诺莎主义，要么不是哲学”。评价如此之高，恰恰反映了黑格尔的哲学取向。当然，黑格尔并未因此而盲目崇拜斯宾诺莎。黑格尔指证了斯宾诺莎实体的“死板”“没有运动”的欠缺，看到了走出这种实体之“深渊”的必要性。换句话说，“斯宾诺莎的实体不应该被理解为无运动的东西，而应该理解为理智，理解为按照内在必然性自身能动的形式，因此这实体既是自然的创造力量，但又同样是知识和认识。这样，它就成为哲学研究的对象了”①。这种观点在谢林哲学中呈现了出来。谢林逐渐地从自己所据以开始的“费希特原则”即“自我意识”中超拔出来，以“理智直观”（其外在表现就是对具体事物的“直接知识”）为原则，通过“想象力的审美的活动”，追求“主观与客观的绝对无差别”，而这种“绝对无差别”就是本质与形式、无限与有限、肯定与否定的同一性。于是，在谢林那里，斯宾诺莎的实体被精神“鼓动”起来，成为一个具有“自我意识”的“绝对”。然而，谢林的同一性原则“不以使对立的双方过渡到它们的统一的辩证法为它的规定，而以理智的直观为它的保证，同时理念的进展也不是从思辨理念的内在发展出发，而是按照外在反思的方式进行”。具体而言，谢林的同一哲学“没有通过概念自身予以必然性的揭示和发展”，“缺乏逻辑发展的形式和进展的必然性”，从而就是“极大的形式主义”②。

在斯宾诺莎和谢林思想基础上，黑格尔把思辨哲学发展到“顶峰”。黑格尔的整个哲学是从存在的概念或抽象的存在开始，以思维与存在的“绝对同一”而告结束，贯彻其中并作为“中轴原理”出现的就是“实体即主体”的原则。黑格尔说：“一切问题的关键在于：不仅把真实的东西或真理理解和表述为**实体**，而且同样理解和表述为**主体**。”③ 既然

① 黑格尔．哲学史讲演录：第4卷．贺麟，王太庆，译．北京：商务印书馆，1978：100，343.

② 同①358，371.

③ 黑格尔．精神现象学：上卷．贺麟，王玖兴，译．北京：商务印书馆，1979：10.

是主体，那么，实体就必定是一种“自己的行动”而不必假借外在力量的东西。基于此，黑格尔就把“自我活动”的品质引入实体之中，建构了纯粹的概念自身发展的思辨哲学。经过这样的改造，谢林的“绝对同一性”就不仅是一个客观真理，而且是绝对真理、绝对理念本身。而最高实体——绝对或上帝，就是理性的自我活动或自我形成，就是通过自身的发展而达于完满的本质。

基于明察思辨哲学之历史演变，费尔巴哈指出：“思辨哲学一向从抽象到具体、从理想到实在的进程，是一种颠倒的进程。”遵循这样的道路，哲学只能做到使“自己的抽象概念现实化”，而永远不能达到“真实的、客观的实在”，永远不能认识和把捉“精神的真正自由”。黑格尔引之为开端的抽象“存在”只存在于人们的思想中，在现实中是根本不存在的。① 因为现实的存在是具体的、感性的存在，是有限的、确定的、实际的东西。所以，“黑格尔哲学缺少**直接的统一性，直接的确定性，直接的真理**”②。黑格尔为了实现思维与存在的同一，就在思维本身的范围内扬弃两者之间的矛盾，并把思维即内在性当作两者同一的最终基础。由此可知，黑格尔所达到的思维与存在的同一，实质上不过是思维与自身的同一而已。黑格尔哲学的思辨性就此淋漓尽致地表露出来。

费尔巴哈十分清醒，黑格尔哲学的思辨性必然造成神秘性并通过神秘性表现出来，把黑格尔哲学称为“理性神秘论”是十分恰当的。在费尔巴哈看来，由于黑格尔缺失“发生学观点的批判思维”，因此他没有经过追本溯源就把仅仅表示主观需要的表象了解为客观真理，把细看起来极其可疑的东西当作真的，把第二性的东西当作第一性的东西，把个别地、相对地合理的东西证明为自在自为地合理的东西。这种神秘性比较突出地体现在黑格尔关于“无”的阐述中，由之也显示了黑格尔哲学的神学性质。黑格尔认为，“无”是与其自身单纯的同一，是完全的空，没有规定，没有内容，在自身中没有区别。“**无是**（存在）在我们的直观或思维中；或者不如说无是空的直观和思维本身，而那个空的直观或

① 费尔巴哈哲学著作选集：上卷．荣震华，李金山，等译．北京：商务印书馆，1984：108.

② 同①105.

思维也就是纯有。”①

针对黑格尔的这些观点，费尔巴哈指出，这个“无”是绝对无思想、无理性的东西，是根本不能被思维的。因为按照黑格尔本人的说法，思维就是规定，“无”如果被思维，也就获得了规定，那自然就不再是“无”了。真正说来，不存在的东西根本没有宾词，对于不存在的东西是不能有任何知识的。既然如此，“无”就是一种“绝对的自我欺骗”和“绝对的内心虚伪”，对“无”的思维就是一种“自己反驳自己”的思维。在这种意义上，只要把从“无”中创造世界当作一个思想甚至一条真理，就会把最荒诞不经的幻想、奇迹看成可能的事情，这就没有任何例外地为上帝的存在大开方便之门。正是这样，黑格尔的思辨哲学与宗教神学旨趣相投。神学在没有世界以前就已经有了上帝，黑格尔哲学在没有世界以前就已经有了绝对理念。在神学看来，人间的东西都是上帝事先在天国中创造出来而后赐予人间的；在黑格尔哲学中，一切事物都是先在的绝对理念逻辑推演的结果。黑格尔以绝对理念为基础的思辨哲学不过是用理性的语言来表达上帝创造世界的神学学说，不过是一种“理性化和现代化了的神学”。“上帝是纯粹的精神，纯粹的实体，纯粹的活动，纯粹的行动——没有欲望，不受外来的规定，没有感觉，没有物质。思辨哲学就是这个纯粹精神，这个纯粹活动现在化为思维活动，就是绝对实体现实化成为绝对思维。”② 当然，与笛卡尔等人的思辨神学把上帝设想成一种现成的东西相区别，黑格尔的思辨神学则把上帝设想成含纳着“否定之否定”的过程。按照黑格尔的看法，只有“否定之否定”才是真正的肯定，上帝只有否定了上帝的否定才成其为真正的上帝。黑格尔的思辨哲学试图通过哲学将已经没落的基督教重新建立起来，让已经暗淡的上帝重放光芒。所以，费尔巴哈得出结论：**“谁不扬弃黑格尔哲学，谁就不扬弃神学”**③。**“黑格尔哲学是神学最后的避难所和最后的理性支柱”**④。这就是说，“在费尔巴哈看来，如果黑格尔哲学是立足于哲学立场上的哲学，那末他自己则是立足于非哲学立场上的

---

① 黑格尔．逻辑学：上卷．杨一之，译．北京：商务印书馆，1966：69-70.

② 费尔巴哈哲学著作选集：上卷．荣震华，李金山，等译．北京：商务印书馆，1984：129.

③ 同①114.

④ 同①115.

一位哲学家。他并不是从哲学开始又以哲学告终，而是从非哲学开始，通过哲学又复归于非哲学”①。

毫无疑问，费尔巴哈对黑格尔哲学思辨性的批判具有十分重要的意义，在一定程度上把黑格尔绝对理念的“无时间性”暴露在人们的面前。费尔巴哈指出：“如果黑格尔哲学是哲学理念的绝对现实性的话，那么，黑格尔哲学里的理性的静止就必然要以时间的静止为结果。因为时间以后如果和以前一样继续它的可悲的进程，黑格尔哲学就不可避免地要失去绝对性这个宾词了。”② 这一评判尤其值得回味。黑格尔哲学的确有着巨大的“历史感”，这是涉及黑格尔哲学之地位乃至此后哲学发展方向的极其重要的方面。就人的现实生存而言，人是处于时间性中的生命存在，时间性是人的生命存在的源始性条件，没有时间性则人的生存也就无从谈起。实际上，就连“人的生命有没有时间”这种提问方式也是不能成立的，因为时间性与人的生命就是一回事，当然不能把两者割裂开来了。既然人的存在是在时间性中才获致其意义，所以，人的生存历史性则是人的生存时间性的存在方式。然而，通过对黑格尔哲学的分析，我们毫无例外地发现，黑格尔哲学所阐发的“历史感”根本上是用逻辑做出来的。由于逻辑构造是不需要时间的，它是在人的内在精神世界完成的，所以，黑格尔哲学的“历史感”没有时间性作为其存在之根据和条件。换言之，黑格尔的理性形而上学凭借抽象思辨疏离了人的感性生命，也就放逐了人的生存时间性，亦即费尔巴哈所说的“时间的静止”或“时间的专制主义”。或曰，在黑格尔那里，有历史而无时间。严格地说来，这一悖谬在现实中是不可能的，但黑格尔却通过抽象思辨使现实的不可能性变成逻辑上的可能性，并且给予了一种不容怀疑的逻辑必然性之哲学论证。在这一意义上，黑格尔哲学的“历史感”因缺失感性生命的时间性而宛如无根的浮萍，与其说是无助于人类对自身的认识，倒不如说实质上对这种认识产生着巨大的损害，带来了严重的“偏见”。费尔巴哈抓住黑格尔哲学逻辑思辨性的要害，针锋相对地弘扬人的生命的“感性对象性”，“第一次坚决地站出来反对黑格尔时以清醒

① 施密特．马克思的自然概念．欧力同，吴仲昉，译．北京：商务印书馆，1988：11.

② 费尔巴哈哲学著作选集：上卷．荣震华，李金山，等译．北京：商务印书馆，1984：49.

的哲学来对抗**醉醺醺的思辨**”①，无疑会有助于廓清黑格尔哲学笼罩在历史领域中的抽象逻辑迷雾。

二、高扬感性对象性原理

费尔巴哈在论证“神是人的本质的异化”时，富有卓见地指认“黑格尔式的思辨只是宗教真理之彻底的完成”，由此高扬感性的实在性，阐述了感性对象性原理。毋庸置疑，这是费尔巴哈在哲学思想史上的“伟大功绩”。在费尔巴哈看来，人有“无限的意识”，能够把握自己“无限的本质”。费尔巴哈特别予以强调的是，人必定要把自己的本质对象化，以便证明自己之现实的感性存在。费尔巴哈提出了构成感性对象性原理的两个基本命题：其一，“**没有了对象**，人就成了**无**”。其二，“主体**必然**与其发生**本质**关系的那个对象，不外是这个主体**固有**而又**客观**的本质”②。这就是说，人由对象而意识到自己，对于对象的意识，就是人的自我意识、自我确证和自我肯定。人的本质在对象中显现出来，对象是人的公开的本质，是人的真正的、客观的“我”。我们可以通过基督教的本质来体会这种关联：凡是基督教赋予上帝的一切品格皆是人的本质的对象化，基督教的对象和内容也就完全是属人的对象和内容。“人之对象，不外就是他的**成为对象的本质**。人怎样思维、怎样主张，他的上帝也就怎样思维和主张；人有多大的价值，他的上帝就也有这么大的价值，决不会再多一些。**上帝之意识，就是人之自我意识；上帝之认识，就是人之自我认识**。你可以从人的上帝认识人，反过来，也可以从人认识人的上帝；两者都是一样的。人认为**上帝**的，其实**就是他自己的精神、灵魂**，而人的**精神、灵魂、心**，其实**就是他的上帝**；上帝是人之**公开的**内心，是人之**坦白的**自我；宗教是人的隐秘的宝藏的庄严揭幕，是人最内在的思想的自白，是**对自己的爱情秘密的公开供认**。”③“属神的本质之一切**规定**，都是**属人的**本质之规定。”④

在黑格尔之后，费尔巴哈特别强调和坚持感性的实在性，认为感性

① 马克思恩格斯文集：第1卷．北京：人民出版社，2009：327.

② 费尔巴哈哲学著作选集：下卷．荣震华，王太庆，刘磊，译．北京：商务印书馆，1984：272，29.

③ 同②38.

④ 同②39.

的实在性乃是真正的、最终的甚至是不必追问的存在。因为这种“感性的、个别的存在的实在性，对于我们来说，是一个用我们的鲜血来打图章担保的真理”[①]。如此之决绝和坚定，费尔巴哈的目的当然在于批判和对抗意识内在性的抽象思辨。不宁唯是，费尔巴哈还用对象性来支援感性的实在性。与黑格尔维护“精神”的对象性相区别，费尔巴哈则突出“人”的对象性。换言之，费尔巴哈所论证的感性-对象性原理，乃是未来“新哲学”的原理。“新哲学”的历史必然性、存在理由乃至发展方向，可以说主要是与对黑格尔哲学的批判相关联的。费尔巴哈用“感性主体”对抗和否定“绝对主体”，开辟了“现实的人”的哲学立场和视野。在黑格尔这一哲学巨擘之后，费尔巴哈令人兴奋地提出了哲学依然可以前行的崭新要求，并身体力行地予以推进，展示了有着巨大前途的思想创造。这是标志着思想前进或上升的杰出贡献。

如果感性的实在性是如此之确凿无疑，那么，我们如何能够认识和把握呢？既然对象对于主体的存在是如此之不可或缺，对象却是“外在于我们的存在”，那么，主体如何把握对象呢？“费尔巴哈不满意**抽象的思维**而喜欢**直观**”[②]。在他看来，“主体和对象的同一性，在自我意识之中只是抽象的思想，只有在人对人的感性直观之中，才是真理和实在”。就是说，主体是通过直观对象而达到了对自身真理性的确证。“只有那通过感性直观而确定自身，而修正自身的思维，才是真实的，反映客观的思维——具有客观真理性的思维。”这就意味着把感性直观当作检验思维真理性的标准：“思维是通过感性而证实的”，而感性直观作为“思维的对方”建立了主体（人）与世界的真正联系。[③] 正是由于直观能够与逻辑思辨相抗衡，而且又可以提供直接明确的真理，所以，费尔巴哈对直观深信不疑，毫不犹豫地引之为自己哲学的真正原则。

费尔巴哈区分了“实践的直观”和“理论的直观”。他把“实践的直观”看成“不洁的、为利己主义所玷污的直观”，因为这种直观完全“以自私的态度”对待事物，不把对象视为与主体平等的东西，而主体也不能在其中达到满足。与此相反，“理论的直观却是**充满喜悦的、在**

---

① 费尔巴哈哲学著作选集：上卷．荣震华，李金山，等译．北京：商务印书馆，1984：68.

② 马克思恩格斯选集：第1卷．北京：人民出版社，2012：135.

③ 同①172，178，165，179.

自身之中得到满足的、福乐的直观，因为，它**热爱**和**赞美**对象；在自由知性之光中，对象像金刚石一样闪发出异样耀目的光辉，像水晶一样清彻透明”。这里再清楚不过地表明，费尔巴哈对自己的“哲学家的眼镜”过于自信，以至于对“实践的直观”极尽诋毁之能事，而自愿“停留在理论的领域内”。在此，辨认费尔巴哈对实践的理解尤为关键。费尔巴哈从“耶和华只关心以色列”的“绝对的偏颇”中，发现了基督教的秘密即是犹太人信奉的利己主义，而后者则是犹太人专擅的自私自利的商业活动的“**最实践的**处世原则”。[①] 既然如此，“卑污的犹太人”岂能被竭力宣传“爱的宗教”的费尔巴哈认可呢？真相已经大白：费尔巴哈眼中的“实践”仅仅是犹太人的活动形式。马克思准确击中了费尔巴哈的根本缺陷之所在：他“没有把人的活动本身理解为**对象性的**〔gegenständliche〕活动”，“不了解‘革命的’、‘实践批判的’活动的意义”[②]，也就“从来没有把感性世界理解为构成这一世界的个人的全部活生生的感性**活动**”[③]。这就明确无误地呈现出马克思“超出费尔巴哈而进一步发展费尔巴哈观点”的必然性。

于是，费尔巴哈所阐扬的感性对象性原理，在存在性质上尤其需要予以鉴别和确定。马克思恩格斯一针见血地指出：“费尔巴哈对感性世界的‘理解’一方面仅仅局限于对这一世界的单纯的直观，另一方面仅仅局限于单纯的感觉。”[④] 正是这样，真正现实的感性世界总是令费尔巴哈心烦意乱。费尔巴哈原本以为通过直观就能够观照“人与自然界的和谐”，可总是遭遇到阻碍甚至破坏他进行直观的东西。何故至此？“费尔巴哈的错误不在于他使眼前的东西即感性**外观**从属于通过对感性事实作比较精确的研究而确认的感性现实，而在于他要是不用**哲学家**的‘眼睛’，就是说，要是不戴哲学家的‘眼镜’来观察感性，最终会对感性束手无策。”[⑤] 这是切中要害的评价。在费尔巴哈的哲学视界中，“感性直观何以可能”是一个悬而未决甚至还没有意识到需要予以追问的问题。费尔巴哈主张感性因直观而获得时，实际上沉浸在用“哲学家的眼

① 费尔巴哈哲学著作选集：下卷．荣震华，王太庆，刘磊，译．北京：商务印书馆，1984：235－236，145－146.

② 马克思恩格斯选集：第1卷．北京：人民出版社，2012：133.

③ 同②157－158.

④ 同②155.

⑤ 同②155注③.

镜”所直观到的“感性”之中，这种“感性”当然不能与其周围的感性世界相提并论。所以，即便现实的感性世界活生生地呈现在费尔巴哈的面前，他也始终未能与之发生真正算得上是感性的联系。“他没有看到，他周围的感性世界决不是某种开天辟地以来就直接存在的、始终如一的东西，而是工业和社会状况的产物，是历史的产物，是世世代代活动的结果”①。甚至连最简单的“感性确定性”对象如樱桃树，“只是**由于**一定的社会在一定时期的这种活动才为费尔巴哈的‘感性确定性’所感知”②。毫无疑问，费尔巴哈哲学以直观为运行机制的感性对象性原理，在实际开展中陷入了“理论承诺”与“实现效果”之间的巨大差距中。这一差距正是引导马克思越出费尔巴哈的思想界限的十分重要的契机。“费尔巴哈所提供的强大推动力怎么能对他本人毫无结果呢？理由很简单，因为费尔巴哈不能找到从他自己所极端憎恶的抽象王国通向活生生的现实世界的道路。”③

因此，费尔巴哈在把宗教的本质归结于人的本质、把宗教世界归结于它的世俗基础以后，没有继续探究人的本质是如何可能异化的，没有由此进展到追究世俗基础本身的“自我分裂和自我矛盾”究竟如何可能的问题。费尔巴哈和德国其他的理论家一样，“只是希望确立对**现存的**事实的正确理解”，而不是要“推翻这种现存的东西”。“费尔巴哈在力图理解**这一**事实的时候，达到了理论家一般所能达到的地步，他还是一位理论家和哲学家。”④ 费尔巴哈企图使人们相信，既然宗教是人的本质的异化，那么，我们就应该把对上帝的崇拜转变为对人的崇拜，把对上帝的爱转变为对人的爱。他甚至提出并论证用“爱的宗教”代替基督教和一切有神的宗教，以之作为克服宗教异化的途径。他根本不了解，“‘宗教感情’本身是社会的产物”，世俗基础应该“在实践中使之革命化”，只有这样才能真正地消灭宗教异化。可以看出，“费尔巴哈虚构了一种人，这种人的现实性不过是市民社会中的私人的某种镜像。他的关于我和你的理论完全就回到了市民社会中的私人之间的私人关系，即回到了所谓的‘爱’和‘友谊’；而没有意识到，对人来说，并不是只有表面上的

---

① 马克思恩格斯选集：第1卷．北京：人民出版社，2012：155.

② 同①156.

③ 马克思恩格斯选集：第4卷．北京：人民出版社，2012：247.

④ 同①177.

‘纯粹-人性的’生活关系，而是还有一种通过世界之中的普遍的、社会的和经济的关系而摆在我们面前的‘感性确定性’的最为原始的对立”①。

三、错失真正的历史性

费尔巴哈力图探求人的本质，用来揭示神或上帝的本质。然而，他“从来没有看到现实存在着的、活动的人，而是停留于抽象的‘人’，并且仅仅限于在感情范围内承认‘现实的、单个的、肉体的人’，也就是说，除了爱与友情，而且是理想化了的爱与友情以外，他不知道‘人与人之间’还有什么其他的‘人的关系’”②。因此，费尔巴哈对人的“现实的本质”完全丧失批判的意识，疏离现实生活过程，以至陷入对“个体”与“类”的抽象议论之中：一方面，“撇开历史的进程，把宗教感情固定为独立的东西，并假定有一种抽象的——**孤立的**——人的个体”③。费尔巴哈认为，“上帝是一个三元的、三人格的存在者”，因为上帝的秘密就是人的秘密，所以，属神的三位一体就意味着人类个体不会是茕茕孑立孤身一人。于是，他发现了“男人”、“女人”和“孩子”就是人类亘古不变的个体。另一方面，把人的本质理解为“类”，“理解为一种内在的、无声的、把许多个人**自然地**联系起来的普遍性”④。费尔巴哈揶揄“不学无术的唯物主义者”仅仅把意识当作人的本质，而主张“理性”“意志”“心”是人作为人的“绝对本质”，是人的生存“目的”，是“人的本性的类的本质”。在他看来，“人决不能越出他自己**真正的本质**”。人虽然可以在幻想中使自己属于另一个更高的“种的个体”，但他决不能脱离“自己的类”即“自己的本质”。而且，他给予这另一个个体的本质规定，不过是把自己的本质对象化并因之摹绘自己而已，“类的尺度，是人的**绝对**的尺度、规律和准则”⑤。如果考虑到费尔巴哈根本没有认识到个人总是属于一定的社会形式的，那么，他流连于“个体”和“类”之间而追寻人的“绝对本质”就是十分正常的。然而，

---

① 卡尔·洛维特．韦伯与马克思以及黑格尔与哲学的扬弃．刘心舟，译．南京：南京大学出版社，2019：62 注 101.

② 马克思恩格斯选集：第 1 卷．北京：人民出版社，2012：157.

③ 同②135.

④ 同②135.

⑤ 费尔巴哈哲学著作选集：下卷．荣震华，王太庆，刘磊，译．北京：商务印书馆，1984：27－28，32，37，42.

“如果人本质上就是社会的，那么他只有在社会中才能发展他的自然本质，并且他的本质的力量不能根据单个个体，而只能通过社会的标准加以衡量”①。因此，费尔巴哈认为十分正常的这件事情，对于已经处于历史唯物主义的生存论的存在论哲学境域中的马克思来说，却是十分不正常的。因为“当费尔巴哈是一个唯物主义者的时候，历史在他的视野之外；当他去探讨历史的时候，他不是一个唯物主义者。在他那里，唯物主义和历史是彼此完全脱离的”②。全部问题的症结，聚焦于费尔巴哈所倚重的极力推崇的“直观”。费尔巴哈“重新陷入唯心主义”，正是表现在丢失了历史性原则，只是一味对“直观”进行论说和使用上。

费尔巴哈认为，“只有**人本学**是真理，只有感性、直观的观点是真理”③。感性直观的原则被费尔巴哈看成是哲学的真正原则。费尔巴哈正是通过直观而达到对于感性对象的确认和肯定，以便克服和对抗意识内在性的抽象思辨。然而，“在对感性世界的**直观**中，他不可避免地碰到与他的意识和他的感觉相矛盾的东西，这些东西扰乱了他所假定的感性世界的一切部分的和谐，特别是人与自然界的和谐”④。这就是说，通过直观虽说的确可以看到单纯的对象，但却无法面对并解释充满着矛盾和发展的现实感性世界。由此可见，费尔巴哈通过直观而达到的感性对象性，正是缺失内容的空洞的东西。如此这般不可挽救地陷入形式主义，恰恰分享着意识内在性的存在论原则。费尔巴哈在关乎哲学原则的选择上，始于批判，终于皈依，在思想史上留下了深刻的教训。就此说来，我们不能不承认，被马克思评价为“唯一对黑格尔辩证法采取严肃的、批判的态度”的费尔巴哈，对于马克思的世界观和立场的转变的确起着重要的作用，却因为未能把自己当初发动的转向唯物主义的意图贯彻到底，最终走向一连串的理论倒退，从而只能成为马克思思想演变中的中介环节。“正像费尔巴哈所面临的界限只是由于马克思的理论活动才得以显露昭彰一样，费尔巴哈所提供的强大推动力只是在马克思那里才成为一种不可遏制的、朝气蓬勃的发展力。”⑤ 在历史唯物主义的存

① 卡尔·洛维特．韦伯与马克思以及黑格尔与哲学的扬弃．刘心舟，译．南京：南京大学出版社，2019：225.

② 马克思恩格斯选集：第1卷．北京：人民出版社，2012：158.

③ 费尔巴哈哲学著作选集：上卷．荣震华，李金山，等译．北京：商务印书馆，1984：205.

④ 同②155.

⑤ 吴晓明．马克思早期思想的逻辑发展．上海：上海人民出版社，2016：183.

在论革命所开启的思想前进运动中，费尔巴哈决定性地成为一个被扬弃、被超越的思想背景和理论案例。

十分遗憾，费尔巴哈仅仅止步于对黑格尔哲学思辨性的最一般的批判，未能沿着已经展开的正确方向深入下去。他充其量给人们敲响了警钟，却没有指出摆脱思辨束缚的正确道路。而且，费尔巴哈对待黑格尔哲学的态度非常武断和粗暴，简单地将之当作纯粹的思辨游戏，把小孩（“合理内核”）和洗澡水（思辨形式）一起从澡盆中泼了出去。“像对民族的精神发展有过如此巨大影响的黑格尔哲学这样的伟大创作，是不能用干脆置之不理的办法来消除的。必须从它的本来意义上‘扬弃’它，就是说，要批判地消灭它的形式，但是要救出通过这个形式获得的新内容。”① 换言之，最根本的是要指明黑格尔哲学在存在论上的性质以及内在缺陷，但要求费尔巴哈去完成这一任务，的确勉为其难。费尔巴哈并不了解人的现实的感性活动的真实和伟大的意义，只把人看作“感性对象”，而不是“感性活动”。这种没有切入人的现实生存的哲学之思，不可避免地是在抽象王国中神游，自觉不自觉地分有着黑格尔理性形而上学之前提。因此，费尔巴哈一涉足历史领域，就立即见出肤浅，不但没有与黑格尔的抽象思辨进行理论划界，反而充当着巩固形而上学的同路人。一言以蔽之，费尔巴哈“现实的人”的立场游离于历史性原则，他对“醉醺醺的思辨”发动的进攻却无功而返，循着费尔巴哈的路向最终并不能克服理性形而上学顽梗的逻辑思辨。

真正说来，马克思与费尔巴哈哲学的关系离不开黑格尔哲学的因缘。当马克思感到要对物质利益问题发表意见时，他以之为思想依托的黑格尔哲学信仰不但不能给予有效的支持，反而因解决现实问题的彻底无力而构成了观念制约和思想负担。为了走出困境，在关注现实的“问题意识”驱使下，马克思选择黑格尔的法哲学作为思想“自救”的突破口。通过对世俗市民社会“等级差别”的分析和理解，马克思已经意识到“现实的人”的活动的现实伟力及其提升为哲学原则的必要性。在此情形下，费尔巴哈批判宗教异化而建构的“现实的人”的哲学立场就顺理成章地得到了马克思的认同。可以说，马克思是因思想发展的自我需要而接受了费尔巴哈的思想助力的，这与马克思钻进黑格尔哲学的“大

---

① 马克思恩格斯选集：第4卷．北京：人民出版社，2012：229.

海”是不可同日而语的，我们不能因为费尔巴哈给了马克思巨大的影响而对此视而不见。马克思反对费尔巴哈，是因为费尔巴哈虽然毅然决然地从“绝对精神”返回到现实的人的世界，但只是将“抽象的人”亦即放弃现实世界的人当作哲学的基础；是因为费尔巴哈虽然极其猛烈和感人地打击了黑格尔哲学，却未能“批判地克服”黑格尔哲学。在这个意义上，如果我们不能否认马克思思想演变过程中对费尔巴哈哲学如此明确而直接之要求的话，那么，费尔巴哈哲学在马克思心目中的地位及其前景皆由之所决定。这一判断的引申之义就是，当马克思直接使用费尔巴哈“现实的人”的哲学理念来批判地清算黑格尔哲学信仰时，这一哲学理念的优劣是非马克思已然心中有数，与之划界也已经清晰可见。费尔巴哈“紧紧地抓住自然界和人；但是，在他那里，自然界和人都只是空话。无论关于现实的自然界或关于现实的人，他都不能对我们说出任何确定的东西。要从费尔巴哈的抽象的人转到现实的、活生生的人，就必须把这些人作为在历史中行动的人去考察”①。随着马克思由“对象性活动”原理而制定更加成熟稳定的实践原则，蕴含“历史感”的生存论哲学境域的必然性使马克思不能容忍费尔巴哈，对费尔巴哈哲学的批判也就提上了日程。

四、“我们如何对待黑格尔的辩证法”②

阿尔都塞在解说马克思“成为马克思”的思想历程时，认为马克思的思想演变发生“认识论的断裂”之前，马克思是属于“费尔巴哈派”的，或者说马克思的思想处于“费尔巴哈的总问题”之中，“广为流传的所谓青年马克思是黑格尔派的说法是一种神话”。阿尔都塞还煞有其事地提出，如果把费尔巴哈在马克思早期著作中的存在仅仅归结为马克思明确地提到了费尔巴哈的名字，那是很轻率的。“费尔巴哈是人所共知的名人，马克思又已经**把费尔巴哈的思想当作自己的思想**，并且用费尔巴哈的思想进行思想，就像用自己的思想进行思想一样，在这种情况下，马克思有什么必要非得提到费尔巴哈的名字呢?”③ 阿尔都塞的观点代表着学术界的一种认识倾向：马克思思想演变进程中有一个“费尔

---

① 马克思恩格斯选集：第4卷．北京：人民出版社，2012：247.

② 马克思恩格斯文集：第1卷．北京：人民出版社，2009：197.

③ 阿尔都塞．保卫马克思．顾良，译．北京：商务印书馆，2006：18，52.

巴哈阶段”。这样说来，恩格斯指出费尔巴哈是马克思和他与黑格尔观点之间的“中间环节”，就难以成立；费尔巴哈的“人本学”作为马克思思想演变的“理论酵母”，也难以成立。真实情况果真如此吗？这里选择马克思提出的“我们如何对待黑格尔的辩证法”这一问题，探究马克思“成为费尔巴哈派”或进入“费尔巴哈的总问题”在存在论意义上的不可能性。

辩证方法之于马克思主义学说的决定性意义，这是众所周知的。如何对待黑格尔辩证法，根本不是一种余兴或旁出，而是具有存在论意义上的重要性；判明并超越黑格尔辩证法的本体论（存在论）基础则是所有工作的前提。马克思在批判异化劳动中，深入历史的本质性之中，开启了哲学走向现实生活世界的现实道路。就此而言，在发现和阐明社会现实这一标志着哲学发展的新方向、新原则的关节点上，马克思与黑格尔关乎问题之根本地相遇了。这正是马克思在新的存在论境域中透视并使用黑格尔辩证法所达到的积极成果。在《手稿》中，马克思概述了黑格尔辩证法的积极成果，即“作为推动原则和创造原则的否定性”[①] 的辩证法。马克思为什么形成这一判断？其中蕴含的深意如何把握？

在黑格尔的哲学语境中，“否定性”与“绝对主体”的“自我活动”息息相关。这三个概念的动态连接大体上就是黑格尔辩证法的基本构成，这也是我们理解和阐释黑格尔辩证法的关键词。

“绝对主体”意味着黑格尔的哲学立场。

所谓绝对，简单地说就是“无对”，就是指只可能与自身相关的性质；所谓与自身相关，就是指绝对从自身出发，经过自己的异在又回到自身。黑格尔对此有着精到的阐述：“精神已向我们表明，它既不仅是自我意识退回到它的纯粹内在性里，也不是自我意识单纯地沉没到实体和它的无差别性里，而是自我的这种运动：自我外在化它自己并自己沉没到它的实体里，同样作为主体，这自我从实体〔超拔〕出来而深入到自己，并且以实体为对象和内容，而又扬弃对象性和内容的这个差别。”[②] 这就是众所周知的“实体即主体”论断：“一切问题的关键在于：不仅把真实的东西或真理理解和表述为**实体**，而且同样理解和表述为**主体**。”[③]

① 马克思恩格斯文集：第1卷．北京：人民出版社，2009：205.

② 黑格尔．精神现象学：下卷．贺麟，王玖兴，译．北京：商务印书馆，1979：271.

③ 黑格尔．精神现象学：上卷．贺麟，王玖兴，译．北京：商务印书馆，1979：10.

进而言之，作为实体，主体既包含“知识自身的直接性”，也包含“作为知识之对象”的那种直接性，从而主体还有一个“树立对立面”的本质要求。唯有在这种意义上组建的“自身的同一性”或“在他物中的自身反映”，才是“绝对的真理”，而原始的“自身等同性”则不具备如此之品质。[①] 绝对真理既然必定拥有如此这般的品质，那么，它作为主体的活动，决不能在自身理性之外假借形式或权力来证明自身。换言之，理性自身有着足够的力量和内涵而自我支撑。

“自我活动”是绝对主体的基本存在性质。

依照“实体即主体”的哲学立场，精神的活动一定不会假求于外的某种力量，理性自身具有“活力”。理性不像有限行动那样需要求助于“外来的素质”去创造一切、统摄一切，这就是理性的**“无限的素质”**。理性自己供给自己的营养，不需要从给定根据中获得营养和活动的对象，理性就是万物的**“无限的内容”**，是万物的“精华”和“真相”。理性是“实体”，有着**“无限的形式”**去推动这些内容。只是由于理性并在理性之中，一切现实才能存在和生存。理性是自己预设的唯一的、绝对的、最后的目标，并自我授权地在自然和精神宇宙中开展这一目标，使之从内在源泉到外在特征都能够由潜在性变为现实性。这就是唯有理性才具有的**“无限的权力”**，是真正的、永恒的、绝对的权力。理性正是因为拥有如此这般的内在品质，才能够成为世界的“灵魂”和“共性”。[②]

在此基础上，我们能够明白，“实体作为主体，本身就具有**最初的内在**必然性，必然把自己表现为它**自在地**所是的那个东西，即把自己表现为**精神**。只有完成了的对象性的表现才同时是实体回复到自身的过程，或者是实体变成自我〔或主体〕的过程”[③]。就此可以发掘精神作为“绝对主体”之“自我活动”的两个内在的建设性向度。一方面，精神的自我把捉：“精神不仅知道它**自在地**或按其绝对的**内容**说是怎样的，也不仅知道它**自为地**按其无内容的形式说或从自我意识方面看是怎样的，而且知道它**自在和自为地**是怎样的。”[④] 这就是说，精神不仅知道

① 黑格尔．精神现象学：上卷．贺麟，王玖兴，译．北京：商务印书馆，1979：10－11.

② 黑格尔．历史哲学．王造时，译．上海：上海书店出版社，1999：9.

③ 黑格尔．精神现象学：下卷．贺麟，王玖兴，译．北京：商务印书馆，1979：269.

④ 同③262.

自己，而且知道自身的否定亦即自身的“界限”。另一方面，精神基于“内在的冲力”的自我造就：精神不仅不惜“牺牲自己”而扬弃自身的主观性，而且必定要扬弃对象的片面性，具有绝对信心去建立主观性和客观世界的同一，从而重建自身为绝对主体，并能够提高这种确信使之成为真理。①

从精神“自我活动”之要义来看，精神只有作为自己回复到自己的变化过程才真正是精神。这就是说，精神在它的异在本身里也就在它自己本身，精神是“依靠自身”的存在，是“自为存在”，亦即是自由的存在。既是这样，精神就要使一切外在之物都变成“为我而存在”之物。“那种在精神中作为他物而继续存在的东西，或者是未被消化，或者是死物；如果精神让这种东西作为外物存在于自身里面，那么精神就是不自由的。”② 精神的“自我活动”既然本质重要地蕴含着“为我而存在”的必然要求，实质上表达了精神以建构或设定为内涵的创造性。

“否定性”是辩证法的基本性质和展开方式。

黑格尔认为，辩证法不单纯是思维过程，而是概念本身或绝对理念的发展。更为重要的是，辩证法构成了世界的、自发的自我发展。这是因为“绝对主体”作为辩证法的存在论基础，乃是世界的主宰和真形相。于是，事物通过变为它的对立面，解决矛盾而发展为综合，达到更高的存在状态。这是一个不断开展直至达到完善的过程。所以，“辩证法是现实世界中一切运动、一切生命、一切事业的推动原则。同样，辩证法又是知识范围内一切真正科学认识的灵魂”③。按照黑格尔辩证法的基本精神，一般的否定性或否定的东西直接进入实体之中，改造实体性，使之成为活动的主体性。于是，辩证法不仅把否定的东西确定为推动的原则，而且还把它理解为“自身”（Selbst）。这样的辩证法当然就被命名为“否定性”的辩证法：“如果这个否定性首先只表现为自我与对象之间的不同一性，那么它同样也是实体对它自己的不同一性。看起来似乎是在实体以外进行的，似乎是一种**指向着**实体的活动，事实上就

① 黑格尔．小逻辑．贺麟，译．北京：商务印书馆，1980：410.

② 黑格尔．哲学史讲演录：第3卷．贺麟，王太庆，译．北京：商务印书馆，1959：384.

③ 同①177.

是实体自己的行动，实体因此表明它自己本质上就是主体。”① 海德格尔认为，“黑格尔也把‘思辨辩证法’径直称为‘方法’。用‘方法’这个名称，它既不是指一个表象工具，也不仅仅是指哲学探讨的一个特殊方式。‘方法’乃是主体性的最为内在的运动，是‘存在之灵魂’，是绝对者之现实性整体的组织由以发挥作用的生产过程”②。这里的“生产过程”用语，正是对黑格尔辩证法蕴含的“推动原则”和“创造原则”的切中肯綮的评价。

从黑格尔本人的论证中，我们可以把握其辩证法的存在论基础及其存在方式。值得深思的是，从“实体即主体”之自我活动的展开过程中确立辩证法的实体性的内容，呈现并说明“事情的活生生的本质”，黑格尔切入问题的思考深度、深邃的历史意识、关注现实的思想指向，皆无与伦比，令人敬佩。这样的成就，固然与黑格尔个人的卓越才华分不开，但根本动因仍是超越个人并引领个人的现实力量。黑格尔就富有洞见地提出，哲学的真正出现，在于与现实的和解，理解和把握现实。马克思更明确地概括为：“哲学不仅在内部通过自己的内容，而且在外部通过自己的表现，同自己时代的现实世界接触并相互作用。”③ 因此，我们站立在黑格尔宏伟严密的哲学体系面前，需要透过黑格尔用于搭建哲学体系的逻辑“脚手架”，把辩证法这颗“真正的珍珠”拿到阳光中来。马克思就洞悉黑格尔辩证法的“伟大之处”：“黑格尔把人的自我产生看做一个过程，把对象化看做非对象化，看做外化和这种外化的扬弃；可见，他抓住了**劳动**的本质，把对象性的人、现实的因而是真正的人理解为人**自己的劳动**的结果。”④ 抓住人的自我生成，抓住现实生活过程，这就是深入活生生的社会现实之中。黑格尔的哲学特别是其辩证法的伟力就不言而喻地呈现出来。正是这样，我们可以从马克思这一论断中提炼表达这样一个判断：黑格尔无比深刻的辩证法乃是社会现实的“抽象的、逻辑的、思辨的表达”。可以说，对待黑格尔的辩证法，全盘照搬或完全置之不理，都是思想浅薄的表现。黑格尔辩证法的意义不是停留在黑格尔晦涩难懂的文本之中，现成地呈现出来的东西，而是需要

① 黑格尔．精神现象学：上卷．贺麟，王玖兴，译．北京：商务印书馆，1979：24.

② 海德格尔．路标．孙周兴，译．北京：商务印书馆，2000：507.

③ 马克思恩格斯全集：第1卷．北京：人民出版社，1995：220.

④ 马克思恩格斯文集：第1卷．北京：人民出版社，2009：205.

通过剥离黑格尔哲学的存在论原则，在崭新的存在论境域中进行革命性改造与创造性推进，才能得以澄明。这项创举首先要归功于马克思，费尔巴哈的工作则黯然失色。马克思合理对待黑格尔哲学的科学态度为我们树立了榜样，同时绽露了唯物辩证法的要义。

其一，用“实在主体”置换“绝对主体”。

众所周知，按照黑格尔的设计，“辩证法是绝对主体之主体性的生产过程，并且是作为绝对主体的‘必然行为’的过程”①。黑格尔把思辨方法看作实体之为主体的内在运动，并随着绝对精神主宰世界而同时成为世界的“灵魂”，作为实体和主体的绝对精神能够认识和把握这一过程。不消说，辩证法就是“实体即主体”原则实际展开的运动过程，也就是绝对主体的自我活动过程；只要没有这种绝对主体的自我活动，就根本不会有辩证法。这就是思辨辩证法的思辨逻辑。一旦费尔巴哈拉开了批判绝对精神的帷幕，“绝对主体”的瓦解就是不可逆转的过程，一个新时代的来临便指日可待。这里的问题在于：当黑格尔哲学的本体论基础被证明是神秘化的思辨幻觉而已然需要解构的时候，黑格尔的辩证法能否获得实质性的保留？这种保留工作在什么样的本体论（存在论）基础上进行才能完成？②

马克思独具慧眼地指出，黑格尔的绝对精神是被形而上学改了装的“现实的人”和“现实的人类”，意识在任何时候都是被意识到了的现实生活过程。这就在新的存在论原则高度洞穿了近代哲学所持守的意识内在性本体论原则的秘密。正是这样，马克思从“劳动”与“人的自我产生”的本质关联中批判地阐释和彰显黑格尔辩证法的否定性要义时，就用现实感性的“实在主体”承载和重启辩证法的“自我活动”之特质，实现了对于“绝对主体”的格式塔式转换。在马克思理论思考的语境中，“实在主体”是“现实的人”和“现实的人类”的统一。作为“现实的人”，“实在主体”是有血有肉的、站在坚实的呈圆形的地球上呼出和吸入一切自然力的、从事现实活动的、处于一定的社会关系中的人。马克思进一步阐述了“现实的人”的基本构成：“这是一些现实的个人，是他们的活动和他们的物质生活条件，包括他们已有的和由他们自己的

---

① 海德格尔．路标．孙周兴，译．北京：商务印书馆，2000：506.

② 吴晓明．黑格尔的哲学遗产．北京：商务印书馆，2020：84，86，89.

活动创造出来的物质生活条件。"[①] 作为"现实的人类"，"实在主体"乃是特定的、既与的、具有实体性内容的"社会"，是既定的社会，如现代资产阶级社会。结合马克思的"首先"应当避免重新把"社会"当作抽象的东西同个人相对立、个人是"社会存在物"的特意提醒，可以说，"实在主体"也就是现实的人的社会存在，而不是关于社会的抽象规定或知性范畴。这样的"实在主体"，毫无疑问才是现实地发挥作用的真正的"自我活动者"。

其二，开启走向生活世界的现实道路。

伽达默尔认为，黑格尔开辟了一条理解人类社会现实的道路。黑格尔在论述历史理性的开展中为我们展示了这一成就。黑格尔说："解释历史，就是要描绘在世界舞台上出现的人类的热情、天才和活力。"[②] 不消说，黑格尔清晰可见地关注那些有着"个别兴趣"和"自私欲望"的个人。这些个人虽然是人类芸芸众生中影响"极为有限"的一员，但他们是"社会的特殊单位"，总是"从自己的理解、独立的确信和意见来献身于一种事业"，从而构建了现实生活世界。正是如此这般高度器重人的热情的能动作用，黑格尔在哲学上深切表达了追求自己切身利益的人类感性世界，让充满生机活力的现实生活过程展露在人们的眼前。当然，黑格尔不会无原则地关注人们的需要、热情和才能。他把"人类的热情"与绝对理念并称为"世界历史的经纬线"，不过是表明绝对理念是"原则"和"最后的目的"，人的热情和激情则是"原则"的"实行"和"实现"。换言之，在人类历史广阔的画面上，展示出一幕幕波澜壮阔的"戏剧"和表演，莫不是绝对理念利用人的热情作为实现其目的的工具而已。这正是"理性的狡计"。[③] 这表明，黑格尔虽然深刻辩证地揭示了富有内容的活生生的生活世界，但却用厚实的思辨逻辑构造把社会现实严密地遮蔽起来。

马克思高度认同并充分吸收黑格尔关于哲学把握社会现实的相关思考，创造性地阐明"任何真正的哲学都是自己时代的精神上的精华"，把哲学关注现实的原则落到实处。马克思毫不妥协地针对黑格尔哲学原则实现了存在论原则的根本转变，走上一条面向现实生活过程、讲述现

---

① 马克思恩格斯选集：第 1 卷．北京：人民出版社，2012：146.

② 黑格尔．历史哲学．王造时，译．上海：上海书店出版社，1999：13.

③ 同②23－24，28.

实生活故事的思想道路：透过繁芜丛杂的社会生活现象，抓住人类“生产物质生活本身”的“第一个历史活动”，形成了认识和把握社会生活及其本质的基本方法；坚持物质生产或经济发展乃是人类历史存在和发展的基础，又同时强调社会上层建筑对于物质生产的反作用；坚持个人只有在共同体中才能获得全面发展其才能的手段，强调“每个人的自由发展是一切人的自由发展的条件”；发现并概括了人类历史的一般发展规律，又肯定东方社会应当探索不经过资本主义“卡夫丁峡谷”的发展道路。类似的基本观点证明：马克思已然在现实的人的社会存在中阐发辩证法的真谛，历史唯物主义与唯物辩证法原本就是具有必然联系的理论学说。可以相信，经过马克思的努力，辩证法走向现实生活世界，已经成为保持自身存在的生命线和“绝对命令”。正是这样，卢卡奇把主体和客体的相互作用、理论和实践的统一归结为“辩证法的决定性的因素”，把“改变现实”当作辩证法的“中心问题”，把马克思的辩证法称为“革命辩证法”。

其三，拒绝“非批判的实证主义”。

在黑格尔看来，绝对精神作为真实的主体（抽象思维是其现实运行方式），是正常的状态，一切不同于抽象思维的对象化都是不正常的，是应该予以扬弃的异化。“**对象性**本身被认为是人的**异化了的**、**同人的本质**即自我意识不相适应的关系。”① 这就是把对象化等同于异化，扬弃异化就是克服对象；而且，不仅要扬弃真正的异化，也要扬弃一切的对象化。只是对象的“对象性的性质”，对自我意识说来成为一种障碍和异化，对象复归于自我意识就是人的本质复归于人本身；对象本身对意识说来是正在消逝的东西，人也就成了一个“**非对象性的**、**唯灵论的**存在物”②。在马克思看来，这是一种“非批判的实证主义”③ 或“**虚假的**实证主义”④。就黑格尔把对象化看成是思维自身发展的必要环节来说，这是对对象化的肯定或实证的研究。然而，把异化等同于对象化，肯定对象化也就肯定了异化，自觉不自觉地为真正的异化如私有财产进行辩护，这是“非批判”的缺陷。这一批判外观下所包裹的非批判的态

① 马克思恩格斯文集：第1卷．北京：人民出版社，2009：206.

② 同①.

③ 同①204.

④ 同①213.

度，意味着认识社会现实的不彻底性。黑格尔之后那些形式主义地运用辩证法、痴迷于游离现实生活世界的空乏议论，正是从此获得了一个哲学方法论上的重要凭借。实证主义理念恰好是典型的代表。

实证主义对于黑格尔的批判，开启了声势浩大的“叛离黑格尔”的哲学运动，在主导理念上对于当代哲学人文科学的发展产生了深远的影响。柯林武德认为，“实证主义可以定义为是为自然科学而服务的哲学”，“不过是把自然科学的方法论提高到一种普遍的方法论的水平之上而已”①。按照实证主义的理论取向，一切真正的人类知识都包含在科学（当然是指知性科学）的范围之内，唯有科学才是真正知识的唯一来源，唯有科学方法才能造福于人类的生活。从此出发，所有的实证主义哲学家都主张，哲学可以在科学范围内，在诠释科学和服务科学的方面发挥有益的作用。凡是科学方法不能解决的问题，哲学必须满足于让其永无答案，哲学不能声称具有任何可以获得科学无法获得的知识的手段。深究起来，实证主义赖以立足的经验证实原则，根据在于依赖自然科学事实的客观性。这种客观性，通常意指“两个或两个以上的胜任的科学家从同样的证据出发，会得到同样的结果”。例如，“物理学思维的主要前提假设，就是所有的物理学家都持有的；而对物理学问题科学地进行思想，也就是按照它们去进行思想”②。问题在于，“自然科学的‘纯’事实，是在现实世界的现象被放到（在实际上或思想中）能够不受外界干扰而探究其规律的环境中得出的”③。这就暴露了实证主义在主导观念上的限度，以及实证主义理念的适用范围。然而，以孔德为代表的实证主义，固守自己的哲学信条，漠视现实生活的多样化与复杂性，脱离生活实际，最终沦为事实上的非批判的、无立场的、单向度的理论说教，成为发轫于批判黑格尔却终止于分享黑格尔哲学原则的实例，成为当代思想对待黑格尔的辩证法的一个十分突出和醒目的反证。

从存在基础上把生活与科学分开，马克思把这种做法斥为谎言。解构实证主义不切实际的教条，让科学实现其服务人类生活的本务，依然

---

① 柯林武德．历史的观念．何兆武，张文杰，译．北京：中国社会科学出版社，1986：143，152.

② 沃尔什．历史哲学——导论．何兆武，张文杰，译．桂林：广西师范大学出版社，2001：97.

③ 卢卡奇．历史与阶级意识．杜章智，任立，燕宏远，译．北京：商务印书馆，1999：53.

是当代人生存实践必须解决的重大现实问题。揭露黑格尔哲学“虚假的实证主义”以及“虚有其表的批判主义”，有助于充分发挥其辩证法的建设性意义，深化理解马克思“实在主体”辩证法的深意。因此，在思想史上，马克思拯救和改造了黑格尔哲学的巨大遗产，有着引导读者把握和体会黑格尔辩证法意义的优先性。推而论之，在马克思之后，讨论黑格尔哲学（包括其辩证法）的意义，不能绕开马克思先期在存在论意义上实施的改造；探讨马克思的哲学思想（包括其辩证法），不能无视黑格尔思想的真正影响。马克思从黑格尔的辩证法中引申出具有巨大历史感的社会现实领域，这是黑格尔的辩证法被揭示出来的最大成果，更是辩证法为马克思的存在论创制所贯通之后稳固确立起来的基本境域。不消说，这些方面的内容都在费尔巴哈的视野之外，社会历史领域是费尔巴哈永远都无法通过的区域。

第三章　异化劳动理论的哲学境域

作为资本主义社会不可抗拒的命运，异化现象公认是西方现代性危机的基本征候。可以肯定，这一现象在马克思生活的时代就已经发展为生活世界的实情，成为“文明时代的错误”。在这种情势下，马克思没有也不可能让异化现象从自己的视野中让渡出去，而是独辟蹊径，从人筹划生存但又遗忘自身存在的视角来审视异化的实际影响，追问生活世界的真实意义，最终形成了异化劳动理论。这是马克思“成为马克思”进程中十分重要的思想成果。同时也表明，异化劳动理论是马克思思想演变中具有承上启下作用的理论环节。海德格尔曾认为，“因为马克思在经验异化之际深入到历史的一个本质性维度中，所以，马克思主义的历史观就比其他历史学优越。但由于无论胡塞尔还是萨特尔——至少就我目前看来——都没有认识到在存在中的历史性因素的本质性，故无论是现象学还是实存主义，都没有达到有可能与马克思主义进行一种创造性对话的那个维度”①。海德格尔的评价是如此之高，切入问题的思路是如此之独特，至今无人能够比拟，我们没有理由视而不见。如果“历史性因素的本质性”正是能够与马克思进行创造性对话的维度，那么，费尔巴哈的缺陷就十分清晰地呈现出来，马克思与之分道扬镳无疑是确定不移的。既然如此，重新阅读马克思异化劳动理论，就有着关乎理解马克思思想之根本的重要性。这种阅读，一方面可以揭明马克思基于深切领悟生活世界的实际过程，以及在此基础上把历史性建构为哲学存在

---

① 海德格尔．路标．孙周兴，译．北京：商务印书馆，2000：401.

论原则的思想革命；另一方面又可以呈现马克思对于资本主义社会的本质洞察，以及由之而来的关于人类社会往何处去的合理解答。

一、从异化劳动中剥离劳动对象化

马克思集中讨论异化劳动的理论文本是《手稿》。《手稿》归纳了资本主义社会条件下异化劳动的四种表现形式，即劳动者的劳动同其劳动产品的异化、劳动者同其劳动活动的异化、劳动者同其类本质的异化、人与人关系的异化。在此，我们将关注这样两个问题：第一，异化劳动作为一个“问题”是如何进入马克思视野的？这究竟有什么意义？第二，马克思通过解决这个“问题”，究竟实现了怎样的理论突破？

黑格尔之后的“理论的德国”，真正具有实践意义的是“宗教”和“政治”两种东西。马克思就明确提出，“正如**宗教**是人类理论斗争的目录一样，**政治国家**是人类实际斗争的目录”①。可以看出，马克思对于自己时代的理论状态了然于心。既然如此，当马克思真正参与现实的理论交锋时，“人的自我异化的神圣形象”即**宗教异化**便首先进入了马克思的眼帘。在追究宗教异化的缘由及其出路等问题时，马克思卓有识见地指出，应当用自由公民的“世俗桎梏”来说明他们的“宗教桎梏”，只有消灭世俗桎梏才能克服宗教桎梏的狭隘性。这样，马克思就把视线对准了世俗社会，揭露人的自我异化的“非神圣形象”。

马克思区分了“政治国家”和“非政治国家”——前者是指国家制度，后者又被称为“物质国家”，实即“市民社会”。马克思不同意黑格尔对两者关系的颠倒，认为政治国家没有“家庭的天然基础”和“市民社会的人为基础”就不可能存在。然而，在政治国家真正发达的地方，人们过着分裂的生活。一方面，政治国家赋予了每个人“公民”资格，人们不管属于什么等级，形式上都拥有平等的权利；另一方面，在市民社会中，每个人都是有着自身特殊需要的“私人”，利己主义成为通行的行为准则，人们相互之间的差别无处不在。不消说，人们生活在政治国家与自身赖以存在的基础发生了分离的**政治异化**之中。于是，“政治国家的成员信奉宗教，是由于个人生活和类生活之间、市民社会生活和政治生活之间的二元性；他们信奉宗教是由于人把处于自己的现实个性

---

① 马克思恩格斯全集：第1卷．北京：人民出版社，1956：417.

彼岸的国家生活当做他的真实生活；他们信奉宗教是由于宗教在这里是市民社会的精神，是人与人分离和疏远的表现”①。毫无疑问，马克思的思路十分清晰：宗教矛盾是“**政治国家和市民社会之间的**普遍**世俗矛盾的一部分**”②，宗教异化应当被归结为人们世俗生活中的政治异化。不解决世俗生活中的政治异化问题，扬弃和克服宗教异化则是不可能的。

可是，在市民社会范围内对政治异化的批判性分析，实际上“并不是针对原本，而是针对副本”。把政治异化剥离出来，固然有助于人们审视自己在政治国家中扭曲的生活状态，但是，通过“政治解放”而扬弃政治异化，至多是让人们重返市民社会生活，却无法确保“人的世界和人的关系”能够真正归人所有。这是因为，政治异化原本就是派生出来的，世俗的市民社会生活原本就是分裂的。在这种情况下，马克思便由批判政治异化进展到批判“原本”即**劳动异化**，开始了对于市民社会本身的剖析。换言之，除非毫不妥协地批判劳动异化，否则，解决政治异化问题只能是奢谈，更遑论克服宗教异化了。

这样简要的梳理可以证明，异化劳动成为马克思哲学思考的问题域，既非偶发，亦非余兴，而是马克思思想深化的合理选择。这里的真正动因乃是马克思切入现实生活世界的强烈愿望和实际行动。马克思思想进展的这种实情表明：如果说，以黑格尔为集大成的近代理性形而上学，始终坚持用思辨结构来代替现实生活，执迷于从思辨结构中寻找解决现实问题的办法，那么，马克思此时已经有着与这种哲学路向做出划界的现实性要求，从而真正踏上了“成为马克思”的思想道路。在这条道路上，现实生活世界具有不可悬置的优先性，哲学以人们的“现实生活过程”为旨归。既然如此，马克思对于异化劳动的批判性分析肯定有着自己独到的思路和视野。

马克思洞悉“国民经济学”先期展开的对于异化劳动的研究，甚至自称采用了国民经济学的“语言”和“规律”。不过，马克思也十分清醒，国民经济学是“从私有财产的事实出发”来确定分析路向，就坚决把自身建构为“市民社会”亦即资本主义社会的科学。在马克思看来，私有财产既然是人的劳动的产物，就肯定不能作为前提来看待，相反却是需要予以论证和说明的东西。换言之，国民经济学整个理论是建立在

---

① 马克思恩格斯文集：第1卷．北京：人民出版社，2009：36－37.

② 同①37.

“没有必然性的事实”基础上，从而“只是使问题堕入五里雾中”。马克思断然拒绝这种置身于“虚构的原始状态”的运思进路，坚持“从当前的事实出发”，也就是从资本主义社会现实生活状况出发，倾听现实生活的呼声，本真地领悟生活世界的真谛。正是这种面向现实的理论品质，马克思通过揭示和阐明资本主义社会的现实劳动，独具匠心地把对象化和异化区分开来，超出了国民经济学的视界和水平。

在马克思看来，“劳动的产品是固定在某个对象中的、物化的劳动，这就是劳动的**对象化**。劳动的现实化就是劳动的对象化”①。就是说，劳动者通过自己的劳动，创造出产品，把自身的本质力量外化到一个外部对象上，从而实现自我确证。就此可知，对象化是一切劳动之共性，没有对象化的劳动是不可想象的。当然，在现实劳动过程中，劳动对象化却有另外的表现形式，即异化。如果说对象化是劳动的肯定方面，那么，异化则是劳动的否定方面。在劳动的异化关系中，劳动的对象化意味着劳动者创造出一个独立的与己对立的异己力量，劳动的实现表现为劳动者的“**非现实化**”，对象化表现为“**对象的丧失**和**被对象奴役**”②。对象化和异化的分殊由此豁然开朗。卢卡奇对此有着更为简练的解读：“对象化是一种人们借以征服世界的自然手段，因此既可以是一个肯定的、也可以是一个否定的事实。相反，异化则是一种在一定的社会条件下实现的特殊的变种。”③ 这一区分的存在论寓意尤其值得关注和深思。直面纷繁复杂的资本主义社会的现实生活过程，与国民经济学家皆关注所谓“经济事实”不同，马克思则从生活世界最常见的“感性事实”即生产劳动活动出发，深入问题之根本，做出实事求是的区分，有助于突破世俗之见而绽露社会生活的本质。

可以肯定的是，并非只是马克思才开始批判劳动异化。在马克思以前及其同时代，已经有很多思想家着手批判资本主义社会的异化现象，有的批判可以说是相当地尖锐和深刻。然而，问题的关键却在于，绝大多数人都未能做到区分对象化和异化，而仅仅抓住异化作为劳动过程的否定性质大做文章。结果，这些文化批判恰恰把异化当作一种永恒的

---

① 马克思恩格斯文集：第1卷．北京：人民出版社，2009：156－157.

② 同①157.

③ 卢卡奇．历史与阶级意识．杜章智，任立，燕宏远，译．北京：商务印书馆，1999：34.

“人类状况”来看待，就使“有害的”“造孽的”异化劳动居然成了天经地义的事实。在这种情形下，所谓批判并不能击中要害，只能算得上一种不着时代问题实质的文化哀婉。因此，经过这些文化批判，资本主义社会不合理的东西却有了形式上的合理性，真正合理的东西反遭到了关乎本质的遮蔽，人的现实生活正是在此过程中被彻底地扭曲和变形。就此而论，马克思的区分可以说是正本清源，端正了人类认识自己的思想方向。与此同时，马克思在自己的思想发展路程中树立了一座把握“历史性因素的本质性”的理论丰碑。

二、澄明现代性的生存原则

从斑驳陆离的异化现象中区分对象化和异化，乃是马克思不做现实世界之外哲学遐想的真实体现，毋庸置疑地展现了马克思把握时代问题的独具匠心。我们由此当能感受到马克思与众不同的问题意识，以及蕴含着肯定和否定双重意向的理论视野。如此这般的思想自律性，马克思后来对于辩证法本质的概括则是十分贴切的自我注解：“辩证法在对现存事物的肯定的理解中同时包含对现存事物的否定的理解，即对现存事物的必然灭亡的理解；辩证法对每一种既成的形式都是从不断的运动中，因而也是从它的暂时性方面去理解”①。正是有着面向现实的理论自律，马克思必定要不断地深入资本主义社会的现实生活过程，在思考和解答现实问题中贯彻并进一步检验自己的思想心得，使之逐渐完善和成熟。马克思对于私有财产的剖析正是这种意义上的思想尝试。

到马克思为止，私有财产的本质一直悬而未决。有的思想家极尽赞美之能事——执于片面肯定的视野，有的思想家则极尽诅咒之能事——执于片面否定的视野。不消说，这两种认识取向皆于事无补。究其原因，人们总是把私有财产和劳动看成是相外的关系。马克思从异化劳动的分析中窥见私有财产与异化劳动“相互作用”的秘密：“私有财产一方面是外化劳动的**产物**，另一方面又是劳动借以外化的**手段**，是**这一外化的实现**。”② 私有财产与异化劳动的相互作用的关系十分清楚地表明，上述两种单向度认知方式的偏蔽毫无例外地需要予以破除，由之而来的举措便是从“人类发展进程”的宏大视野出发把握私有财产的本质，阐

① 马克思恩格斯选集：第 2 卷．北京：人民出版社，2012：94.

② 马克思恩格斯文集：第 1 卷．北京：人民出版社，2009：166.

明私有财产在资本主义社会的全部意义。

第一，“私有财产的积极的本质”。

按照马克思区分对象化和异化的存在论立场，异化劳动与人的某种程度的发展——尽管是片面的——有所关联，也就必定承载着人的某些本质力量。基于此，当私有财产被看成异化劳动的产物时，这就需要认同私有财产所凝结并体现的人的本质力量，由之需要承认私有财产所具有的表征社会财富的积极意义。马克思后来对此有一段十分精到的论述：“如果抛掉狭隘的资产阶级形式，那么，财富不就是在普遍交换中产生的个人的需要、才能、享用、生产力等等的普遍性吗？财富不就是人对自然力——既是通常所谓的‘自然’力，又是人本身的自然力——的统治的充分发展吗？财富不就是人的创造天赋的绝对发挥吗？这种发挥，除了先前的历史发展之外没有任何其他前提，而先前的历史发展使这种全面的发展，即不以**旧有的**尺度来衡量的人类全部力量的全面发展成为目的本身。”① 这就是说，在劳动对象化的意义上，以财富形式出现的私有财产表现了人的本质力量，乃是社会生活之所需。这就是马克思所看重的私有财产的“积极的本质”。既然如此，在马克思的叙事语境中，我们由私有财产的现实存在当能体会到人在自我筹划自身生存过程中的主动性，以及坚守“自己的生命活动”亦即劳动的积极性。在这种情况下，所谓共产主义是对私有财产的“积极的”扬弃，不过是指扬弃私有财产导致人的异化的那种性质，而并不是把私有财产的“积极的本质”也一并予以取消。因此，我们就可以理解马克思把私有财产的运动当作“人的实现或人的现实”的真义，也可以顺当地阅读马克思所说的，“共产主义决不是人所创造的对象世界的消逝、舍弃和丧失，决不是人的采取对象形式的本质力量的消逝、舍弃和丧失，决不是返回到非自然的、不发达的简单状态去的贫困”②。

第二，“私有财产本身设定的对立”。

马克思追问：“人是怎样使自己的**劳动外化**、异化的？这种异化又是怎样由人的发展的本质引起的？”③ 问题的这种提法，意味着马克思反对在私有财产与异化劳动之间进行循环论证的迷思，拒绝那些虚有其

① 马克思恩格斯文集：第8卷．北京：人民出版社，2009：137.

② 马克思恩格斯文集：第1卷．北京：人民出版社，2009：217.

③ 同①168.

表的形式化批判实质上却把异化永恒化的思想迷误，开始寻找异化劳动的现实成因。与国民经济学“给私有财产提供了一切”相区别，马克思发现了异化劳动包含着工人和资本家的相互关系，而且是完全颠倒性质的关系：工人是劳动的承担者，但并不能占有自身的劳动，而是生产出不劳动的人（即资本家）对劳动的占有。很明显，这是一种“作为劳动的私有财产”与“作为资本的私有财产”的关系，而实质上又是“作为财产之排除的劳动”与“作为劳动之排除的资本”的关系。由此可知，正是私有财产的前进运动，不仅实际需要而且也不断地制造异化劳动，并使之现实地表现出来。于是，工人在劳动中失去自身却在资本那里“客观地存在着”，资本在劳动中改变了自己的形式而在工人那里“主观地存在着”；工人生产资本，资本生产工人；工人只有作为资本存在才能作为工人存在，资本只有转变成工人的劳动才能维持自己的存在。概言之，私有财产创造了劳动、资本以及两者“敌对性的相互对立”，作为一种“非人的力量”统治着一切。“劳动和资本的这种对立一达到极端，就必然是整个关系的顶点、最高阶段和灭亡。”①

第三，“私有财产的主体本质”。

私有财产造成了严重的社会对立，但并没有把资本主义社会引向瓦解；私有财产引发了巨大的社会不公正，但仍然成为人们趋之若鹜的目标；私有财产制造了非人化状态的生存境遇，但还是维持着人的生存——尽管是畸形的。资本主义社会这些现象实情，毋庸置疑标识了私有财产之于整个社会生活实际产生的巩固性。如果追究原因，那只有深入私有财产本身才会发现可信的线索。在这方面，国民经济学家如亚当·斯密做了建设性的工作，这里是指他把“劳动”当作财富的本质。在马克思看来，一旦财富的本质被归结为劳动，则私有财产就不再被看成是人之外的东西，而是就体现在人本身之中。这样一来，人本身就被设定为私有财产的本质乃至私有财产的规定。倘若私有财产必定与某种紧张关系有所牵扯，那也是“人本身成了私有财产的这种紧张的本质”②。于是，私有财产便由于人是主体而决定性地获得了一个主体本质。在这种情形下，人们理所当然地接受并实际参与私有财产的运动，私有财产在资本主义社会也有生命力和吸引力。因此可以说，虽然私有财产因为

---

① 马克思恩格斯文集：第1卷．北京：人民出版社，2009：172.

② 同①129.

僭越了人本身才被公众认同，但国民经济学认定财富的本质就在于财富的主体存在，并把“抽象性的劳动”提升到原则的高度来看待，这是一个必要的进步。① 在这种情况下，人们通过私有财产的“主体本质”，能够看清资本主义社会生活的实情，把握社会生活的本质。

这些探讨表明，马克思在肯定与否定双重向度互动中确立自己的分析视野，系统透彻地论说私有财产的本质。马克思没有因为私有财产必然产生的消极负面性质和作用，就像空想社会主义者那样，热衷于私有财产乃是罪恶之源的一般性批判，成为愤世嫉俗的道德批判家；马克思也没有因为私有财产在社会生活中确有的积极作用，就像国民经济学家那样，沉湎于徒有其表的批判而实则粉饰现实的“非批判的实证主义”。如果考虑到私有财产之于资本主义社会性命攸关的存在性质，那么，马克思实际上已经触及资本主义社会的生存基础，已经深入社会生活之根本的层面思考问题。不容分说，这就把“历史本质性”的那一维度即社会现实呈现出来，同时也表达了借以达到这个本质维度理当采用的认识方法。由此可以看出，马克思思考异化劳动这一现实问题所达到的原则高度，对于历史唯物主义的存在论建构，以及历史唯物主义的理论实现，皆具有关乎问题之根本的意义。我们就此究竟可以期待什么呢？

《手稿》集中论述“私有财产的主体本质”的地方，在文本形式上似乎是在叙说国民经济学的相关研究。其实，正如前文已经交代的，《手稿》对于国民经济学的批判和超越是不言而喻的。在认同并赞赏国民经济学把劳动当作财富本质的观点时，马克思在不同程度上反复强调这样的认识：“财富的**本质**不是某种**特定的**劳动，不是与某种特殊要素结合在一起的、某种特殊的劳动表现，而是**一般劳动**。”② 在马克思的叙述语境中，“一般劳动”无疑撇开了劳动的特殊形式，专注于劳动的“普遍性”和“抽象性”。不必讳言，这也是国民经济学的认识成果，马克思受到了国民经济学的启发。不过，马克思提出的“一般劳动”，在基本旨趣上已经与国民经济学有所区别，尤其是蕴含着完全不同的理论发展方向和实体性内容。

国民经济学视野中仅有异化劳动，它在捕捉到劳动的一般性之后，便止步于知其然而没有深究其所以然。于是，国民经济学从“一般劳

① 马克思恩格斯文集：第1卷．北京：人民出版社，2009：178-181.

② 同①181.

动”的理论立场出发，在表述“工人的理论要求和实践要求”时，把工人仅仅作为“工人”而没有同时作为“人”来考察，结果就只能充当资本主义社会的辩护人，陷入了理论上不能自拔的二律背反。马克思看到工人需要依靠异化劳动为生的现实，同时指出了就是资本家也概莫能外的实情，就真切理解了“一般劳动”之于整个资本主义社会的普适性。应该说，马克思实际洞悉到“一般劳动”乃是资本主义社会的生存需求。这是非常重要的思想发展动向，表明马克思意识到资本主义现代社会的基本原则。而且，马克思针对国民经济学的理论浅薄，明确提出了这种问题：“把人类的最大部分归结为抽象劳动，这在人类发展中具有什么意义?”① 显而易见，马克思的这一追问所蕴含的深意值得我们细心玩味。

其一，马克思这一追问的直接所指，就是在认定“一般劳动”和“抽象劳动”具有相同含义的前提下，确定了透视资本主义社会的理论基点——抽象劳动。这一理论归结的确当性，通过《资本论》完整论述的“劳动二重性”学说而获得可信的证实。众所周知，在《资本论》中，马克思从分析商品的“两个因素”即使用价值和价值入手，剥离了“体现在商品中的劳动的二重性”即具体劳动和抽象劳动。在此基础上，马克思发现，资本主义社会“不仅要生产使用价值，而且要生产商品，不仅要生产使用价值，而且要生产价值，不仅要生产价值，而且要生产剩余价值”②。这就证明，整个资本主义社会必然是建立在无止境地追逐价值的基础上，并以实现价值增殖为最终目标。换言之，在资本主义社会，抽象劳动乃是社会生活的原动力。所以，尽管《手稿》仅是马克思认识和把握资本主义社会的理论前奏，但毋庸置疑的是，马克思在此道破了抽象劳动乃是资本主义社会的生存命运和生存原则的真相。

其二，马克思要求从人类发展的宏大背景来洞察把资本主义社会归结为抽象劳动的意义。资本主义社会是人类发展长河中的一个阶段——马克思就有现代世界的“资产阶级时期”或“资本主义形式”的提法，维系其存在的原则毕竟构成了一种生活方式，在人类发展进程中具有典型性，由之而来的影响终究会溢出其自身的范围。如果毕竟不能否认我们今天津津乐道的“现代性”与资本主义社会的决定性联系，那么，马

① 马克思恩格斯文集：第1卷．北京：人民出版社，2009：124.

② 马克思恩格斯文集：第5卷．北京：人民出版社，2009：217－218.

克思彰显抽象劳动之于资本主义社会的意义，实际上则真正把现代性成为自身的生存根基彰显出来，并且大体上制定了评判现代性的基本视点和方向。当然，马克思并没有具体论证抽象劳动与现代性的关联，倒是20世纪的卢卡奇，在捍卫“正统马克思主义”的理论探讨中，直接点明了这种联系。马克思指出，抽象劳动是通过“社会必要劳动时间”来计量的，整个社会以抽象劳动为基础，就有极其公正和平等的外观，自然能够赢获人们的认同而似乎有其合法性。卢卡奇据此就指证了资本主义社会得以正常运行的主导原则：“根据计算、即**可计算性**来加以调节的合理化的原则”①。这里突出的要害是“计算”，而且是“机械的”“抽象的”但却是“合理的”计算。从20世纪中叶盛行的后现代主义对现代性的批判来看，经由卢卡奇的诠释，马克思关于现代性的基本判断为当代思想文化运动提供了必不可少的精神资源或文化资质。这正是马克思这一追问未曾被明言的寓意。

三、批判形而上学逻辑专制的文化先声

《手稿》有一部分文字是“对黑格尔的辩证法和整个哲学的批判”。不说内容，仅从语言表达来看，人们都会感到这部分文字所具有的浓厚哲学气息。这种情况让有些《手稿》研究者认定，马克思在这同一篇手稿中分别从经济学和哲学两个向度叙说着不同的“故事”，表现出多重主题的变奏。主题既是这样地多样和不稳定，那么，《手稿》就是一部不成熟的过渡性著作。这种解读实际上只及皮相而不明就里，倘若据此断定《手稿》的不成熟，则是真正的臆想。众所周知，马克思毕生皆把思想触角指向现实的生活世界，由解答“资本主义往何处去”入手而探寻“人类往何处去”。从马克思思想的这种自律性和抱负来看，《手稿》的主题非常清晰，就是剖析资本主义社会，揭示资本主义社会的发展规律。马克思此时对黑格尔的批判，根本不是与此主题无关的神来之笔，而正是这一主题的应有之义，因为以黑格尔为标志的近代理性形而上学可谓资本主义社会的“思想抄本”，是异化劳动的哲学表达。

黑格尔认为，绝对精神是世界的灵魂和主宰，创设了包括人在内的世间万物。由于绝对精神的“现实的存在”是抽象思维，所以，凡是不

---

① 卢卡奇．历史与阶级意识．杜章智，任立，燕宏远，译．北京：商务印书馆，1999：152.

同于抽象思维的形式或性质——哪怕是绝对精神的外化，都无一例外地属于异化。换言之，在黑格尔的语境中，异化不是指人的本质力量以非人的方式与人对立的性质或形式，而是指那些以不同于抽象思维的方式存在且与之对立的性质或形式。就此而言，诸如人的本质力量的对象化，尽管是真正属人的性质，但也被归于异化。而且，按照黑格尔的分析，对象性恰恰是最为严重的异化，因为这种性质本身正是人的自我意识亦即抽象思维的障碍。马克思由此敏锐指出了黑格尔对待异化的“双重错误”：其一，黑格尔把异化看成是“**纯粹的**即抽象的哲学思维的异化”，“全部**外化历史**和外化的全部**消除**，不过是抽象的、绝对的思维的**生产史**，即逻辑的思辨的思维的**生产史**”。所以，异化是“抽象的思维同感性的现实或现实的感性在思想本身范围内的对立”①。其二，既然存在着异化，也就存在着扬弃异化的必然要求。既然对象化也是异化，则扬弃异化必定包含着扬弃对象化，甚至主要是针对一切对象化，具有扬弃对象性的意义。“因为并不是对象的**一定的**性质，而是它的**对象性的**性质本身，对自我意识来说是一种障碍和异化。”于是，“对异化了的对象性本质的全部重新占有，都表现为把这种本质合并于自我意识；掌握了自己本质的人，**仅仅**是掌握了对象性本质的自我意识”②。

可以看出，黑格尔把精神或自我意识当作人的“真正的本质”，以精神的实际表现形式——逻辑思辨或抽象思维为标准，考察并规约人的现实生活。于是，“**现实的**即真实地出现的异化”，就被看成人的本质即自我意识的异化的“现象”。这就彻底颠覆了人的感性生命的源始优先地位，而挺立了抽象思辨的绝对至上性。在这种情况下，人原本具有的对象性的活动就退居于派生的地位，而且，其存在的全部意义仅在于证明自我意识及其逻辑结构的权威。

经过如此分析，黑格尔哲学的抽象性、思辨性便暴露无遗。如果考虑到黑格尔作为西方近代哲学集大成者的史实，那么可以说，诉诸抽象思辨并使之上升到基本原则的高度，乃成为整个西方近代哲学的基本性质和立场。换言之，“哲学的任务在于理解**存在的**东西，因为**存在的**东西就是理性”③，这一观点虽是出自黑格尔之口，但却是整个近代哲学

---

① 马克思恩格斯文集：第1卷．北京：人民出版社，2009：203.

② 同①212，207.

③ 黑格尔．法哲学原理．范扬，张企泰，译．北京：商务印书馆，1961：12.

共同守护的观念。然而，正如黑格尔所洞察的，哲学是“被把握在思想中的它的时代”，由此就衬托出马克思切入问题之根本的天才般洞见，也使我们明白《手稿》批判黑格尔哲学的真正用意：原来，“现实生活的异化”与黑格尔哲学有着不解之缘。可以说，以黑格尔为代表的近代理性形而上学，就是表现在思想中的资本主义社会的异化。海德格尔直截了当地把这种关联揭示出来：“在黑格尔的《精神现象学》中，劳动的现代形而上学的本质已经得到先行思考，被思为无条件的制造（Herstellung）的自行设置起来的过程，这就是被经验为主体性的人对现实事物的对象化的过程。”① 这些充分证明，黑格尔的哲学致思履行着为异化劳动提供合法化辩护的使命，从而使资本主义社会的现实异化不断地得以巩固，并通过思想形式实际地遮蔽起来。一言以蔽之，黑格尔哲学决定性地参与了资本文明的制造，是资本主义社会须臾不可或缺的构成部分。正如卢卡奇所揭示的，德国古典哲学的“目的是从思想上克服资产阶级社会，思辨地复活在这个社会中并被这个社会毁灭了的人，然而其结果只是达到了对资产阶级社会的完全思想上的再现和先验的推演”②。唯其如此，批判黑格尔恰好是马克思关注现实的存在论立场的接续和实行。

马克思所体悟的黑格尔哲学之要义，比较精练地表现在这样一个基本判断上：黑格尔“只是为历史的运动找到**抽象的、逻辑的、思辨的**表达”③。在此，我们不仅窥见黑格尔哲学中值得肯定的东西，而且还可以明了在这种哲学中什么成了问题以及如何成了问题，更为关键的是能够发现马克思是如何开掘了新的存在论原则及其革命性意义。

黑格尔哲学的积极成果——或者说是“合理内核”，在于允诺了“历史的运动”，而且本质重要地具有关乎存在论原则高度的意义。在明察近代已有的哲学探索之成败的基础上，黑格尔明确宣布，精神既不是自我意识返回其“纯粹内在性”中，也不是自我意识单纯地浸淫于无差别性的“实体”中，而是自我意识在主体与实体的张力中的“运动”，以及由此运动而能实现自身为主体与实体的统一。④ 如此，黑格尔克服

---

① 海德格尔．路标．孙周兴，译．北京：商务印书馆，2000：401.

② 卢卡奇．历史与阶级意识．杜章智，任立，燕宏远，译．北京：商务印书馆，1999：231.

③ 马克思恩格斯文集：第1卷．北京：人民出版社，2009：201.

④ 黑格尔．精神现象学：下卷．贺麟，王玖兴，译．北京：商务印书馆，1979：271.

了滥觞笛卡尔经由康德的仅仅是纯形式的“我思”的偏蔽，完成了形式与内容相统一的意识“内在性”原理，为近代哲学建构了基本的存在论原则。黑格尔之所以获得这一近代无人出其右的成就，关键在于他提出并透彻论证了精神的“自我活动”。如果暂且游离其思辨的脚手架，我们发现，黑格尔由精神“自我活动”而实际高扬了一种起于自身的创造力、一种生生不息的生命力。不消说，这是一种唯有人才具备的品质。显然，黑格尔把原本属于人的东西给予了精神，被形而上学改了装的“现实的人”和“现实的人类”乃是黑格尔哲学的巨大秘密。正如马克思恩格斯所分析的，“**历史什么事情**也没有做，它‘不拥有**任何**惊人的丰富性’，它‘没有进行**任何**战斗’！其实，正是**人**，现实的、活生生的人在创造这一切，拥有这一切并且进行战斗。并不是‘历史’把人当做手段来达到**自己**——仿佛历史是一个独具魅力的人——的目的。历史**不过是**追求着自己目的的人的活动而已”①。由于历史是专属于人的，所以，马克思称赞黑格尔哲学表达了“历史的运动”。

当然，黑格尔哲学的积极成果毕竟被裹挟在严密的思辨体系之中。在这个体系里，“**逻辑学**是精神的**货币**”，“只有**精神**才是人的**真正的**本质”②。于是，黑格尔所说的历史并不是专属于人的真正的历史，而是服务于绝对精神之需要并由逻辑支配的历史。进而言之，要想了解黑格尔的历史，首先就得理解他的逻辑。可见，根据黑格尔的要求，逻辑具有对于历史来说的优先性和使用权，历史是按照逻辑设定的路线才发挥作用的，历史必然性要服从逻辑必然性。易言之，黑格尔赋予了逻辑之于历史的绝对宰制性的权力。这是清晰可见的本末倒置，实际疏离了人的感性生活，放逐了人的感性生命。黑格尔哲学的根本失误及其要害在此一目了然地呈现出来。

良莠既已厘清，如何取舍当不言而喻。马克思毫不犹豫地把矛头对准黑格尔哲学的“逻各斯中心主义”，指向其不可一世的逻辑专制以及由之而制造的话语霸权。由于众多研究者的努力探索，《手稿》的这一批判已经得到透辟系统的阐述，我们在此则致力于探寻马克思在批判性话语中必定同时开展的理论建构，或者说，着重关注马克思整个批判赖以进行的思想路径。

---

① 马克思恩格斯文集：第1卷．北京：人民出版社，2009：295.

② 同①202，204.

应当承认，由黑格尔哲学与异化劳动必然关联的判断来看，马克思无疑持守着区分对象化和异化时所建构起来的思想原则和立场，亦即立足于领悟人的现实生活过程来对抗黑格尔的逻辑思辨。换言之，只有高扬生活世界的现实伟力，才能破除并终止抽象思辨的专横，马克思颇有卓识地把生活世界的这种伟力归结为人的“对象性的活动”。我们姑且用“对象性的活动”原理来指称马克思这一段思想历程的基本成果①，并把基本要点总结归纳如下：

（1）关于人。人作为“有生命的自然存在物”，既是“**受动的**存在物”又是“**有激情的**存在物”，本身蕴藏着强烈追求自己对象的本质力量，从而注定是从事对象性活动的对象性存在物。“激情、热情是人强烈追求自己的对象的本质力量。”

（2）关于主体和主体性。主体并非黑格尔所推崇的那样是“自我意识”，而是蕴含着“对象性的本质力量”的现实的人；相应地，主体性也并非黑格尔所论证的那样是自我意识“笼罩在客体上的”、实质上只在自身内部做不停息的旋转的主体性，而是人的“对象性的本质力量的主体性”。

（3）关于非存在物。“一个存在物如果在自身之外没有对象，就不是对象性的存在物”，“非对象性的存在物是**非存在物**”，是一种思想上想象出来的亦即抽象出来的“唯灵论的存在物”。没有对象的存在物，在它之外没有任何存在物存在，只能是孤零零地独自存在着的“唯一的”存在物。

（4）关于人与历史。与一切自然物的被创造的特性相对照，人是通过“对象性的活动”而自我创生的，从而人就有“自己的形成过程”即“历史”。就是说，“对象性的活动”蕴含着历史维度，可以说本来就是以历史性为运行根基的。“对象性的活动”是专门属于人的，正如“历史专属于人”的一样。

“对象性的活动”原理的提出和论说，是马克思“成为马克思”的思想历程中的一个十分重要的环节或思想路标，是马克思在批判异化劳动中所获致的重要的理论突破。

其一，一方面，“对象性的活动”是对感性实在性的确认，马克思

---

① 马克思恩格斯文集：第1卷．北京：人民出版社，2009：209-211.

和费尔巴哈在此相遇了。马克思甚至认为，“生活”和“科学”具有相同的基础，这就是感性，而对感性的把握应当“参见”费尔巴哈的研究成果。另一方面，“对象性的活动”又指证能动性和否定性。马克思认为，“说一个东西是感性的，是说它是**受动的**”。既然是受动，那就有需要；既然有需要，也就有“欲望”和“激情”。激情和热情是人的本质力量，所以人的活动是“自由的有意识的活动”。① 这是马克思对德国古典哲学“活动”原则的发挥。

其二，如果说上述这两个方面较多地体现了马克思对自己理论先辈思想成果的继承，从而确保自己哲学建树获得合法可靠的思想资源的话，那么，马克思也正是在此基础上通过“对象性的活动”原理表达了最关本质的思想革命：基于抽象思辨之主观虚妄的“活动”原则，因现实的感性对象性的介入而得以克服；费尔巴哈偏执于单纯“直观”的“感性对象性”原理，因能动性的范导而被超越；从而，能动性以对象性为基础，对象性以能动性为动力，近代哲学革命的积极成果经过批判后被继承了下来，马克思通过近代哲学话语建构了属于自己的存在论原则和哲学立场。

其三，“对象性的活动”原理是马克思“成为马克思”的起点，是马克思从存在论原则上发动哲学革命之枢轴。这一原理表明马克思坚定不移地把现实生活过程作为自己理论沉思的根基，开辟了一条能够洞察并终结理性形而上学思辨虚妄性的哲学路向，在存在论原则上与黑格尔亦即整个近代哲学做出了严格的划界，超越了近代哲学的思维范式。从此以后，马克思便在真正属于自己的叙事语境中守护“思”的事业，道说生活世界的故事，从近代“世界本身原理”（理智形而上学）中为当代阐明“新原理”。这就是海德格尔所指认的“历史本质性”的维度。马克思正是通过领悟历史本质性的这一维度，展露了黑格尔所憧憬的哲学回“家”的真正希望——哲学回到生活世界才是回到自己的家园。就此可知，只有达到“对象性的活动”原理的思想高度，才能把捉马克思理论思考的脉搏，弘扬马克思的深思。

其四，“对象性的活动”原理形成于批判黑格尔抽象思辨之时，如果毕竟不能否认黑格尔哲学由体认时代精神而来的建设性，以及对于资

---

① 马克思恩格斯文集：第1卷．北京：人民出版社，2009：193-194，211.

本文明时代文化气质的造就性，那么，但凡出现了批判黑格尔的必要性，并实际形成了从这种必要性向现实性的转换，就不可辩驳地需要消化马克思先期展开的行动，尤其是需要发掘存在根基天然合法的“对象性的活动”原理作为“先入之见”的全部价值。显而易见，“对象性的活动”原理的实际意义已然溢出了马克思个人思想发展的范围。

其五，《手稿》是在批判清算黑格尔理性形而上学中论证“对象性的活动”原理的，在表达形式上仍然带有比较浓厚的费尔巴哈的“类”或“类本质”的理论痕迹。而且，“对象性的活动”原理直接缘起于马克思对被国民经济学和理智形而上学默认为资本主义社会当然前提的异化劳动的批判，这一原理作为哲学主导的理论原则首先还不是马克思的思想自觉。这种自觉是马克思在清算费尔巴哈哲学乃至自己的整个信仰过程中，以明确提出和阐发“感性活动”即实践原则为标志的。

第四章　为世界阐发新原理

《手稿》在异化劳动批判中所实现的对象化与异化的分离，是“对象性的活动”原理的理论起点，而批判黑格尔的理性形而上学则促成了这一原理的直接表达。马克思还借用费尔巴哈的术语来说明问题，一定程度上还有对于费尔巴哈的依靠。由此看来，“对象性的活动”原理是寓于否定性语境中的肯定话语，它还没有被马克思自觉地当作自己理论致思的主导原则——马克思此时尚无这种理论自觉。唯其如此，对于有着严格的思想自律性的马克思来说，“对象性的活动”原理不是其思想演变的休止符，而是其继续前行并可望产生革命性成就的理论前夜。在马克思接着而来的思想建构中，“对象性的活动”原理的基本内容得到了承续，但这一理论表达形式就不再被使用，而是被“感性活动”亦即“实践”原则取代。正是在“感性活动”被确立为哲学之主导原则的基础上，马克思才真正完成了哲学革命，实现了“从世界本身的原理中为世界阐发新原理”① 的理论承诺。我们在此将分析马克思从“历史性”到“现实的人”到“改变世界”的内在推进，展示马克思哲学革命的枢机，以及在此过程中逐步现身的“新世界观”。由于“对象性的活动”原理为马克思的哲学革命提供了决定性的理论支持，堪称马克思哲学的诞生地，所以，领略马克思哲学的伟大创制，依然需要从“对象性的活动”原理开始。

一、历史性的本真道说

“对象性的活动”原理之于马克思哲学革命的本质重要性，由这一

---

① 马克思恩格斯全集：第1卷．北京：人民出版社，1956：418.

原理所蕴含的历史维度透露了关键消息。

前已交代，黑格尔能够成为近代哲学的集大成者，全在于他完成了意识“内在性”作为近代哲学存在论原则的构造工程；而意识“内在性”依仗黑格尔才成为一个完整的原理，归因于他对于精神“自我活动”苦心孤诣的论证；最后，黑格尔之所以能够解答精神“自我活动”何以可能的问题，是因为他具有对于某种历史维度的敏感，并自觉由之发展为一种理论情结。然而，黑格尔所心仪的历史，乃是“被概念式地理解了的历史”，是“绝对精神的回忆和墓地”。就是说，黑格尔在抽象王国中给历史安排了一个位置，蓄意制造人与历史的分裂，以维护绝对精神鉴临一切的权威。无可怀疑，马克思肯定不能容忍黑格尔的逻辑霸权，首要的任务便是要彰显历史之于逻辑的原初优先性。由此而来的结果是，马克思真正恢复了历史的源始出生地，把属人的本真的历史性揭示出来。我们着重分析马克思的一段论述，来展露马克思沉思的深刻寓意。

马克思指出：“正像一切自然物必须**形成**一样，**人**也有自己的形成过程即**历史**，但历史对人来说是被认识到的历史，因而它作为形成过程是一种有意识地扬弃自身的形成过程。”①

这里重点突出的几个关键词——“形成”“人”“形成过程”“历史”——耐人寻味，它们直接指证“自然物”与“人”的区别。马克思曾说过，一窝蜜蜂实质上只是一只蜜蜂。由此我们至少可以得到两点启示：其一，动物的本性是前定的。动物尚未出生，其习性已由其亲代先行予以铸就或规定，虽然在生命遗传过程中会发生某些变异，但充其量仅有程度上的变化或差别，本性是确定不移、更改不了的。其二，动物受其所属的“那个种的尺度”所约束。动物从不超越自身的本能，也无法超越本能，只有生命而没有生活，顺应周围环境是动物保存生命的基本要求。一言以蔽之，动物的本性是现成的，是依照某种先在模式被规定的。由此说来，一切自然物固然都是永恒变化的，但它们的存在不是由自身所决定的，而是要服从盲目的线性因果关系。这样，自然物尽管也是在时间中，但时间仅是测量其存在的“外在”尺度，并不是其存在之必需。对自然物来说，过去、现在、将来的划分是没有必要的，自然

① 马克思恩格斯文集：第1卷．北京：人民出版社，2009：211.

物没有属于自己的历史，其出现乃是真正地被创造或被复制。因而，这就有“一切自然物必须形成”之说。

人则与此截然有别，这在“人也有自己的形成过程”的语气中应能得到阅读上的支持。那么，人“自己的形成过程”究竟如何理解呢？马克思提供了理解的线索：“通过异化劳动，人不仅生产出他对作为异己的、敌对的力量的生产对象和生产行为的关系，而且还生产出他人对他的生产和他的产品的关系，以及他对这些他人的关系。”① 虽然这里说的是异化劳动情境下的事情，但仍然表达了这样的正面寓意：人是通过“感性活动”——“异化劳动”是特定表现——而自我创生的；而且，这种创生具有普遍性——“工人”不仅生产自身，而且还生产出“其他人”。用马克思的正面阐述就是：“个人怎样表现自己的生命，他们自己就是怎样。因此，他们是什么样的，这同他们的生产是一致的——既和他们生产**什么**一致，又和他们**怎样**生产一致。”②

所谓人的自我创生，是说人固然不能没有自然生命，但人从来就不是一个现成的自然生命体，自然生命只是人之为人的前提，在任何情况下，人都必定要通过自己的现实活动而筹划自己的生活，从而成为现实生活中“有血有肉的人”“从事实际活动的人”。虽说这一过程进入我们眼帘的感性现象，无非是人们都在繁忙地操心自己当下的生存，似乎毫无例外地滞留于“现在”，其实，人们总是根据“曾有”的经历想着自己的“未来”而筹划“当前”的生活。这表明，在生存的“现在”时刻，人不可避免地与“过去”和“将来”有了牵连。于是，如果需要承认“过去”“现在”“将来”不外就是时间性的绽出样式，那么，我们当能有所感悟，人的生存是有时间性的，人就是在时间性中的生存。换言之，时间性乃是人生存在世须臾不可或缺的生存论基础，人正是在时间性中才完成了自我创生。而且，时间性的“过去”“现在”“将来”的绽出样式，正好表征着人“自己的形成过程”。既然人只是在时间性中才有生存的意义，那么，人在自己的存在根据处就是一个以时间性为基础的历史性存在物，人必定需要历史性地生存着并能够历史性地生存。③ 明乎此，马克思把“历史”与人“自己的形成过程”相勾连，根本不是无谓

① 马克思恩格斯选集：第1卷．北京：人民出版社，2012：59－60.

② 同①147.

③ 海德格尔．存在与时间．陈嘉映，王庆节，译．北京：三联书店，1999：426－427.

的文字拼凑，而是切入人的生存源始性即“时间性”，真切领悟并表达了人向来我属的生存结构即“历史性”。马克思独具匠心地把本真的历史性绽露出来，也史无前例地揭示了“人—感性活动—历史”三者之间“相依为命”的联系。

在此基础上，马克思明言，“历史对人来说是被认识到的历史，因而它作为形成过程是一种有意识地扬弃自身的形成过程”①。这里表达的两点含义尤其值得关注。

其一，历史的可理解性。

可以肯定，这是对黑格尔把历史思辨化的拨乱反正。黑格尔把历史的源始性幻化为逻辑的派生性，给历史铺设了一层据说起着滋养和保护作用的逻辑“天鹅绒”。结果，我们所看到的历史，就是由逻辑设计的弥漫着不可移易之必然性的发展进程。只要阅读黑格尔对于世界历史进程从东方发展到西方的论证，我们一定有着此种感受。进而言之，如果只能在逻辑中并必得基于逻辑才能理解历史，那我们就不要指望发现本真的历史性了，不要指望能够认识历史了。这是因为，黑格尔用思辨僭越现实的致思，人为制造了历史的神秘化，导致历史本身不可认识、不可理解、不可把握。毫无疑问，马克思不能与黑格尔这种认识为伍。由指证历史与人的原初关联而澄明历史的发源地，马克思便顺理成章地得出“历史对人来说是被认识到的历史”的论断。这就揭示了历史本身的可认识性和可理解性，并且是人直接可以上手的，从而就进一步解构了历史所蒙受的逻辑遮蔽。就此而论，马克思继承并推进了维柯关于“历史知识如何可能”的思考。

一般说来，人们对于历史总是能够有所说，但关键在于所说是否合法。所谓合法，是指所说切入历史之根本，在历史源发处确定立论视野。维柯最先洞察到并实际表达了这种要求。维柯提出，“认识”和“创造”乃是同一回事。其意是说，自己创造的东西自己肯定认识，并且具有无可辩驳的真理性。相应地，人类的历史是人自己创造的，从而人能够认识自己的历史。而“如果谁创造历史也就由谁叙述历史，这种历史就最确凿可凭了”②。历史知识的合法性在此被严格地呈现出来。

---

① 马克思恩格斯文集：第1卷. 北京：人民出版社，2009：211.

② 维柯. 新科学. 朱光潜，译. 北京：人民文学出版社，1986：145-146.

从维柯之后人们关于历史认识的实际进展情况来看，维柯“真理即创造”的洞见被视为基本的理论预设而延续下来，就是黑格尔的历史之思也没有偏离这一思路——当然是颠倒地加以利用。既然逻辑创设了历史，黑格尔就非常自信地坚持只有逻辑或通过逻辑才能认识历史，从而，“哲学的历史是世界的历史的最内在的核心”①。黑格尔的思辨十分严密，可谓前无古人，但对于历史的认识恰恰是不合法的，因为他疏离了历史之根和历史之真。显然，马克思拨开了黑格尔的逻辑迷雾，让历史知识重归合法之路。

其二，人的自我生成性质。

历史“作为”形成过程，直接申说了人不能指望着能被给予一个理想化的生存环境，人注定步入自我创生的生存之路。这里的“作为”结构显示了人的生存历史性是与“现成性”绝缘的，人是要自己创造自己、自己发展自己的。既然如此，人必定要沉沦于探索和尝试之中，人的生存迎面而来的是大于现实性的可能性，是多于确定性的非确定性，是高于现成性的选择性。就此说来，人不仅必须义无反顾地就自身生存的可能性做出决断，而且还必须时时刻刻审视和考问自己的生存状况。如此这般的行动，肯定不能是人时可有时可无的率性而为，而是人操心生存的基本需要。其中的动因就在于：“人作为对象性的、感性的存在物，是一个**受动的**存在物；因为它感到自己是受动的，所以是一个**有激情的**存在物。激情、热情是人强烈追求自己的对象的本质力量。”② 就此而论，人“有意识”地扬弃自身，乃是生存历史性的常规现象和当然要求。由于是有意识的行为，所以，人“扬弃自身”就是人自己发动且能够自我控制的过程。这就彰显了人“扬弃自身”，不是自我消极地逃逸或让自身虚无化，而是激活自身生存的“自主活动”，是自我淬炼为“有个性的个人”的基本阶程。

当然，这里的“扬弃”是一个特别属于黑格尔的哲学用语，而且，“扬弃自身”这种表达方式也与黑格尔有关。在这种情况下，明确黑格尔的用意而展现马克思的划界是十分必要的。

黑格尔多次强调“扬弃”的双重含义：“取消或舍弃”与“保持或

① 黑格尔．哲学史讲演录：第4卷．贺麟，王太庆，译．北京：商务印书馆，1978：374.

② 马克思恩格斯文集：第1卷．北京：人民出版社，2009：211.

保存”。不过，在黑格尔的一般阐释中，“保存”之意格外受到重视。①黑格尔曾认为，“被扬弃的东西同时即是被保存的东西。只是失去了直接性而已，但它并不因此而化为无”②。这是具有深度的辩证思考，但黑格尔并没有一以贯之。在精神发展到“绝对知识”阶段，黑格尔告诉我们，对象是意识的“障碍”和“异化”，意识必定要加以“克服”即扬弃。意识需要使对象成为不仅是“意识形态一般”而且是“多种这样的意识形态”。在这种情况下，对象对意识说来就是“消逝着的东西”。可见，这时的“扬弃”全然没有了“保存”而仅是“取消”。③ 黑格尔为何如此对待“扬弃”呢？他自己的说法让我们恍然大悟：“语言中可以找到自身就有思辨意义的字眼，这对于思辨是很愉快的：德语就有很多这类字眼。”而“扬弃”正是承认德国语言富有思辨精神的此类字眼之一。④

看来，黑格尔只是把“扬弃”作为一个思辨的字眼玩弄于股掌之间，全然放弃了追问“扬弃”何以具有双重含义，从而无视“扬弃”由之而出的源始结构。正是在此出现了马克思与黑格尔的界限。“扬弃”虽然也是与“异化”一并进入了马克思的视野，但在“自我异化的扬弃同自我异化走的是同一条道路”⑤ 的命题中，马克思超越了对于“扬弃”的思辨理解。马克思用“自我异化”来指证资本主义社会人的生存状况，“自我异化的扬弃”是指共产主义状态下人的现实生存的基本努力。既然两者“走的是同一条道路”，那就有一个最直接、最简单的判断：资本主义社会人的异化生活为扬弃这种生活做了准备。这就呈现了马克思批判否定与实证肯定相结合的理论品质。对此，我们想问：这种品质何以给予了马克思？这难道不是在进行循环论证吗？从马克思的致思路向来看，问题的答案只能是这样的：马克思执行了自己关注现实生活过程的“绝对命令”，如果说这里确有循环论证，那也不是应当避免的恶性循环，而是需要予以弘扬的可以主动介入的积极循环，因为此乃现实生活的本色。看来，经由马克思的探讨，我们便明白，“扬弃”双

---

① 黑格尔．小逻辑．贺麟，译．北京：商务印书馆，1980：213.

② 黑格尔．逻辑学：上卷．杨一之，译．北京：商务印书馆，1966：98.

③ 黑格尔．精神现象学：下卷．贺麟，王玖兴，译．北京：商务印书馆，1979：258-259.

④ 同②.

⑤ 马克思恩格斯文集：第1卷．北京：人民出版社，2009：182.

重含义乃是现实生活的赋予，生活世界具有不容怀疑的优先地位，人的现实生存依赖于自身的筹划。

这些解析表明，“对象性的活动”原理标志着马克思发现了生存历史性的存在论意义，并坚决将之导入自己理论思考的基础之中。因此，马克思开拓了一条以现实生活世界为旨归的哲学路向，真正倾听生活世界的故事，本真地让历史性出场说话。这就呈现了马克思的历史领悟以及与之相关的哲学变更。

二、“现实的人”的感性呈现

如果“对象性的活动”原理蕴含的历史维度意味着与现实生活世界的真正接榫，那么，“感性活动”对于“对象性的活动”的替代，就把历史性提升为理论思考的主导原则，使“现实的人”走进了哲学的殿堂。

“对象性的活动”原理向“感性活动”原则的过渡，关键在于前者在表达形式上没有自觉地与“实践”相勾连，却有对于费尔巴哈的“类”或“类本质”说法的借用。[①] 所以，马克思所实现的转换，通过表达形式的改变而延续了其中合理的内容。《关于费尔巴哈的提纲》第一条足以为证。

马克思说：“从前的一切唯物主义（包括费尔巴哈的唯物主义）的主要缺点是：对对象、现实、感性，只是从**客体**的**或者直观**的形式去理解，而不是把它们当做**感性的人的活动**，当做**实践**去理解，不是从主体方面去理解。因此，和唯物主义相反，唯心主义却把**能动的**方面抽象地发展了，当然，唯心主义是不知道现实的、感性的活动本身的。”[②] 在这段人们耳熟能详的论述中，马克思不仅把“感性活动”表述为“实践”，阐说了“感性活动”亦即实践原则的基本内涵，而且已然将这一原则当作“新世界观”的中轴原理。

在马克思看来，旧唯物主义的缺点，在于“只是”从客体的或者直

---

① 某些诠释者据此认为此时的马克思还处于“费尔巴哈阶段”。这种判断虽说的确可以在《手稿》中找到一点文字依据，但深入地思考，我们当能发现，费尔巴哈固执于“抽象的人”，就在存在论原则上归并于意识“内在性”，和施特劳斯、鲍威尔、施蒂纳等青年黑格尔派其他成员一样，就他们没有离开哲学这块土地来说，都是“黑格尔哲学的分支”（马克思恩格斯选集：第4卷．北京：人民出版社，2012：247-248）。

② 马克思恩格斯选集：第1卷．北京：人民出版社，2012：133.

观的形式来理解现实，在于这种偏执而放弃了对于“能动的方面”的体认；唯心主义虽说发展了“能动的方面”，但却执于意识“内在性”，把能动性抽象化，自然不能全面阐扬能动性的意义。这就是说，旧唯物主义和唯心主义各执一端，仅有片面的合理性。在这种情形下，“新世界观”必定需要超越两者的片面性，同时又能够把两者的合理性整合为自身的环节，真正实现对于现实的切近且合理的理解，而这只有从“感性活动”出发才能达到。就此可知，“感性活动”原则具有融合“受动性”和“能动性”于一身的特质。显然，如果这种内涵不是“对象性的活动”原理的延续，那只能是马克思新的发现。然而，在不到一年的时间内，在没有前期准备的情况下，马克思的思想居然有此巨大的转换，且相当地从容和成熟，这难道真是可能的吗？所以，此时的马克思，毋庸置疑深化了“对象性的活动”原理的思想成就，由“感性活动”的术语表达形式形成了属于自己的存在论原则，由此开始了一个划时代的哲学变革。在此过程中，马克思实际上把“对象性的活动”原理所申说和倚重的历史维度，提升为自己哲学思考的主导原则，当作约束自己哲学之思的“绝对命令”。我们试以“樱桃树”为例做出简要的分析。

按照黑格尔，进入我们眼帘的樱桃树，纯粹是一个“思想客体”。如果没有了“自我意识”的作用，即使樱桃树实实在在地生长在我们的身边，或许我们还能品尝美味的樱桃，但我们也不能信其真。就是说，樱桃树的存在必须符合“自我意识”所设定的概念，它原本就是具有“纯粹性”的物性，“自我意识”的运动决定了樱桃树的变迁。

按照费尔巴哈，樱桃树是与黑格尔的“思想客体”确实不同的“感性客体”，或者说就是我们能看到的“感性对象”。可是，樱桃树何以生长在我们生活的地区呢？这肯定是诸如犹太人“最实践的处世原则”发挥作用的结果。尽管这类“卑污的”行为不是“真正人的活动”，但我们还是可以凭借“哲学家的眼睛”发现樱桃树作为樱桃树的“类的平等化”，从而确定其存在。

按照马克思，如果相信黑格尔，樱桃树则是虚幻的“唯灵论的存在物”，说到底就是“非存在物”；如果相信费尔巴哈，则在人们直观能力之外就不能想象樱桃树的存在，樱桃树说到底就是人们彼此需要的直观。不消说，黑格尔和费尔巴哈说的都是骗人的谎言。如果说，黑格尔用精神“自我活动”尚能装点樱桃树的可能性运动，从而赋予樱桃树一个具有“历史感”的外观，那么，费尔巴哈固守所谓直观，完全无视樱桃树的历史变化，实际上就用直观褫夺了樱桃树的存在。“大家知道，樱桃树和几乎所有的果树一样，只是在几个世纪以前由于**商业**才移植到我们这个地区。由此可见，樱桃树只是**由于**一定的社会在一定时期的这种活动才为费尔巴哈的‘感性确定性’所感知。”①“这种活动”若是用哲学的语言来描述，就是“感性活动”。可以说，黑格尔的“自我意识”，费尔巴哈的“感性直观”，全部都是“由于人们的感性活动才达到自己的目的和获得自己的材料的”。人的感性活动是“整个现存的感性世界的基础”②。

所以，如果不是蓄意地否认，我们当能有所体悟，马克思从感性活动出发走进了现实生活世界，不仅明察历史性之于人的生存的源始性，而且坚决把历史性原则运用于自身的理论思考，从而在不同于以往的存在论基础上，实现了理论内容和表达形式的统一。毋庸置疑，这种切入现实生活过程的“生存论”哲学境域，属于马克思的首创，它关乎根本地展现了一条全新的哲学致思路向。哲学行走在这一路向上，将扬弃近代哲学所虚构的“概念的天真”，解构其思辨迷宫，让逻辑、抽象、思辨等“内在性”特质重返故里——人的生活世界，并发挥其应有的作用。一言以蔽之，马克思以感性活动为主导原则的哲学境域，真正呈现了“现实的人”的感性存在：“这是一些现实的个人，是他们的活动和他们的物质生活条件，包括他们已有的和由他们自己的活动创造出来的物质生活条件。”③ 就此必定需要谨守勿失的是，由**感性活动**而本真地领会了生存**历史性**，才能眺望**“现实的人”**，并决定性地能够经验到“现实的人”。

既然在马克思开创的哲学路向上，人们可以通过经验观察到自身，那么，马克思关于“现实的人”的沉思，就堪称现实生活世界的基本原理，蕴藏着具有重大意义的理论建构。

第一，“现实的人”的合理“看”法。

从发生学的意义上，现实的“有生命的个人”都免不了受到“生物学因素”的困扰，这使人们很方便地从生物学视角来“看”人。这种

---

① 马克思恩格斯选集：第1卷．北京：人民出版社，2012：155－156.

② 同①157.

③ 同①146.

"看"法在形式上轻易就能上手，从而构成了时下关于人的世俗之见的一个依据。诸如"自然属性是人之为人的前提"这类强调，都可视之为这种"看"法的表现或结果。无疑，由此看到的人仅是一种生物。既然是一物，人便与其他生物一样，是一个被创造、被规定的现成之物，一个依靠并时刻都要追赶着某种先定目标才能存活下来的物。与人的现实生存相对照，这种"看"法是一种让人游离于自身生命活动的"知性科学"的**抽象态度**。人所具有的"自然属性"，形式上固然与"动物机能"是一样的，但根本上真是动物的机能吗？我们能够这样说吗？在人身上呈现出来的所谓"自然属性"难道不是与人的活动连为一体的"人的机能"吗？对此，海德格尔有着发人深省的追问："人之本质，原初地和先行决定一切的人之本质，究竟是否就包含在动物性（Animalitas）之维度中？当我们把人而且只要我们把人当作在其他生物中间的一员而与植物、动物和上帝划清界限时，究竟我们是不是走在通向人之本质的正确道路上呢？"①

与此相反，在"生存论"哲学境域中，马克思提出了要用"纯粹经验"的方法来"看"人。于是，虽然"个人的肉体组织"以及由之而来的"个人对其他自然的关系"被看作"第一个需要确认的事实"，但进入马克思视野中的"有生命的个人"，并不是这些个人的"生理特性"，甚至也不是他们所处的各种"自然条件"，而是基于"人们的活动"而来的"有血有肉的人"。我们自身的生命体验表明，依照马克思的方法，我们看到的就是现实生活中的人。就此十分清楚，马克思所说的"纯粹经验"的方法乃是切入人的现实生活过程的**实践态度**。按照这种态度，我们看到的才真正是"有生命的个人"，是自己操心自己生存的"现实中的个人"，是没有任何神秘和抽象色彩的从事"感性活动"的个人。

第二，人的问题的合理提问方式。

到目前为止，人们在思考人的问题时，习惯于按照"人是什么"的方式来进行提问，至于是否合法，却存而不论，甚至讳莫如深。因为这种提问方式被广泛地使用开来，至今尚无式微的迹象，从而就关乎根本地凸显审视这一提问方式的必要性——我们很快就会发现，称之为迫切

---

① 海德格尔．路标．孙周兴，译．北京：商务印书馆，2000：378－379.

性也许更为准确。

在“人是什么”的提问方式中，人无疑是“主词”，但却是被预设了没有内容的主词。换言之，人并不是无条件地获得了主词地位，人根本不能离开“宾词”，因为无宾词则人这个主词就是空洞之物。可是，现实的人从来都过着实实在在的生活，其内容向来都是人的自我造就，根本不需要某个外在之物的恩赐。显然，这里的要害是**先行抽象**人的活生生的生活，把人变成等待着一个具有“他者”性质的“什么”来规定和决断的东西。由此，这一提问方式事实上透露的信息则是：人的存在被说成是身不由己，必得依靠“他者”，人们必须也只能**从“他者”出发来想人**。这是其一。其二，众所周知，这一提问方式使用的宾词——“什么”——总是不确定的，自古以来就有着不同的说法或用法。这在形式上似乎亦能证明人具有多元敞开的生存特性，实质不过是证明了提问者的创造力。我们固然不能否认某些执着的提问者对于人的领悟，使得这个“什么”或许就是人的现实生活的某一方面，但在这个“什么”言人人殊的情况下，我们对于这些哪怕是本真的领悟究竟能够怎么评价呢？如果没有提问者的劳作，会有这个“什么”吗？看来，即使是在最好的情况下，“什么”之问世，皆归因于提问者的**主观能动性**。归根结底，所谓“什么”恰如皮影戏中的影子，提问者的**理性才是真正起作用的力量**。其三，“什么”之于人，如果原本就是人的东西，但在这种提问方式中，还是意味着从人身上“跑”了出来，矗立在人的对面，却通过“是”这个通常的判断系词而重新给予了人。倘若这个“什么”原本就是与人无关的东西，则这个“是”就更为关键。这两种情况无非是表明，只是凭借“是”，“人”与“什么”发生了勾连，言说“人是什么”才有了实际意义。就此可知，这个“是”已然溢出了作为系词存在的那个范围。它究竟何谓？康德曾说：“一个判断无非是使给予的知识获得统觉的客观统一性的方式。这就是判断中的系词‘是’的目的，它是为了把给予表象的客观统一性与主观统一性区别开来。”① 就是说，在康德看来，系词“是”表达了命题的主词与宾词之间的联结，指明所予表象对于本原的“统觉”的关系。因为所有联结的根据皆归因于“纯粹统觉”原始的综合统一性，从而“是”就意味着与这种统一性的共属一

① 康德．纯粹理性批判．邓晓芒，译．北京：人民出版社，2004：95.

体。这样，我们就明白，从语法上来看的系词“是”，其实则是“**纯粹自发性活动**”，是“**纯思**”。而它作为判断的联结环节，必定不是个人主观的心理活动，而是有着客观普遍的效准，是**客观的“纯思”**。所以，主词与宾词之间的联结关系才被言说出来，这种关系也一定有着客观普遍性。

这些分析表明，“人是什么”的提问方式援引理性形而上学为自身的存在论根据。我们已经明白，理性形而上学通过逻辑思辨实际放逐了人的感性生命，把人变成了可以任意役使的工具。既然如此，打破“人是什么”提问方式的垄断，已然不是纸上谈兵的事情，而是不能延宕的当下行动。从马克思对于近代理性形而上学的哲学革命来看，马克思已经开始了解构的行动。既然人是由自己的感性活动而自我创生的，那么，人的问题只能以“人何以可能”的方式进行提问。这种提问方式的可能性根据在于，人向来都是自己筹划自己的生存，因而，人的生存具有不可辩驳的敞开性，而从来不是在自身不可捉摸的内在结构——也就是海德格尔所形容的意识“密室”——中设计自己的存在。

真正说来，按照“人是什么”的提问方式，无论问人是“什么”，可能还有支持开放性思维的外观，实际上我们都已然指望着一个已定的只不过不知道内容是什么的目标，而且告诫人们要持之以恒地予以追求和坚守。这样一来，人仅有了一个典型特性——现成性，不折不扣地成为可以订造之物。毫无疑问，此种提问方式不仅错失了人的本真之性——自我创生的存在性质，而且恰恰堵塞了人通过自身而生存的正确道路。按照“人何以可能”的提问方式来想人，首先直接彰显了人的生成性。于是，我们看到的人，就不是模式化的万众一面，而是各个有别的具特殊性的人，是充满生气的生命。可以相信，如此表达的才是人的现实生活过程的现象实情。在这种情况下，不只是道说人的问题获得了合法的视野，而尤为重要的在于，这种道说终结了对人的问题的臆造，真正来到了人的身边，看到了现实生活中的有血有肉的人。

第三，“对象性的本质力量的主体性”。

在人的现实生活中，人的主体性是常见的现象，具有不可抹杀的意义，从而吸引了思想家们的视线。问题在于，主体性究竟是如何得到哲学阐释的？或者说，关于主体性的理论说明是否促进了人的现实生存？这种追问不是空穴来风，而是事出有因。这里说的首先就是近代哲学的事情。

我们可以简要地归纳近代哲学论证主体性的主要理论环节：笛卡尔由“我思”确证“我在”，允诺了“能思之我”，开启了理解主体性的帷幕，但具有借用形式逻辑推理的不严密性；康德通过阐发“思”是“我”之“自发性”，指证了“能思之我”主体性的必然性，但流于形式而缺失实在内容；黑格尔则用绝对精神的“自我活动”建构了“能思之我”的客观普遍性，完成了近代意义上的主体性的论证。由此可见，近代哲学无一例外地坚守着意识“内在性”的存在论原则，高扬以“我思”为主体的主体性。由绝对独立的理性所支撑的“我思”，实质上是没有对待的存在物，所以，近代哲学所心仪的主体性是没有对象也不需要对象的神秘的、绝对的主体性。这种主体性的现实展开，必定要指望着逻辑思辨之力，就注定要遗忘自己由之而出的根据地。以近代哲学为文化动力的欧洲文明，虽说创造了有史以来最为繁华丰裕的物质生活，却同时把人导入“无家可归”的生存困境。直面如此这般的现实，我们不可能安心于近代哲学所论说的主体性对于人的文化引领。由此看来，或许近代哲学的绝对主体性蕴藏着某种对人来说确凿无疑的生存可能性，以及以颠倒的形式表现出来的对于建构人的主体性的某些合理之处，但不可规避的是，这些积极的价值根本不能现成地给予我们。全部问题的关键在于标明：主体乃是“现实的人”，主体性乃是“现实的人”筹划生存活动的基本品质，从而真正剥离并拥有近代哲学的“真理”。不消说，这项艰巨而神圣的工作首先属于马克思。

在马克思看来，近代哲学证明了人的意识的能动性，这是不可否认的重大成就。但是，如果因之就把意识内在性视为人的源始本质，则注定迷失了理解人的方向。马克思独具慧眼，把“有意识的个人”归结为“现实中的个人”，把“现实中的个人”归结为“他们的现实生活过程”，揭明了意识本有的派生性。在这种意义上，人之为主体，对象之为客体，根本不是逻辑先行设计的可以现成给予人的东西，而是人通过“感性活动”的创造，是人的“感性活动”的自我生成和自我筹划。在现实生活中，人若要实现对自身存在的守护，必定需要依寓于自己的对象世界并时刻执着地“在世界之中”，由此出现的乃是人与对象世界的原初关联。既然如此，人就是“对象性的存在物”，对象世界就是另一个对人说来“感性地存在着的人”。这就不仅标识对象之于人的源始的不可或缺，而尤其把对象之于人的非现成性显示出来。于是，人原本也是一个“受动的存在物”，人筹划生存的感性展开必定充溢着“活动的激情”。“激情”和“热情”正是人强烈追求自己对象的本质力量，人的主体性正是在人的激情和热情的实行中现实地在场。可见，人的主体性乃是人之为人的本源现象，根本不能被说成是“我思”逻辑设定的“笼罩在客体上的主体性”，或者是那个“理性的狡计”的执行者。

这样说来，马克思明确与近代哲学针锋相对，把主体性归于现实的人的现实活动，由之而来的当是理解人的主体性的不容破坏的纪律：人是在自己的生存实践中历史性地持守着自己的主体性；对于主体性的任何理解理当由人的感性活动上手才是合法的，才来到了主体性向来所属的家园。所以，在马克思的存在论深思之后，关于主体性的理解已然达到了这样的原则高度：没有关于人的主体性的理论，却有人的主体性的本真存在和实行；人的主体性根本不可能停留于任何理论阐述之中，也不是在某种理论文字中可以找得到的。仅此而言，任何逗留于近代哲学视域来理解主体性的退却式的企图或图谋，必须予以当头棒喝。换言之，我们必须断然拒绝并阻止从“绝对主体”出发来领会人的“对象性的本质力量的主体性”。

卢梭很早就提醒人们注意，“在人类所有的各种知识中，对我们最有用但是是我们掌握得最少的，是关于人的知识”①。这种担忧后来不断地得到证明，因为人类关于自身的认识似乎总是不能达到确定的解。在近代理性形而上学武装了人的心灵以后，人类的知识在成倍地增长。可是，在如此这般汗牛充栋的知识体系中，诸如人类何以生存、如何生存这类核心问题始终悬而未决，甚至在当代以极其尖锐的形式一再地在人的现实生活中表现出来。请看海德格尔的申说：“没有任何时代像今天的时代一样，关于人有着如此大量而又如此多样的知识；也没有任何时代像今天的时代一样，关于人的知识会以一种如此强烈和如此迷人的方式表现出来；迄今为止，更没有任何时代像今天的时代这样，能够如此迅速和如此容易地提供出这一知识。但是，同样也没有任何时代像今天的时代这样，对人是什么的问题知道得如此之少；更没有任何时代像我们的时代这样，人竟然如此的成为问题。”② 依此来看，莫非人类从

① 卢梭．论人与人之间不平等的起因和基础．李平沤，译．北京：商务印书馆，2007：33.

② 海德格尔．康德与形而上学疑难．王庆节，译．上海：上海译文出版社，2011：199.

根子起就错失了对于自身的认识？马克思上述关于人的问题的思考，实际上点破了问题的症结之所在。

近代以来，实证科学颇有成就的发展，被人们认定是一切知识的典范，在学习和效法实证科学的时代文化氛围中，衍生出“客观主义”的思想态度。“**客观主义**的特征就是，它在由经验不言而喻地预先给定的世界基础上活动，并且追问这个世界的‘客观真理’，追问对这个世界，对每一个有理性的存在者，都无条件地有效的东西，追问对这个世界本身说什么。普遍地进行这项工作是认识，理性，或更确切地说，哲学的任务。”① 这种以知性实证科学为依据并由之生发出来的文化观念，恰好得到貌似严密的理性形而上学的呼应和庇护。在这种情势下，“客观主义”的蔓延和普及就成了不可抗拒的趋势。问题在于，“客观主义”不过是貌似客观和公正，其实际展开恰恰因为固守自性信条而无视现实生活过程的变化和现实处境的实际状况，最终沦为一种抽象化、思辨化、理论化的认知方法。这就是说，在如此这般的文化氛围中，一切问题都是作为或者都要转换为理论问题来处理，人的问题当然也概莫能外。所以，我们总是能够发现，近代——甚至还延伸到当代——关于人的问题形成了众多的解决方案，但大都热衷于把人的问题作为一个理论问题提示出来，以至于人的生存问题可以作为一个“课题”出现并能够获得很好的论证和阐释，但一旦返回现实生活世界却软弱无力，不能解决任何问题，日益失去其现实性。就此而论，我们所阐发的马克思对于人的问题的思考和解答，不啻一种革命性的转变。马克思始终以人的感性活动为基础，在领悟生存历史性中确立基本的立论视野，把真切的现实关怀奠定于人的“历史性的地平线”上，从而呈现了“现实的人”的生存境遇。在这种意义上，马克思对于“现实的人”的理解，与其说是提供了一个现成的答案，毋宁说是澄明了问题得以合理解答的可靠地基。

三、“改变世界”的哲学追求

如果合理地认识“现实的人”的问题出自领悟人的生存历史性，并始终要以这一领悟为原则，那么，这必定意味着哲学在运思方向上的根本转型，追赶着一个全新的使命。就此我们相信，马克思“新世界观”

① 胡塞尔．欧洲科学的危机与超越论的现象学．王炳文，译．北京：商务印书馆，2001：86-87.

并不停留于构造一个理论原理的思辨要求上，而是把原理化的哲学思考转变成切入时代问题的“思想的闪电”，参与到现实生活世界。马克思明察，“哲学家们只是用不同的方式**解释**世界，问题在于**改变**世界”①。于是，马克思阐发的“新原理”，在引导时代愿望的过程中，就决定性地是以实现“现存世界革命化”为旨归。这究竟是如何成为可能的呢？我们首先分析马克思所说的“世界”。

在传统的哲学理解中，“改变世界”被用来表述马克思主义哲学的“实践性”特征。至于实践，马克思主义哲学教科书体系仅仅在认识论部分予以强调，指出这是马克思主义哲学首要的、基本的观点，并没有明确从“感性活动”原则的高度上予以分析，从而，“改变世界”就被看作人改造身外之物的实际行动。这就轻易地制造了一个二元劈分作为前提即人是主体、世界是客体，且默认这一前提天然合理。于是，世界就被看作一种“在人之外”的东西。这种认知很容易从日常生活所观察到的结果获得支持：人们总是习惯地从空间的、有形的向度来想象或理解世界。人们一旦满足于如此认知水平来理解“世界”，那也就会毫无疑问地由此理解来指认马克思所说的世界。然而，只要人们意识到“改变世界”的范围不仅是指“客观世界”而且还包括“主观世界”，那么，改造并提升哲学的这种理解就势在必行。全部问题的关键在于，上升到历史唯物主义的存在论原则高度，深究世界“在人之外”的观念何以顽固地霸占着人们的思想，展现反映事情之实情的合法认识的真正可能性。从学理方面来追究，我们把视线对准近代哲学：是近代哲学意识“内在性”存在论原则惹的祸！

众所周知，近代哲学随着黑格尔完成了意识“内在性”的论证，以思辨语言的表达方式向世人传播这样的信念：“凡是应当在世界上起作用的、得到确认的东西，人一定要通过自己的思想去洞察；凡是应当被认为确实可靠的东西，一定要通过思维去证实。”② 就是说，近代哲学借重逻辑展示了思维的力量，构筑了一个让每个人备受鼓舞并且乐意接受的文化精神。浸淫于如此这般的文化氛围，人们自然深信，“真理内在于人心，人心可以把握真理”。可以看出，近代哲学把“人心”即意

① 马克思恩格斯选集：第1卷．北京：人民出版社，2012：136.

② 黑格尔．哲学史讲演录：第4卷．贺麟，王太庆，译．北京：商务印书馆，1978：60.

识或思维指定为“规定者主体”，就毫不犹豫地把世界设定为“在人之内”的客体，进出的通道当然是思维自身。这种唯心主义的主观臆造，在马克思发动的以存在论原则为主旨核心的哲学革命之后，毫无例外地暴露出立论根基上的虚妄性与神秘性。马克思的哲学革命毫不妥协地宣布了近代哲学的“世界”观的不合法和荒谬，如果说把世界当作“在人之内”的近代观点毕竟需要终止，那么，针锋相对地坚持世界“在人之外”的认知，不是正好能够凸显马克思对于近代哲学的革命性吗？这难道不正是为了摆脱近代哲学的思想桎梏的顺理成章选择与有效作为吗？然而，真实情况并非如此。

坚持用世界“在人之外”的观念来解读马克思的“世界”观，还要归功于近代实证自然科学关于“世界”信念的诱导。近代实证科学告诉人们，在我们之外是客观独立的不依赖于我们意志的物质世界，我们能够感觉到的不同于我们的有形物就是证明。而且，环绕在我们身边的空间，虽然看上去空荡荡的没有任何东西，其实却充满着我们肉眼不能直接看到的无数的、无形的“场”。换言之，物质世界就是由无数的有形物和无形的“场”构成的整体，不可否认地是在我们身外的东西。可以肯定的是，近代实证科学正是持守着这样的“世界”观才有其存在。而它们所获得的令人目眩的成就，自然就为这种“世界”观的推广提供了富有成效的现身说法。尽管 20 世纪初出现的相对论和量子理论，肯定实验者对于实验结果的引导性和制约性，从而批判了近代实证科学的单义决定论，但并没有否认近代实证科学的“世界”观，相反却进一步予以巩固和强化。既然如此，在人们的闲谈中，“世界”就被看成是“在人之外”的东西，至少是指与“我”不同的东西。不必讳言，这种看法就是在今天，也依然是一般性的常识而存在于人们的心灵深处。就此说来，我们从“在人之外”的意义上解读马克思所说的世界难道还有什么不妥吗？

是的，在这种情形下——当然仅止于此种情形，上述解读肯定是相当稳妥的。然而，正是在此，我们需要毫不含糊地予以追问：这种解读达到了马克思的哲学境域吗？换言之，马克思确实是让世界离开人而矗立于人的对面吗？倘若是，其一，则马克思还是执于二元劈分的思维方式，就是说，还是走在近代哲学开辟的路向上。这是可能的吗？其二，则马克思所器重的人的“对象性的活动”，包括“人化的自然界”和

“人的本质的对象化”等过程，都是根本不可能的幻想，如此还谈什么哲学革命！这也是可能的吗？其三，则马克思需要解答这个“世界”的来历，这样一来，马克思就自我制造了两难困境：如若不能，马克思就设定了一个连自己也不明其究竟的存在物，岂不是用文字游戏来自我显摆和愚弄大众吗？如若能，如此没有人的世界不是“唯灵论的存在物”那还能是什么呢？不是依靠抽象还能通过什么让其存在呢？这些真是可能的吗？

如果这些疑问是必然要发生的，那么，把马克思所说的世界指证为“在人之外”，就是恣意强加。真正说来，这种强加乃是游离于历史唯物主义的存在论原则从而未能明察马克思哲学的革命性变革之所在的迷思。我们还是来看看马克思本人的论述吧。

首先引起我们注意的，是马克思批判费尔巴哈时使用了“感性世界”的提法。而且，马克思后来自称此时对于费尔巴哈的批判旨在清算自己的哲学信仰。依此可以推断，在马克思已然自觉地与费尔巴哈进行划界的情势下，“感性世界”作为其中的一个界标，可以看成是马克思“成为马克思”历程中一个具有稳定性的思想表征，意味着马克思在存在论意义上的思想决断，蕴含着关乎存在论原则变革的深刻寓意。

在费尔巴哈迷恋于“感性直观”来理解感性世界时，马克思明确指出：“他没有看到，他周围的感性世界决不是某种开天辟地以来就直接存在的、始终如一的东西，而是工业和社会状况的产物，是历史的产物，是世世代代活动的结果，其中每一代都立足于前一代所奠定的基础上，继续发展前一代的工业和交往，并随着需要的改变而改变他们的社会制度。”① 我们在此直接能够读出：其一，感性世界是费尔巴哈这位“现实的人”生活于其中的现实世界；其二，感性世界不是自在的自然界，不能仅仅从“自在性”出发来理解感性世界；其三，感性世界的形成归因于人的感性活动；其四，感性世界在人类的历史性活动中不断发生变化。马克思这里的批评性语境，包含着关键性的提示——“人”“感性活动”“感性世界”具有同源性，“历史性”为之铸造了牢固可靠的平台。正是达到了这样的认识高度，马克思就批评费尔巴哈，“从来没有把感性世界理解为构成这一世界的个人的全部活生生的感性**活动**”②。

① 马克思恩格斯选集：第1卷．北京：人民出版社，2012：155.

② 同①157－158.

就是说，马克思把人的感性活动指证为感性世界由之而出的原始发源地，就不容争辩地宣布，世界原初就是属于人的存在。这是深入感性世界根据处的申说，从而就必定属于存在论性质的洞明，且十分清楚地关乎生存论的存在论意义。既是这样，我们理当尊重马克思关于感性世界的判断。换言之，我们对于马克思的解读，以及在此基础上必然形成的对于世界的认识，都务必依循马克思的判断来获得立论的视野。

世界既然被证明了具有存在论的性质，意味着世界恰是人的现实生存须臾不可或缺的现实内容，而且，与世界打交道正是人筹划生存的本有的事情。在此，我们想问：世界之于人究竟是何种程度上的意义呢？这种意义究竟如何得以开启？这就需要再度讨论马克思“对象性的活动”原理的有关内容。

在阐述“对象性的活动”原理时，马克思曾提出：“对象性的存在物进行对象性活动，如果它的本质规定中不包含对象性的东西，它就不进行对象性活动。”① 就是说，人作为“对象性的存在物”，具有对于对象的渴望，并通过自己的感性活动（亦即“对象性的活动”）而拥有自己的对象。具体地说，在现实生活过程中，自在形式的外在之物是不会自动地成为人的对象的，而是经由人的感性活动的改造而褪去自在存在的抽象形式，生成为人的现实的对象，达到了是其所是的现实性。基于真切领悟对象之为对象的形成过程和本来面目，马克思便把对象称为另一个“感性地存在着的人”，借以肯定人与对象的原初关联。马克思这一独具慧眼的伟大发现，还传达一个十分重要的不可忽视的信息，即人的生存始终处于敞开式的状态，人在现实生存的任何时刻都是未完成的，人之为人命运般地持守于可能性之中，从而，人的生存就不是“孤独主体”在自身内部不停息的旋转所进行的自我建构。据此，我们自然有所感悟，人原本就是依赖于世界的，可以说，人就是以“在世界之中存在”为生存方式的。在这方面，海德格尔以明快的话语本质重要地思入问题之精要处，提供了可信的证词。

海德格尔提出，必须严格区分“在之中”（In-Sein）与“在……之中”（Sein in…）这两种存在论性质迥然相异的存在方式，而且要时刻守住这种区分，不能混淆。海德格尔把“在……之中”这一存在方式，

① 马克思恩格斯文集：第1卷．北京：人民出版社，2009：209.

称为“范畴性质”的存在方式，是那些不具有此在式存在（即人）的存在者的存在方式。因为这一存在方式就是指一个存在者被现成地摆放在另一个存在者“之中”的那种情况，例如：水在杯子之中，衣服在柜子之中，椅子在教室之中，等等。诸如水、衣服、椅子这些存在者，都是“现成”存在于世界“之内”的。相反，“在之中”这一存在方式，是“生存论性质”的存在方式，表达了一种存在建构，是专属于此在式存在者的。何故此言？海德格尔首先从词源学意义上来解析“在之中”的寓意。“我居住于世界之中”，这是说，“我把世界作为如此这般熟悉之所”，而依寓于世界、在世界中逗留。这里呈现出来的性质，是“我”这个存在者对于自己生存处境的自我把握、自我筹划与自我建构，而且无可争辩地与“我”的生存息息相关。从此可以做进一步引申和证明，“在之中”这一存在方式，并不是指现成的东西在空间上“一个在一个之中”，应该说根本就没有现成的东西在空间上一个在另一个之中的含义，而是仅指存在者在攸关自己生存的意义上的自我建构。这是生存论性质的寓意，正是生存着的此在的“向来我属”性。**“因此，‘在之中’是此在存在形式上的生存论术语，而这个此在具有在世界之中的本质性建构。”**①

基于这种区分，海德格尔敏锐地指出，虽说在日常生活中此在总是要与世界之内的诸种存在者照面，似乎与众多的现成存在者一样也是“事实上的现成存在”，其实，这是此在自我把持地“消散在世界之中”的自觉选择，也是此在不得不停留于所要打交道的现成事物但又能从中抽身的生存筹划。“只有当一个存在者本来就具有‘在之中’这种存在方式，也就是说，只有当世界这样的东西由于这个存在者的‘在此’已经对它揭示开来了，这个存在者才可能接触现成存在在世界之内的东西。”② 这番论说意味深长，尤其值得细细品味。它表明：只有具备“在之中”这一存在方式的存在者，才配得上拥有“世界”，“世界”之内的现成存在物也才能够各安其位、各得其所而获得各自的存在意义。易言之，此在本质上就是以“在之中”这种方式存在的，此在是“在世之在”，从而能够明确地把握从周围世界扑面而来的存在者，能够认识和利用它们。就此非常清楚，海德格尔的用意在于标明：“在世界之中存在”不是此在时可有时可无的属性，好像世界是人碰巧遇上似的，而

① 海德格尔．存在与时间．陈嘉映，王庆节，译．北京：三联书店，1999：64.

② 同①65.

是此在成为自身的生命方式，是此在生存筹划的本己需要。换言之，“世界就是此在作为存在者向来已曾在其中的‘何所在’，是此在无论怎样转身而去，但纵到海角天涯也还不过是向之归来的‘何所向’”①。可以说，海德格尔如此这般的殚精竭虑，实际上论述了一个能够领悟并真正观照此在的观察视野——人与世界的原初关联，在存在论上与马克思不期而遇，未曾明言地呼应着马克思的存在论洞见。

海德格尔与马克思领悟人的生存所达到的会通，有助于我们深切理解马克思的深刻寓意。可以相信，在马克思的哲学境域中，世界既不是“在人之外”，也不会“在人之内”，人与世界乃是原初的关联——人是在世界之中的存在，世界是专属于人的。如果现实生活中确有世界“在人之外”或“在人之内”现象的发生，那也是人与世界原初关联性质的派生样式。这就是说，从存在论上标明世界的原初结构和存在性质，我们就能立足于坚实的根基合法地说明问题。明乎此，“改变世界”的存在论深意便昭然可见：在“人与世界原初关联”的意义上，“改变世界”的枢机在于人的感性活动，核心在于人自身的革命性变更，本质在于人的生存的现实展开。如此也就映现了需要从存在论方面、也只有这样才能真正通达马克思《提纲》中的另一个论断：“环境的改变和人的活动或自我改变的一致，只能被看做是并合理地理解为**革命的实践**。”②

在吃透“改变世界”意蕴的基础上，我们可望能够顺当地阅读马克思的那句标志其哲学革命的至理名言：“哲学家们只是用不同的方式**解释**世界，问题在于**改变**世界。”③

其一，“改变世界”的合法性。必须指出，这是一个人们缺少理论敏感而没有给予应有重视的问题。按照近代哲学的基本精神，这个问题纯属虚构，或者说，我们根本就不应该提出这个问题，因为它会导致人们对思维产生消极的态度，引发不必要的“理性恨”。然而，近代以来人类自身的经历却不断地证明“改变世界”并没有天生的明证性，直到兴起了批判“人类自我中心主义”的思想文化运动，才以极其尖锐的方式把问题的严重性呈现出来。可是，对于“人类自我中心主义”的检讨，不应该是当今我们皆能有所感受的“自然决定论”的再度泛起。正

---

① 海德格尔．存在与时间．陈嘉映，王庆节，译．北京：三联书店，1999：89.

② 马克思恩格斯选集：第1卷．北京：人民出版社，2012：134.

③ 同②136.

是如此这般的生存境遇，才彰显了马克思思考的现实针对性，以及对于解决问题的发言权。马克思的探究表明，“改变世界”亦即人的“自我改变”，是使人能够作为人而存在的生存筹划。这里的意义，首先就在于要求终止主客二元劈分的思维方式，也就是要终止把世界当作在人之外的“他者”从而人就可以随心所欲予以宰割的非法企图；其次还在于“改变世界”是人自己发动的，由之就需要人形成承担责任的承受力和主动性，以及能够自律的人性资质。就此而论，“改变世界”意味着人自我构筑一个适合自身生存的环境，这就彰显了人的自由本性。在这种情况下，“改变世界”的顺利开展是毋庸置疑的，并且正是人谱写自身的生存故事，因而就有合法性。当代人类的生存努力，确证了马克思洞见的现实性。这表明，重新阅读马克思，期望马克思在当代生活语境中真正出场，乃是当代生活世界的实际呼声和迫切需要。

其二，洞穿旧哲学的虚妄性质而让“解释世界”是其所是。在马克思的叙述语气中，旧哲学的缺陷不在于他们“解释”了世界，而在于他们执迷于“解释世界”，在于他们把“解释世界”当作哲学的归宿，在于他们仅仅是个“哲学家”或“理论家”。这里就有一个关键的提示：马克思并没有废除哲学应有的“解释世界”的功能，倒是理当彻底删除我们解读马克思时的现实“想象”。在马克思看来，旧哲学陷入了双重虚妄：第一，在存在论根基上持守意识“内在性”，没有追究“内在性”的来历，满足于进行无根的玄思；第二，与此相应，在思维方式上持守主客二元分立，实际上先行分割出主体与客体，而后通过逻辑的力量做出它们的联系，沉湎于自以为是的幻想之中。既然深谙旧哲学的症结，马克思便另辟蹊径，独具匠心地深入现实生活过程，在把捉人的感性活动中领悟了人的生存历史性，揭示了人的自我创生的生存命运，就把哲学的使命描画为“改变世界”。在人通过自身而生成的命运中，领会自身的生存状况是人的生命活动的一个部分，堪称人的“向来我属”性。正是在这里，“解释世界”有其发生和生根的理由，并由此而获得安身之所。于是，马克思本真地道破了“解释世界”的存在真相。

其三，“新世界观”致力于守护和弘扬的“思”的事业。由“改变世界”来中说哲学的存在，这里浓缩了马克思倾心关注现实的所有才情。从马克思富有深度的思考出发，我们有这样的感悟：马克思希望哲学倾听生活世界的现实呼声，并以这种方式标明并保持自身在生活世界的在场。换言之，马克思希望哲学的神圣职责乃是守护和弘扬思的事业。毫无疑问，按照这种崭新的要求，“新世界观”毕竟需要扬弃“逻各斯中心主义”的话语霸权，尤其是要解构由概念或范畴演绎提供动力的哲学进路——这也就是马克思早年所说的“消灭哲学”之要义。“哲学”终结以后，思的事业肯定要从“抽象王国”脱身而出，决定性地寄托于人必定要现实开展的领会生存的那种能力，并始终是在充满着活力和发展前景的生活世界中扎根，其基本精神在恩格斯所说的“德国的工人运动是德国古典哲学的继承者”[①] 中恰好有所体现。当代哲学萌动的赋予生活世界本源优先的沉思，正是思的事业的有效实行，马克思无疑是开路人。

在这些分析之后，我们还要指出，曾经给予马克思高度评价的海德格尔，对于马克思这句名言做了另外一种解读，我们需要在此稍做停留。

1969 年 9 月 7 日，海德格尔在法国举办的一个讨论班上，在复述了马克思这句名言后便一口气提出了以下诘问：“解释世界与改变世界之间是否存在着真正的对立？难道对世界每一个解释不都已经是对世界的改变了吗？对世界的每一个解释不都预设了：解释是一种真正的思之事业吗？另一方面，对世界的每一个改变不都把一种理论前见（Vorblick）预设为工具吗？”[②] 在此，我们看到，海德格尔认定马克思制造了“解释世界”与“改变世界”的对立。海德格尔无疑对此不能容忍，而肯定两者的统一，尤其是强调前者对于后者的意义。但是，正如我们所探讨的那样，一旦完成了哲学存在论的革命，“解释世界”与“改变世界”的对立在马克思哲学境域中就不复存在了，因为“解释世界”已经含纳于“改变世界”之中。这样说来，海德格尔如果不属于莫须有式的对待马克思，那至少是没有明白马克思的寓意。我们想问：是什么遮掩了或误导了海德格尔对于马克思的理解呢？还是来看看海德格尔紧接着的论述。

“在马克思那里谈到的是哪样一种改变世界呢？是生产关系中的改变。生产在哪里具有其地位呢？在实践中。实践是通过什么被规定的

① 马克思恩格斯选集：第 4 卷．北京：人民出版社，2012：265.

② 吴晓明．当代学者视野中的马克思主义哲学：西方学者卷 上．北京：北京师范大学出版社，2008：43.

呢？通过某种理论，这种理论将生产的概念塑造为对人的（通过他自身的）生产。因此马克思具有一个关于人的理论想法，一个相当确切的想法，这个想法作为基础包含在黑格尔哲学之中。”这就十分清楚，海德格尔把马克思看作一个近代哲学家，一个黑格尔哲学的学徒。不错，在近代哲学视域中，“解释世界”与“改变世界”恰恰是对立的。所以，海德格尔甚至强调说：“如果没有黑格尔，马克思是不可能改变世界的。”①

海德格尔的这种解读是否切合马克思，我们前面所做的探讨理当是很好的否定性回答，这里已经没有必要再来消耗词语。我们在此想提请人们注意的是，海德格尔由迷惑“解释世界”与“改变世界”的关系而来的乃是对马克思哲学的近代性的解读和制造，这正是问题的要害。而且，在马克思之后人们对于这位伟人的评价中，诸如海德格尔的这种解读——把马克思重新归于近代哲学的谱系——相当普遍，以至于一度就把此种解读所得到的“马克思”当作就是马克思思想的真相，甚至至今依然兴旺。这好像是马克思思想的命运，但我们更愿意将此归结为一种时代的命运。此种命运直接由援引理性形而上学为文化动力的西方现代性支撑起来，并由之不断地加以巩固，又严密地予以掩盖起来。尤其要紧的是，当代以资本主义文明为核心支撑的西方现代性文化，千方百计地以各种方式向全球渗透，同时必定推广或普及西方近代哲学的观念，为近代式解读马克思创造了据说是更加充分的理由。或问：在如此这般“合理”的现实面前，究竟还有什么可以言说的？是的，我们且不说当代所谓后现代主义对于西方现代性的批判，也不说当代社会出现的期待“慈父般的”马克思来“驱魔袪邪”的实际呼声，甚至也不说当代人渴望摆脱“无家可归”而实际寻找还乡之路的生存搏击，只想考问：这种近代式解读为什么在马克思哲学革命面前背过身去？难道是因为马克思终结理性形而上学的革命波及自身？难道是因为马克思由此毕竟批判了现代性而危及了自身存在之基？设若是，那就正好确证了马克思哲学革命的威力。这样的话，还是走出自我封闭来领略马克思哲学革命的真谛吧！设若不是，那就更应该深入马克思哲学之堂奥，摸清底细，再说不迟。当然，倘若如此，这种近代式解读肯定哑口无言，真的没有什么可说的了。

---

① 吴晓明．当代学者视野中的马克思主义哲学：西方学者卷 上．北京：北京师范大学出版社，2008：43.

第五章　社会生活的实践本质

“全部社会生活在本质上是**实践的**”这一重要论断，表达了历史唯物主义的存在论原则之要义，经过学术界的解读和阐扬，已经成为脍炙人口的理论箴言。由这一论断提炼出来的社会生活实践本质的原理，已被人们视为一个极其重要的思想标杆——关乎能否理解和把握历史唯物主义的思想变革和理论建树，且毋庸置疑具有存在论原则高度的相关性和本质要求。即便如此，我们在此把这一已成理论常识的原理作为问题重提出来，不是故作无稽之谈。资本降临世间以后，人的活动能够取得什么样的成就，无比繁华丰裕的现代物质文明给予了现实的解答或证明，并打开了巨大的发展空间。这就彰显了人的活动或行动的优先性，支持了人们由活动或行动来诠释实践的理解行为。在这样的文化语境中，依此来解读和阐发马克思的实践观，可谓正合时宜。不过，这种解读与马克思用“感性活动”来表述实践的哲学旨趣尚有清晰可见的差异，能否立足于历史唯物主义的基本立场来理解社会生活之实践本质，也就疑窦丛生。马克思所体会到并予以精详阐发的“历史本质性”的维度，乃是“感性活动”即“实践”能够上升为历史观基本原则的内在支撑。这是马克思哲学革命的划时代成就，为我们合理可靠地认识和把握社会历史提供了弥足珍贵的思想指导。马克思通过对思想史相关研究成果的吸收与改造，依据感性活动即实践原则厘清社会生活成为可能的源始动因，开启了通达生活世界的思想高度和基本方向。从此出发，我们才能破除社会历史观领域的神秘主义迷思，弘扬历史唯物主义的基本精神。

一、思想史相关研究的启示

一般说来，在现实生活中，每个人的活动皆有自己的目的和愿望，但又能超越地域和血缘的局限，形成广泛的社会交往。这表明，个人之间的活动有着不可分割的联系，每个人皆能从中获得有益的支持。正是这样的共同联系，构成了个人之间的共同性，从而把现实的社会生活组建起来，且世代相沿。这就出现了值得进一步追究的问题：个人活动如何就有了共同性？需要提出的是，这种共同性不仅具有稳定的、恒久的、必然的存在性质，而且显而易见属于人的本性——亦即人须臾不可或缺的性质，而不可能是人的属性——时有时无的特性。这样的话，我们把视线聚焦于人性结构之深层，寻找隐藏在人们主观动机背后的、能够把人们凝聚起来的、激发人们持续行动的、持久的动因，对于解答个人活动的共同性，进而把握社会生活之真谛，理当是洞明问题之堂奥的入口。正是这样，我们选择思想史上富有代表性的相关研究，由此提升并标定这一问题的理解水平。

（一）“私人恶德即公众利益”悖论

这是 18 世纪荷兰思想家曼德维尔提出的观点，史称“曼德维尔悖论”。在具体的论证中，曼德维尔虽然没有否认美德的现实意义，但的确并不认可美德在社会生活中的建设性或有效性。曼德维尔说：“人那些美好的、善良的品质，并不能使人比其他动物更具有社会性；不仅如此，没有我们所说的（天性中的与道德上的）‘恶德’的帮助，要将任何群体提高为一个人口兴旺、富裕繁荣的民族，亦是完全不可能的；即使做到了，也绝不可能维持下去。”① 如此这般扬“恶”去“善”，近乎冒天下之大不韪，曼德维尔当有自己的用意和根据。

曼德维尔认为，从历史演变的长时段来看，“道德美德皆为逢迎骄傲的政治产物”；就是在现实生活中，美德这一人类天性的优越之处及其真正价值，在绝大多数情况下都无法说清楚，因为自古以来美德总是随着时尚的改变和风俗的变迁而有不同的内涵或意义。这样说来，倘若认为美德是确定不变的，无疑是武断的空想；倘若还认为以美德为基础

---

① 伯纳德·曼德维尔．蜜蜂的寓言．肖聿，译．北京：中国社会科学出版社，2002：200.

而引申出可以具有普遍意义的判断或结论，则不仅虚妄荒诞，而更是有害的。① 尽管并不看好美德的可靠性，尤其明确指出美德无助于人的社会性的形成，但曼德维尔不是历史虚无主义者，而是立足于“恶德”的意义来表明人是“具有社会性的生灵”。

通过缜密的分析和精详的论证，曼德维尔毫不犹豫地认定，从人之为人的基质来说，人类具有“寻求结伴”和“厌恶独处”的“急迫心理”，表明“人是一种社会性的动物”；而它们皆来自“人人对自己的热切关怀”，因为人类的一切活动皆以“自爱”为中心。人类如此这般的“天然性向”，表现在现实生活中，就是竭力维护自身的利益。在这种情况下，人的种种欲望与激情绝对是不可或缺的。曼德维尔就此提出，这些“欲望”与“激情”正是人们的“恶劣品质”，至少是人们恶德的“产物”。由于人的欲望的不断增长以及这种增长总是不断遇到阻碍，人的社会性或社会生活就从此发源。②

可以想象的是，一个人如果拥有了想要的任何东西，各种需要都已得到满足，不必为任何事情烦躁焦虑，就肯定不会再有什么想法。换言之，一个养尊处优、坐享其成的人，没有必要与别人打交道，也就没有使用或表达自己激情的机会。这种情况在现实生活中虽有特例，但作为人类生活的总体图景，则不过是理论假设的“理想国”，相反的情形才是生活中的实情。曼德维尔说：“人的诚实，人对结伴的热爱，人的善良、满足和节俭，乃是一个怠惰社会中十分可人的东西；它们愈是真实，愈是发自内心，它们就愈会使一切都停滞而平静，愈是能在处处避免麻烦，避免变动。……而需要、贪婪、嫉妒、野心，以及人的其他类似特质，则无一不是造就伟业的大师，它们能使社会成员去从事各自的劳动，能使所有社会成员都屈从于各自行业的苦役，甚至使其中多数人乐此不疲。”③ 这就是说，基于自我保存的本性，人们总是激情饱满地投入到实现自己愿望的行动中，也就不可避免地形成了相互之间的交往，从而可以程度不同地满足各自的欲望。不过，经过相互交往的过滤和刺激，人们又会产生新的需求和希望，开始新的行动。必须承认，这是人

---

① 伯纳德·曼德维尔．蜜蜂的寓言．肖聿，译．北京：中国社会科学出版社，2002：37，215.

② 同①212，214-215.

③ 同①233.

类的命运，由此当有一个“欲望-激情-交往”三者息息相关的开放式循环。这里所谓交往，无疑就是真正意义上的社会生活的另一种表达。

不仅所有的社会生活都必定起源于人的需求、缺陷、欲望等“恶劣品质”，而且，“人的骄傲及虚荣心愈是得到展现，人的所有欲望愈是扩大，人们就愈可能不得不组成数量繁多的大型社会”①。与此同时，曼德维尔还富有洞见地论证了“人”这个存在物拥有“更喜欢社会”“更需要社会”的特性。这方面的论证至少有两点提示值得我们细心品味：一是认为人类联合起来所获得的好处更大更多，二是认为人是“可治理的动物”。这两点是其他动物皆不可比拟的，并且当属人性中的自然倾向，从而使得人优越于其他动物而具有“社会适应性”。这就像葡萄只有经过发酵才有酿出葡萄酒，单个的人必须进入社会生活的发酵过程，才能真正成为具有社会性的现实存在物，如此也就自觉不自觉地构成了社会。②

指证自我保存为人之本性，以此为前提来阐说人及其问题，这是近代社会盛行的一个基本观念，曼德维尔毋庸置疑把这一观念当作自己思考的理论预设。与众不同的是，曼德维尔从“恶德”出发来诠释人的本性，由此探寻社会生活之形成的真正可能性，揭示社会的本质。如此明目张胆与社会大众主流认知相悖，曼德维尔招来了不少非议或诟病。但是，在这蕴含着叛逆倾向的研究中，曼德维尔一改理论研究教导人们“应当做怎样的人”的惯常思维，致力于阐说人们“实际上是什么样的人”，由人的那些“最卑劣、最可憎的品质”而展露鲜活、生动、真实的生活画面，让世人认识到“最庞大、最幸福与最繁荣的社会”是如何成为现实的，刺激人们设身处地地思考如何才能适合这样的社会生活，从而实现这一问题从理论向现实的转换。这就是“曼德维尔悖论”不可诋毁的或不可遮蔽的重要意义。

(二)“看不见的手”的隐喻

曼德维尔的“私人恶德即公众利益”悖论，无可辩驳地是深入社会生活的一个维度。当然，认定复杂多样的社会生活及其延续仅仅维系于

---

① 伯纳德·曼德维尔．蜜蜂的寓言．肖聿，译．北京：中国社会科学出版社，2002：217.

② 同①373，377，380.

“恶德”，而忽视人的其他众多品质的作用，曼德维尔的偏狭是不言而喻的。这样看来，虽然从人的品质的现实开展来领悟社会生活本质的确是一条正确的认识道路，但曼德维尔的发现还不足以带来问题的真正解决，在其之后的亚当·斯密向前推进了问题的理解。这是指“看不见的手”这一隐喻所具有的意义。

在当今的思想博弈中，“看不见的手”堪称“斯密版经济学”的象征或代名词。斯密在经济学意义上使用“看不见的手”的隐喻，是《国富论》中分析资本投资取向时所表达的。斯密认为，投资者的本意在于追求资本增值，实现利润最大化，以至于并不打算促进公共利益，也不知道如何促进这种利益。就是说，投资者任何时候所盘算的莫不是自己的利益。“在这场合，像在其他许多场合一样，他受着一只看不见的手的指导，去尽力达到一个并非他本意想要达到的目的。也并不因为事非出于本意，就对社会有害。他追求自己的利益，往往使他能比在真正出于本意的情况下更有效地促进社会的利益。”① 不消说，斯密在此不仅清晰论说了“经济人”通常所谓的内涵或素质，而且挑明了正是一只“看不见的手”引导“经济人”越出自己被规定了的惯常存在区间，自觉不自觉地促进了社会公共利益。这不正是一种具有相对稳定性的社会生活领域的生成吗？而从其赖以生成的机制来看，这一公共领域无疑有着自己的独立性，以至于斯密就警告“政治家”，不要自寻烦恼地“企图指导私人应如何运用他们的资本”。

如果认为以孤立的“经济人”为依据还不足以让人信服社会公共生活的生成，那么在《国富论》之前出版的《道德情操论》中，斯密就从“富人”如何对待“穷人”这一人与人关系的维度，通过“看不见的手”的隐喻而绽露了社会生活生成的普遍必然性。斯密认为，富人们虽然天性自私贪婪，“虽然他们只图自己方便，虽然他们雇用千百人来为自己劳动的唯一目的是满足自己无聊而又贪得无厌的欲望，但是他们还是同穷人一样分享他们所作一切改良的成果。一只看不见的手引导他们对生活必需品作出几乎同土地在平均分配给全体居民的情况下所能作出的一样的分配，从而不知不觉地增进了社会利益，并为不断增多的人口提供

① 亚当·斯密．国民财富的性质和原因的研究：下卷．郭大力，王亚南，译．北京：商务印书馆，1974：27.

生活资料”①。这就是说，富人在追求财富时，也有一只“看不见的手”引导其行为，以便做出有助于穷人实现利益诉求的选择，即便这不一定是富人自愿的。就此推而论之，一个人依照“自利”本性而做出的行为，必然唤起并能够满足他人的求利欲望。人们相互之间这种不可割断的联系，无疑标识了一个稳定的公共生活领域的实际存在。如此说来，对照并结合上述“经济人”情境中所发生的实情，斯密的分析理当可以让我们相信，“看不见的手”隐喻的真正作用，在于彰显了人们的日常生活行为必然形成一个公共领域的实情。很明显，这是一个稳固牢靠的、人人皆不能摆脱而又可以从中获得利益和支持的领域。这就是真实的、感性的社会生活。

西方近代社会颇为流行的认识路向，就是把人性结构当作解决问题的立论理据，力图从人性结构深层去寻找解决问题的良策。亚当·斯密的研究虽然也是依循这一路向来开展的，但其具体分析确有发前人之未发的独创性。在斯密看来，如果说人们出于自利打算的行为确定不移地构成了社会生活，那么为之提供基本建制的原初动力，正是源自“利他心”与“利己心”共存一体的人性结构。

《道德情操论》中有一段指认人皆拥有“利他心”的论述：“无论人们会认为某人怎样自私，这个人的天赋中总是明显地存在着这样一些本性，这些本性使他关心别人的命运，把别人的幸福看成是自己的事情，虽然他除了看到别人幸福而感到高兴以外，一无所得。这种本性就是怜悯或同情，就是当我们看到或逼真地想象到他人的不幸遭遇时所产生的感情。我们常为他人的悲哀而感伤，这是显而易见的事实，不需要用什么实例来证明。这种情感同人性中所有其它的原始感情一样，决不只是品行高尚的人才具备，虽然他们在这方面的感受可能最敏锐。最大的恶棍，极其严重地违犯社会法律的人，也不会全然丧失同情心。”②

在《国富论》中，斯密论证了人又具有“利己心”：“人类几乎随时随地都需要同胞的协助，要想仅仅依赖他人的恩惠，那是一定不行的。他如果能够刺激他们的利己心，使有利于他，并告诉他们，给他做事，是对他们自己有利的，他要达到目的就容易得多了。不论是谁，如果他

---

① 亚当·斯密．国民财富的性质和原因的研究：下卷．郭大力，王亚南，译．北京：商务印书馆，1974：229-230.

② 亚当·斯密．道德情操论．蒋自强，等译．北京：商务印书馆，1997：5.

要与旁人作买卖，他首先就要这样提议。请给我以我所要的东西吧，同时，你也可以获得你所要的东西：这句话是交易的通义。我们所需要的相互帮助，大部分是依照这个方法取得的。我们每天所需的食料和饮料，不是出自屠户、酿酒家或烙面师的恩惠，而是出于他们自利的打算。”①

从此可知，斯密已然阐明，无论是“利他心”（“同情心”），还是“利己心”，皆为人之“本性”，凡人皆有，无须证明。两者交互作用而形成的张力，正是人类社会生活成为可能的基本机制。在斯密之后，学术界流传了一个所谓“斯密问题”，认为斯密是伦理学上的利他主义者、经济学上的利己主义者，且有意制造“经济人”与“道德人”之间的分裂和紧张。对于这类显然没有把握斯密思想之真意的主观炮制，从理论上进行反驳和划界自不待言，倒是生活世界提供的证明，才是最有力的驳斥。人们在现实生活中完全可以通过纯粹的经验观察而感觉到斯密研究令人敬佩的洞察力和现实针对性。这就是说，较之曼德维尔，斯密立足于人性结构基层，更加完整严密地揭示了社会生活建构的可能性与合法性。

（三）人类“非社会的社会性”的论证

这是康德在“历史理性批判”中阐述的一个基本观点，比较典型地体现在这一命题中：**“大自然使人类的全部禀赋得以发展所采用的手段就是人类在社会中的对抗性，但仅以这种对抗性终将成为人类合法秩序的原因为限。”**② 这里所谓“人类在社会中的对抗性”，就是指人类“非社会的社会性”的特质。这一看上去似乎荒诞悖理的性质，尽管是“大自然”所赐，但却是人之为人的基本品质（“禀赋”）。而所谓“人类合法秩序”，其实就是社会生活的另一种表达。这样说来，康德显而易见接续了从人性结构基层来说明社会生活的传统阐释路径。这就透露了十分重要的信息：对于社会生活何以可能这个问题，思想史上自觉不自觉地有着共识，即只有深入问题之源始根基处，才能给予合理可信的解答；以往的相关研究虽然确有积极意义，但仍有需要深化思考和论证的空间。这就呈现了康德相关思考和探讨的重要意义。

---

① 亚当·斯密．国民财富的性质和原因的研究：上卷．郭大力，王亚南，译．北京：商务印书馆，1972：13－14.

② 康德．历史理性批判文集．何兆武，译．北京：商务印书馆，1990：6.

按照康德的分析，人类“非社会的社会性”特质蕴含着两种行为取向。其一，人性中具有“社会化”的期待。人只有在社会中才能使自己的自然禀赋充分展现出来，人也知道自己需要这一过程的洗礼。正是经过内涵上的转型、丰富和升华，人把自己从自然存在物升级为社会存在物。这也就是恩格斯所说的“在社会方面把人从其余的动物中提升出来”① 的过程。其二，人性中还同时存在着“分裂社会”、要求自己“单独化”即“孤立化”的倾向。人总是想要以自己为中心，一味按照自己的意愿来摆布一切，表现出对于社会化的离心或偏离。

一般而言，在日常生活中，人的“孤立化”倾向显露在外，“社会化”倾向则寓于“孤立化”之中，通过对“孤立化”产生实际的影响作用而标明自身的现实存在。具体说来，每个人从自己的利益和需要出发进行活动，也会遭遇其他人满足自己诉求的行动。这种情况下，人们相互之间即便无法容忍，但也没有可能脱离对方；人的行动事实上处处遇到了阻力，人的“对抗性”禀赋遂应运而生。这样一种“非社会性”的“孤立化”禀赋，本身的确并不可爱，但是谁都不能摆脱。因为“正是这种阻力才唤起了人类的全部能力，推动着他去克服自己的懒惰倾向，并且由于虚荣心、权力欲或贪婪心的驱使而要在他的同胞们中间为自己争得一席地位”。人的“社会性”正是通过“非社会性”即“孤立化”而为自身开辟出场的道路，就此当能略见一斑。这样的话，人类“非社会的社会性”之运行机理及其永不停息的展开过程，就呈现出大致的轮廓。正是基于这一源始的品质，人类不可能长时期地在“野蛮的自由状态”中彼此共处，而是势不可挡也不可逆转地从野蛮走向文明，从而有意识地把“粗糙的”自然禀赋转化为可以通行的“实践原则”，把最初“病态地”被迫组成的“社会一致性”转化为一个“道德的整体”即文明社会。②

就此可知，康德对于社会生活成因的挖掘和归纳，直抒问题之要义，实际确立了一条具有规范性和约束性的认识标杆。以康德的研究为参照，一方面，我们可以权衡以往相关研究的是非得失，既能充分吸收其中所蕴含的有价值的思想成分或元素，也能阻止退行性理解的任何图谋。另一方面，从思想史演进的总体脉络来看，康德的确从人性结构之

① 马克思恩格斯选集：第3卷．北京：人民出版社，2012：860.

② 康德．历史理性批判文集．何兆武，译．北京：商务印书馆，1990：7.

特质中寻求预设前提，但又明确从人性结构中超脱出来，着眼于人的本性的现实开展而立论言说，无疑开启了一条合理可靠的认识道路，并显而易见把问题的理解推向了一个新的原则高度，这就为后世更为深入切近的探究提供了弥足珍贵的思想资源。

二、感性活动的出场

由上文可知，从人性的天然取向来追溯社会生活的渊源，进而透视社会生活的本质，毋庸置疑表明社会生活乃是"人们交互活动的产物"。既然社会生活归因于人们自己的选择，那么社会生活的可理解性就是确凿无疑的，从而对于社会生活的任何神秘化描绘或主观臆造自然能够被识破和解构。当然，要达到这样的认识，并非易事。即便是康德建构的这一理论环节，也不过是开辟了可以合理切入问题的认识道路而已，与解决问题还有较大的距离。

曼德维尔试图改变以往把人与社会分隔开来的认识态度，力求绽露人与社会生活的源始同一，但固执于人的"恶德"来说明社会生活，立论前提明显过于偏狭或武断，具体论证中也有十分明显的主观猜测痕迹，如此自然难以反映社会生活全貌，也不可能依照社会生活的本性而阐释其本质。亚当·斯密基于洞察和把握近代以来人类经济活动的基本性质，令人信服地阐明每个人皆内在拥有"利他心"和"利己心"的品质，并具体运用于解释人类的行为，实际指证了一个公共领域的现实存在。较之曼德维尔，斯密对于人性品质的领悟要全面得多、深刻得多。由于斯密的思想触角密集于人们的经济活动，他所提出的理论假设用于解答经济领域的问题成效显著，但越出经济生活领域，其解释力便捉襟见肘。而且，理性"经济人"的派生效应，容易引发人们一种遐想，以为所有的社会活动皆出于人们自觉的设计或刻意的规划。这样来看待社会生活——正是当今颇为流行的观念，我们或许可以发现貌似严密的合理性，却不可避免地丢失曼德维尔所楬橥的社会生活自发生成的真实性。斯密的研究提供了可以借鉴的经验，从人性结构及其开展来说明社会生活，需要避免人为的斧凿以及由之而来的虚假观念。康德对于这一问题的思考，虽然在其整个哲学体系中并不居于显著的位置，却言简意赅，探骊得珠，超越前人，为推进人类认识社会生活的本质构筑了一个理解平台。人的"孤立化"即"非社会性"的禀赋，虽然与曼德维尔所说的“恶德”极其相似，但已然是被“社会性”激活和引导的生存状态，也就没有了怪诞暴戾之气；人类“非社会的社会性”，似乎与斯密的“利他心”和“利己心”内在一致之论比较相近，但却更少见猜测与偏执，更贴近现实生活，且有并不限定于经济领域的广泛适用性。康德更为突出的理论贡献还在于，虽然在具体论证中需要把人类“非社会的社会性”禀赋当作一个理论问题提示出来，但康德却富有洞见地证明，人类这一自然禀赋始终是以实际展开的状态来构成且表现自身的现实性；这种现实性的实现与社会生活的形成具有同步性，可以说具有原则上的同构性：不仅是社会生活的原初动力，而且是社会生活的基本内容。易言之，人类这一自然禀赋的实际展开，标识了社会生活之全部的真正的意义。这样说来，同样是用人性结构的深层机理来阐释社会生活何以可能的问题，康德基于“实践理性批判”之精神支持，匠心独运地挑明人类自然禀赋与社会生活只是在动态展开过程中才有现实性的实情，实际凸显了只有用发展的观点和实践的态度才能理解它们的本质重要性。如果用理论自觉来描述康德如此出类拔萃的理论建树，那么这里的关键正在于，康德未曾明言地推出了一个关乎问题之理解的认识原则：人的活动、自我生成的活动、人们交互活动的源始性质。

曾有学者把康德哲学比喻为西方近代哲学的“贮水池”：“康德以前的哲学皆流向康德，而康德以后的哲学又是从康德这里流出的。”① 这里透露了康德哲学具有承前启后的特点。根据上文的分析，康德对于社会生活之形成及其本质的思考，所达到的思想深度、可靠性、适用性等，吸收了前人的相关研究成果而又超越了前人。但是，康德在透析人类“非社会的社会性”禀赋的现实开展时，并没有与人的自我生成的活动相联系，没有合乎逻辑地进展到人的活动的源始创造性，可以说还没有意识到这个问题。这就是说，在康德这里，人的活动的源始性未曾被思考、未曾被追问、未曾被道说，康德不可能在理论原则上明确安排人的活动出场。然而，人的活动本身固有的敞开和永续的性质，注定其源始地位是耽搁不了的；人的活动必定要溢出任何一种理论所框定的范围，而依其自身的节奏标明其存在的不可遮蔽与不可悬置。马克思立足于存在论原则高度，高扬“感性活动”的原创性和决定性意义，接续思

① 安倍能成．康德实践哲学．于凤梧，王宏文，译．福州：福建人民出版社，1984：3.

想史研究的积极成果，从根基处澄清社会生活何以可能的问题。

在表达形式上，“感性活动”是“感性”与“活动”两端的集成。“感性”是指现实性、受动性，“活动”则指能动性、否定性。“感性活动”就是能动的受动性或受动的能动性。这一看上去颇为特别或怪异的内涵，恰恰是马克思的重大思想创制。在德国古典哲学的思想运动中，“活动”原则是康德、黑格尔等唯心主义大家“抽象地发展”的“能动的方面”，“感性”则是费尔巴哈批判宗教异化时所发现和构建的“现实性”。换言之，在近代哲学视域中，“感性”与“活动”是彼此分开、不可通约的性质。马克思独具慧眼洞察到“感性”与“活动”原本共属一体的真正可能性，遂赋予“感性活动”在存在论原则上的优先性，进而把社会生活的实践本质呈现出来。

其一，“感性活动”与人的原初同一。

马克思认为，“人直接地是自然存在物”，但却是“有生命的”自然存在物。一方面，人是“能动的”自然存在物。人具有“自然力”“生命力”，这些力量作为“天赋”“才能”“欲望”等形式存在于人身上。另一方面，人同时又是“受动的”自然存在物。人的欲望的“对象”是人须臾不可或缺的，却不依赖于人而存在于人之外，人无疑受到“对象”的制约和限制。① 易言之，人天生就是一个把能动性与受动性融于一身的存在物。由此看来，人是“有生命的”自然存在物，也就是指人是“感性活动”的自然存在物。正是这样，马克思毫不隐讳地批评费尔巴哈只把人看作“感性对象”，毅然决然地与费尔巴哈执迷于直观的认识路线进行了划界，坚持从“感性活动”来看待人。从“感性对象”到“感性活动”的转变，这是存在论原则的巨大提升，是高扬“历史性”维度的“新唯物主义”对于固守“直观性”思维的“旧唯物主义”的超越。

不宁唯是，人还是一个“对象性的存在物”。人的受动性表明，“人只有凭借现实的、感性的对象才能**表现**自己的生命”，追求“对象”正是人确证自己的本质力量亦即表现自己生命的过程。于是，人“感到”自己是受动的，所以就是一个“有激情的”存在物，而“激情、热情是人强烈追求自己的对象的本质力量”，人的能动性就此一目了然。这样

① 马克思恩格斯文集：第1卷．北京：人民出版社，2009：209.

说来，能动性和受动性就是人之为人的源始性质，亦即人性结构底层的基本品质——马克思就称之为人的“本体论本质”①。换言之，“感性活动”也就是人的“本体论本质”，人就是通过“感性活动”而自我创生、自我发展的。

这些阐述表明，马克思显然沿用了从人性结构之基本品质开始思考问题的思想史传统，但并没有停留于此，而是基于考察人类历史的发展以及现实生活过程，提出了“感性活动”这个既有抽象统摄力又有丰富内涵的表述，恰如其分地吸收前人的思想，又富有洞见地实现了思想提升，开启了让社会生活本质真实呈现的境域。

其二，“感性活动”为存在论的基本原则。

从“感性活动”作为人的“存在论本质”出发，马克思便合乎逻辑地把“感性活动”当作领悟存在的基本原则，并用“感性活动”来表述“实践”。马克思指出：“从前的一切唯物主义（包括费尔巴哈的唯物主义）的主要缺点是：对对象、现实、感性，只是从**客体**的**或者直观**的形式去理解，而不是把它们当做**感性的人的活动**，当做**实践**去理解，不是从主体方面去理解。因此，和唯物主义相反，唯心主义却把**能动的**方面抽象地发展了，当然，唯心主义是不知道现实的、感性的活动本身的。”②

这段论述表明，马克思毫不妥协地与“从前的一切唯物主义”进行了划界，同时也旗帜鲜明地与“唯心主义”区别开来。这一自觉的思想分殊蕴含着这样一些重要的信息：第一，标识这个分界的界标即是“现实的、感性的活动”。第二，这种区别，确凿无疑地属于在哲学基本原则方面的分野，“感性活动”即“实践”原则是马克思哲学所阐发和坚持的基本原则。第三，旧唯物主义用“客体的”或“直观的”形式，试图克服或对抗唯心主义的“抽象”形式，但就其只是从“形式”出发来理解对象而言，实际上分享着唯心主义的存在论前提。在西方文化语境中，特别是经过德国古典哲学的改造和丰富，“形式”实质上就是指概念，亦即思维形式。这样说来，“感性活动”标志着马克思与以往全部哲学在存在论原则上的分别，历史唯物主义已然在新的存在论原则高度开始了思想。第四，马克思清晰可辨地用“感性的人的活动”来表述

---

① 马克思恩格斯文集：第1卷．北京：人民出版社，2009：210，211，242.

② 马克思恩格斯选集：第1卷．北京：人民出版社，2012：133.

“实践”，意味着遵循“实践”原则认识和把握“对象”或“现实”，无疑要从“主体”和“客体”相结合的高度展开，执于哪一端都会走向偏蔽。如果我们在此感受到一种约束、一种激励，那么，这不过是感性活动即实践原则所反映和表达的人的现实生存的实情，是人之为人的历史性生存的实际要求。马克思制定的实践原则，内涵和视野皆十分清楚和稳定，可以说表达了一条人们理当谨守勿失的“诠释学纪律”：阐发或运用马克思的实践观，任何时候都不能离开马克思的文本依据而望文生义，并随意发挥。

其三，社会生活即是“许多个人的共同活动”。

马克思认为，“社会结构和国家总是从一定的个人的生活过程中产生的。但是，这里所说的个人不是他们自己或别人想象中的那种个人，而是**现实中的**个人，也就是说，这些个人是从事活动的，进行物质生产的，因而是在一定的物质的、不受他们任意支配的界限、前提和条件下活动着的”①。而且，马克思在考证社会关系为“原初的”历史关系时明确指出：“社会关系的含义在这里是指许多个人的共同活动，不管这种共同活动是在什么条件下、用什么方式和为了什么目的而进行的。”②这就把社会关系与人的感性活动相勾连，明确肯定人的“感性活动”或“感性的人的活动”才是社会生活得以形成并将始终存在的源始动因。所以，在人的感性活动中形成的社会生活，与“人本身有同样长久的历史”，一点也不神秘；同时，作为人们的“共同活动方式”，虽说具有不断更新的复杂性，但毫无例外构成了人们时时刻刻皆能感觉得到或遇到的活生生的感性现实。

不仅如此，马克思还提示了社会生活随着人的感性活动的开展而历史性地生成和存在的特质。马克思说：“人来到世间，既没有带着镜子，也不像费希特派的哲学家那样，说什么我就是我，所以人起初是以别人来反映自己的。名叫彼得的人把自己当做人，只是由于他把名叫保罗的人看做是和自己相同的。”③ 我们从此可以直接读出来的含义，就是现实生活中人与人之间必然要发生联系，而且是具有源始性质的联系；“以别人来反映自己”则是这种联系得以实现的方式或纽带。正是这种

---

① 马克思恩格斯选集：第1卷．北京：人民出版社，2012：151.

② 同①160.

③ 马克思恩格斯文集：第5卷．北京：人民出版社，2009：67注18.

“以别人来反映自己”的说法，意味深长，值得玩味。

首先要指出的是，人“以别人来反映自己”，实际指认了人是“对象性的存在物”，并且是通过“对象性的活动”亦即“感性活动”而实现的。这里的“对象性”，不是一般所理解的执于主客二元劈分所想象出来的那种认识论含义，而是人与对象原初关联的存在论意义上的性质。正是这样，“以别人来反映自己”，不仅隐含着社会生活在人的感性活动中生成的思想，倘若还原到人类历史发展的总体进程中，这一说法实质上还记载着人类感性活动与社会生活状态的历史性演进和成熟。

虽然“以别人来反映自己”与人俱来，但真正能够如其本意而实现，则是以个人独立为前提的历史时期。在人类“原生的”阶段，个人是自己赖以存在的共同体的附属物——亦可说是共同体的部分“肢体”，共同体则是人的肉体的延伸。这样的话，个人之间的联系尽管是不可割断或不能分离的，但毫无例外都从属于原始的血缘关系或地域联系；人们所谓“以别人来反映自己”，不过是在自己所属共同体内部进行的活动，实质上就是封闭的自我观照。经过资产阶级的“非常革命”历史性作用，“18 世纪的个人”才在“市民社会”中实现了谋求独立的理想。只是在这个时候，人“以别人来反映自己”才成为人们相互联系必然采取的方式。这是因为，资本时代用市场、商品、货币、资本等经济手段，打破了“人的依赖关系”为基础的社会生活状态的封闭性，人们在社会分工体系中从事谋生的劳动，而劳动则分化为“空间上存在的劳动”即物化劳动与“时间上存在的劳动”即活劳动。换言之，正是资本时代，才形成了普遍的社会物质交换、全面的关系、多方面的需求以及全面的能力体系。在这种情况下，“我们彼此的产品是满足我们彼此的需要的**手段**、**中介**、**工具**、**公认的权力**”；“我们彼此进行交谈时所用的唯一可以了解的语言，是我们的彼此发生关系的物品”；“我们**彼此的**价值就是我们彼此拥有的物品的**价值**”①。那么，“以别人来反映自己”，就有着关系到人们如何以及能否安身立命的重要性，势必成为人们筹划生存的基本选择。所以，马克思的一个判断可谓鞭辟入里、一语破的：只有在 18 世纪，“产生这种孤立个人的观点的时代，正是具有迄今为止最发达的社会关系（从这种观点看来是一般关系）的时代”②。毫无疑

① 马克思．1844 年经济学哲学手稿．北京：人民出版社，2000：182，183.

② 马克思恩格斯选集：第 2 卷．北京：人民出版社，2012：684.

问，这是对社会生活之实践本质的深刻而切近的表达。

三、解构神秘主义的迷思

我们已经阐明，马克思用“感性活动”来表述“实践”，指证“感性的人的活动”乃是社会生活之实践本质的源始动因；马克思吸收改造思想史的研究成果，透辟阐述了“感性活动”的内涵，由此表明社会生活不外是人通过人的感性活动而诞生的过程，是每个人“为别人的存在”同时也是“别人为他的存在”的交互作用过程。正是这样，在马克思的哲学语境中，无论是社会生活还是人，都是经过“感性活动”即“实践”，在能够被理解和被认识到的生成运动中现实出场。

从思想史的总体发展来看，马克思的这些研究正是面向并解决了思想史发展的“理论要求”，且属于哲学存在论领域的基本内容，在思想史上的地位和贡献当是不言而喻的。不过，正如马克思本人反复思考和努力的，全部问题的关键却在于如何让理论走向现实生活，以实现自身。而且，马克思关于社会生活实践本质的这些思考，恰恰讲述了人们当下生活的故事，凸显了思想触角伸向现实生活世界的迫切性和实际可能性。然而，正是在此，时下对于马克思这一思想的解读，受困于某些方法论上的偏蔽，自觉不自觉地产生了遮蔽乃至误导，挤压了历史唯物主义的发展空间。

第一，以反思规定为基础来注解马克思的实践观。

这是目前对马克思实践观流传最广、影响最大的一种解读。所谓反思规定，是指解读者在掌握思想史有关学术成果基础上，能够整合所发现的知识信息，依据自己的思考与理解，归纳出马克思的实践观。在具体的思想活动中，这种解读主要采用“下定义”的做法，试图为马克思所理解的“实践”确定一个简明扼要的含义。据说从这个“定义”出发，我们才可以发现马克思实践观的其他要素或内容。毋庸讳言，这种解读，引领了当今对于马克思实践观的一般理解，甚至具有塑造社会大众意见的影响力。换言之，时下人们所谈论的马克思实践观，不论是否准确、深刻、丰富，实际上都是经过这种解读所过滤和转化而来的。

真正说来，用反思规定来解读马克思的实践观，其要害在于疏离了马克思思考这一问题的生活处境，把马克思本人的理解置诸高阁，而且从一开始就发生了这样的疏离，以至于当今所研究的马克思实践观，更多的是由反思规定所提炼或概括的内涵、特性、形式等，更少的则是马克思思想发生必定具有的不可抹杀的历史因缘、文化接续、实质超越。由之而来的负面效应就是可以想象的：马克思实践观本有的历史厚重感消失了，作为思想史一个重要理论环节的必然性以及由之而来的合法性被打发了，马克思所洞见的“实践”之动力作用也就成为不能落实的空洞陈词。毫无疑问，用反思规定建构起来的马克思实践观，不仅有悖于马克思用“感性活动”表述“实践”的文本指向，更为严重的欠缺，则关乎其理论原则以及相应的理论视野。只要没有认识到文本所负载和表达的现实生活过程的源始重要性，没有领悟到现实生活过程的历史性联系和生成，那么任何意义上的文本阅读都只会流于表面，根本不能进入文本的深处。让马克思实践观止步于反思规定，无疑逃脱不了如此这般的理论困局。

从当下的思想动态来看，把马克思所理解的“实践”等同于生产、劳动等具体的活动形式，正是用反思规定来注解马克思实践观的具体实行。思想史上关注并使用实践这个概念的思想家，比比皆是；思想史对于实践内涵确有诸多的解说，而不是仅有马克思一家之言。不过，只要讨论的问题与马克思有关，依循马克思本人的用法，该是起码的要求。马克思在理论思考中确实十分重视生产、劳动等人类的具体活动，从中吸收了很多有意义、有价值的成分和元素来丰富深化自己对于“实践”的理解——马克思在自己的早期思想转变中，还经由这些成分和元素推动自己“成为马克思”。但不可否认的是，马克思由“感性活动”表述“实践”而史无前例地建构了全新的存在论原则，终结了近代形而上学以概念演绎为动力机制的哲学进路，无疑与反思规定这种做法有着不能否认的存在论区分或界限。倘若不顾马克思思想演变的实情，强行用生产、劳动等形式降格倒退式地阐释马克思的“实践”观，就恰好表现了反思规定的那种名之为思考、实则是主观想象的思想特征。毫无疑问，这不仅与马克思的存在论关切南辕北辙，而且势必造成对于马克思思想的扭曲和误读。阅读马克思的文本，我们理当能够发现，用感性活动即实践原则可以阐明生产、劳动等具体活动的源始根据和现实动因；相反，从生产、劳动这些具体表现出发，虽然可以标明实践原则的实际开展，然而却只能表达人作为主体的单向度作用，存在着丢弃或遗忘生存历史性之嫌，甚至会把“实践”力量虚构为人对自然界的强权。阿伦特用“劳动哲学”指认马克思的相关思想，并展开了批判性的评价，可谓提供了最有说服力的证明。阿伦特明确肯定马克思关于“生产性劳动”与“非生产性劳动”的区分击中了现代社会的要害，而劳动在现代得到提升的原因恰恰在于它的“生产性”。不过，一旦把视线指向现实生活世界亦即所谓“劳动社会”，阿伦特就揭露了劳动的“破坏性、吞噬性的一面”，以至于“劳动的解放和同时发生的劳动阶级摆脱压迫和剥削，的确意味着在非暴力方向上的进步，但并不意味着在自由方向上的进步”。现代劳动解放的危险在于“第一次迫使全体人类都处于必然性之轭下”①。这些分析和批评，的确表达了现实生活世界存在的某些实情，能够产生指向现实的较大影响力，博得人们的关注或认可。问题在于，如果经过轰轰烈烈的社会批判，不合理的现实状况依然如故，那只能说明马克思之后出现的所谓社会批判理论实际上是不切实际的“虚有其表的批判主义”。毫无疑问，阿伦特重走了绝大多数社会批判理论家的老路，形式上的猛烈批判首先意味着把所要批判的不合理现象默认为日常生活中的常态化存在，批判性的话语掩盖了真正需要关注的合理的东西，最关本质地承认并遮蔽生活世界严重扭曲和变形的生存状况。所以，仅就阿伦特锚定劳动而对马克思展开了最激烈的批判而言，这种批判止步于单向度的认知，难逃陷入似是而非的幻象之中。若真像阿伦特所判断的那样，那么，《手稿》时期的马克思就是真正的马克思，这真是可能的吗？不消说，阿伦特的解读作为一个富有说服力的反例，为人们提供了如何才能把握马克思的实践观的经验教训。

就此来看，在反思规定基础上诠解马克思的实践观，不可能把握马克思的思想真谛，与马克思的存在论的原则高度相对照，毋庸置疑出现了大踏步的倒退，实际制造了马克思思想走向社会现实的障碍。在这种情况下，由“感性活动”而来的社会生活就会遭遇简单化的解释，可以说，丰富多彩的、复杂变化的社会生活为这种平面化描述所覆盖，历史唯物主义所洞明的社会生活之源始动因无疑不能为世俗所见。

第二，把社会当作与个人对立的抽象存在物。

把社会与个人对立起来，思想史上不乏其例。如此这般有着明确缺陷与不足的观点，在思想史的博弈中，经过无数的批判和扬弃，迄今应

---

① 阿伦特．人的境况．王寅丽，译．上海：上海人民出版社，2009：64，72，92，93.

无多少响应者。倒是某些变换了表达形式的观点，实质上重演这种对立，却不断涌现出来，把社会看作抽象存在物即是其中最有代表性的一种。

在日常生活中，人们总是这样那样地处于一定的社会关系之中，这些关系具有看不见摸不着的存在性质，制约着人们的行为，有时甚至会产生支配和役使人的作用。一方面，生活世界的这种实情，人们或许自有切身的感受，但不一定明白其中的究竟，遂有可能产生一种心理预期，即认为社会关系是某种在人之外的神秘力量。毫无疑问，这是把社会看作抽象存在物的心理基础。另一方面，近代以来理性主义高涨，人类理性被提到至高无上的地步、成为主宰一切的力量，以至于有些研究者认为社会是人刻意设计的结果。这种认识，形式上似乎正当合理，亦可澄清社会生活某些方面的真相，其实已然把社会与人割裂开来，社会从而就成为由人类理性建构的存在物。这就在理论上完成了社会是抽象存在物的论证。可以说，这种论证一方面反映或迎合了普罗大众的朴素认知，另一方面也起到了引导和塑造社会大众态度的作用。

更为深入地分析，物化社会关系的形成及其泛滥，是人们把社会看作抽象存在物的现实基础。在人类历史长河中，物化社会关系的形成，只是资本降临人世间之后才出现的生活境遇，亦即马克思所称“以物的依赖性为基础的人的独立性”① 社会形态的生活面貌。在资本原则大行其道的资本主义时代，人的依赖纽带、血统差别、教养差别等被打碎了，人们看起来似乎独立地、自由地互相接触并互相交换，由之形成了普遍的联系。这种普遍联系以物为媒介，为“人的依赖关系”制造坚实的基础，事实上成为每一个人的生存条件。于是，所有自然形成的关系都得转变成物的关系，物的关系成为外在于人的异己的力量，每个人都不能摆脱而是必须从属于物的关系。在“物的依赖关系”统率和主宰现实生活世界的情况下，“物的依赖关系无非是与外表上独立的个人相对立的独立的社会关系”②。由此可见，正是在资本主义社会构造了彻底的物化的社会关系，并使之成为人们能够感受到的、在人之外的、时刻役使人的恢恢天网。

物化的社会关系实际建构了非人化的生存境遇，但何以能够获得人

① 马克思恩格斯全集：第30卷．北京：人民出版社，1995：107.

② 同①114.

们的认同并蔚然成风呢？按照马克思的分析，资本主义社会把交换价值当作社会生活的根本向导；而构成交换价值之实体的抽象劳动，是由社会必要劳动时间来计量的，亦即可以通过数字直观地表现出来，毋庸置疑有着透明、简约、公平等形式方面的优越性。随着交换价值之通约性和普适性而来的，就是社会生活之公正、平等、自由的外观。在自由和平等的观念发展为“国民的牢固的成见”并成了“人的独立性”的基本要素和象征的情况下，人们尽管生活在“物的依赖性”的环境中，可是却获得了独立性，岂有予以拒绝之理？

由此可见，正是物化的社会关系的盛行及其确定不移的建构性质，人们淡忘了自己的选择这一原发的决定性因素，而相信社会是在人之外的抽象存在物，且有支配人的不可言说的某种神奇性质。在这种情况下，人的“感性活动”即“实践”作为社会生活的源始动因不可能在人们的视野中出现，社会生活也就弥漫着神秘主义的气息。如果把社会看作抽象存在物有其不可否认的现实成因，那么，除非毫不妥协地解构物化的社会关系，否则，人们关于社会的有关抽象观念就不可能被扭转。只有立足于历史唯物主义的原则高度，才能合理可靠地与抽象的神秘主义观念划清界限。

第三，直观认识的盛行。

马克思曾指出：“人们丝毫没有建立一个社会的意图，但他们的所作所为正是使社会发展起来，因为他们总是想作为孤独的人发展自身，因此他们也就只有在社会中并通过社会来获得他们自己的发展。”① 如果这一论断清楚明白地表达了社会与人同步并存，社会在人的实践活动中形成，从而与马克思其他众多相关的论述一起表达了对于社会生活动因的基本理解，那么，这一理解所表征的历史唯物主义的基本态度为何一直隐而不彰呢？我们以为这与人们执迷于直观认识方式有关。

在思想史上，费尔巴哈“不满意**抽象的思维**而喜欢**直观**”，把直观作为一种认识方式发挥得通透彻底，以至于直观成为其哲学原则的表现形式。但费尔巴哈不是“把感性理解为实践活动”，从而至多只是达到“对单个人和市民社会的直观”。② 晚近出现的以直观为原则的那些思想认识，不仅在基本原则方面延续费尔巴哈的衣钵，而且还在新的时代处

---

① 马克思恩格斯全集：第 3 卷．北京：人民出版社，1960：235.

② 马克思恩格斯选集：第 1 卷．北京：人民出版社，2012：135.

境中有着新的变化。我们所谓直观认识，主要是指那些不能透过生活表象而深入生活内部、不能从生活的整体联系中理解生活现象，从而不能把握真实的生活而势必错失社会生活真谛的认识。一言以蔽之，直观认识就是指那些缺失历史感、无视历史性的认识。正是这样，与指认直观认识的表现形式相比，厘清直观认识的成因更为重要。

从现代生活变迁及其当代境况来看，实证自然科学的迅猛发展，以不可阻挡之势参与人的生活、改变人的生活，并构建了人类的基本信念和评价标准。在一个唯科学马首是瞻的时代，人们根据或模仿实证科学的要求来认识社会生活，无疑顺理成章。而且，还因为实证科学本身就是当代生活一个极其重要的组成部分，以科学为标准来厘定思考方向，不仅可以便捷地进入当代生活领域，同时能够认识呈现在人们面前的生活现象。问题在于，近代以来，以实证科学为圭臬而为人类认识定向，以实证科学为文化预设而组建现实生活，人类的生存境遇总体上始终处于困境或危机之中，相应地，人类在如此这般的境遇中并没有如其所愿地认同自身的存在感。正如伽达默尔所洞察到的，“尽管近代科学的进军如此地高奏凯歌，尽管今天的每一个人都十分清楚，他们对存在的意识充满了对我们文化的科学预设，然而，继续支配着人类思想的问题却是科学所不能回答的”①。究其原因，科学在存在论性质上无疑属于派生物，生活世界才是科学的源始出生地和扎根处。何况生活世界从来都是纷繁芜杂的，科学恰恰是排除一切偶然因素干扰的理想环境中的“最纯粹的直观”。这就是当代直观认识迷误的关键成因，当然也是这种认识的主要表现。就此不难想象，人的感性活动即实践作为社会生活之源始动因为什么一直被悬置起来。

颇为吊诡的是，实证自然科学对于当代生活的积极意义是毋庸置疑的，自然科学的影响更将不可移易地扩张到现实生活的各个方面，由实证自然科学所支撑的直观认识迷误仍将在生活世界中流传或发酵。正是这样，“我们必须更为尖锐地提出我们时代的问题，即在一个完全由科学支配的社会现实中人如何能够理解自己”②。这一追问的深刻寓意，根本不在于寻求一个标准化的解决方案，也不可能找到这样的方案，只在于为实证科学确立一个存在范围，经由人类感性活动即实践的选择与

---

① 加达默尔．哲学解释学．夏镇平，宋建平，译．上海：上海译文出版社，1994：109.

② 同①111.

调节机制而实现社会生活的合理化。

马克思曾主张，人“必须既在自己的存在中也在自己的知识中确证并表现自身”①。就社会生活这一属于人“自身”的问题领域来说，人通过感性活动即实践源始地自我创生，也就同时“生产”了社会生活。这是人在“存在”中完成的自我确证。不过，正如我们所揭示的，人在“知识”中对社会生活的确证，却困难重重，难见真知。还是马克思一语破的：“凡是把理论引向神秘主义的神秘东西，都能在人的实践中以及对这种实践的理解中得到合理的解决。”② 由此看来，只有坚持“感性活动”即“实践”原则，才能实现人的“存在”与“知识”原初一致的生存性质，从而彰显社会生活的实践本质。

① 马克思恩格斯文集：第1卷．北京：人民出版社，2009：211.

② 马克思恩格斯选集：第1卷．北京：人民出版社，2012：135－136.

第六章　存在论领域的革命变革

哲学作为一门学科，与其他学科相比，有一个比较独特、比较显著的特点，就是很难在形式上形成一个统一的看法。这种情况在同一个时代也许不是很突出，但在不同时代就十分明显，哲学由此总是受到诟病——不仅发生在哲学“围城”之外，即便在这个城内也时有自我发难者或自我焦虑者。其实，这种情况乃是假象，由之而来的抨击确属皮相之见。不要说马克思，就是黑格尔，也心知肚明，哲学属于自己的时代，哲学只能在满足自己时代的要求或兴趣中才能容身。这就有两点需要挑明：第一，哲学存在的根基只能是现实生活世界。由于存在论就是要道说哲学之为哲学而存在的实情，所以，现实生活世界才是哲学之原始扎根处。换言之，只有植根于现实生活世界的存在论建构才是合法的选择。第二，在黑格尔和马克思之后，切入实际生活过程、把握和表达生活世界已然成为哲学赖以现实存在的一般要求，全部问题的关键在于如何切入，在于从何处上手，易言之，在于能否抓住“现实的人”筹划生存的历史性活动。明乎此，马克思的睿智和过人之处便一目了然。

马克思走进现实生活过程而形成的革命性创制，关键是领悟了具有源始性质的人的生存历史性，抓住人的感性活动，从而真正挺立了生活世界的优先性。哲学的发展只有到了马克思这一思想环节，哲学的存在论建构才获致坚实的根基，哲学才真正回到了自己的家园——现实生活世界，并以自己独特的方式守护着这个家园。马克思的哲学革命实际上宣告了，凡是疏离人的感性活动的存在论建构，无论在形式上是何等完善，甚至也能自圆其说，但都把并不是“依靠自己而存在”的东西设定为前提，从而就远离了本真的根基——生活世界。如果这种存在论建构居然还要视自身为唯一的、终极的存在论，毫无疑问就是一种虚妄的存在论建构，属于非法的思想僭越。基于此，由于马克思的哲学革命毕竟是关乎存在论原则的变更，所以，阐明马克思的哲学革命就需要从存在论领域入手，立足于马克思的哲学境域，深入存在论根基处，揭示某些貌似合理实为偏蔽的存在论的实质，澄明马克思由存在论原则变更开始的哲学革命的全部意义。

一、以自然为基础的存在论是否可能

从发生学的意义上来看，以自在自然为基础来构建存在论——姑且简称为“自然存在论”，在哲学上是轻而易举就能上手的事情，因为在这种视域中，人“被说成”是源于自然界——例如，费尔巴哈就说“自然是人的根据”[①]。而且，自在自然具有可以直接被感知的特质，也给自然存在论带来了能够获得认同的方便，尤其是使之有着形式上的合法性。所以，自然存在论一经提出，就有较大的影响，至今仍有影响力。我们在此采取的分析方案，主旨不在于简单地宣布其错误——这总是很容易的事情，而要阐明在马克思的哲学境域中自在自然是如何被理解的，从而彰显经过马克思的存在论革命之后我们讨论这一问题的基本立场、可靠出发点，以及理当进入的思想前沿。

施密特曾经富有洞见地指出：“把马克思的自然概念从一开始同其他种种自然观区别开来的东西，是马克思自然概念的社会-历史性质。”[②] 立足于马克思的存在论原则立场，我们不能认同施密特用“概念”来指称马克思关于自然的理解或马克思的自然观，但不可否认的是，施密特道出了马克思思想的真相。马克思从人类筹划生存的现实活动中，发现并揭示了“自然界生成为人”的实情，阐述和论证了自然界的历史性质正是自然界在现实生活过程中的本来面目。

请看马克思的一段论述：“在实践上，人的普遍性正是表现为这样的普遍性，它把整个自然界——首先作为人的直接的生活资料，其次作

---

① 费尔巴哈哲学著作选集：上卷．荣震华，李金山，等译．北京：商务印书馆，1984：116.

② 施密特．马克思的自然概念．欧力同，吴仲昉，译．北京：商务印书馆，1988：2.

为人的生命活动的对象（材料）和工具——变成人的**无机的**身体。自然界，就它自身不是人的身体而言，是人的**无机的身体**。人靠自然界**生活**。这就是说，自然界是人为了不致死亡而必须与之处于持续不断的交互作用过程的、人的**身体**。所谓人的肉体生活和精神生活同自然界相联系，不外是说自然界同自身相联系，因为人是自然界的一部分。”[①] 从这段论述中我们可以看出，马克思是从人与自然不可失却的相关性上理解并阐释自然的意义的，主旨包括：自然界是人的“无机的身体”，“人靠自然界生活”，“人是自然界的一部分”，等等。其中最值得关注的重要信息，是马克思把自然界称为人的“无机的身体”这个提法。马克思表达了自然界是人之为人的须臾不可或缺的基本条件，自然界已然不是原初的外在于人的自在自然，而是在自在形式中蕴含着属人的意义，自然界乃是现实的“人化的自然界”。与此同时，自在自然界成为人的“无机的身体”，意味着我们需要把理解的视线指向人的实践亦即感性活动，因为正是实践才是自在自然界改变了存在的性质或意义亦即转变为人的“身体”的决定性动力。

由这些分析可知，马克思的确没有撇开自在自然，因为这是谁都不能不承认的发生学意义上的浅显道理，马克思不至于否认只要睁开眼睛就能看得到的东西。在《形态》中，马克思恩格斯就明确承认，“外部自然界的优先地位仍然会保持着”。但同样不可争辩的是，在哲学革命的背景下，马克思关注的乃是如何根除以往哲学对于现实世界的错误解释，如何阐明时代愿望而引领人类的解放运动。如果这种判断不能否认的话，那么，马克思就不可能还是像费尔巴哈那样，鼓动人们“顺应着自然生活”[②]。就此而论，马克思在哲学上尤为操心的是自在自然的存在意义。由于存在只能属于人，世间唯有人是以生命的方式守护存在，所以，马克思就是要解答“自然界对人来说作为人的存在”的可能性。换言之，马克思不仅是按照自己的存在论原则和存在论视野来对待自然，而且反过来使自己对于自然的解说能够有助于自己的存在论建构。所以，把自然存在论指派给马克思，或者用之来观照和评判马克思的哲学之思，都毋庸置疑背离了马克思。而且，就算自然存在论满足于在

① 马克思恩格斯选集：第1卷. 北京：人民出版社，2012：55-56.

② 费尔巴哈哲学著作选集：上卷. 荣震华，李金山，等译. 北京：商务印书馆，1984：84.

自身内部自言自语，但在马克思哲学革命之后已然需要予以喝令终止。原因极其简单，一个连自身的存在尚且需要加以论证的东西却被作为说明一切的前提，这种哲学思考方式暴露出存在论原则上的不彻底性从而面临着加强自身合理性建设的难题。当然，马克思并没有停留于判定自然存在论之不可能性的简单分析中，而是本质重要地揭明这种不可能性在现实生活中有其必然性——植根于人的感性活动的必然性。

马克思通过“对象性的活动”原理已经阐明，人原本就是沉沦于对象性活动的对象性存在物。通过实践“创造对象世界”，改造“无机界”亦即“人的周围的自然”，这是人筹划生存的基本要求。这种情形，正如马克思所说的，“人自身作为一种自然力与自然物质相对立。为了在对自身生活有用的形式上占有自然物质，人就使他身上的自然力——臂和腿、头和手运动起来。当他通过这种运动作用于他身外的自然并改变自然时，也就同时改变他自身的自然。他使自身的自然中蕴藏着的潜力发挥出来，并且使这种力的活动受他自己控制”①。马克思在这段论述中提到现实生活中的人拥有两种自然，即“身外的自然”和“自身的自然”，这能够让我们感受到究竟什么是马克思视野中的“现实的自然界”，而更为重要的寓意指向则是，“现实的自然界”赖以形成和持存的动力，以及促成两种自然并存特别是自在自然的存在形式的转化的可能性力量。根据上文的阐述，我们知道，人依照自身的愿望和要求，通过感性的对象性的活动，扬弃自然界的自在存在形式，促使自在自然界变成合乎人的目的并能够满足人的要求的存在形式，“身外的自然”就成为人的“身体”，成为人的现实生存过程中须臾不可或缺的组成部分。这就是“自然界对人来说的生成过程”：在现实生活过程中，随着人的感性活动的实际开展，自在自然势必向人生成，获致“人化”的存在性质。这就非常清楚，正是现实生活的实际运动，彰显了以自在自然为基础的存在论建构乃是不切实际的抽象，是现实生活并不需要的迷思。

经过人的感性活动的“过滤”和“赋形”，自在自然界升华为“人本学的自然界”，同时意味着自在自然界的实在性发生了转换。我们可以从马克思的相关论述中获得理解这一判断的线索。马克思指出：“正

---

① 马克思恩格斯文集：第5卷．北京：人民出版社，2009：208.

像**人的**对象不是直接呈现出来的自然对象一样，直接地**存在着**的、客观地存在着的**人的感觉**，也不是**人的**感性、人的对象性。”① 这是一段前提和结论都十分清晰的否定性论述。“前提句”直接说明了自在自然被人化以后就不再有其实在性；“结论句”所表达的含义，虽然是由前提而引发，但却坚定地支持了作为前提的论点：人的感觉若是纯粹作为生理功能而存在——此论实为对于自在自然的借喻，就还没有属人的性质；反过来说，人的感觉若要具有人的性质，就必须从其自在性质中抽身而出。仅此不言而喻的是，我们在人化自然界的情境中，再来谈论自在自然界游离于“人化”的所谓实在性，不啻现实生活世界之外的遐想。这样的话，我们就迎面遇上了解答人化自然界实在性的要求。

马克思在这一论述之后，接着指出：“自然界，无论是客观的还是主观的，都不是直接同**人的**存在物相适合地存在着。”② 这就再度提示，客观自然界亦即自在自然界不具有属人的性质，也就不是现实的为人所用的自然界。与之相对应的主观自然界——实指由自我意识设定的自然界，同样也不是属人的自然界。由马克思这里的思路可以推断，人化自然界的存在是能够与人相适合的，可以说，这种状况原本就是人自己的作为。既是这样，人化自然界就是人的现实的自然界，毫无疑问具有实在性——马克思就另用“感性自然界”来称呼之。在马克思看来，自在自然界是在人的感性活动中转化为“感性自然界”，成为人的“无机的身体”。“感性自然界”就是“现实的自然界”“人类学的自然界”，确证并表现着“人的自然的本质”与“自然界的人的本质”。于是，人“作为自然界的存在”以及自然界“作为人的存在”，毋庸置疑在人的感性活动中获得了“可以通过感觉直观的”“无可辩驳的证明”。这就彰显了“人化自然界”的实在性，表明这种实在性乃是无须赘论的真理。借用费尔巴哈的说法，这种实在性“是一个用我们的鲜血来打图章担保的真理”③。

可以说，只是在“感性自然界”这个环节，自然界对人来说才真正具有了实在性亦即自然界的现实性。在这个时候，自然界的历史性质遂

① 马克思恩格斯文集：第1卷．北京：人民出版社，2009：211.

② 同①.

③ 费尔巴哈哲学著作选集：上卷．荣震华，李金山，等译．北京：商务印书馆，1984：68.

感性地呈现出来。可以说，正是历史性——人的生存历史性，才是“感性自然界”成为可能的建构力量和支撑力量；正是历史性——人的生存历史性，才是自然界获得实在性的根本保证和实现条件。正是因为自然界的实在性与历史性如此这般不可移易地相互关联，我们才可以谈论“历史的自然”或“自然的历史”。而且，这一关联构筑了一座凸显问题之真谛的认识丰碑，引领人们永远不能偏执于哪一端、止步于倒退性的认知方式和水平来思考问题。这正是马克思所洞见的，“历史本身是**自然史**的一个**现实**部分，即自然界生成为人这一过程的一个**现实**部分”，“历史是人的真正的自然史”①。如果马克思的洞见让我们真切地感受到自然界在人的现实生存中的真实意义，那这不仅意味着马克思所道说的“人的现实的自然界”的合法可靠性，而且还表明自然存在论所津津乐道的且自以为是的自在自然界的实在性乃是十足的妄言。基于此，施密特一个切中肯綮的判断具有标志性的意义，值得我们牢记：“自然总只是在历史的地平线上出现的”②。

二、以社会为基础的存在论是否可能

与自然存在论比较起来，以社会为基础的存在论建构——简称为“社会存在论”，似乎更有充足的理由表示自身的合法性，以至于我们常常能在学术界发现主张社会存在论者对于自然存在论发出的具有优越感的评论。甚至某些持社会存在论的论者，还能板着面孔训斥自然存在论的肤浅。社会存在论真比自然存在论具有更多的合理性吗？特别是在马克思的存在论境域被有些人用社会存在论来加以解读的情况下，我们不得不追问：这种读法果真能够达到马克思的存在论原则高度并弘扬马克思哲学之基本精神吗？

我们在前文已有说明，生活世界乃是哲学的源始扎根处，人的感性活动乃是生活世界的原动力，哲学只有以人的感性活动为存在论基础才是合法的，因为人的感性活动具有“依靠自己而存在”的特质，就是说，其存在乃是内在巩固的，无须求助于他者。这就是能够被当作哲学之存在论基础的那个东西的基本素质。马克思曾说：“任何一个**存在物**只有当它用自己的双脚站立的时候，才认为自己是独立的，而且只有当

① 马克思恩格斯文集：第1卷．北京：人民出版社，2009：194，211.

② 施密特．马克思的自然概念．欧力同，吴仲昉，译．北京：商务印书馆，1988：209.

它依靠自己而**存在**的时候，它才是用自己的双脚站立的。靠别人恩典为生的人，把自己看成一个从属的存在物。但是，如果我不仅靠别人维持我的生活，而且别人还**创造了**我的**生活**，别人还是我的生活的**泉源**，那么我就完全靠别人的恩典为生；如果我的生活不是我自己的创造，那么我的生活就必定在我自身之外有这样一个根源。”① 这段文字虽然不是专门用来论证哲学存在论应当具备的特质，但其蕴含的基本要义，却恰好绝妙地说明了哲学之存在论基础的自律性。如此存乎一心的异曲同工，归因于马克思对现实生活过程的深切洞察。我们还可以提出，近代哲学援引意识“内在性”为自己的存在论原则，而由黑格尔所完成的意识“内在性”作为原则的论证，恰好从反面佐证了存在论基础的基本要求。不消说，如此这般的澄清是对社会存在论的当头棒喝。具有反讽意味的是，立足于历史唯物主义的存在论原则和存在论视野来审视社会存在论，就立即暴露其内在的空疏以及由之而来的不合法。

真正说来，既然把社会作为存在论基础，则社会必定要有源始性，必须具有“依靠自己而存在”的性质。可是，社会本身并不具备这些最基本的要求。尽管思想史上曾有过对于社会本质的歪曲理解，但都不能改变社会是由人构成的这样一个实情。可以肯定，这一实情道出的乃是社会由以而能够存在的原初真相。马克思也明言：“社会结构和国家总是从一定的个人的生活过程中产生的。但是，这里所说的个人不是他们自己或别人想象中的那种个人，而是**现实中的**个人，也就是说，这些个人是从事活动的，进行物质生产的，因而是在一定的物质的、不受他们任意支配的界限、前提和条件下活动着的。”② 就此毋庸置疑的是，社会不能脱离人而存在，人才是社会得以存在并因之将始终存在的源始动因。然而，社会存在论以社会为基础的自身展开，毕竟需要张扬社会之于一切的优先性，实际抽象掉现实的人，游离于自己从之所出的源始依据——即使在最好的情况下，也要把现实的人置于边缘。这种状况注定是社会存在论的生存命运，否则它就不能实现自身。在这种情况下，社会存在论就自行制造出自己的无根生存状态，毫无合法性可言。我们接下来将引证马克思的两种表达语气相反的论述，借以强化这里所阐发的基本理解。

① 马克思恩格斯文集：第1卷．北京：人民出版社，2009：195.

② 马克思恩格斯选集：第1卷．北京：人民出版社，2012：151.

（1）“首先应当避免重新把‘社会’当做抽象的东西同个体对立起来。”①

通常对于这句话的解读，主要受到两个因素的影响。其一，紧接着这句话的后面，马克思说，“个体是社会存在物”。联系起来，马克思似乎在这里强调的是“个体”。这种解读也有道理，其所指确实存在。虽说的确不能厚此薄彼，但马克思这里主要是关乎理解“社会”的要求必定不能视而不见。其二，很多解读正确地看到这是马克思对费尔巴哈的批评，但并没有给予深度分析，也就是没有上升到存在论原则高度来阅读。结果，马克思此处蕴藏的存在论寓意就轻易地被打发了。这注定是涉及问题之根本的放逐和耽搁。在马克思与费尔巴哈乃至以往的所有哲学家之间，始终有着存在论区分一事。有鉴于此，我们认为，这里的“首先”，更有“一开始”或“上手之际”之寓意，是从存在论上提醒思想如何启程及其走向。众所周知，把“社会”与“个人”对立起来的做法，曾经分别由片面夸大两者的作用而呈现出两种截然相反的致思路径。马克思在此突出的，是从“社会”出发制造的对立。马克思明言，这种路径的对立，要害在于把“社会”看作“抽象的东西”，费尔巴哈或许是典型的代表。所以，马克思呼吁，当今的人不能重蹈覆辙，与费尔巴哈并肩为伍，而是本质重要地在存在论原则高度上突破费尔巴哈抽象化理解“社会”的思想，并由此而规约自己的立论视野。

（2）“全部社会生活在本质上是**实践的**。”②

与上一论述的否定语气相比，这一论断乃是肯定向度的阐发，并且是从存在论原则高度的真切表达。此论的基本寓意，在现有的解读中已经获致较多的发掘，主要是从社会生活的实际发生、现实内容以及发展变迁等方面，来展现实践亦即人的感性活动的源始作用。我们不再重复这些讨论，这里侧重突出马克思使用“全部”一词所蕴藏的存在论意义。在我们看来，它不仅指示着社会生活之实践本质的普适性，而且还包含着一种考量社会的彻底性：有利于人生存的社会环境固然归功于人的自我谋划，而那些不利于人生存的社会因素同样也是人自己的作为。这就需要在人自身亦即人的感性活动中寻找解决的办法，在人之外寻找原因和出路的任何企图注定都是徒劳的；可以说，如此这般的企图在哲

---

① 马克思恩格斯文集：第1卷．北京：人民出版社，2009：188.

② 马克思恩格斯选集：第1卷．北京：人民出版社，2012：135.

学立场上恰恰大踏步地走向抽象思辨的迷宫。

以上这些分析可谓合情合理，但生活世界中同样有个人们普遍认同的实情，即人们总是处于一定的社会关系之中，而社会关系具有看不见摸不着但又确实存在的性质，制约着人们的行为，有时甚至起着役使的作用。于是，人们就把社会关系当作在人之外的“看不见的手”。如此说来，这不是正好确证了社会存在论有其持存的合法性吗？显而易见，此等现象是不能忽略的。我们将看到，马克思的具体解答，不仅再度证明社会存在论的内在背谬，而且匠心独运地走进历史的深处。

马克思在把社会关系指证为“原初的历史的关系”时，曾指出：“社会关系的含义在这里是指许多个人的共同活动，不管这种共同活动是在什么条件下、用什么方式和为了什么目的而进行的。”① 可以发现马克思此论的要旨，就是比较坚决地把社会关系与人的感性活动相勾连，并且似乎是故意要把人的感性活动突显出来。这种阐释定向，的确耐人寻味，自然需要用心体会。它既显示了马克思对于社会关系之原始基础的洞察，进一步巩固已有的“全部社会生活在本质上是实践的”认识，又呼应着前文所提及的那种关于“世界”的深思。由此可知，按照马克思的观点，以人的感性活动为基础的社会关系一点也不神秘，它不是外在于人的神秘力量，而是作为“共同活动方式”驻扎在人筹划现实生存的活动中，与“人本身有同样长久的历史”，从而可说是人每日每时皆能碰面的活生生的感性现实。不仅如此，从人自我谋划自己生存的命运看过来，社会关系总是不断地被生产出来，不断地处于更新之中。那么，人们在实际生活中受制于社会关系究竟如何来解释呢？探明这种现象之来历无疑能够有所获致。

把社会关系归结于“许多个人的共同活动”，直接表达了对于社会关系原始根基的富有原则性的把捉，也使我们对于“个人是社会存在物”保持高度的敏感。在此之后，我们仍要追究：个人活动如何就有了共同性？这里实际指向个人活动中的联系，而且一定是不可分割的联系，不然的话，共同性则无可能。但联系肯定不是抽象的，马克思就比较清醒：“这种联系不断采取新的形式，因而就表现为‘历史’，它不需要用任何政治的或宗教的呓语特意把人们维系在一起。”② 这就是说，

---

① 马克思恩格斯选集：第1卷．北京：人民出版社，2012：160.

② 同①.

如果个人活动的共同性是不容否认的存在状况，那么不言而喻的是，任何不想使自己沦为“呓语”的理论阐明，都要立足于人的生存历史性，切近地审视能够把人们联系起来的那些形式的历史性的生成。可以相信，如此可望能够说明社会关系亦即社会的现实存在，及其之于人的实际作用。

马克思曾经用“以别人来反映自己”的说法，形象地描画人们之间发生联系的实现方式和表现形式。还原于人类历史发展的宏大进程之中，“以别人来反映自己”的形式达到真正成熟的程度，是在以个人独立为前提的历史发展阶段，也就是“现代世界的资本主义时期”。在这个时期，社会生活的主旋律是追求“价值一般”或交换价值，商品、货币、资本等经济手段成为人与人发生联系的基本纽带。既然人们相互之间的联系及其相互依赖是要通过社会生活过程中形成的中介来完成，这就无一例外地遵循着“物的依赖性”的行动逻辑。由于所有自然形成的关系都得转变成物的关系，人们必得以物为媒介来建立相互之间的联系，所以，资本主义时期虽然打破了“人的依赖关系”，培育塑造了“人的独立性”，但却建立了“物的依赖性”，并使之盛行起来而大行其道，成为新的时代风貌，使得资本主义时代拥有“独立性”的人实质上都是“物性”的人，自觉不自觉地皈依于“抽象统治”或“观念统治”，以至于人们“在衣袋里装着自己的社会权力和自己同社会的联系”①。就是说，在资本主义的文明时代，“一切发明和进步，似乎结果是使物质力量成为有智慧的生命，而人的生命则化为愚钝的物质力量”②。由此可见，正是在资本主义社会，社会关系被彻底物化了，成为人们强烈感受到的在人之外的时刻役使人的恢恢天网。这就要追问：以资本为主导原则的社会关系，是如此这般地把人导向非人化的生存，为何能够得到人们的认同并蔚然成风呢？难道社会关系真像人们所说的那样有着某种不可言说的神奇力量？其实，神奇之处不在于是否真的不可说，而在于人们为什么这么说，在于为什么直到今天人们还是这么说。我们需要再次温习马克思的相关分析。

首先可以肯定，物化社会关系的萌发和风行，归因于资本主义社会把交换价值当作社会生活的唯一向导。这就彰显了马克思“劳动二重

---

① 马克思恩格斯全集：第 30 卷．北京：人民出版社，1995：106.

② 马克思恩格斯选集：第 1 卷．北京：人民出版社，2012：776.

性”学说的意义。众所周知，按照马克思的分析，抽象劳动形成了商品的交换价值，或者说，抽象劳动是交换价值的实体。由于抽象劳动是撇开劳动的具体形式而纯粹是人类劳动力的耗费，是由社会必要劳动时间来计量的，从而就可以通过数字直观地表现出来，毋庸置疑具有形式上的公正性。道理很简单，两个性质完全不同的商品，之所以能够进行交换，必定是基于某种可以通约的且也是可以等同的因素才有可能。经过人类生存历史性的磨炼和洗礼，数字化历史性地成为这种因素的最佳代表。所以，随着交换价值之于整个社会的普适性，平等和自由的观念就进入了人们的心中，并最终发展成为“国民的牢固的成见”。就是说，在交换价值的笼罩下，资本主义社会具有公正、平等、自由的外观，或被认为如此。马克思对此也有明确的洞察：“如果说经济形式，交换，在所有方面确立了主体之间的平等，那么内容，即促使人们去进行交换的个人和物质材料，则确立了**自由**。可见，平等和自由不仅在以交换价值为基础的交换中受到尊重，而且交换价值的交换是一切**平等**和**自由**的生产的、现实的基础。”① 于是，在“自由”和“平等”成为资本主义时代“人的独立性”的基本条件和象征的情况下，尽管现实的人都是生活在“物的依赖性”的荫翳之下，可是却有独立性的外貌，岂有予以拒绝的理由？正是如此，资本主义时代才有普遍的社会物质交换、全面的关系、多方面的需求以及全面的能力体系。这就是物化社会关系能够盛行的人性依据，毫无疑问是关乎根本的依据。

由此可以得出这样的推论：其一，物化社会关系造成“异化的物对人的全面统治”，归根结底是人自己的选择，在人的现实活动中有其存在的真正秘密。其二，社会被看成是在人之外的神秘物，是因物化社会关系而发，并且正是对物化社会关系的观念再现。其三，以社会为基础的存在论建构，自以为可以立足的基地在此昭然若揭，实质上是为物化社会关系提供合法化的辩护和论证。在这种情况下，我们能够容忍社会存在论的存在吗？我们居然可以抛开马克思的洞见而安心地接受社会存在论吗？

三、以意识为基础的存在论是否可能

由上面的分析，我们可以发现，不论是自然存在论还是社会存在

① 马克思恩格斯全集：第30卷．北京：人民出版社，1995：199.

论，皆有一个共同点，就是疏离人的生存历史性亦即疏离人的现实生活过程的抽象。换言之，倘若不是固执于抽象，它们就不可能出现并有一度的繁荣。这样说来，由于抽象乃是近代理性形而上学的专擅，且正是由此才获致极为严密的理论形式，那么，这是否意味着它们都相聚于理性形而上学呢？答案不言自明。理性形而上学正是它们的巨大渊薮，它们不过是其中的一条支脉或一个片段而已。这就是说，以意识为基础的存在论建构——简称为意识存在论，是为所谓自然存在论、社会存在论奠定基础的存在论原则。所以，马克思哲学的存在论革命把矛头对准近代哲学的意识“内在性”，显然不是一时的兴起，而是由本真地倾听时代呼声而来的深思熟虑。为了避免重复，我们这里侧重于讨论马克思对于意识的理解，由此亦可展示马克思对于意识存在论的基本态度。

请看马克思的相关论述：“人们是自己的观念、思想等等的生产者，但这里所说的人们是现实的、从事活动的人们，他们受自己的生产力和与之相适应的交往的一定发展——直到交往的最遥远的形态——所制约。意识［das Bewußtsein］在任何时候都只能是被意识到了的存在［das bewußte Sein］，而人们的存在就是他们的现实生活过程。如果在全部意识形态中，人们和他们的关系就像在照相机中一样是倒立成像的，那么这种现象也是从人们生活的历史过程中产生的，正如物体在视网膜上的倒影是直接从人们生活的生理过程中产生的一样。”①

平心而论，这里直接叙说着意识和意识形态何以可能的根由，由此表明马克思已然深入于存在论根基处来透视意识问题。这理当是我们需要恪守的“阅读伦理”。明乎此，并基于此，我们能够从这段论述中获得如下理论提示：

其一，意识的“向来我属”性——第一句话的寓意。在马克思看来，意识是人“生产”出来的，人是意识的“生产者”。而且，马克思还通过转折语气，提示这里所说的人乃是“现实的人”。这不是无关宏旨的提醒，而是具有关乎问题之根本的重要性。它实际上就是宣布，意识仅仅属于现实生活中的人，这才是意识能够存在的源始根据。由此我们或许可以推断：如果不是现实的人——比方说，“想象中的那种个人”，则肯定没有马克思所说的“生产者”的荣耀。真实情况恰恰相反，

① 马克思恩格斯选集：第1卷．北京：人民出版社，2012：152.

这种人正是意识所生产出来的。于是，游离于现实的人来谈论意识，虽然可以津津有味，甚至还能形成鸿篇巨制，但毫无例外地都不是人的意识。由此看来，马克思在此不仅意在表达自己的理解，而且还本质重要地与其他不同的看法做出严格的划界。

其二，意识的“此岸性”——第二句话的寓意，是对前一句的补充和深化。虽说意识的真正所属已经明确，但人“生产”意识，并不是为了获得一个“思维花朵”来欣赏——近代哲学就是专擅于此的最大嫌疑，而是人自己筹划生存的实际需要——意识是被意识到了的人们的现实生活过程。就是说，意识正是在人的活生生的生活实践中形成的，并由此才有合法的存在理由；生活世界才是意识取之不尽、用之不竭的源泉，意识由此才有不可移易的现实性。既然意识原本就归属于现实的人的生存筹划，所以，我们就不能把近代二元劈分的思维强加给马克思——这正是当下的时髦。因此，马克思这里所说的“生产”，乃是指人的自我生成、自我创生之意。在此基础上，意识的存在并能够持久地存在，既不会遭遇黑格尔所焦虑的“理性恨”①，也会避免海德格尔所说的那个“冒险出行”②。

其三，意识形态的来历——第三句话的寓意，是前两句话的展开。马克思不像费尔巴哈那样，仅仅止于“一位理论家和哲学家”所能达到的高度，而是有深沉的问题意识、深邃的历史视野和深切的现实关怀。在澄明了意识源始基础之后，马克思还把目光投向了现实生活世界，关注意识在生活世界实际转化为意识形态的根由，以及经由这种转化后意识性质的改变。具体而言，马克思明察意识形态有可能提供非现实的世界图景，从而具有虚幻和颠倒的性质，并颇有卓识地指出了意识形态如此之性质的现实根源——马克思在另一处对此做了阐发。在马克思看来，当社会发展到精神生产对物质生产过程的分离并取得了相对独立的外观时，作为精神生产产品的意识形态才有可能创立，而且，无一例外地服从于统治阶级的需要。于是，“从这时候起意识**才能**现实地想象：

---

① 黑格尔．小逻辑．贺麟，译．北京：商务印书馆，1980：51.

② 海德格尔说：“这个进行认识的主体怎么从他的内在‘范围’出来并进入‘一个不同的外在的’范围？认识究竟怎么能有一个对象？必须怎样来设想这个对象才能使主体最终认识这个对象而且不必冒跃入另一个范围之险？”（海德格尔．存在与时间．陈嘉映，王庆节，译．北京：三联书店，1999：71）

它是和现存实践的意识不同的某种东西；它不用想象某种现实的东西就能**现实地**想象某种东西。从这时候起，意识才能摆脱世界而去构造‘纯粹的’理论、神学、哲学、道德等等”①。就是说，意识形态的虚幻性植根于现实生活过程。症结业已澄清，解决问题的希望也就得以展露。马克思提出，无产阶级的现实生存状况以及否定这种生存状况的实际行动，坚决地要求终结意识形态的虚幻性，呈现意识形态的本来面目。换言之，无产阶级展示了解构意识形态的虚幻性，并将之转化为充分体现人的本质力量的精神文化的可能前景。马克思哲学作为无产阶级的“精神武器”，矢志于把颠倒了的世界图景重新颠倒过来，可望能够为人类提供“伟大的认识工具”和“最好的劳动工具”。

于是，马克思对于“意识”的理解，大体上可以归纳为两个要点，实际构成了阐释“意识”的两个原则性要求：第一，从源始根据处把握意识；第二，意识是现实的人的生存实情。就此而言，在意识这一问题上，马克思与近代哲学的区别已经泾渭分明。马克思自己也有明确的区分：“不是意识决定生活，而是生活决定意识。前一种考察方法从意识出发，把意识看做是有生命的个人。后一种符合现实生活的考察方法则从现实的、有生命的个人本身出发，把意识仅仅看做是**他们的**意识。”②不消说，这两种考察方法，也是两种认识路线、哲学立场、存在论原则的分野。稍做提炼归纳，我们可以看到：前一种考察所看到的“人”，不是人，而是“意识”；后一种考察所看到的“人”，才是“现实的、有生命的个人”，“意识”是从属于人的。前一种考察是马克思以前的近代哲学所坚守的，后一种考察正是马克思所持守的。这就是说，在马克思哲学之前，哲学家们念兹在兹的“主体”，是“意识”或“自我意识”，还没有达到真正的人的高度，最多只是进展到人的身边——抓住了人的某种属性（如“意识”）。进而言之，认为马克思之前的哲学家们所提到的“主体”就是指人，这就无可争辩地偏离了思想史发展的实情。只有马克思，才真正把人当作主体，才弘扬了本来意义上的主体性。

根据这些论述，马克思哲学境域中的意识，就是马克思自己所表述的“感性意识”。比较清楚的是，按照近代哲学意识“内在性”的要求，“感性意识”的说法甚至就是对“内在性”的亵渎，黑格尔就视如敝屣。

---

① 马克思恩格斯选集：第1卷．北京：人民出版社，2012：162.

② 同①152－153.

在黑格尔看来，“感性意识”就是“最初的”或“直接的”知识，是“没有精神的东西”，必须要经历一段“艰苦而漫长的”发展才能达到科学的高度，亦即达到“纯粹概念”的水平。这是因为，这个阶段存在着“这一个”与“意谓”的不一致：当我们说出“这一个”亦即“感性确定性”时，我们并没有说出其中所“意谓”的东西。后来的法国哲学家保罗·利科就认为，在这种情况下，“‘所说的’消失了，但是‘被说的’仍然存在”。所以，黑格尔希望，“感性意识”必然要发展到“知觉”阶段，并为后者所代替。① 从此可知，黑格尔心目中的“感性意识”，相当于我们现在所说的“感觉”。费尔巴哈也是这么看“感性意识”的，但坚决反对黑格尔的轻蔑态度。

费尔巴哈认为，黑格尔的失误在于“他与感性直观直接分裂”。虽然我们在不同的场合所说的“这一个”的确出现了不同的所指，但每一个被说的“这一个”皆因有实际所指而具有毋庸置疑的实在性。只要我们不是故意隐藏自己的直观亦即“感性意识”，就肯定能够获得如此感受。这就是说，“这一个”在不断地改变，消失的乃是语言符号，而不是“这一个”之实指，“感性的存在在**感性**意识看来就是始终保持不变的存在”。黑格尔所能反对的只是逻辑上的“这一个”，作为感性意识之对象的“这一个”是反对不了的。黑格尔之所以固执己见，是因为他“并不是从**思想的对方**开始，而是从**关于思想的对方的思想**开始，在这里面思想自然已经预先认定要战胜它的对方了”。然而，只有感性直观的观点才是真理，感性直观是决定思维真理性的唯一标准。②

可以看出，费尔巴哈是通过感性直观而力挺感性意识的，以至于他常常把两者等量齐观。不过，在费尔巴哈的语境中，如果缺失感性直观的支撑，感性意识的存在就肯定难以得到保证，费尔巴哈实际上还是有所侧重。这正是其致命之处。他自觉不自觉地让感性直观离开了人而膨胀起来，并最终凌驾于人之上。费尔巴哈是依循黑格尔的进路来批判黑格尔，恰恰就行走在黑格尔所设定的道路上。所以，马克思就一针见血

---

① 黑格尔．精神现象学：上卷．贺麟，王玖兴，译．北京：商务印书馆，1979：17，66，72-73．保罗·利科尔．解释学与人文科学．陶远华，等译．石家庄：河北人民出版社，1987：91．

② 费尔巴哈哲学著作选集：上卷．荣震华，李金山，等译．北京：商务印书馆，1984：67-70，179，205．

地指出，“费尔巴哈既承认现存的东西同时又不了解现存的东西”①。由于只有人始终在自己生存中与存在发生交涉，“存在的东西”从来都是由人来开展和守护，所以，费尔巴哈只是承认了人——感性直观原本属于人，但并不了解人——人是由感性活动而自我生成的。费尔巴哈没有走的这一步，终究会有人要走下去的。

由领悟人的感性活动而在历史地平线上开启了存在论革命的马克思，不言而喻地从根基上超越了近代哲学，必定不可能还是逗留在感性直观的层次上来谈论“感性意识”。可见，马克思是在人的感性活动中赢获自己的立论视野的。正是这样的缘故，我们看到，马克思把“感性意识”和“感性需要”并称为“感性”的两种“形式”。② 由于“感性”乃是人之为人的存在特征，所以，“感性意识”不容争辩地归属于人的存在。既然如此，“感性意识”与其说是意识，不如说是存在。这又使我们重返前文所述的马克思对于意识的基本理解，而且更加切近地把捉意识的源始基础。就此而论，马克思的“感性意识”，断然拒绝二元劈分的绝对化认知方式，毫不妥协地蕴含着终结意识存在论的根本要求。

所以，虽说意识在近代哲学中获得了严密的论证，并被当作哲学致思的存在论基础，以至于人们一提到意识，就想起了近代哲学所赋予的含义，并认为毕竟只能如此，但是，我们的分析表明，在马克思的哲学境域中，“意识”这个语词有了不同的寓意，而且是本真的寓意。这样说来，对于那些高傲地撇开马克思的洞见而又不能看到自身存在论缺损的世俗之见，我们究竟应该怎么想呢?

---

① 马克思恩格斯选集：第1卷．北京：人民出版社，2012：177.

② 马克思恩格斯文集：第1卷．北京：人民出版社，2009：194.

第七章　卢卡奇的存在论证词

马克思把历史性原则引进哲学，在新的存在论原则高度丰富了哲学的内涵，引领哲学在面向现实生活过程中树立自身的发展方向，确证并实现自身的存在价值。马克思划时代的伟大发现，拥有切中时代问题之核心的优越性，为人们认识现代生活的本质、合理改变世界提供了弥足珍贵的精神动力和理论指导。从 19 世纪末无产阶级革命的低潮期开始，如何从现代生活境遇变迁出发阐扬历史唯物主义，进一步彰显和发挥马克思哲学的存在论革命对于当代社会的基本意义，无疑是马克思主义理论研究与传播必须面对和解答的重大时代课题。卢卡奇深谙时代情势的深刻变化，焦心于无产阶级的阶级意识的暗淡，敏锐地意识到只有用马克思主义的理论武装才能激发无产阶级的阶级意识的觉醒。卢卡奇自觉担当时代的重任，颇有卓识地把理论触角深入当代人的生存状况，洞察到西方社会现代性生活的本质及其弊端之所在，在很多问题上贯彻历史唯物主义的基本原则，致力于推动马克思主义的时代化，从而得到了人们的认同和赞扬。与此同时，卢卡奇挥之不去的黑格尔主义情结，未能划清马克思与近代哲学的存在论界限，也招致了众多的非议和诟病。在 20 世纪的西方思想界，卢卡奇是最受关注也最有争议的思想家之一。人们操持着毁誉参半的评价，讲述着不同形象的卢卡奇。虽说这些评说都有可能在卢卡奇文本中找到依据，但我们无论如何都不应忘记卢卡奇理论活动的初衷。且不说《历史与阶级意识》，就是《关于社会存在的本体论》，卢卡奇都矢志不移地以阐发马克思主义为己任，借以贯彻落实历史唯物主义的当代意义。由于马克思针对近代哲学发动了存在论革命，所以全部问题的关键无疑就是要立足于历史唯物主义的存在论原则高度，严格审视卢卡奇对于马克思的思想变革的解读，以及在此解读中必定开展的理论建构。既然如此，我们把视线对准卢卡奇所皈依的存在论原则，总结其真正的理论成就和不足之处，以之为借鉴来呈现历史唯物主义在存在论原则上的革命变革及其时代意义。

一、存在论问题的优先性

人们通常认为，与早年相比，卢卡奇晚年在哲学兴趣上出现了转向，亦即开始探讨本体论（亦即存在论）问题，并相应地展开了对于马克思哲学存在论的论证和建构，卢卡奇晚年的皇皇巨著——《关于社会存在的本体论》就是有力的证明。从表面现象上看，这种判断有着充分的理由。其实，这不过是仅仅止于文本形式的皮相之见。我们的异议不是指向这一判断之所说，而是针对这一判断固化为常识以后所产生的遮蔽。因为由此说法而来的推论是，卢卡奇在《历史与阶级意识》中没有讨论存在论的问题。但是，姑且不论一般而言任何哲学思考都自觉不自觉地蕴藏着某种存在论承诺，卢卡奇自然概莫能外，就是在早期著作《历史与阶级意识》中，卢卡奇的理论沉思也已然突出了存在论问题的优先地位。所以，那种认为卢卡奇早年对于存在论问题存而不论的判断，就有着严重的片面性。我们试根据卢卡奇本人的论述来做出合理的分析。

卢卡奇以维护和坚持“正统马克思主义”为己任。卢卡奇认为“正统马克思主义”指的就是“方法”亦即辩证法，清楚明白地确定了《历史与阶级意识》的“基本信念”，“就是正确地理解马克思的方法的本质，并正确地加以运用”①。而且，这本书的副标题直接就是“马克思主义辩证法研究”。不过，如果我们指望从《历史与阶级意识》的文本形式中能够找到与时下哲学教科书相雷同的辩证法原理，则肯定会无功而返。这些现象尤其值得玩味，至少透露了两点信息：其一，《历史与阶级意识》对于“辩证法”的研究不是某种余兴或偶发，而是极其慎重的理论选择和思想探索；其二，卢卡奇此处所言的“辩证法”肯定具有未曾明言的意图。既然如此，我们势必需要厘清《历史与阶级意识》研

① 卢卡奇．历史与阶级意识．杜章智，任立，燕宏远，译．北京：商务印书馆，1999：41.

究“辩证法”所承载的真正寓意。

《历史与阶级意识》的“辩证法”研究大体上是依循如下几个论点展开的：

（1）把马克思与黑格尔相对照。

在卢卡奇看来，如果不了解马克思与黑格尔的关系，就不能真正掌握马克思的“辩证法”。对此，卢卡奇有三种说法。其一，“马克思直接衔接着黑格尔”。卢卡奇提醒人们注意，马克思“整整一系列**经常使用的有决定意义的范畴**都是**直接**来自黑格尔的《逻辑学》”，“马克思对黑格尔的批判是黑格尔自己对康德和费希特的批判的直接继续和发展”。在此基础上，卢卡奇明确指出，马克思的辩证方法“坚持不懈地继续了黑格尔竭力要做而未能具体做到的事情”，同时也“留下了著作体系的尸骸，供追腐逐臭的语文学家和体系炮制者去分享”①。类似性质的表述，我们在这本书还可以找到。显而易见，在这种语境中，卢卡奇无视马克思与黑格尔在哲学原则上的异质性，把马克思等同于黑格尔。其二，认同并高度评价马克思关于不要把黑格尔当作“死狗”来看待的告诫。卢卡奇觉得，许多优秀的马克思主义者都忽略了马克思这一态度，连恩格斯和普列汉诺夫的努力也未能奏效，以至于黑格尔思想中富有价值的方面没有得到真正利用。至于如何贯彻马克思的这一要求，卢卡奇实际上只是发挥了恩格斯的观点，亦即摧毁黑格尔哲学“体系的‘死’的建筑”，分离并拯救其中富有生命力的成果，使之“在现在能够再次成为充满活力和有效的力量”②。其三，强调马克思对黑格尔的超越。卢卡奇正确地指出，黑格尔没有认识到“历史的真正动力”，马克思用现实的实践活动终止了黑格尔辩证法的“概念神话”，从而就在如何对待现实这个问题上与黑格尔分道扬镳了。不过，在深究黑格尔陷入“概念神话”的原因时，卢卡奇居然认为，黑格尔在构造哲学体系的时候，历史动力表现得不是十分清楚，以至于黑格尔“不得不把民族及其意识当作历史发展的真正承担者”，从而选择了“民族精神”的神话。③

这些分析表明，卢卡奇在处理或解说马克思与黑格尔的关系问题

---

① 卢卡奇．历史与阶级意识．杜章智，任立，燕宏远，译．北京：商务印书馆，1999：16，33，43，67－68.

② 同①44.

③ 同①68.

上，表现出哲学立场的左右摇摆，犯有原则性的错误。卢卡奇后来在“新版序言”中有过自我批评或辩解，是旨在以黑格尔为凭借来“恢复马克思理论的革命本质”。即便如此，卢卡奇也根本不能绕过两人的存在论分殊而奢谈两人的思想关系问题，而关乎根本地需要指出马克思在存在论根基处对于黑格尔的革命性变革。只有在这种情况下，才能谈得上马克思对黑格尔思想的超越以及对黑格尔思想资源的利用。可以说，卢卡奇的失误恰恰凸现了存在论问题的首要性。

（2）把“改变现实”当作“辩证法”的“中心问题”。

马克思曾经说过，理论一经掌握群众，也会变成物质力量。卢卡奇不仅对此表示认同，而且还以为理论掌握群众的“方法”尤其重要。只有方法得当，理论才能真正掌握群众，从而转变为“革命工具”，由此证明理论的本质即是“辩证的方法”。既然如此，如果把理论和实践分离开来，就必定违背了“辩证法”的本质。卢卡奇反对把“辩证法”看成是“由一个规定转变为另一个规定的连续不断的过程”。这样的话，理论思考始终只是“直观”的而不能成为“实践”的，就成为纯粹“科学的”事情。于是，理论运思所采用的方法，就依其是否符合普遍的科学状况被接受或者被拒绝，而根本不管人们对现实的基本态度如何，也不管现实能否被改变。① 在这种意义上，卢卡奇把“辩证法的决定性的因素”归结为主体与客体的相互作用、理论与实践的统一，主张马克思“辩证法”就是一种“革命的辩证法”。毫无疑问，在这些叙述中，卢卡奇实际描述的乃是马克思“辩证法”的实践本性，本质重要地把“辩证法”安身立命之基标识出来。如果联想到马克思约束自己哲学之思的名言——“哲学家们只是用不同的方式**解释**世界，问题在于**改变**世界”，那么，卢卡奇这种意义上的“辩证法”研究，所讨论的正是马克思哲学的存在论根基问题。

（3）把马克思“辩证法”指证为“总体性”的辩证法。

在卢卡奇看来，“总体范畴，整体对各个部分的全面的、决定性的统治地位（Herrschaft），是马克思取自黑格尔并独创性地改造成为一门全新科学的基础的方法的本质”②。可以看出，总体性被卢卡奇放到

---

① 卢卡奇．历史与阶级意识．杜章智，任立，燕宏远，译．北京：商务印书馆，1999：50.

② 同①77.

了马克思的“辩证法”乃至整个马克思主义的“中心位置”。卢卡奇此举的目的究竟何在？这是因为只有辩证的总体观才能有助于我们认识作为“社会过程”的现实。就此可知，卢卡奇渴望总体性，是因为他洞察到理论本身得以存在的基本要求乃在于走向现实，把捉生活世界的现实性质。正是基于如此这般的认识，卢卡奇反复强调，总体性是一个超出了“纯粹理论”界限的实践问题，它属于阶级而不是个人。这个阶级就是无产阶级，因为无产阶级就是历史演进过程中的“同一的主-客体”：作为资本主义大工业的产物，无产阶级是“客体”；而无产阶级维护自身的生存权利必定要求理论与实践相统一，则又是“主体”。显然，卢卡奇借用总体性辩证法，最终过渡到能够影响历史发展天平的无产阶级的革命行动，实际上是把马克思主义在当代条件下得以生存的社会基础引申出来。这种思考可谓呼应了马克思开启的哲学关注现实的存在要求和理论品质，卢卡奇颇有见识地阐发并确证马克思哲学之于当代生活境遇的发言权和解释力。

由上述这些分析来看，虽然《历史与阶级意识》在文本表达形式上把研究马克思“辩证法”确定为直接的任务，并试图以此唤醒无产阶级的阶级意识的成熟和觉醒，但透过这些文本形式，我们能够强烈地感受到马克思哲学所坚持的那种“改变世界”的基本诉求。就此说来，卢卡奇的理论思考深入马克思在哲学上所关心的根本问题，绽露了存在论问题在马克思哲学中的首要地位及其对于阐释马克思哲学的优先性，尽管卢卡奇在很多场合属于不自觉的流露，甚至还是反面烘衬出来的。这种状况理当使我们明白，卢卡奇并非仅仅是在晚年才关注存在论问题，《历史与阶级意识》已然隐而不露地与存在论有了不可割断的牵涉。在这本书中，卢卡奇批判地分析了资本主义社会的物化现象，实际关注资本主义社会的人的现实生存际遇这一具有存在论意义的生活实情。这表明：既然有着与马克思相同的理论指向，卢卡奇的理论思考则必定蕴藏着某种存在论原则，而且毋庸置疑地关涉于马克思的存在论担当。

二、透析资本世界的生存原则

《历史与阶级意识》通篇最大的特点，是贯彻马克思的哲学不做生活世界之外的遐想的现实要求，把领悟自己的时代作为理论思考的生长点。这种思路的确立，不是卢卡奇偶然的率性而为，而是有其深刻的现实动因。在卢卡奇看来，只有无产阶级才是解决资本主义时代生存困境的实际力量，而无产阶级只有具备了成熟的阶级意识才能承担并完成如此重任。然而，第二国际理论家片面强调“经济决定论”，用之解读历史唯物主义，不仅曲解了马克思，而且掩盖了资本主义社会的真实本质，势必造成严重的思想混乱。由此可以想象的是，处在仅是对资本主义社会片断认识的思想氛围中，无产阶级阶级意识的成熟只能是空谈，更遑论无产阶级实现历史使命了。为了阻止这种不良现象的蔓延，当务之急就是要透过资本主义社会的经济活动，澄清其真正的本质，从整体上全面地阐明并把握资本主义社会。正是出于如此这般的现实关切，卢卡奇便把目光投向了资本主义社会的现实生活世界。

第二国际理论家的前车之鉴，使得从何处入手分析资本主义社会尤其要紧。在卢卡奇看来，马克思从商品开始审视资本主义社会，无疑切中了要害。“因为在人类的这一发展阶段上，没有一个问题不最终追溯到商品这个问题，没有一个问题的解答不能在**商品结构**之谜的解答中找到。”① 不过，卢卡奇断然拒绝第二国际理论家仅仅器重经济作用的分析方法，主张特别需要由“商品结构”来透视已然成为资本主义社会生活常态的物化现象。就此而言，马克思关于商品拜物教的深刻透析及其真知灼见，为卢卡奇切入资本主义社会的物化现象提供了理论灵感和思想资源。

众所周知，马克思独具慧眼，史无前例地把“体现在商品中的劳动的二重性”剥离开来并予以明确的表达：“一切劳动，一方面是人类劳动力在生理学意义上的耗费；就相同的或抽象的人类劳动这个属性来说，它形成商品价值。一切劳动，另一方面是人类劳动力在特殊的有一定目的的形式上的耗费；就具体的有用的劳动这个属性来说，它生产使用价值。”② 由于资本主义社会“不仅要生产使用价值，而且要生产商品，不仅要生产使用价值，而且要生产价值，不仅要生产价值，而且要生产剩余价值”③，所以，整个社会必然是建立在无止境地追逐价值的基础上，并以实现价值增殖为最终目标。换言之，在资本主义社会，抽

① 卢卡奇．历史与阶级意识．杜章智，任立，燕宏远，译．北京：商务印书馆，1999：146.

② 马克思恩格斯文集：第5卷．北京：人民出版社，2009：60.

③ 同②217－218.

象劳动乃是社会生活的原动力。这就暴露了资本主义社会自行制造的矛盾：具体劳动是人们能够直接感知的，但仅是资本主义社会得以存在的必要手段；抽象劳动作为资本主义社会的决定性力量，却是人们无法通过感觉直接指认的，但始终寓于具体物品之中，与人们的生存筹划相伴随。就是说，人们看到的只是社会生活的表象，抽象劳动作为社会生活的实质却蔽而不明，以至于这种生活境遇被人们认定为世俗生活的基本内容而有其形式上的正当性。由于日常生活的现象是商品左右着人们，进入人们视野的也是有形的物品，抽象劳动的实际作用已然转换并表现为物对人的支配，所以，商品就成为“可感觉而又超感觉的物”，商品拜物教便由此而生。一旦商品拜物教成为整个社会盛行的生活风气，就意味着人们归附于物化，日复一日地生产着物化。这就是说，在资本主义社会，物化是社会生活的基本格调，人不是按照人的方式而是以物的逻辑来筹划生存。既然如此，我们必定需要追问：作为社会结构普遍原则的物化究竟为人安排了怎样的生存图景？这样一种扭曲的生活情境何以能够在资本主义社会持存？它是如何获得文化辩护的？这些正是卢卡奇所遭遇并给予了回答的时代课题。

抽象劳动的确不可感知，但并不意味着抽象劳动是与人绝缘的东西。恰恰相反，社会以抽象劳动为基础，却具有极其公正和平等的外观。如果说，具体劳动突出的是劳动的“质”，亦即“怎样劳动”“什么劳动”的问题，那么，抽象劳动则撇开了劳动的具体性质，只是作为“一般人类劳动的耗费”，指向劳动的“量”，亦即“劳动多少”“劳动时间多长”。而且，如果说具体劳动的多样性、差异性的确难以找到可以通约的共信的考量标准，那么，抽象劳动因其由“社会必要劳动时间”来计量，便可以在等价方面进行比较。在这种情况下，只要是等量的抽象劳动，不管人们之间在社会地位以及占有财富等方面是如何悬殊，都可以公平地进行交换，以满足自己的需要。此时，人们相互之间乃是平等的，并且是人们自愿的行为，从而本质重要地标识出自由的存在。可以说，与前资本主义社会相比，只有资本主义社会才需要并建构了平等和自由。这是人们在经济活动中都能亲身经历的过程，且在形式上皆能受惠。因为平等和自由是人们梦寐以求的生存状态，所以，资本主义社会以抽象劳动为基础就被人们认定为合法的，进而成为社会生活内在巩固的性质。

资本主义社会如此这般的生存命运，卢卡奇无疑了然于心，且深知要义。卢卡奇发现，人类劳动过程“从手工业经过协作、手工工场到机器工业的发展”，是一条不断趋向“高度理性”的发展流程。卢卡奇重点关注机器大工业的迅猛发展及其基本意义。这是因为，机器大工业不仅是含纳着以往成果的生产力发展的高级阶段，而且还特别归功于资产阶级的劳作和“非常革命”的作用，决定性地与抽象劳动有着关联。就是说，机器大工业制造了劳动的极端合理化，包含着资本主义社会居支配地位的基本原则及其全部秘密。

在机器大生产阶段，一方面，劳动过程被细密分解为多个环节，每个环节都有明晰的工作细则，劳动者始终固定于其中的某个环节，从事专一且愈加熟练的重复操作。由此可以想象，劳动过程必定越来越抽象化、机械化和形式化，也肯定能够带来劳动效率的提高和劳动收益的攀升。另一方面，劳动者的工作进度有着明确的量化指标，需要在单位时间内完成特定的工作定额。这种规定以统计学的随机分析为基础，形式上具有不容置疑的可行性，劳动者若要生存下去，就必须时刻以此为参照来检视自己。在此影响下，劳动者形成了对于自身能力的心理预期，必定力求达到或超过基于“抽象计算”而来的数量目标。在这种情况下，资本主义社会就充分利用了劳动者人性结构中诸如成就感和责任感等心理资质，作为刺激劳动生产率提高的途径——“泰罗制”的提出并迅速推广就是可信的证明。“泰罗制”正是把劳动者的个人“心理特性”作为管理系统中的重要参数来看待和建构，实际上就是依据人们可以接受的“心理学”分析，把机械顺从设定为人的生存命运。

通过考察大机器生产阶段的社会生产过程的这两点症候，卢卡奇便归纳了支配资本主义社会劳动过程运行的主导“原则”：“根据计算、即**可计算性**来加以调节的合理化的原则”①。在此基础上，卢卡奇进一步透析了“合理机械化的和可计算性的原则”在资本主义社会的普遍性。

如果劳动过程以合理计算原则来定向乃是价值增殖的基本需要，那么，这种状况只有在遵循相同原则且为了相同目标的社会政治制度中才是可能的。这是因为，人们是在交往中追求并实现抽象劳动的，虽说每个人自发的意志力起着不容抹杀的作用，但毕竟需要具有权威性的规范

① 卢卡奇．历史与阶级意识．杜章智，任立，燕宏远，译．北京：商务印书馆，1999：152.

体系来予以引导和调控。就此说来，资本主义社会必定创造出与其追求抽象劳动相吻合的合乎计算理性的法律制度和国家形式，用来确保劳动过程的合理化。在这方面，马克斯·韦伯有着极为精彩的论述："现代资本主义企业在内部首先建立在**计算**的基础上。为了它的生存，它需要一种法律机构和管理系统，它们的职能至少在原则上能够根据固定的一般规则**被合理地计算出来**，像人们计算**某一架**机器大概可能的功率一样。"① 卢卡奇信服韦伯的判断，把计算理性向整个社会政治结构的渗透归结为司法和行政结构"形式上的标准化"，以至于后者的实际运行日益具有类似于工厂的特征。由之而来的物化，就表现为"官僚政治制度"从业人员宛如一部"自动机器"，完全机械地承担千篇一律的工作任务，毫无主动性。当然，资本主义社会不断革命的经济力量与严格的法律制度之间不可避免地产生着冲突，但结果则是新的法规的编纂和实施，以及程序化的加剧与完善。卢卡奇还是引证韦伯形象化的论述来说明法律是一种"形式上的演算"：在具有"合理法律"的官僚国家中，法官"或多或少是一架法律条款自动机，人们在这架机器上面投进去案卷，再放入必要的费用，它从下面就吐出或多或少具有令人信服理由的裁决：因此，法官行使职责至少大体上是**可以计算出来的**"②。

这些概略式的追究表明，在对资本主义社会现实生活过程的批判性领悟中，卢卡奇不仅继续了马克思先期运用的用抽象劳动来解读整个社会结构的分析视野，而且通过阐释资本主义社会"抽象的、相同的、可比较的劳动"亦即机械计算原则，毋庸置疑地把马克思的深思予以具体化。正是因为切近资本主义社会的真实生活过程，在社会大众不得不浸淫于抽象计算原则的情势下，卢卡奇深刻洞悉并揭示了资本主义社会一般意义上的生存图景："资本主义生产的'自然规律'遍及社会生活的所有表现；在人类历史上第一次使整个社会（至少按照趋势）隶属于一个统一的经济过程；社会所有成员的命运都由一些统一的规律来决定。"③

当然，抽象计算原则无限制的扩张，把公开透明的数字作为人们交

---

① 卢卡奇．历史与阶级意识．杜章智，任立，燕宏远，译．北京：商务印书馆，1999：162.

② 同①.

③ 同①157.

往的媒介，社会生活以此维护着形式上的公正性。虽然这种生活环境塑造了人的“数字化生存”的命运，但在本质上不是使人灭亡而是激活人的生存愿望。换言之，抽象计算原则对人说来乃是真正的建构或造就，而且还有着合理化的外观。所以，在资本主义社会，随着劳动过程逐渐地“理性化”和“机械化”，人就是“被结合到机械体系中的一个机械部分”，变成“孤立的抽象的原子”，日益丧失向来就有的活动力和热情。如果劳动者毕竟被要求生存下来，那首先必须遵从机械的但却是合理的社会分工，自觉充当社会生活体系的中介，仅此而已。在“抽象的精确计量的”生存空间中，人的创造性发挥取决于人以何种方式运用机械计算规律，人作为人的存在表现为只是“错误的源泉”。更加特别的还在于，连人的“心理特性”都被看成影响价值增殖的重要参变量，故而可以计算出来，这就肯定排除了劳动者在劳动定额之外的任何想法和努力，劳动者实际上被给予了“沉默性格”亦即单向度的认同感。于是，“正像资本主义制度不断地在更高的阶段上从经济方面生产和再生产自身一样，在资本主义发展过程中，物化结构越来越深入地、注定地、决定性地沉浸入人的意识里”①。在这种情况下，人忙忙碌碌地操心着自己的生存，但按照人的方式来生存却成为一种不合时宜的幻想。这样说来，人真正陷入了“无家可归”的困境之中，“物化世界”相当明确地成为唯一可能的世界。这就是资本主义社会为人安排的生存图景。

既然人被引领到非人化的生存道路上，那么，肇始于笛卡尔的“资产阶级社会的哲学”，在轰轰烈烈的哲学批判运动中，何以对于这样的生存方式居然丧失了批判力呢？在卢卡奇看来，关键原因在于，“近代批判哲学是从意识的物化结构中产生出来的”②。卢卡奇再次表露了关注现实的伟大情怀，揭明了近代哲学对于物化的巩固性和建构性。

卢卡奇极其精到地阐说了近代哲学的“基本问题和存在基础之间的关系”。在卢卡奇看来，哲学所提出的问题皆源自自身赖以产生的基础，并力求通过“理解的途径”返回这一基础。那么，近代哲学究竟是如何提出并解决问题的呢？“把形式的和数学的、理性的认识，一方面和认识一般，另一方面和‘我们的’认识简单武断地等同起来就是整个这一

① 卢卡奇．历史与阶级意识．杜章智，任立，燕宏远，译．北京：商务印书馆，1999：159.

② 同①177.

时期的最突出的特点（甚至连最具有批判精神的哲学家也是如此）。”①这就是说，近代哲学把理性视为自身乃至一切的基础，认定数学方法是哲学认识总体世界的“指导方针”和“标准”，从而创造了自诩为“宇宙律”且可以凌驾于一切之上的巨大的理性主义。概言之，近代哲学形成了以“形式主义”统率一切的话语霸权。

卢卡奇探讨了近代哲学的这种特征由开端进展到极致的发展进程。笛卡尔就把数学奉为哲学的圭臬，以为数学对哲学起着“方法论模式”的引导作用，便把“清楚明白”当作哲学认识真理性的检验标准。在其后经由康德到黑格尔的精神运动中，随着完成了纯粹思辨体系的建构，哲学在严格性和精确性方面与数学相比，居然是有过之无不及——黑格尔曾经揶揄数学知识的自明性是“有缺陷的”，其实是说数学仅仅停留于表面的运动，而没有达到一种“概念性的把握”，也就是还没有像思辨哲学那样达到思辨的“逻辑必然性”。② 这样，近代哲学就非常自信地宣布，掌握现实的唯一途径就是“客观上正确的思辨”，人由纯粹思辨即能把握真理。不消说，近代哲学正是基于“理性乐观”而将思辨看成是人之为人的决定性素质，遂使人游离于自己的感性生活而成为纯粹抽象的、纯粹形式化的主体。就此可以相信，近代哲学不仅在基本旨趣上堪称资本主义社会抽象计算原则的“思想上的再现”，而且在实际效果上为这一原则进行了系统的“先验的推演”，并关乎根本地履行着文化导引的现实功能，在理论上重建了为抽象计算原则所宰制的人性。所以，卢卡奇说道，近代哲学以未解决的和不可解决的二律背反的形式，最深刻地表达了资产阶级社会根基的二律背反与资产阶级社会所连续不断地生产和再生产的二律背反。③

至此，我们看到，《历史与阶级意识》揭示了资本主义社会的商品拜物教既是一种“客观形式”，也是一种“主观态度”，由此标识了物化现象是资本主义时代特有的决定性问题。此时马克思的《手稿》还没有正式出版，卢卡奇对物化问题的思考依据《资本论》而发，这就更加彰显了卢卡奇的洞察力。众所周知，《资本论》通过追究资本主义社会剩

---

① 卢卡奇．历史与阶级意识．杜章智，任立，燕宏远，译．北京：商务印书馆，1999：179.

② 黑格尔．精神现象学：上卷．贺麟，王玖兴，译．北京：商务印书馆，1979：28.

③ 同①231－232.

余价值的真正来源，旨在证明资本主义灭亡的必然性。基于这样的主旨，《资本论》对于异化问题的探讨，主要集中于分析异化如何促使资本主义走向灭亡的问题。卢卡奇则根据资本主义的最新发展，揭露了物化向社会生活的全面扩张，以及在此过程中对于人性的建构——“商品关系已经非人化和正在非人化的性质”，从而展示了资本主义在物化条件下尚能生存的实情。这是结合新的时代境遇来阐释历史唯物主义，为展示马克思识见的当代性做出了富有价值的理论探索，树立了一个让后来人可以借鉴的榜样。所以，《历史与阶级意识》被称为西方马克思主义的“圣经”，的确当之无愧。《手稿》发表后，《历史与阶级意识》一度名声大振，吸引了人们的眼球，就是因为卢卡奇在此与马克思不约而同地洞彻了资本主义社会的异化问题，且能有所深化。显而易见，卢卡奇自觉聚焦于马克思曾经关注的涉及存在论建构的切要问题，即便是对马克思存在论本身没有增加什么，但却呈现了历史唯物主义的存在论的根基，这是不可否认的贡献。

三、创造性转化卢卡奇的存在论沉思

我们的分析表明，从文本的寓意以及理论研究的现实关切来看，《历史与阶级意识》虽然没有提出存在论之名却有思考存在论问题之实。既然这样，如果卢卡奇此时不可避免地允诺了某种存在论原则，那么，这是否就是对于马克思存在论原则的建设性推进呢？倘若是，卢卡奇何以在这本书的“新版序言”中检讨自己动摇了马克思主义“本体论的根基”呢？而且，假使如其本人以及当下学界很多人所说的那样，卢卡奇晚年达到了马克思的存在论境域，那不可辩驳的是，卢卡奇在存在论上居然出现了前后期的断裂。这真是可能的吗？很明显，这些问题无论如何都不能回避，倒不是仅仅为了“客观”评价卢卡奇，而是因为它们牵扯到卢卡奇对于马克思哲学存在论原则的理解，关系到历史唯物主义在当代生活世界的实现。在此，我们认为，卢卡奇尽管注意到相关于存在论领域的实情——资本主义社会现实生活过程中的物化现象，但却滞留于由黑格尔集大成的近代哲学视域之中，始终没有透彻领悟马克思在存在论原则领域的革命性创制。

当物化造成了资本主义社会的现实生活世界的分裂与矛盾时，虽说人人都有进行批判的权利，但问题的关键却在于这种批判能否击中要

害，能否启明摆脱物化的合理出路。在 20 世纪的哲学运动中，绝大部分哲学家由审视人类生存状况而展开的文化批判，把矛头指向了资本主义社会的物化现象。虽然具体的批判可以说是相当地尖锐和深刻，但大多数人仅仅注视着物化的消极作用，却没有追问“**人是怎样使自己的劳动外化**、异化的？这种异化又是怎样由人的发展的本质引起的？”[①] 结果，异化现象在这些形式上甚至十分猛烈的批判中被当作一种永恒的“人类状况”。在这种情况下，这些起于善良愿望的文化批判自然违背了自己的初衷，自觉不自觉地充当了资本主义社会的文化辩护人，与自己的批判对象殊途同归。就此试问：《历史与阶级意识》所操持的相同批判，是否区分了物化在资本主义社会的不同意义呢？答案是否定的。

卢卡奇在“新版序言”中对此有着自我评价：“《历史与阶级意识》跟在黑格尔后面，也将异化等同于对象化（Vergegenständlichung，用马克思在《经济学哲学手稿》中所使用的术语）”。这时的卢卡奇已经意识到这种做法乃是一个“根本的和严重的错误”，因为对象化“事实上是不可能从人类社会生活中消除的”。因此，这篇“新版序言”才明确地把对象化和异化区分开来。卢卡奇认为，“只有当社会中的对象化形式使人的本质与其存在相冲突的时候，只有当人的本性由于社会存在受到压抑、扭曲和残害的时候，我们才能谈到一种异化的客观社会关系，并且作为其必然的结果，谈到内在异化的所有主观表现”。这就十分清楚，“对象化是一种人们借以征服世界的自然手段，因此既可以是一个肯定的、也可以是一个否定的事实。相反，异化则是一种在一定的社会条件下实现的特殊的变种”。卢卡奇还明确指出，这种区分“完全动摇了那种构成《历史与阶级意识》特点的东西的理论基础”[②]。这个自我诊断非常要紧。它表明，卢卡奇此时明白了《历史与阶级意识》在“理论基础”上与马克思的差距。考虑到“新版序言”的写作时间，卢卡奇的上述区分应该是在马克思《手稿》启发下做出的——《手稿》一个重大的理论突破就是在批判资本主义社会异化劳动时严格区分了对象化和异化，卢卡奇自己承认在 1930 年阅读了马克思的《手稿》。那么，这是否意味着《历史与阶级意识》的失误只是因为卢卡奇没有阅读马克思的

---

① 马克思恩格斯选集：第 1 卷．北京：人民出版社，2012：62.

② 卢卡奇．历史与阶级意识．杜章智，任立，燕宏远，译．北京：商务印书馆，1999：19，20，34.

《手稿》呢？其实，这是貌似理由充足的妄语。即便不提及《手稿》，就是在《历史与阶级意识》所依据的《资本论》中，对象化和异化的区分已然蕴含其中，并被马克思当作重要的理论分析工具来使用了。我们只要用心体会《资本论》关于“劳动过程和价值增殖过程”的论述，就无法不承认这一点。由此看来，在这一关键理论问题上，《资本论》与《手稿》一脉相承。据此，我们可以推断，正是《手稿》在基本理论层面完成了对于物化意义的全面清理，《资本论》才能驾轻就熟地从肯定和否定两个向度上看待资本主义的生产过程。可是，《历史与阶级意识》时期的卢卡奇为何对于马克思的巨大理论发现视而不见呢？还是卢卡奇自己道破了真相：“这显然是因为我一直是根据我自己的黑格尔主义的解释来阅读马克思。”①

就此我们认为，《历史与阶级意识》并没有达到马克思的存在论原则高度，并没有进展到在历史唯物主义的存在论境域中进行理论思考，而是把黑格尔的“同一的主客体”作为基本的理论预设，试图以“比黑格尔更加黑格尔的尝试”来恢复马克思哲学的革命本质。使用黑格尔主义的眼镜，其要害在于无视资本主义社会对象性形式的存在，人为地遮蔽着人的生存实情。“因此，卢卡奇对黑格尔将对象化和异化混同在总体上不加批判，这决不是偶然的，尽管事实是，马克思在这方面的理论成就呈现在《历史与阶级意识》的作者所深知的著作中（例如，《资本论》和《经济学手稿》的原始导言），而不仅仅在 20 世纪 20 年代早期还没出版的《1844 年经济学哲学手稿》中。”② 那么，把对象化和异化区分开来就一定能够达到历史唯物主义的存在论境域吗？

众所周知，卢卡奇晚年在建立社会存在本体论的尝试中，分别确定了“物化”“对象化”“异化”的概念边界，反复阐述了异化并非一般的“人类条件”故而不能视之为普遍性现象的观点。不消说，这是他对自己早年简单化思想的一定程度上的修改或克服。在此，异化被看成人类处于“自在的合类性”发展阶段的现象。既然是与人的发展状态相勾连，则异化的扬弃取决于人类从“自在的合类性”向“自为的合类性”

① 卢卡奇．历史与阶级意识．杜章智，任立，燕宏远，译．北京：商务印书馆，1999：34.

② 梅扎罗斯．超越资本：关于一种过渡理论：上．郑一明，等译．北京：中国人民大学出版社，2003：429.

的发展程度，而且这是一个漫长的充满曲折的复杂过程。① 从文本形式来看，卢卡奇的这些看法是以马克思的《手稿》为依据而阐发出来的，但从存在论原则来看，卢卡奇并没有把握《手稿》异化劳动理论的存在论深意。

《手稿》创造性地把对象化和异化分解开来，不仅标志着人类对自身的认识达到了一个崭新的阶段，而且是马克思“成为马克思”的诞生地。其关键之处在于，马克思提出和论证了“对象性的活动”原理，并据此而批判了以黑格尔为代表的“整个哲学”亦即近代理性形而上学。按照“对象性的活动”原理，“正像一切自然物必须**形成**一样，**人**也有自己的形成过程即**历史**，但历史对人来说是被认识到的历史，因而它作为形成过程是一种有意识地扬弃自身的形成过程”②。由此可知，人是历史地自我生成的“现实的人”，生存历史性是人之为人的源始本真性，人毕竟需要也能够历史性地生存。于是，像近代哲学那样用逻辑范畴来设定人的生存的做法应当坚决地予以终止，关于人的任何议论只有立足于人的生存历史性才能获致合法的视野，并必须自觉地意识到自身就是这种历史性的实行和表现。毫无疑问，马克思已然发现了历史性原则之于理论的优先性，指证了黑格尔哲学为人安装的抽象现成性对于人的背离，洞晓黑格尔的“绝对精神”的秘密乃是“现实的人和现实的人类”。一言以蔽之，马克思把历史性导入哲学存在论领域，且上升为基本的原则。基于如此这般的哲学境域，马克思才能够道说“现实生活过程”中的故事。相形之下，卢卡奇却没有达到马克思那样的原则坚定性与彻底性，表现出在存在论原则上的犹豫不决乃至徘徊退却。

一方面，卢卡奇提出，根据马克思主义的正确理解，历史性是存在的基本特征，存在的历史性构成了正确理解所有问题的存在论出发点。“为了能够正确地把握当下的存在，人的实践必须设法尽可能地把历史性的观点放在中心位置。”而且，“历史性是每个存在的基础，也是每种关于存在的正确意识的基础，这是马克思的一个原则上有所创新、并富有开创性的命题”。这样，人们就可以从每一存在的形成过程的“从何处来”，从其当前的存在是“什么”和“怎么样”，从其继续发展的趋势

① 卢卡奇．关于社会存在的本体论：下卷．白锡堃，张西平，李秋零，等译．重庆：重庆出版社，1993：614，619，641，648，657.

② 马克思恩格斯文集：第1卷．北京：人民出版社，2009：211.

即未来前景，来把握每一存在。可以看出，卢卡奇正确地认识到，马克思把历史性理解为存在的基本原则和基本特征。[①] 另一方面，卢卡奇用“过程的不可逆性”来指认历史性，把历史性与“范畴的合乎存在性”相联系，历史则是“高度的、具体-范畴的形式”，范畴是马克思表述存在以及关于存在的思想的“根本原则”。“因此，在马克思的本体论中，范畴的特征作为每个存在的定在形式、对象的实存规定性，作为每个存在不可分割的标志，都属于那些从每个存在的作为本体论特征的一般历史性中产生出来的基本规定。”与马克思的存在论原则相比，这里的退却是十分明显的。更为严重的是，卢卡奇就此认为，“历史的普遍性”表现为“范畴的普遍历史性”；“如果我们要具体说明马克思关于历史性对范畴学说所具有的本体论意义这一方法论方面的基本思想，就必须说，历史就是范畴转变的历史。”不消说，我们在此听到的乃是更加靠近黑格尔哲学的声音。在这种情况下，当卢卡奇宣称“马克思所指的历史性是一种普遍原则”，并运用开来，这是在弘扬马克思的存在论思想吗？我们能够接受吗？[②]

正是因为如此地看待历史性，卢卡奇既不可能领会“自我异化的扬弃同自我异化走的是同一条道路”之要义，也自然不明白“首先应当避免重新把‘社会’当做抽象的东西同个体对立起来”的告诫，以至于虚构一个并非必要且又缺失历史性支撑的“合类性”概念，心安理得地构造从“自在的合类性”到“自为的合类性”的逻辑过渡。这种倚重逻辑力量的存在论建构，恰恰放逐了作为马克思存在论原则的历史性维度，失去了有可能达到的思想深度以及与马克思进行交谈的资格。既然如此，卢卡奇为之呕心沥血的社会存在本体论究竟能够给我们什么期望呢？这里着重分析卢卡奇关于“自然存在”和“社会存在”关系的讨论，因为这一问题被公认是卢卡奇对马克思存在论的贡献。

按照卢卡奇自己的说法，探讨“自然存在”和“社会存在”的关系，是为了纠正《历史与阶级意识》割裂两者的偏蔽。在卢卡奇看来，自然过程比社会存在要早，正是它的真正形成，才创造了社会存在的前提，使社会存在的产生成为可能。因此，“社会存在在整体上和在所有

① 卢卡奇．关于社会存在的本体论：上卷．白锡堃，张西平，李秋零，等译．重庆：重庆出版社，1993：101，112，267，282，127.

② 同①267，282，296，319，355，360，369.

个别过程中都以无机自然和有机自然的存在为前提”，“社会存在发展的历史过程包含着最重要的从‘自在存在’向着‘自为存在’的极重要的转变，因而也包含着克服纯自然的存在形式和存在内容而进入越来越纯粹的、越来越真正的社会性形式和内容的趋势”①。受教于马克思主义哲学原理教科书的论证和阐述，卢卡奇的这些论点我们耳熟能详，从而就认为卢卡奇的论点是对马克思思想的阐释。其实，卢卡奇在这里同样表现出思想的混乱。

如果说，从“自在存在”向“自为存在”的转变，在形式上近似于马克思“自然界生成为人”的深思，那么，把自然过程当作社会存在的前提则真正偏离了马克思的存在论原则。马克思固然承认“外部自然界的优先地位”——这似乎为卢卡奇的论点提供着支持，但仔细阅读马克思此论所出的语境，我们当能发现，马克思是在物理学时间的意义上肯定外部自然界的优先地位。因为人是自然界长期发展的产物，自然界正是在这种意义上对人有着优先性，这是一个天然明了的道理。问题在于，马克思从来就不是“那种排除历史过程的、抽象的自然科学的唯物主义”，而是致力于从“当时的现实生活关系”出发进行理论致思，就断然与这种唯物主义进行了划界。② 于是，在马克思的文本中，我们能够读到这样的论断：“先于人类历史而存在的那个自然界，不是费尔巴哈生活于其中的自然界；这是除去在澳洲新出现的一些珊瑚岛以外今天在任何地方都不再存在的、因而对于费尔巴哈来说也是不存在的自然界。”③ 不必讳言，卢卡奇所推崇的“自然存在”，正是马克思所说的“今天在任何地方都不再存在的”自然界。差别如此之大，卢卡奇焉能享有阐释马克思的荣耀？事实上，只有马克思才切近地领悟到自然界的现实性，而决定性的步骤乃是历史性原则的导入。正是这样，马克思才把自然界看作另一个“感性地存在着的人”，以此凸显自然界只有依循历史性原则的导引才能成为现实的自然界，我们只有遵照历史性原则的要求认识自然界才能获得现实性的认识。这样说来，卢卡奇把“自然存在”作为“社会存在”的前提和基础，就是脱离现实生活基础的抽象，

---

① 卢卡奇．关于社会存在的本体论：上卷．白锡堃，张西平，李秋零，等译．重庆：重庆出版社，1993：361，643.

② 马克思恩格斯文集：第5卷．北京：人民出版社，2009：428－429注89.

③ 马克思恩格斯选集：第1卷．北京：人民出版社，2012：157.

从而与马克思的存在论原则相去甚远，或者说恰好相反。

由于没有理解马克思存在论原则的实质，卢卡奇在社会存在本体论的建构中，表现出彻底的不彻底性，甚至认为“范畴在马克思那里成了表述存在本身以及关于存在的思想的根本原则”①。这就完全把马克思的哲学立场解读为近代哲学，不自觉地消解历史唯物主义在存在论原则上的革命。所以，我们不能指望通过卢卡奇而能达到马克思的哲学境域，而必须遵循马克思的存在论原则，创造性地转化卢卡奇的理论思考。就此而论，卢卡奇对于历史唯物主义存在论原则的阐发，应当成为我们今天重读马克思的极其宝贵、极其重要的借鉴。

---

① 卢卡奇．关于社会存在的本体论：上卷．白锡堃，张西平，李秋零，等译．重庆：重庆出版社，1993：296.

下　篇

当代问题的真切解答

贯彻“历史原则”和“现实要求”，马克思在崭新的存在论原则高度内在巩固地为哲学的实际开展和现实存在构筑了一座丰碑。历史唯物主义坚持面向现实生活过程的思想路线，不做生活世界之外的遐想，也并不教条式地预料未来，而是希望“在批判旧世界中发现新世界”，从“世界本身的原理”中为世界阐发“新原理”。还原于思想史来看，历史唯物主义因其思想原则的坚定性、理论视野的开放性、价值取向的先进性，而能够切中时代问题之所在的核心，拥有其他理论学说难以企及的现实解释力和发言权。历史唯物主义不是供人欣赏把玩的思维花朵，不是理论上说得通实际上行不通的抽象呓语，而是致力于阐明时代愿望的“改变世界”的哲学。物换星移，时光流逝，现代世界发生了翻天覆地的变化，“为什么我们仍要求助于马克思来洞察当今时事?”海尔布隆纳自问自答：马克思透过“资本主义”这一历史阶段的生活表象发现了蕴藏在背后的深层次现实，首创了探索社会发展内在动力进而呈现社会现实的批判性研究方法。① 这是马克思主义拥有当代生活世界话语权的确证。

恩格斯认为，资本和劳动的关系是我们全部现代社会体系所围绕旋转的轴心。第一次科学说明这种关系，并达到了无与伦比的透彻和精辟，只有一个德国人才能做得到。“欧文、圣西门、傅立叶的著作现在和将来都是有价值的，可是只有一个德国人才能攀登最高点，把现代社会关系的全部领域看得明白而清楚，就像一个观察者站在高山之巅俯视下面的山景一样。”② 这个德国人，我们都知道，就是马克思。而恩格斯所指证的马克思用以说明全部现代社会关系的理论，正是历史唯物主义。特里·伊格尔顿在思考“马克思为什么是对的”问题时，直截了当地提出，“像牛顿发现万有引力定律和弗洛伊德发现潜意识一样，马克思揭示了我们日常生活中一个一直为人所忽略的事物，那就是资本主义的生产方式”③。这一判断无可辩驳地证明了历史唯物主义的历史穿透力，因为使资本主义生产方式成为可能而又实际构成其主导内容的，正

① 海尔布隆纳．马克思主义：支持与反对．马林梅，译．北京：东方出版社，2014：1-2.

② 马克思恩格斯选集：第2卷．北京：人民出版社，2012：70.

③ 特里·伊格尔顿：马克思为什么是对的．李杨，任文科，郑义，译．北京：新星出版社，2011：3.

是“资本和劳动的关系”。这可以看作一个随机出现的例证，一个清晰可见地呈现了历史唯物主义当代形象的例证。从当代生活的现象实情来看，人类过上了有史以来最为丰裕的物质生活。然而，在如此这般繁华的物质享受或欢娱中，当代人也遭遇了与发展速率几乎同步呈现的负面效应。当今社会弥漫的焦虑、挫折、迷惘、不满等情绪，生活世界充满着内在的紧张，等等，即是明证。正是这样，当代社会频频出现各种据说是解困良方或拯救方案。如果说人们在丰裕的现代物质生活享受中遭遇到“精神饥饿”的威胁，那么，在当代精神家园建构已经刻不容缓的情势下，历史唯物主义的精神武装和指引正是时候。马克思主义问世之后，但凡世界历史出现了重大的事件或变化，人们都程度不同地把视线聚焦于马克思主义，力求在马克思主义之中或者通过马克思主义而获得理解、解答与慰藉。历史唯物主义深入现实生活过程，坚持“按照事物的真实面目及其产生情况来理解事物”① 的认识路线，拥有从斑驳陆离的生活表象出发而能洞穿生活世界真相的理论阐释力和优越性，毋庸置疑能够彰明生活世界合理的发展方向，为人们的生活筹划提供精神动力。马克思主义也正是在满足并解决社会生活需要之中实现自身的理论抱负，并就此获致自身发展的资源和动力。

当然，有一个思想争执个案却有着一般性的意义，值得提出来予以关注。弗朗西斯·福山曾认为，1989 年前后苏东剧变证明自由民主制度战胜了其他各种意识形态，成为“人类意识形态发展的终点”和“人类最后一种统治形式”。“当今世界上，我们却难以想象出一个从根本上比我们这个世界更好的世界，或一种不以民主主义或资本主义为基础的未来。”既然未来将不会出现新的社会原则和制度，那么这就构成了“历史的终结”。② 当“福山的读者消费群”费尽心机地消化颇有“启示录派头”的末世学论题时，法国的解构主义哲学家雅克·德里达却予以当头棒喝。在德里达看来，虽说“马克思主义往何处去的确已是一个摆在和我们同处一个时代的绝大多数年轻人面前的问题”，但不可否认的是，马克思主义及其共产主义所遭遇的一次又一次的围剿，恰恰促成了马克思主义这一幽灵般的精神一次又一次地显形或复活。这只能证明：不能

---

① 马克思恩格斯选集：第 1 卷．北京：人民出版社，2012：156.

② 弗朗西斯·福山．历史的终结及最后之人．黄胜强，许铭原，译．北京：中国社会科学出版社，2003：1，52.

没有马克思，没有马克思，没有对马克思的记忆，没有马克思的遗产，人类就没有将来。因此，“不去阅读且反复阅读和讨论马克思——可以说也包括其他一些人——而且是超越学者式的‘阅读’和‘讨论’，将永远都是一个错误，而且越来越成为一个错误，一个理论的、哲学的和政治的责任方面的错误”①。不消说，德里达断然拒绝福山的解读。应该说，在马克思主义发展史中，诸如这类在马克思主义阵营之外围绕马克思主义而展开的批判与辩护、反对与赞成的思想争论——辩护与赞成的那一方未必就是要取悦马克思主义，总是经常发生的。这一思想史个案至少绽露了当代人所关注的两个极其重要的问题：其一，马克思主义的发展前景问题；其二，当今时代往何处去的问题。解答这两个问题的关键是，如何看待马克思的思想特别是历史唯物主义的现实针对性或现实意义。正是这样，我们认为，基于“历史原则”和“现实要求”的存在论原则方面的优越性，历史唯物主义揭示了人类社会的发展规律，开辟了合理把握社会现实的认识道路，我们今天还仍然生活在马克思所描述的社会生活场景之中。

历史唯物主义明确主张，“历史过程中的决定性因素**归根到底**是现实生活的生产和再生产”②，“每一时代的社会经济结构形成现实基础”，“一切社会变迁和政治变革的终极原因，不应当到人们的头脑中，到人们对永恒的真理和正义的日益增进的认识中去寻找，而应当到生产方式和交换方式的变更中去寻找；不应当到有关时代的**哲学**中去寻找，而应当到有关时代的**经济**中去寻找”③。这就是说，历史唯物主义认为物质生产或经济发展是社会生活的基础、时代发展的现实动因、全部历史的现实主题。在历史唯物主义的理论建构及其发展中，这一观点一以贯之地成为整个理论的主干或基本原理。20世纪中叶以后，随着科学技术迅猛发展及其不可延宕地向社会生活诸多领域渗透，全球范围的世界市场广泛形成，生活世界的巨变感性地出现在人们的面前。学术界在审视当代生活境遇及其存在前景中，提出了众多称谓，诸如“第三次浪潮”“后工业社会”“后经济社会”“技术电子社会”“程序化社会”“富裕社会”“新工业社会”“网络社会”“知识经济社会”“消费社会”“风险社

① 德里达．马克思的幽灵．何一，译．北京：中国人民大学出版社，1999：21，23.

② 马克思恩格斯选集：第4卷．北京：人民出版社，2012：604.

③ 马克思恩格斯选集：第3卷．北京：人民出版社，2012：796，797-798.

会”等，用来标识当代生活的新颖变化。这些现象并不能离开经济发展这个决定性的引擎和基础，可以说当今世界更加迫切也更加复杂地依赖于经济发展，经济发展作为社会生活的首要目标是人类历史的正道。历史唯物主义始终在当代生活世界保持在场的状态是毋庸置疑的。在此，我们选择当代生活境遇中某些引起社会大众关注的热点问题，致力于彰明历史唯物主义之于当代生活运动的本质重要性和话语权。

当然，在当今时代条件下，我们致力于弘扬历史唯物主义的当代意义，的确不能回避诸如时间距离、空间距离、文化距离等“解释学因素”的影响。更有甚者，这些因素不可避免地构成人们进行理解的“先入之见”，甚至会导致人们对历史唯物主义的误解或误读。问题的关键在于，如果这些因素无法回避或跳过，那么，富有建设性的积极态度，便是从当代生活实际出发，充分发挥这些因素在人们理解过程中的正面引导意义。遵循马克思的判断，“理论只要说服人［ad hominem］，就能掌握群众；而理论只要彻底，就能说服人［ad hominem］。所谓彻底，就是抓住事物的根本。而人的根本就是人本身”①。人类筹划现实生活，总是着眼于未来而在过往经历中发掘生活经验和生存智慧。我们像马克思那样，抓住人类历史发展的这个本质性维度，或许可以避免诠释不足和诠释过度的两种倾向，就能够像德里达所提醒的那样，“避免一种新的理论主义中立化的麻木，以及防止使一种哲学-语文学的回到马克思成为时尚”②。

---

① 马克思恩格斯选集：第1卷．北京：人民出版社，2012：9-10.

② 德里达．马克思的幽灵．何一，译．北京：中国人民大学出版社，1999：46.

第八章　现代生活运动的合理阐释

现代社会形成了普遍的交换以及多方面关系的交织，科学技术的广泛应用在形式上敉平了差异，生活世界的变迁与人们的基本存在状况紧密相关。此类特质明确无误地标明，除非深入事物的根本层面，否则我们就无法洞穿现代社会生活的表象，把握现时代的生活本质。这就在人类筹划生存的根本意义上标识了理解和阐释活动的现实存在价值。在现代生活境遇中，理解和阐释活动已然上升为人之为人的内在建制之一，有着支撑并确证人的现实存在的重要性。既然经过现代生活的博弈与洗礼，理解和阐释活动已然不仅仅属于认识或观念层面的活动，更是与人的现实生存筹划本质攸关的必然性活动，是人的现实存在方式，那么，我们既不可能游离于时代的动因而奢谈理解和阐释活动的必要性，也不可能丢弃理解和阐释活动而切中和认识当代问题。回溯学术史便知，由于海德格尔的努力，解释学从一种有助于理解的“技艺学”上升为“一般解释学”或“基本解释学”。[①] 这一本体论跃升固然与海德格尔个人的卓越才华有关，但在至为根本的意义上还是得益于生活处境变迁的决定性推动。海德格尔堪称实现社会现实的决定作用与理解和阐释活动双向互动的典范。基于此，我们立足于历史唯物主义的基本立场，力图在现代生活处境中审视理解和阐释问题，通过揭示理解和阐释何以可能的生存论意义上的动力，发掘理解和阐释活动的现代生活动因，展示理解和阐释活动在认识和把握现代生活中富有内容地开展和深入的实际

---

① 加达默尔．真理与方法：上卷．洪汉鼎，译．上海：上海译文出版社，1999：341．保罗·利科尔．解释学与人文科学．陶远华，等译．石家庄：河北人民出版社，1987：42．

可能性。

一、现代生活的自我确证

现代世界自始就出现了自我理解的客观要求，且一直保持着实现这种要求的强劲动力。这一有别于以往时代的独特性，抑或是现代生活危机之所迫。问题的这种提法，无疑有着指向现代世界之根本的意蕴，而且合乎逻辑地相关于现代世界的时代精神和运行原则。

主体性原则毫无疑问塑造并引领了现代世界的时代精神。哈贝马斯根据黑格尔对于现代性的理解和解读，明确提出，“贯彻主体性原则的主要历史事件是宗教改革、启蒙运动和法国大革命”。而且，“主体性原则还确立了现代文化形态”，现代世界的“宗教生活、国家和社会，以及科学、道德和艺术等都体现了主体性原则”，以至于“现代世界的本质”成了一个焦点。① 在现代生活的实际进程中，处于历史上升时期的资产阶级，是主体性原则的践行者和守望者，在实践中把主体性原则发挥到极致。马歇尔·伯曼高度评价并认同《共产党宣言》的分析思路，富有启发地指证了资产阶级倡导“积极生活”或“积极行动”的理念，以及永不停息地追求自我实现、自我发展的理想，由此概述了资产阶级所做出的历史性贡献：其一，第一次证明了“人的活动能够取得什么样的成就”。其二，解放了“人类发展的能力和冲动”问题，亦即永恒的变化和更新。② 不消说，这两点正是主体性原则的实际运用和发挥。我们在此引进马克斯·韦伯的“资本主义精神”之说，借以剖析主体性原则的现实开展及其实际效应。

马克斯·韦伯认为，欧洲宗教改革的所有新教教派都传播一条核心教理，即“上帝应许的唯一生存方式，不是要人们以苦修的禁欲主义超越世俗道德，而是要人完成个人在现世里所处地位赋予他的责任和义务”③。新教教派规制了教徒的“天职”，就是在尘世生活中诚实守信、勤奋工作、积极进取，如此才能死后升入天堂，永享幸福。类似的具有

---

① 哈贝马斯．现代性的哲学话语．曹卫东，等译．南京：译林出版社，2004：21－22.

② 马歇尔·伯曼．一切坚固的东西都烟消云散了．徐大建，张辑，译．北京：商务印书馆，2003：118，121.

③ 马克斯·韦伯．新教伦理与资本主义精神．于晓，陈维纲，等译．北京：三联书店，1987：59.

伦理色彩的劝世格言，无疑受惠于主体性原则的激励和引导，产生了强大的社会感召力，催生了有助于资本主义经济事业的“社会精神气质”。依马克斯·韦伯之见，“虽然经济理性主义的发展部分地依赖理性的技术和理性的法律，但与此同时，采取某些类型的实际的理性行为却要取决于人的能力和气质”①。这就是说，新教伦理培育了一种社会精神气质，构建了“资本主义精神”，为资本主义的发展提供了弥足珍贵的精神动力。

当然，马克斯·韦伯更多地从正面论证“资本主义精神”对于资本主义事业的支撑和促进意义，而没有把资本主义世俗生活中的消极负面问题纳入分析框架之中，存在着疏离资本主义现实的缺陷，以至于学术界以“韦伯假说”来概括其学术发现，不是凭空强加。20 世纪美国学者丹尼尔·贝尔针对韦伯的研究结论，指明资本主义有着双重的起源：如果马克斯·韦伯突出说明了“禁欲苦行主义”一面，韦尔纳·桑姆巴特则阐述了“贪婪攫取性”的另一面。前者代表了资产阶级精打细算的谨慎持家精神，以工作为天职的品格塑造；后者则是体现在经济和技术领域的那种浮士德式骚动激情，表现为一种激进的个人主义，追求无限体验的贪欲。这两种“原始冲动”的交织构成了现代理性观念，为资本主义的发展造就了“经济冲动力”和“文化冲动力”。丹尼尔·贝尔认为，现代社会由经济-技术体系、政治与文化三个领域组成，分别服从于不同的“轴心原则”，依循不同的“节奏”而发展。可是，“若不把经济发展当作自己的任务，资本主义**存在的理由**究竟又是什么呢?”② 然而，一旦文化领域也遵循商品交换法则，“经济冲动力”就在社会生活体系中确立了霸权地位，“文化冲动力”遂逐渐萎靡。文化力量的式微，意味着生活世界日益丧失本该不应失去的文化辩护与引领，社会生活进而陷入没有合法支持的“文化矛盾”之中。

从生活世界的现象实情来看，在“资本主义精神”的激励和引导下，资产阶级建构了现代世界，建造了有史以来最为繁华丰裕的物质生活。如此这般的生活处境，按照丹尼尔·贝尔的说法，却因社会结构的

---

① 马克斯·韦伯．新教伦理与资本主义精神．于晓，陈维纲，等译．北京：三联书店，1987：15.

② 丹尼尔·贝尔．资本主义文化矛盾．赵一凡，蒲隆，任晓晋，译．北京：三联书店，1989：27，29，56，128.

偏斜和失衡而陷入内在紧张之中。马克思先期揭示的标识“19 世纪特征”的伟大事实，正是十分贴切的写照：“一方面产生了以往人类历史上任何一个时代都不能想象的工业和科学的力量；而另一方面却显露出衰颓的征兆，这种衰颓远远超过罗马帝国末期那一切载诸史册的可怕情景。”① 可以说，19 世纪这种二律背反式的生存状况，确是整个现代社会的生活底色或基本处境。这样我们就需要面对并深思一个问题：如火如荼展开的现代生活，人们不能回避，也无法率性选择，但把人置于异化状态的生活境遇则是人类生存所不能容忍的，现代生活的正当性无可辩驳地需要审视并加以建设。现代世界消极负面的生存状况，提醒人们要把视线聚焦于引领现代世界、为“资本主义精神”提供思想和文化向导的主体性原则。我们需要从笛卡尔说起。

笛卡尔提出并论证“我思故我在”原理，实质上是用主体性意识宣告新世界即现代世界的问世，最先在哲学上开启现代世界。当然，要真正把主体性意识擢升为现代世界的原则，还要进行深入的探讨和建设。康德明察笛卡尔理论的缺陷和出路，所开展的创造性工作，就是阐发“心”之“自发性”机能，构造“我思”作为“行规定者”的绝对效准，用纯形式的“先验统觉”为“我思”添加具有统摄力的内涵，使得以“我思”为内涵和基底的主体性拥有客观有效性和普遍必然性，主体性作为原则便在现代世界正式确立起来。不过，以“我思”亦即意识或自我意识为主体的主体性，说到底就是缺失内容支持的纯形式的主观性。黑格尔不满意这种由知性设定的有限理性，及其必然抽离现实世界的缺陷，提出“在思维中”自由地把握自己和自然，思维和理解合理的现实即本质，亦即普遍规律本身，“使思想、概念与现实得到和解”②。黑格尔力图修补现有主体性原则缺失内容的虚妄性，为主体性原则增加现实性的内涵支撑，建构了以“绝对精神”为基础的能够“贯通”现实的主体性。哈贝马斯敏锐地指证，“黑格尔不是第一位现代性哲学家，但他是第一位意识到现代性问题的哲学家。他的理论第一次用概念把现代性、时间意识和合理性之间的格局突显出来”③。如果说黑格尔通过阐

① 马克思恩格斯选集：第 1 卷．北京：人民出版社，2012：775－776.

② 黑格尔．哲学史讲演录：第 4 卷．贺麟，王太庆，译．北京：商务印书馆，1978：7，372.

③ 哈贝马斯．现代性的哲学话语．曹卫东，等译．南京：译林出版社，2004：51.

明主体“在过程中”生产出主体性，并从绝对主体性出发，在“思想领域”实现哲学与现实的和解，那么，着眼于现代社会“观念统治”或“抽象统治”的现状，黑格尔根据绝对主体性所经验到的现代生活，本质上毫无疑问是颠倒的，实则再造了新的神秘主义迷误。

在马克思看来，黑格尔“只是为历史的运动找到**抽象的、逻辑的、思辨的**表达”①。黑格尔基于深切领悟现代生活实情，主动改造乃至重铸主体性原则，颇有卓识地把现代性的自我批判和自我确证作为一个不容忽略的重要问题提示出来，但他坚守“绝对知识的立场”，不可能真正触摸到“历史的运动”，我们通过黑格尔是不可能获得有关现代生活之自我理解的满意解答的。黑格尔哲学在引领现代性建构、参与时代精神构造方面，可谓无人出其右。黑格尔的努力倒是更加迫切和显著地提醒人们，现代世界之自我理解和自我确证问题，是不能存而不论的，而是植根于现代生活的历史运动且正处于进行中的时代任务。

就此而言，源自生活世界之确凿无疑的客观要求，现代世界在自我理解中实现自我确证，固然可以在观念层面针对主体性原则开展必要的检视和省思，但本质上这是关乎现代生活之正当性与合法性建设的重大现实问题。如此这般具有原则高度的问题指向，特别是其蕴藏着关涉于现实的本质重要性，毋庸置疑使得作为学术形式出现的理解和阐释问题，承载着不可否认的时代责任和时代动因，不折不扣地属于现时代自我建设的时代课题。由此当能推论，现代社会之需要自我理解，是以往时代罕有其匹的，必定是现代生活世界蕴藏着如此这般的基本理由和本质根据，而且一定关乎现代文明的存在根基。随着现代生活结构的成形与稳定，现代社会自我理解的实际要求就转化为构建社会共识的一种推动力，进而发展为社会建制的动力元素，影响着社会大众的意见走向，成为现代社会自我建设的必选动作。

二、在理解中把握社会存在

现代世界自我理解的时代特征，为理解和阐释何以可能提供了一般意义上的推动。深掘并揭示其契合时代精神的实体性内容，有助于我们发现阐释活动现实开展的决定性力量。马克思在批判蒲鲁东学说时曾指

① 马克思恩格斯文集：第1卷．北京：人民出版社，2009：201.

出："由历史运动产生并且充分自觉地参与历史运动的科学就不再是空论，而是革命的科学"。现代生活的"历史运动"，就是指基于生产力与生产关系交互作用的实际变更，由现代社会这一"实在主体"之自我活动所引起的"人类本性的不断改变"①。既然理解和阐释何以可能的问题在现代生活处境中有其产生且持存的动因，不应成为"空论"的阐释和解释活动理当可以从现代生活的历史运动中获致至为根本的内容，那么，现代生活的历史运动所构成的社会存在，是如何支撑和引领了阐释和解释活动呢？换言之，阐释和解释应当如何从社会存在中获得滋养和助力，从而能够真正参与现代生活的历史运动、富有内容地开展自身呢？

如何认识和把握现代生活的历史运动，恩格斯的一个论断可以带领我们走进问题之核心："资本和劳动的关系"是全部现代社会体系所围绕旋转的轴心；只是马克思一个人"把现代社会关系的全部领域看得明白而清楚"，第一次科学说明了资本和劳动的关系，并达到无与伦比的透彻和精辟。马克思的研究表明，在资本主义生产方式中，资本拥有支配一切的权力，是资本与劳动关系的主导方面。资本主义生产方式有两个基本特征：第一，生产的产品是"商品"；第二，生产的直接目的和决定动机是"剩余价值的生产"。② 就此试问：在资产阶级所创造的现代生活中，阐释和解释活动将迎面遇到什么样的问题域而开展自身呢？我们在此确凿无疑地把"幽灵般的对象性"作为一个问题提出来。

在资本主义这个"文明时代"，商品是社会生活的细胞，人们关注的是商品的价值及其增殖。作为一般人类劳动的凝结，价值通过一系列外在的形式亦即"对象性形式"表现出来。马克思区分了商品体的两种对象性："可感觉的粗糙的对象性"与"价值对象性"。与前者烙上了具体劳动的痕迹迥然相异，在"价值对象性"之中，一个自然物质原子也没有，这是不可捉摸的"幽灵般的对象性"。③ 进而言之，如果在现实生活中商品决定了商品生产者的成败与存亡，左右着人们之间的交往，俨然是一个"可感觉而又超感觉的物"，拥有谜一般的影响力，那么，这种状况完全与商品的"价值对象性"有关。换言之，求解商品之谜，

① 马克思恩格斯选集：第1卷．北京：人民出版社，2012：236，252.

② 马克思恩格斯选集：第2卷．北京：人民出版社，2012：70，649-650.

③ 马克思恩格斯文集：第5卷．北京：人民出版社，2009：61，51.

我们需要把视线对准“价值对象性”。

马克思认为，商品的“价值对象性”纯粹是“社会的”，构成商品的“社会存在”，标识了现代社会的一般特质。这一划时代的发现，蕴含着丰富深刻的寓意：在挑明商品价值的创造与决定问题之外，还富有创见地揭示，第一，“流动状态”的人类劳动或活劳动，创造商品，形成价值，但本身不是价值；只有“凝固状态”的人类劳动，通过“对象化的形式”或“物化的形式”，才成为价值。这是“价值对象性”的本义。第二，随着商品所有者的关系成为占统治地位的社会关系，商品交换便成为社会生活的普遍必然现象，平等观念遂发展成为国民“牢固的成见”。只有在这样的社会状态中，商品价值凝结且表现一般人类劳动这一内涵才能被揭示出来。由此可见，“价值对象性”把一切具体的、特殊的劳动转化为一般的人类劳动，且只有通过“全面的社会关系”才能表现出来，而获得社会公认。“价值对象性”蕴藏在商品之中，一般难以发现和辨认，人们日常所看见的则是商品体的“可感觉的粗糙的对象性”。于是，消溶在商品中的“价值对象性”就成了虚幻的幽灵般存在，商品体本身充满着能够左右人们命运的神奇魔力。①

这些简要的分析可以清楚地标明，在资本主义时代，幽灵般的“价值对象性”意味着整个社会生活落入形式与内容严重脱节的存在状态：一方面，社会全部需要的满足或实现要以商品交换的形式来进行；以劳动时间来计量的商品交换，遵循“可计算性”的合理化原则，呈现出平等与公平的外观；“人的独立性”被鼓动和建立起来，人类发展了以往任何时代都无可比拟的主体能力。另一方面，商品本身所负载的劳动的社会性质以及商品生产者之间的社会关系，皆被物与物之间的关系掩盖和遮蔽起来；整个社会追求交换价值，抽象劳动成为社会生活的原动力，人们本身的社会运动遵循物的运动逻辑而展开；“物的依赖性”越来越隐蔽、越来越自然、越来越巩固地成为社会生活的内在建制。现代社会生活如此这般的矛盾或分裂，虽说确凿无疑地构成了实践难题，但也本质重要地绽露了一个解释学课题：我们究竟如何认识和把握“幽灵般的对象性”，以便可靠有效地切中现代社会的现实？这就要提到两种不同的认识态度。

---

① 马克思恩格斯文集：第5卷．北京：人民出版社，2009：52，65，75，83.

首先是以“是否存在”为基点的认识态度。这种态度的显著特征，是流连于对问题之“有”或“没有”的简单判定，止步于指认性质的单纯认知。为这种认识态度提供依据的，乃是生活世界看得见、摸得着的那些“事实”。一般所见的商品世界，有着不可否认的可感性质，不正是这样的“事实”吗？更有甚者，不少有教养的理论家，居然自觉不自觉地为这样的“事实”输送据说是合理有效的辩护和支持。亚当·斯密和大卫·李嘉图发现了“原始的渔夫和原始的猎人”，赋予这些“单个的孤立的”原始人商品所有者的身份，由此确立“历史的起点”。基于这样的“历史事实”，这两位“古典政治经济学的最优秀的代表人物”，虽然分析了价值和价值量，却“把价值形式看成一种完全无关紧要的东西或在商品本性之外存在的东西”①。古典经济学家立足于“虚构的原始状态”，把应当加以说明的东西假定为历史事实，使问题堕入五里雾中。就此看来，基于所谓“事实”而做出问题“是否存在”的判断，即便抱着不偏不倚的中立态度，实际上也只能抓住问题的表面现象或外在形式，而难以触及“事实”的“历史性质”，亦即没有抓住“事实”的“产生情况”，没有进展到发展变化着的现实生活过程，以至于现实世界及其社会关系在人们的视野之外。经过古典经济学的理论建构或论证，“价值对象性”的神秘性质反而加重了，就是一个有力的佐证。

黑格尔颇为深刻地把这种认识态度概括为“直接知识论”，指出其特点就是排斥任何中介性，执迷“非此即彼的形而上学的理智观念”。如此这般“反对哲学思考”的态度，事实上只是抓住事物外在的表面的关系，在狭隘的片面性与有限性中止步于抽象性和非真实性。② 纺纱机是纺棉花的机器，尽人皆知，这是事实。然而，纺纱机在现代生活世界中的存在性质，乃是价值实现与价值增殖的媒介，是不变资本。可以说，只有达到这样的认识高度，我们才算得上真正认识了纺纱机。当然，只有脱离“是否存在”的认识态度，我们才能达到这样的认识高度。现代社会出现在人们面前的，都是诸如纺纱机之类的表现了“价值对象性”的事物，其实际存在毋庸置疑，已然不需要也不能按照“是否存在”的认识态度进行简单的认知指认。这就出现了使用“何以存在”认识态度的确当性和可靠性。“何以存在”的认识态度，不再幼稚粗暴

① 马克思恩格斯文集：第5卷．北京：人民出版社，2009：98－99注32.

② 黑格尔．小逻辑．贺麟，译．北京：商务印书馆，1980：159，163，167.

地对实际存在事物进行存在与否的判定，而是旨在追问事物的来历，亦即探究事物赖以产生和持存的根源，进而把握其存在的必然性。相形之下，“何以存在”的认识态度具有切中并阐明现代生活境遇的优越性。

在现代生活中，具有社会性质的“价值对象性”，浓缩了现代社会的存在状况，但其存在性质不是像其表现形式那样是现成的、一望便知的东西。这就彰显了认识理解方面的难题：表现形式之于实际内容、外在现象之于内在本质的差异。当然，这是具有建设性意义的“解释学距离”，标识了阐释和解释活动由以开展的基本理由和现实可能性。如果商品体以物的形式反映着生产商品劳动的社会性质，掩盖了商品生产者的社会关系，以至于人们在世俗生活中看到的只是有着诱人魔力外观的物，那么显而易见的是，只有采用“何以存在”的认识态度的阐释和解释活动，才能把握商品“价值对象性”的实质，启明“幽灵般的对象性”真相，进而切中现代社会生活的本质，把握社会存在。在这种情况下，人们的阐释和解释活动便获得了实体性的内容，且有广阔的发展空间和充沛的动力支持。

三、洞穿“对象性形式”的合理阐释

我们已经阐明阐释和解释活动与现代生活境遇的不解之缘，以及现代社会存在对于阐释和解释活动的引领和推动作用。时代动因的作用毕竟是通过个人的行动才能实现，阐释和解释活动是在人类个体活动中发生并完成的，理解和阐释何以可能的问题无疑在个体阐释活动中有其理由和根据。这究竟是如何发生的呢？现代社会普遍存在的“对象性形式”及其解释学方面的挑战，可以给我们提供富有启发性的理解线索。

一般说来，人是一个需要对象且不断创设对象的对象性存在物：“人有**现实的**、**感性的对象**作为自己本质的即自己生命表现的对象；或者说，人只有凭借现实的、感性的对象才能**表现**自己的生命。”① 这是专属于人的存在论规定，姑且称之为人的“对象性本质”。在日常生活中，人们总是凭借自己的“对象性的活动”，创设“对象性形式”，表现自己的“对象性本质”。平常出现在人们面前的乃是形形色色的“对象性形式”，因为这些“对象性的东西”有看得见、摸得着的外观，现代

① 马克思恩格斯文集：第1卷．北京：人民出版社，2009：210.

生活就是由无数“对象性形式”交织构成的感性世界。人们正是通过可感的“对象性形式”，评价自己的“对象性的活动”，把握自己的“对象性本质”，尽管往往都是不自觉地开展的。

在现代生活中，“对象性形式”具有可变性和多样性，这是不争的事实。值得关注的问题在于，“对象性形式”并不总是与“对象性本质”保持一致或同步，适当的差异和距离则是两者之间关联的常态。关键的问题还在于，“对象性形式”还有着背离或掩盖“对象性本质”的可能性，甚至是歪曲和颠倒的表达。如此不可避免的“解释学距离”，无疑给人们带来了理解上的困难。马克思提供了一个例证：针对货币主义把财富等同于货币的做法，现代经济学家嘲笑货币主义的错觉，但他们一到处理比较高级的经济范畴如资本的时候，自己就在天真的惊异中陷入了同样的错觉：“他们刚想笨拙地断定是物的东西，突然表现为社会关系，他们刚刚确定为社会关系的东西，却又表现为物来嘲弄他们”①。这就暴露了现实生活世界的确存在着一些难以理解的现象，不啻道破了围绕“对象性形式”而来的貌似不可理解的难题。更有甚者，在现代这个“文明时代”，诸如商品、货币、资本、地租等“对象性形式”，借助资本原则普遍统治的社会氛围，不仅这样那样地疏离其作为人的创造物的“对象性本质”，甚至制造本末倒置的僭越，以至于生活世界充斥着“幽灵般的对象性”。就此而言，对于人类阐释和解释活动来说，“对象性形式”宛如一道坚硬的墙，产生了规约和限制的作用。然而，现代生活境遇无可辩驳地与“对象性本质”紧密相关，洞明“对象性形式”所负载的存在性质，不仅是理论任务，更是生活世界的客观要求。所以，决定性的事情，始终是要直面神秘莫测的“对象性形式”，形成合理的理解和解释。易言之，“对象性形式”这道墙恰好能够为人类阐释和解释活动提供切中肯綮的范导和助力。既然如此，理解和阐释何以可能问题在个体理解和阐释活动层面上的开展，无非就是要透过“对象性形式”的外观，揭示“对象性形式”与“对象性本质”之间的真正联系，彰显现实世界之中影响人们实际生活的现实关系，从而有助于人类的生活筹划。显而易见，这是超越主观臆想和主观想象、实行合理有效阐释的起码要求。还原于现代生活的历史运动之中，这就特别需要面对几种

① 马克思恩格斯全集：第31卷．北京：人民出版社，1998：427.

具有张力性质的关系纠结，本质重要地从中超拔出来。

其一，与"原子式个人"迷思相关的个人与社会的交互作用。

一般而言，"原子式个人"这一人格范型，在18世纪走向成熟的市民社会中获致典型化的存在。西方文化语境中素有"自然状态"先于社会状态的假说，为有教养的知识阶层不遗余力地营造凸显"单个的人"的生活氛围，提供了深厚的历史文化资源。而维系市场经济实际运行的两个基本原则，即利益最大化和自由放任，为"原子式个人"的内涵塑造输送了最直接的、最见成效的现实依据。这里要追问："原子式个人"这一人格范型，确如人们所想象的那样，完全依靠其内在固有的个人本位至上的品质激励，而实现了持续至今的发展吗？这一追问不过是要澄清：我们是否能够游离于个人与社会的关联而把握和评判"原子式个人"的存在性质与现实作用。

实际上，亚当·斯密在指证"经济人"拥有基于自利打算的"利己心"之前，就富有卓识地指出人的天赋中明显存在着关心他人的"利他心"。尽管后来有些研究者炮制所谓"斯密难题"且不能自拔，但斯密挑明人性结构中蕴含着"利他心"的本性，毋庸置疑证明了个人利益优先至上的"经济人"原本就有着社会性的诉求与行动。康德曾明确论证：人类拥有"非社会的社会性"这一自然"禀赋"，并能够把自然禀赋转化为通行的"实践原则"，从最初"病态地"被迫组成的"社会一致性"进展到一个"道德的整体"即文明社会。[①] 康德敏锐地发现，人的"孤立化"即"非社会性"的禀赋，始终受到"社会性"禀赋的激活和引导，在实际开展中构成和表现自身。看来，关注个人及其发展的社会性依赖与关联，在西方学术界实际上渊源深厚。

与锚定"自然基础"的自然主义阐述路线相区别，马克思则立足于"历史基础"，从18世纪市民社会的现实处境出发，考察与之相匹配的"单个的人"。马克思认为，产生"孤立个人"的18世纪，恰是人类历史迄今为止"最发达的社会关系"的时代。马克思的分析有两个值得细究的要点：第一，历史根据——"18世纪的个人"既是封建社会形式解体的产物，又是16世纪以来新兴生产力的产物；第二，现实基础——"18世纪的个人"是"在社会中进行生产的个人"。[②] 这就是说，只有在

① 康德．历史理性批判文集．何兆武，译．北京：商务印书馆，1990：7.

② 马克思恩格斯选集：第2卷．北京：人民出版社，2012：683-684.

社会共同体中，个人才能全面发展其才能，才有可能获得自由；这种状况不是思想家们虚构出来的，而是现实生活过程所建构的。因此，历史唯物主义基于“现实的人及其历史发展”的基本态度或立场，关乎问题之根本地揭示了个人在现代社会境遇中的存在性质：个人在生活世界固然表现为单个的、孤立的即“原子式”的存在个体，但本质上却是“社会存在物”；个人与社会之间以相互生成和相互造就的方式构成了不可分割的联系，两者与生俱来就是一而二、二而一的关系；具体生动的历史传统和文化经验，乃是每一个人都必须尊重和面对而又可以利用的充沛资源，是人们砥砺个性、提升能力的现实根据和平台。

在现实生活中，社会性力量对个人的作用尽管是不可悬置的、不容抹杀的，但总是潜移默化地渗透到个人行动中，鲜见清晰可辨的外观或表现形式，以至于人们沉浸于想象和崇拜“原子式个人”的力量，相信“原子式个人”品质的巨大作用。依循如此单向度思维来认识现代社会，我们能够穿越“对象性形式”而切中现代生活的本质吗？但相反的情况却是可能的，即不断形成认识障碍，制造遮蔽，阻隔深入于现代社会生活堂奥的认识道路。就此而言，当务之急就是要打破对于“原子式个人”的神话般幻想，特别是要告别自然主义的虚构，开启新的阐释路线，还社会性对于个人之建构性的本来面目，让社会性原则如其所是地引导人们的理解和阐释活动。在这种情况下，澄清“对象性形式”所负载的实体性内容，进而把握现代社会生活，就不是一句空话。

其二，感觉的贫困化与人的“内在丰富性”的凸显。

依照自然主义思维，把个人利益至上描画为“原子式个人”的内在品质，在商品拜物教甚嚣尘上的处境中可谓正合时宜。两者相得益彰、互利共谋，推动了“物的依赖性”对于社会生活的普遍统治。马克思独具慧眼地发现，在社会生活建基于“物的依赖性”、社会运动转化为“物的运动”形式、社会大众受到“物的运动”控制的情况下，人的丰富全面的感觉皆趋向于“拥有的感觉”。如此这般“一切感觉的单纯异化”，暴露了理解和阐释对于现代生活的实际开展须臾不可或缺的重要性。

五官感觉本来各个有别、各司其职，一旦都归附于“拥有感”，挤压到同一个存在平面或发展轨道，丢弃了各具特色的个性化需求，把使用、占有、拥有对象当作追寻的目标，人与周围世界的关系就变成了以占有为导向的单一关系。这种狭隘的关系产生着强大的重塑和再造的力量，以至于人的全面的、丰富多彩的感觉被“拥有感”代替，人的感觉只在意对象“作为资本而存在”的性质，而遗忘了自己的本务——实现和确证人的本质力量。这就是感觉的贫困化，而且是绝对的贫困，实质上不过是现代社会“物的依赖性”的反映和产物。这种状况毫无疑问影响到社会大众对于现代社会的认知与评判，晚近学术界批评现代社会单向度认同思维泛滥，堪称真切意识到了问题的严重性。然而，虽说“对象性形式”遍布现代生活世界，陷入绝对贫困的五官感觉已然无批判地接受资本原则的指引，但是，人类自我创生的活动一刻也没有停顿，现代世界越来越巩固地凝结着人的对象性活动的强大力量，人类社会总是能够从弊端或困境中突围而沿着改善的道路前进。如果我们由此感受到某种相悖或自相矛盾的可能性，那么这实际上正是呼唤和期待阐释与理解活动深度参与现实社会生活，而且是深入人性结构底层的原则性要求。马克思提示了理解和把握问题的端倪：“人的本质只能被归结为这种绝对的贫困，这样它才能够从自身产生出它的内在丰富性。”①

所谓人的“内在丰富性”，就是指人在“对象性的活动”中形成的“**对象性的**本质力量的主体性”②。这是人之为人的本质力量，在根本的意义上成为人的活动乃至人类社会发展的动力策源地。“活动”“对象性”“本质力量”这三个相互链接又相互支援的关键词，可以视之为构成人的“内在丰富性”的基本环节。进而言之，人的“内在丰富性”并不是人通过反思做出来的规定性，而是在人的“对象性的活动”中生成，具有现实地开展与敞开的性质。就此可以相信，感觉的贫困化即“一切感觉的单纯异化”，一定带来现代社会生活的混乱与扭曲，遮蔽或耽搁人的“内在丰富性”，但后者肯定不会缺席，人类社会总体上能够越过各种困境而保持前行这一实情可以作为证明。既然如此，根据上面三个关键词的指引，考量人的“内在丰富性”，则是合理的选择。我们依照这三个认识单元来观察和认识现代社会，无疑能够穿透“对象性形式”的屏障，在理解现代生活中发掘社会发展的推动力。

其三，在尊重客观性中合理表达主观性。

现代社会以资本原则为生活导向，“人的独立性”随之发展并彰显

① 马克思恩格斯文集：第1卷．北京：人民出版社，2009：190.

② 同①209.

出来，“自由”“平等”实际构成了“人的独立性”的核心内涵。① 正是得益于这样的“独立性”，现代资本文明才获得了赖以形成与发展的原动力。从现代社会生活实情来看，“人的独立性”建基于“物的依赖性”的普遍统治之中，自由和平等作为现代人的品质，是不可能如其所是地发展起来的。首先出现的问题，就是两者在现实生活中的不平衡发展：在现代生活境遇中，自由在形式上得到张扬与推动，但平等却未有相应的发展。这是因为，自由更多地具有与个体直接相连的特征，而平等则天生具有社会化的性质，平等一定是在社会联系中才能实现并表现出来，但资本唯利是图的本性又时刻滋生着超越或消解平等的冲动，以至于平等在现实生活中相对发展不足，不能给自由提供相匹配的力量支援。在这种情况下，自由的发展也会走样甚至变质：游离于生活世界的社会化场景，假借自由之名，行恣意任性之实，自由就失去其真正的意义，沦为个人随心所欲的活动，此即恶性膨胀的主观性。卢梭脍炙人口的名言——“人生而自由，却无往不在枷锁之中”，把“自由”与“枷锁”相连，异乎寻常地把自由的实现作为一个关乎现代人生活的重要问题提示出来，借以告诫人们务求行为选择的合理性，以防自由下沉在主观性层面，甚至蜕变为“坏的主观性”。

黑格尔富有卓识地发现：“现代国家的原则具有这样一种惊人的力量和深度，即它使主观性的原则完美起来，成为**独立的**个人特殊性的**极端**，而同时又使它**回复到实体性的统一**，于是在主观性的原则本身中保存着这个统一。”② 依黑格尔之见，主观性表征着个人的单一性和特殊性，所要遵循的“原则”，就是把国家所代表的整体目的的普遍性当作自己的“实体性的精神”和“最终目的”。“个人意志的规定通过国家达到了客观定在，而且通过国家初次达到它的真理和现实化。国家是达到特殊目的和福利的唯一条件。”③ 与此同时，国家正是在主观性“充分而活泼的发展”中获得力量，成为健全的有组织的共同体。这就是说，“现代国家”和“主观性”可以在“原则”层面上达成契合，从而各有推进和发展；主观性在现代社会的现实存在，无疑要以呼应和寻求现代

---

① 马克思恩格斯全集：第30卷．北京：人民出版社，1995：199．梁启超．先秦政治思想史．北京：商务印书馆，2014：7．

② 黑格尔．法哲学原理．范扬，张企泰，译．北京：商务印书馆，1961：260．

③ 同②263．

国家的普遍性为导向，并通过自我确证而达到自由。[①] 黑格尔关于“主观自由现实化”的这一思考与论证，深切揭示了主观性提升到自由的社会激励机制及必要性，历史性地参与了现代人格的塑造。

如果主观性要升华为自由才能标明自身的积极存在，那么，究竟如何合理地理解与领悟国家普遍性所起的建设性作用，以便不断地予以推动呢？众所周知，人人都有主观性，人人皆希望把自身主观性发挥出来。主观性经过国家普遍性的涵化与引领，可以克服或脱离其中的主观任性的成分，个人意志状态的自由便转化为现实生活中的自由，如此意味着主观性超越了个人的特殊性，获致社会认可。经过社会性中介确立起来的人的这种“存在感”，当然不是温室里的花朵，而是生活世界中的所作所为，需要在现实生活过程中检验其成色，不断得到砥砺而升级。这就要面对以社会生活中的普遍性为依据的客观性，面对扑朔迷离的“对象性形式”所负载的客观性。之所以有这样的判断，是因为这种客观性是由人的对象性活动所引起而形成的，通过人的活动得到巩固，又在人的活动中被掩盖起来。换言之，人们在日常生活中对客观性或许既“亲切”又“陌生”。然而，着眼于客观性的存在性质，即便客观性深藏不露，人们对之也十分陌生，但人们的实际行动未曾能够撇开客观性而现实开展和存在，可以说客观性实际上给人们规定了一种合适的行为方式。伽达默尔的一个洞察可谓一语中的：“当我们被一件艺术品吸引时，它就再也不让我们自由地撇开它并仅仅按我们自己的主张接受它或拒斥它，这种情况难道不是真的吗？”[②] 这里蕴含的“客观性告诫”提醒人们，在人类认识和理解活动中，客观性未曾失去其影响力，却一直作为建构性要素贯穿始终，甚至可以说，人类的认识活动正是围绕客观性来定向的。这种状况理当适用于以个体形式出现的理解和阐释活动。

现代世界在廓清“人的自我异化的神圣形象”之后，并无可能让“认识你自己”的任务束之高阁，实际上却越来越频繁地遭遇到压力，需要在自我理解和自我反思中发展。这是现代世界自行制造的不可逾越的命运，如此也构筑了现代社会所有人文学术皆绕不过去的现实处境。解释学因其自身固有的特质，尤其与现代世界这种自我理解的客观要求

① 黑格尔．法哲学原理．范扬，张企泰，译．北京：商务印书馆，1961：261-262.

② 加达默尔．哲学解释学．夏镇平，宋建平，译．上海：上海译文出版社，1994：4.

相勾连，并以此确定、实现自身。着眼于现代世界的变迁以及由之而来的时代问题，解释学之本体论跃升的必然性和重要性豁然开朗。从此出发，我们才能充分评估解释学本体论转向与提升的全部意义，并能够予以阐发和运用。立足于如此这般的原则高度，把“理解和阐释何以可能”作为一个问题提出来，主旨在于揭示时代动因的实际推动为理解和阐释活动所输送的动力支持，标明解释学在回应和表达时代问题中所赢获的发展前景。马克思透辟分析了现代世界的运行机制，深切揭示了现代社会的运动规律。较之其他思想学说对于现代社会的认识和把握，历史唯物主义毫无例外地在基本原则高度上拥有更多的优越性和发言权。遵照历史唯物主义的原则立场，解释学能够洞穿现代社会的存在状况，在直面生活世界事实中切中现代社会现实。这样说来，立足于历史唯物主义的存在论原则，审视并追问理解和阐释活动现实开展的可能性前景，当然属于解释学自身建设的题中应有之义，同时还有更加重要的意义。现代社会发展突飞猛进，生活世界扑朔迷离，如何透过生活世界的表象，认识和把握社会生活的本质，这就需要有健全合理的认识方法。厘清并阐明理解和阐释活动的合法性，旨在从方法论的高度，为人们认识现代社会的本质和当代生活的变迁提供弥足珍贵的思想指导。

第九章　历史地平线上的感性自然界

晚近以“生态（学）马克思主义”为名的学术研究，直截了当地把马克思思想与当代社会日益严重的生态问题勾连起来，力图为社会大众发现或塑造一个“生态马克思”[①]。据说，这是出于为马克思主义发掘和补充一个生态学理论维度或元素的良好愿望。我们并不否认这种思想意图的价值或意义，在此也无意于专门评价其是非功过，而是要挑明：如果生态问题的哲学考量合乎逻辑地归结到人与自然关系这一根本问题，那么马克思关于人与自然关系的清晰可辨的思考，对于当今针对生态问题的诸种思想和行动，理当有着不可否认和不可低估的重要性；而只有达到马克思切入问题的原则高度——存在论高度，人们才有可能领悟马克思这一深思之最关本质的意义。如果现代社会迄今的发展已经越来越频繁、越来越急迫地把自然环境作为一个不能忽略的全球性问题呈现出来，那么，在当代日益高涨地呼吁并落实生态文明的崭新观念、广泛认同生态文明代表着人类文明的未来的情形下，立足于历史唯物主义的存在论原则高度，盘点以资本为主导原则的现代文明的得失成败，这是当今人类实践亟须解答的重大课题。我们将以马克思文本的思想语境为依托，根据马克思的存在论立场，致力于探讨马克思以“感性自然界”为关键词的自然观，发掘马克思关于人和自然关系的思考与当代生态思想的本质联系，及其对于当代生态文明建设的重要意义。

---

① 乔纳森·休斯．生态与历史唯物主义．张晓琼，侯晓滨，译．南京：江苏人民出版社，2011：251.

一、“自然界生成为人”

从发生学意义来看，人这个物种原初即出自自然界，遂有“人来源于自然界”“人是自然界的一部分”等说法。马克思认为人有两种自然。其一，“自身的自然”，即人的肉体生命及其特性。其二，“身外的自然”，即在人之外与人的生存相对待的自然界。这两者又被马克思分别称为“主观自然界”和“客观自然界”。① 不过，人一旦完成了在物种方面从其余的动物中提升出来，亦即“一当人开始**生产**自己的生活资料，即迈出由他们的肉体组织所决定的这一步的时候，人本身就开始把自己和动物区别开来”②，人就踏上了永远不能摆脱也不可逆转的自我创生之路，人的“自身的自然”或“主观自然界”就与原初的自然界相距越来越远，成为与身外“客观自然界”相对待的力量。在当今所谓消费社会，人的身体即“主观自然界”成了“最美的消费品”和“最美的关切之物”，以至于“学会阅读自己的身体”被视为当代生活的一种时尚。这种生活境况形式上显示了人把“自身的自然”当作“身外的自然”来看待和处理，实质上则是以调侃、诡谲、扭曲的方式标识了人类在当代“管理自己的身体”的必要性和可能性。波德里亚说：“身体之所以被重新占有，依据的并不是主体的自主目标，而是一种娱乐及享乐主义效益的**标准化**原则、一种直接与一个生产及指导性消费的社会编码规则及标准相联系的工具约束。”③ 当代社会衍生的这类生活图景，虽然凸显了人与自然关系之间的某些怪诞的性质或变异的情况，但恰好证明了人对“自然”的不可遏止的要求，或“自然”在人之为人过程中须臾不可或缺的作用。这样说来，我们侧重分析人的“身外的自然”，该是顺理成章的。

马克思说：“在实践上，人的普遍性正是表现为这样的普遍性，它把整个自然界——首先作为人的直接的生活资料，其次作为人的生命活动的对象（材料）和工具——变成人的**无机的**身体。自然界，就它自身

---

① 马克思恩格斯文集：第5卷．北京：人民出版社，2009：208．马克思恩格斯文集：第1卷．北京：人民出版社，2009：211．

② 马克思恩格斯选集：第1卷．北京：人民出版社，2012：147．

③ 波德里亚．消费社会．刘成富，全志钢，译．南京：南京大学出版社，2001：139，141，143．

不是人的身体而言，是人的**无机的身体**。人靠自然界**生活**。这就是说，自然界是人为了不致死亡而必须与之处于持续不断的交互作用过程的、人的**身体**。所谓人的肉体生活和精神生活同自然界相联系，不外是说自然界同自身相联系，因为人是自然界的一部分。”① 毋庸赘言，这段论述的主旨就是“人靠自然界生活”。具体地解析，我们可以发现以下几点寓意：其一，自然界一方面为人提供直接的生活资料，另一方面则提供生产资料。这是指自在意义上的自然，亦即人的“身外的自然”。其二，无论是生活资料还是生产资料，它们都是人的现实生活的基本条件，对于人的现实生存从而成为自身的重要性乃是不言而喻的。因此，自然界就是人的“无机的身体”。这里所说的自然界，已经从前述的自在意义中跃升出来，获得了新的意蕴——这就是马克思所说的“人化的自然界”。其三，用“身体”来表述自然界对于人的意义，既标识了自然界在现实生活世界获得现实性的基本方向，又意味着作为人生存条件的自然界不是人先天就拥有的现成东西，人并不能现成地享用自在自然。其四，在现实生活过程中，人把“身外的自然”转变为人的“身体”，不是人时有时无的偶发奇想，而是人筹划现实生存的“普遍性”，是须臾不可失却的，对于人的生活有着性命攸关的意义。也就是说，这一过程亦可说是每个人皆不能摆脱的生存命运。

就此要问：人把身外的“客观自然界”转化为自己的“无机的身体”，这究竟是如何成为可能的？是人的一时兴趣还是人的固有本性？

的确，世间万物中，唯有人才提出如此这般的现实要求，也唯有人才矢志不渝地诉诸行动而使这种要求变为现实。“动物仅仅**利用**外部自然界，简单地通过自身的存在在自然界中引起变化；而人则通过他所作出的改变来使自然界为自己的目的服务，来**支配**自然界。”② 不消说，这里所表达的区别乃是关键性的。

在马克思看来，“动物不把自己同自己的生命活动区别开来。它就是**自己的生命活动**。人则使自己的生命活动本身变成自己意志的和自己意识的对象。他具有有意识的生命活动”。人的“有意识的生命活动”直接与“动物的生命活动”区别开来，从而人的活动是“自由的活

① 马克思恩格斯选集：第1卷．北京：人民出版社，2012：55－56.

② 马克思恩格斯选集：第3卷．北京：人民出版社，2012：997－998.

动”①。这就在关乎问题之根本的意义上表明：其一，人的生命活动源始地具有“在内-在外”互动共生、相映成趣的存在特质。人有自己的意志和意识，且贯穿于生存活动的始终。也就是说，人们时时刻刻都要使用自己的意志和意识，人的意志和意识总是处于出场的状态。这就是人所具有的“在内”性质。不过，人们借重自己的意志和意识，绝非蜗居于密室中孤芳自赏，而是通过与身外之物打交道表现出来。这就是人同时拥有的“在外”性质。正是在把握身外之物之时，人们确证了自己的“在内”性质。换言之，人们依寓于“在外”的对象，就是对“在内”性质的真正持守。② 其二，既然把观照“自己的生命活动”当作自己生活筹划的基本要求和内容，那么，人原本就是一个自己作为对象同时又需要对象的对象性存在物，意味着追求对象即是建构自身。人就是通过“对象性的活动”来建构和守护自己的存在，对象性存在物必定是要进行对象性的活动的。这是人之为人的基本规定性。正是通过“对象性的活动”创造“对象世界”，人由此证明自己是有意识的、自由的现实存在物。

这样就十分清楚，人原本就是沉沦于对象性的活动的对象性存在物，“创造对象世界”乃是人之生存建构的基本性质，而创造对象世界首要的目标无非就是改造“身外的自然”。这是因为，对人而言，自在形态的“客观自然界”不可能直接地满足人的需要，人总是要在对“自身生活有用”的意义上作用于自在自然界，依照自身的“内在的尺度”扬弃自然界的自在形态，使自在自然界合乎人的目的和愿望。在这种情况下，自然界就表现为人的“作品”，在确证人的本质力量的同时，也把“人靠自然界生活”标识为人的“现实”。人的“身外的自然”就在这种意义上成了人的“身体”——“无机的身体”。由此可见，“客观自然界”作为人的“无机的身体”，不是人先天获得的，也不是人现成即可使用的；自然界之为人的“身体”，纯全是在人的对象性的活动中向人生成，并始终通过人的对象性的活动而为人拥有的。于是，我们毫无例外地看到，经过人的对象性活动，身外的“客观自然界”在性质上发生了根本的改变，成为“真正的、人本学的自然界”。这就是“自然界对人说来的生成过程”，或曰“自然界生成为人”的过程。

---

① 马克思恩格斯选集：第 1 卷. 北京：人民出版社，2012：56.

② 海德格尔. 存在与时间. 陈嘉映，王庆节，译. 北京：三联书店，1999：73.

一旦“自然界生成为人”，自在的“客观自然界”就在人的现实的感性活动中转化为“感性自然界”，甚或说就被“感性自然界”取代。正是在“感性自然界”的基础上，自然界才是“人自己的**合乎人性的**存在的**基础**”，才能成为人的“现实的生活要素”，从而才真正是人的“无机的身体”。既然如此，当“感性自然界”作为人的“感性意识”的“对象”时，人的“第一个对象”就是自然界，从而“人的**自然的**本质”就得到了确证；当“感性自然界”作为满足人的“感性需要”的“身体”时，自然界直接就是“人的感性”，就是另一个“感性地存在着的人”，从而“自然界的**人的**本质”乃是无须赘论的真理。就此言之，“人和自然界的**实在性**，即人对人来说作为自然界的存在以及自然界对人来说作为人的存在，已经成为实际的、可以通过感觉直观的”①。

这种实在性，借用费尔巴哈的一个说法，乃是“用我们的鲜血来打图章担保的真理”②。毫无疑问，这是马克思依据人的对象性的活动的存在论性质而构筑的认识路标。经过马克思的这一理论发现和思想创制，人们能否切中自然界的本性，从而有助于筹划自己的现实生活，毫无例外需要以“感性自然界”为判断的标准。倘若达不到这一标准，我们完全可以谈论对于自然界的认识，但无可争辩地将与自然界的真正性质失之交臂；我们也完全可以谈论马克思对于自然界的认识，但无可争辩地错失了马克思关于“自然界生成为人”的存在论境域。还原于思想史演进的语境来看，这等缺失注定是一个重大的损失。在这个意义上，从问题的性质及其解决前景来审视当今全球性的生态问题，已然形成了深入领悟马克思深思的迫切要求。

二、自然界的历史性质

“自然界生成为人”的楬橥，人类对于“自然界”的认识和利用，无疑在关乎问题之根本的意义上赢获了一个合法的视野——当且仅当深入于人对自然关系的历史性嬗变中，我们才有可能避免抽象谈论自然界，而与现实的自然界相遇。马克思在批评费尔巴哈时道说了真相，我们周围的感性世界决不是某种开天辟地以来就直接存在的始终如一的东

---

① 马克思恩格斯文集：第1卷．北京：人民出版社，2009：187，193－194，196.

② 费尔巴哈哲学著作选集：上卷．荣震华，李金山，等译．北京：商务印书馆，1984：68.

西。“费尔巴哈在曼彻斯特只看见一些工厂和机器，而100年以前在那里只能看见脚踏纺车和织布机；或者，他在罗马的坎帕尼亚只发现一些牧场和沼泽，而在奥古斯都时代在那里只能发现罗马富豪的葡萄园和别墅。”① 造成这种变化的决定性力量乃是人的感性活动。我们从此可以引申出马克思赋予“感性自然界”的又一个存在论寓意：自然界的历史性质，或者说“历史的自然”或“自然的历史”。施密特与此有关的一个评价可用作证词：“把马克思的自然概念从一开始同其他种种自然观区别开来的东西，是马克思自然概念的社会-历史性质。”②

从本质上来说，历史是专属于人的。相应地，自然界的“历史”性质，其实也就是说自然界的“属人”性质。毫无疑问，这是“自然界生成为人”思想的延伸。如果通过论证“自然界生成为人”展露自然界原本就与人的活动相关联的实情，马克思揭示了“感性自然界”的实在性——一种由人的对象性的活动或感性活动的参与而来的实在性，那么，自然界的“历史”性质无非就是要阐明“感性自然界”的现实性——自然界在人的感性活动的历史变迁中成为现实生活过程的一个重要组成部分。马克思明言，“在人类历史中即在人类社会的形成过程中生成的自然界，是人的**现实的**自然界”③。这就本质重要地厘清了自然界在现实生活世界的存在性质和真正意义，形成了一个能否真实合法地把握自然界的认识标杆或界限。这就是说，马克思由“感性自然界”的存在论沉思提醒人们，自然界进入现实生活世界，不是自动地成为人的“现成在手”之物，而是人在筹划生存活动中“使用上手”的成果。还原到人类历史发展的长河之中，我们立即可以发现马克思这一提示的重要性：只是资本降临世间并跃升为社会生活主导原则之后，自然界才稳定地获得了被人“使用上手”的存在性质；从此以后，人们在现实生活中所照面的自然界，就始终是具有这种性质的自然界。

从自然界的历史性质中道说“现实的自然界”之存在可能性，马克思的用意可谓超凡脱俗，与众不同。这里特别让人们困惑不解之处在于，在近代自然科学的迅猛发展中，实证主义找到了大行其道的根据或基础；实证主义竭力推崇实证科学知识的典范意义，以至于实证科学知

① 马克思恩格斯选集：第1卷．北京：人民出版社，2012：156.

② 施密特．马克思的自然概念．欧力同，吴仲昉，译．北京：商务印书馆，1988：2.

③ 马克思恩格斯文集：第1卷．北京：人民出版社，2009：193.

识被社会大众视为知识之榜样和认识之理想。在如此这般的时代文化氛围中，现实的自然界难道不就是我们当下一望而知、实证科学援引为基础的外部世界吗？正是这样，我们如何来根据或运用马克思的“感性自然界”思想而可以把握自然界的现实性呢？即便是立足于当今的生活状况，这样的追问仍然可以振振有词地提出来。因为人们轻易就可以找到为这类追问添加底气的依据：一是，马克思的“感性自然界”思想无法帮助人们形成或达到一个确定性的实际运用，无疑就被那些实证的、直观的、近便的知识和方法湮没；二是，人们日常生活中感受到的自然界，莫不是那些冷冰冰的、僵硬外在的、不可捉摸的身外之物或现象。我们在此能够看出这两个依据所关涉的重要问题：前者关乎能否把握和达到马克思思考的原则高度——存在论立场和境域，后者相关于能否认识和超越自在的自然界。不消说，对于这两种情况的否定性回答，恰恰构成了一个稳固广泛的认识语境和理解框架，建构了社会大众对于自然界之性质和意义的基本认识或判断。全部问题的要害正在于，人们驻足于自在自然界，无视自然界在人们现实生活中的实际变化，固执于抽象地谈论外部自然界的实在性、独立性、异己性，也就忽略了“在人类社会的形成过程中生成的自然界”。

的确，马克思从来没有放弃以自在自然界来设计自己的思考。因为这是谁都不能不承认的发生学意义上的浅显道理，马克思不至于否认只要睁开眼睛就能看得到的东西。但是，马克思也不可能像费尔巴哈那样，鼓动人们“顺应着自然生活”，而是致力于思考和揭示自在自然界经过人的感性活动的改造所形成的存在意义。由于世间唯有人以自身生存的方式守护存在，从而存在的意义源始地属于人，所以，马克思基于“感性自然界”的深切理解，主旨在于解答“自然界对人来说作为人的存在”的可能性。这就蕴含着十分重要的存在论寓意：正如马克思所阐述的，人为了在对自身生活有用的形式上占有外在自然物，“懂得按照任何一个种的尺度来进行生产，并且懂得处处都把固有的尺度运用于对象”①，能够充分发挥并控制自身蕴藏的潜力。因此，马克思明确认为，“蜘蛛的活动与织工的活动相似，蜜蜂建筑蜂房的本领使人间的许多建筑师感到惭愧。但是，最蹩脚的建筑师从一开始就比最灵巧的蜜蜂高明

① 马克思恩格斯选集：第1卷．北京：人民出版社，2012：57.

的地方，是他在用蜂蜡建筑蜂房以前，已经在自己的头脑中把它建成了。劳动过程结束时得到的结果，在这个过程开始时就已经在劳动者的表象中存在着，即已经观念地存在着。他不仅使自然物发生形式变化，同时他还在自然物中实现自己的目的，这个目的是他所知道的，是作为规律决定着他的活动的方式和方法的，他必须使他的意志服从这个目的。但是这种服从不是孤立的行为”①。我们从此能够领略到马克思对自在自然界的尊重，但更为重要的体会，则是马克思对于转化自在自然界的存在形式，以及促成这种转化的力量的强调。在马克思看来，人是依照自身内在的固有的尺度扬弃自然界的自在形态，使自在自然界变成合乎人的目的并满足人的需要的形式，自然界就成为人的“身体”。这就是“自然界对人来说的生成过程”。由此看来，在现实生活中，人的感性活动的实际开展，实现或完成了自在自然界向人的生成。这就是自然界在人的现实生存中的真实意义或真正性质，亦即马克思所道说的“现实的自然界”。在这种情况下，我们津津乐道自在自然界的实在性，倘若还是固执于这种实在性，这难道不是脱离了现实生活的现实的想象吗？人们的现实生存筹划果真需要这种不切实际的抽象迷思吗？这种高傲地抽离于现实生活变化而又意识不到自身根基之虚妄的认识，长期引领社会大众的思考方向，对于当今的生态问题是不是有着观念误导的责任呢？人们对这种认识岂能依然听之任之？

不错，马克思在《形态》中的确明确提出，“外部自然界的优先地位仍然会保持着”。我们究竟如何理解和把握马克思这一判断的寓意呢？

费尔巴哈把感性直观的原则当作哲学的真正原则，特别推崇“自然科学的直观”，提到一些只有物理学家和化学家的眼睛才能识破的秘密。但是，马克思明确地追问：“如果没有工业和商业，哪里会有自然科学呢？甚至这个‘纯粹的’自然科学也只是由于商业和工业，由于人们的感性活动才达到自己的目的和获得自己的材料的。”② 这种连续不断的感性劳动和生产创造，乃是整个现存的感性世界的基础。物质生产决定人类社会的存在和发展，决定人类思维能力和认识水平的提高。接着，马克思就认为，“在这种情况下，外部自然界的优先地位仍然会保持着”③。

① 马克思恩格斯文集：第5卷．北京：人民出版社，2009：208.

② 马克思恩格斯选集：第1卷．北京：人民出版社，2012：157.

③ 同②.

如果我们的视线仅仅到此为止，也许能够得到上述一般之见所希望的东西即自在自然界的实在性。然而，马克思随后说的三句话，作为不可缺少的补充或发挥性质的论述，立即提醒人们不应做出这种“停留”。①

(1)“整个这一点当然不适用于原始的、通过自然发生的途径产生的人们。”这是说，在远古时代，人作为一个物种，纯粹由自然原因而产生，受着血缘和地域等自然因素的支配或役使，实际上就是自然界的一个部分。原始人本来就与自然界处于同一存在状态，他们谈论“外部”自然界，不过是讨论自身内部的事情，在物理学意义的时间中当然有先后之分，但在存在论意义上却是等质的，也就谈不上什么外部自然界的“优先地位”了。

(2)“这种区别只有在人被看做是某种与自然界不同的东西时才有意义。”这句话的理解尤为重要。首先，这里所说的“这种区别”，是指“外部自然界”对于“自然产生的人”和对于“作为人的人”所具有的不同的存在性质。其次，上文已经揭示，对人具有“优先地位”的“外部自然界”，一定是与人不同的东西，否则所谓“优先地位”当无从谈起。最后，“自然界生成为人”以后，自然界具有了“人的本质”，同时人也具有了“自然的本质”，自然界就是“另一个”感性地存在着的“人”。很明显，在“感性自然界”的存在论视野中，自然界与人已然和谐不二，何来“外部自然界”的优先性？

(3)“先于人类历史而存在的那个自然界，不是费尔巴哈生活于其中的自然界；这是除去在澳洲新出现的一些珊瑚岛以外今天在任何地方都不再存在的、因而对于费尔巴哈来说也是不存在的自然界。”这句话最直接的提示，就是费尔巴哈作为现实的人，生活在“感性自然界”中，而不是生活在“先于人类历史而存在的那个自然界”中。“先于人类历史而存在的那个自然界”，对于诸如费尔巴哈这样的现实的人来说，就是“外部自然界”。不过，这种自然界在今天就是指“澳洲新出现的一些珊瑚岛”，或者是指与此具有同类性质的其他地方。但是，对于现实的人来说，这是根本不存在的自然界。

从这些分析可知，针对费尔巴哈谈论并借用“自然科学的直观”或“纯粹的”自然科学，马克思强调“外部自然界的优先地位仍然会保持

① 马克思恩格斯选集：第1卷．北京：人民出版社，2012：157.

着”，目的在于提示自然科学安身立命的真正基础和存在限度，直接地指向费尔巴哈对自然科学的崇信态度，间接地告诫自然科学不应走向忘乎所以的骄横与狂妄。这里不仅没有重返自在自然界之存在论意义上的优先性的意图，反而更为精炼而深刻地凸显了理解自然界的前进上升步伐，即自然界在人类历史进程中生成其现实性或存在性质的基本立场。倘若再结合《资本论》对于“排除历史过程的、抽象的自然科学的唯物主义”的批评和拒绝，马克思实际上阐扬了“感性自然界”的存在论境域，并立足于这样的原则高度展露出“现实的自然界”的合法性，由此标明自然界在现实生活过程中不可动摇的真实性质或状态，以及人们如何对待自然界的应有认识态度。哈贝马斯的一个相关的论述有助于加深我们的理解：“我们只能在劳动过程所揭示的历史范围内才能认识自然界；在劳动过程所揭示的历史范围内，人的主观自然和构成人的世界的基础和周围环境的客观自然界是联系在一起的。自此，‘自在的自然界’是我们必须加以考虑的一个抽象物。但是，我们始终只是在人类历史形成过程的视野中看待自然界。”①

三、破解引发生态困境的多重迷思

我们已经阐明，在“感性自然界”的存在论境域中，马克思描述了“自然界生成为人”的故事，论说了“现实的自然界”在历史地平线上出现的必然性及其正当性。马克思关于人与自然关系的这一理论观点，不仅坚守了切中现实、贴近现实的存在论原则，而且通过彰显现实的人及其感性活动乃是引发自然界发生变化之主导力量的基本论点，而表达了一种责任担当和理论真诚。从历史发展的长时段视野来看，生态问题的核心无非就是如何合理地理解和处理人与自然的关系，所以我们当有充分的理由相信，马克思的自然观对于当代的生态问题有着不可否认的发言权和解释力。一言以蔽之，马克思的自然观与当代生态思想具有毋庸置疑的本质联系。既是这样，当今学术界那些否认这种联系的相关评论，当然不值得一驳。倒是那些肯定这种联系的相关评论，可能持守着不同的存在论原则，自然需要予以辨析和分别。

我们认为，若只是立足于自在自然界的原则立场而肯定马克思的自

① 哈贝马斯．认识与兴趣．郭官义，李黎，译．上海：学林出版社，1999：29.

然观，马克思自然观与当代生态思想的联系比这种评价所期望的无疑要少得多；若认为马克思信奉“普罗米修斯主义”而以人类征服自然为荣[①]，马克思自然观与当代生态思想的联系比这种评价所期望的无疑要多得多；若主张人类对自然环境的依赖是马克思思想的一个“中心原则”，甚至以此为据而指证马克思思想从早期到晚期的发展有一个“生态学上的断裂”[②]，马克思自然观与当代生态思想的联系比这种评价所期望的无疑要全面得多、深刻得多。诸如此类，不一而足。

简要枚举的这几种富有代表性的观点，都是肯认马克思自然观而凸显其当代意义的评价，我们尚且不能苟同，自然更不用提到那些否认马克思自然观的评论了。这种情况实际上表明，马克思自然观对于当今学术界思考生态问题的意义，还没有如其所达到和拥有的程度那样充分地呈现出来，也可以说还没有被当今一些思考生态问题的学者充分地意识到。究其原因，这与马克思关于“感性自然界”的深思表达了崭新的存在论原则和立场有关。试想一想，如果没有达到马克思切入这个问题的原则高度，没有领悟马克思由之而来的分析视野，我们还能不能倾听马克思的呼声？倘若不能，我们果真可以弘扬马克思的精思吗？答案不言自明。正如上文已经交代，我们从“感性自然界”的存在论境域可以获得一把标尺，用来度量现实的人与自然关系是否合理、出了什么问题、在何处出了问题以及解决问题的方向。如果毕竟不能否认这些思考的意义和价值，那么我们是否能够轻易地撇开马克思的这些思考呢？问题在于，人们对马克思自然观之要义一直讳莫如深，这是不是某些个别的特殊的因素所造成的遮蔽呢？我们可以做出这样的归因吗？显然不能。从问题所表现出来的性质及其所覆盖的范围来看，我们更相信有其出现且持存的必然性——一种与时代构成的元素有关的必然性。我们在此主要是指“抽象自然界”观念和资本原则的抽象统治。

第一，关于“抽象自然界”的观念。

这里所谓“抽象自然界”观念，既指把自然界看作一个“抽象物”的观点，也指疏离于自然界在现实生活中的存在性质和实际地位而“现

---

① 约翰·贝拉米·福斯特．马克思的生态学．刘仁胜，肖峰，译．北京：高等教育出版社，2006：149－150.

② 乔纳森·休斯．生态与历史唯物主义．张晓琼，侯晓滨，译．南京：江苏人民出版社，2011：134，140，143，173.

实地想象”这种情况。从当下学术界的思想动态来看，后一种情况为“抽象自然界”观念的主要表现或典型特征。这种自然观念之所以流传，首先当然是因为社会大众的朴素认同。的确不应讳言，“无论我们把自己支配自然界的技术力量扩展到何等地步，自然界永远保存着一个不向我们打开的实体内核”①。正是这样，在朴素直观的认识中，人们总是以自己身外的自在自然界为依据来确定自己对于自然界的认识，特别是在自己行动受到自然界的制约时，便毫不犹豫地归因于身外自然界的异己性，而根本不顾包围自己的乃是现实的“感性自然界”。这就是说，社会大众朴素认可的自然界，实际上游离于现实生活处境，不过就是人们的心理想象物，是一个引导人们思维的抽象符号。要害在于，这样一个心理想象——“抽象自然界”——建构了社会大众对于自然界的集体认知和集体记忆。在这种情况下，需要借用辩证方法才能把握的现实的“感性自然界”，如何才能进入人们的视野，就不是一件轻而易举的事情。

从哲学史背景来看，“抽象自然界”观念是由黑格尔奠定了其存在论基础。

黑格尔的独到之处是，把精神当作“活生生的理念”，把精神当作原始的“种子”。“世界是一朵花，这花永恒地从那唯一的种子里生长出来。”② 而精神的外在化是其自身发展的需要，自然界就是精神外在化的表现形式。换言之，自然界就是从构成其存在之根据的精神中产生出来的。黑格尔认为，自然界并非仅仅相对于精神才是外在的，“外在性就构成自然的规定，在这种规定中自然才作为自然而存在”③。自然界的存在无非就是对精神的确证，精神是自然界的“真理性”和“终极目的”，自然界是精神的“真正现实”。那么，自然界由此而来的性质究竟如何理解和把握？

黑格尔指出，在外化自身而又返回自身的自我活动过程中，精神的现实的存在就是抽象。抽象思维是精神的“最高的内在性”，是精神“真纯的自身”。有了它，精神才能回到自己本身。作为精神的表现，自

① 哈贝马斯．认识与兴趣．郭官义，李黎，译．上海：学林出版社，1999：28.

② 黑格尔．哲学史讲演录：第 4 卷．贺麟，王太庆，译．北京：商务印书馆，1978：311.

③ 北京大学哲学系外国哲学史教研室．西方哲学原著选读：下卷．北京：商务印书馆，1982：432.

我意识的外化设定自己的对象，其实即是凭借抽象设定“物性”。作为自我意识所设定的东西，“物性”决不是什么独立的、实质的东西，而不过是“纯粹的创造物”“抽象物”。于是，自然界作为精神外化的表现，不过是名之为“自然界”的“思想物”，就是“抽象的自然界”。这样一来，自然界对抽象思维说来是外在的，抽象思维也把自然界作为“抽象的思想”、作为“外化的抽象思维”来理解。然而，与抽象思维对立的自然界，本质上就是一个“有缺陷的存在物”，已然注定了被扬弃的命运，因为抽象思维作为“绝对精神”的代表，拥有至高无上的、不可撼动的权威。① 可以说，黑格尔对于“抽象自然界”之存在性质及其发展出路的论证，堪称透辟深刻，至今仍无出其右。倒是马克思一语道破了“抽象自然界”的实质：“被抽象地理解的、自为的、被确定为与人分隔开来的**自然界**，对人来说也是**无**。”②

这样一来，“抽象自然界”观念在根基上的虚妄与亏欠，便昭然若揭。这种自然观念坚持人对自然界的依赖性，也能明确地把自然界提到很重要的位置，其实都是虚有其表。一旦不考虑人对自然界的作用，势必也会忽略人对自然界的责任，这就会导致有着决定性意义的重大认识偏差。在人与自然关系上，人始终处于主动的位置，是主导变化的承担者。不强调人对自然界的责任，与主动放弃责任担当没有什么两样，这就有意无意地默许了人对自然界的强权，甚至发挥了怂恿的作用。由此可见，当代生态问题的出现，仅从人们拥有的这种自然观念来看，的确事出有因。可以相信，只要这种自然观念继续霸占着社会大众的想象空间，当代生态问题的解决就依然处于“山重水复疑无路”的困惑之中。

海德格尔有一个论断用在这里可谓切中肯綮，也耐人寻味：“人不是存在者的主人。人是存在的看护者。”③ 这就告诉人们，自然界作为一种“存在者”，无疑彰显着“存在”；人与自然界之间有着不可割断的联系，这种联系是以人承担的责任而表现出稳定性和恒久性；这个责任就是人要“看护”自然界，以此守护着“存在”，人也就同时实现了自身的生存筹划。不消说，这与马克思“感性自然界”的存在论境域异曲

---

① 马克思恩格斯文集：第 1 卷．北京：人民出版社，2009：202，222.

② 同①220.

③ 海德格尔．路标．孙周兴，译．北京：商务印书馆，2000：403.

同工。就此而言，我们能够无视马克思这一思想对于解决当代生态问题的意义吗？

第二，资本原则的抽象统治。

众所周知，自从地球上出现了人类，自然界所发生的变化，除了由自身力量或原因引发的之外，人类的力量越来越成为首要的推动力，而且是唯一能够和自然力相抗衡的力量。近代以来，自然力量逐渐减弱，人类力量不断增强，以至于当代生活境遇中一个不争的事实，就是自在自然界被感性自然界取代。就此可以说，如果当代所谓生态问题已然不可否认，那么这不过是人与自然关系出现了问题；而全部问题之所在的核心，无疑是人类所引起的自然界的变化，而不单纯是自然界自身的改变。倘若把自然界的变化还原到人类历史运动的宏大背景之中，我们能够发现，正是在资本降临人世间之后，自然界才开始进入了“永远的不安定”之中，并从此以后始终遭遇了不是以自身的力量而是以人类的节律为轴心的变动。请看马克思的评说：“资产阶级在它的不到一百年的阶级统治中所创造的生产力，比过去一切世代创造的全部生产力还要多，还要大。自然力的征服，机器的采用，化学在工业和农业中的应用，轮船的行驶，铁路的通行，电报的使用，整个整个大陆的开垦，河川的通航，仿佛用法术从地下呼唤出来的大量人口——过去哪一个世纪料想到在社会劳动里蕴藏有这样的生产力呢？”①

这段我们皆耳熟能详的论述至少透露出这样的信息，即资产阶级充分认识到自然界的价值，并史无前例地利用了自然界的价值，把社会生产力发展到有史以来最高的水平。从此我们可以推论，正是在资产阶级仿佛使用“法术”与自然界打交道的时候，自然环境才成为一个严峻的现实问题而呈现在世人面前；生态问题是在资产阶级的活动中形成的，资产阶级对于生态危机无疑难辞其咎。

依马克思之见，资产阶级不过是资本的人格化，资产阶级在人类历史上把资本的意义或作用发挥到了极致，形成了以资本为原则的社会生活运动和体系。如果说资产阶级真是用了什么“法术”的话，那就是把资本原则所蕴藏的具有建构性质的巨大能量和动力淋漓尽致地绽露出来。还因为这一原则超越了时空限制、至今仍如日中天般地存在、成为

---

① 马克思恩格斯选集：第1卷．北京：人民出版社，2012：405.

具有世界历史性意义和影响的力量。当然，以资本为原则的现实生活世界，陷入了不可解决的二律背反之中："财富的新源泉，由于某种奇怪的、不可思议的魔力而变成贫困的源泉。技术的胜利，似乎是以道德的败坏为代价换来的。随着人类愈益控制自然，个人却似乎愈益成为别人的奴隶或自身的卑劣行为的奴隶。"①

还是马克思一语中的："资本本身是处于过程中的矛盾……一方面，资本唤起科学和自然界的一切力量，同样也唤起社会结合和社会交往的一切力量，以便使财富的创造不取决于（相对地）耗费在这种创造上的劳动时间。另一方面，资本想用劳动时间去衡量这样造出来的巨大的社会力量，并把这些力量限制在为了把已经创造的价值作为价值来保存所需要的限度之内。"② 所谓用"劳动时间"去衡量各种各样的社会力量，实即推行"可计算性"的评价标准。于是，在资本构造的"自由""平等"的社会生活中，人们的确能够运用并享受着自己的"独立性"，但无一例外地都是植根在"物的依赖关系"的基础上，依照资本原则厘定的半径不停息地进行绕圈运动。正是这样，资本的"抽象统治"遂成为新时代的基本特征，现实生活过程也就顺理成章地由此组建起来。

资本的本性即是唯利是图，资本原则的"抽象统治"不过是为了巩固和确证资本的本性。基于此，这一原则的现实开展，因为只有资本才能具有独立性和个性，所以资本无疑要排斥个别、否认差异、放逐感性。在现实的人这一端，活动着的个人没有自己的独立性和个性，社会生活消灭了"作为人的人"，而建构了"作为物的人"；在自然界这一端，自然界被当作一个现成地摆放在人们面前的"容器"或宝藏，人们可以不断地从中提取或搜刮财富。而且，资本原则通过利益驱动和引诱，把实证自然科学变成作用于自然界的手段。在这种情况下，自然界在社会生活体系中处于什么样的位置，已经自不待言，关乎我们生存的生态环境还有可能不陷入困境吗?

虽说由此澄清了问题及其成因，但我们必须予以警觉的是，这些困境是以生活总体状态出现的，而无关个人。"这是这样一种社会状况：人们在其中一方面日益打碎了、摆脱了、扔掉了纯'自然的'、非理性的和实际存在的桎梏；但另一方面，又同时在这种自己建立的、'自己

① 马克思恩格斯选集：第1卷．北京：人民出版社，2012：776.

② 马克思恩格斯全集：第31卷．北京：人民出版社，1998：101.

创造的'现实中，建立了一个包围自己的第二自然，并且以同样无情的规律性和他们相对立，就像从前非理性的自然力量所做的那样。"[①] 这样当能使我们相信，当代人对待日趋严重的生态问题，与其致力于寻找不可能有的一劳永逸的解决办法，不如锚定问题之症结，富有针对性地采取措施。就此而言，马克思关于"感性自然界"的深思不就是弥足珍贵的思想资源吗？

① 卢卡奇．历史与阶级意识．杜章智，任立，燕宏远，译．北京：商务印书馆，1999：204.

第十章　空间生产的存在论转化

20 世纪下半叶以后，国外人文社会科学在致力于探究和解答现实生活世界问题时，兴起了一股被称为“空间转向”的理论思潮。该思潮指责传统社会科学理论固守“时间优先于空间”的学术理路，主张以“空间”为轴心或引线来规划当今的社会问题研究，力图“在批判的社会理论中重置空间”，以便克服传统的“通过时间消灭空间”的知识增长方式。值得关注的是，那些力推“空间转向”的思想家，程度不同地把“历史决定论”当作传统诠释路线的主要代表，也就合乎逻辑地把批判的锋芒对准历史唯物主义。由于这些推动者自认担负着构建“空间化的本体论”的理论重任，而这一转向首要且关键的目标正在于颠覆传统的本体论，所以，历史唯物主义在此转向中所受到的遭遇，毋庸置疑面临着发自于本体论（存在论）原则高度的挑战或评判，事实上处于本体论的分殊或排除的诘难之中。厘清与这些“空间转向”问题有关的言说语境，基于本体论之基本要求的视野也就随之而出：我们将致力于揭示空间以及空间生产成为理论焦点的历史前提和现实成因，绽露创造性地转化“空间转向”之积极成果的现实可能性。

一、现代文明造就的生存选择

无论列斐伏尔（Henri Lefebvre）、大卫·哈维（David Harvey）、爱德华·苏贾（Edward Soja）等人以及其他的赞同者，是如何肯定地论证和阐扬现实生活中的“空间转向”问题，但人们似乎免不了要碰上这样的追问：空间作为人类现实生活的基本元素自古有之，未曾须臾失落，何以在 20 世纪的日常生活中如此这般地凸显为人们必须面对的焦点问题？何以所谓“空间实践”“空间生产”如果不是唯一的至少也与其他因素一起被说成是现代性的真正本质和体验？倘若问题的这种提法确实合理可靠，问之所问也顺理成章而非人为斧凿，那么，这就要求我们只有深入于问题之源发地和根基处，才能把握“空间转向”作为问题的真正意义和全部影响。这正好印证了马克思一个重要论断的方法论意义：“我们判断一个人不能以他对自己的看法为根据，同样，我们判断这样一个变革时代也不能以它的意识为根据；相反，这个意识必须从物质生活的矛盾中，从社会生产力和生产关系之间的现存冲突中去解释。”① 我们就此相信，“空间转向”思潮的产生、传播和流变，毕竟有其深厚的历史背景和现实基础。

在最初的“人的依赖关系”的“社会形式”下，人类在“狭小的范围内和孤立的地点上”从事生产和生活活动；个人是自己赖以存在的人群共同体的附属物，通常被看成是共同体的“一个肢体”，共同体则被看成是个人肉体的延伸。在这种以自给自足的“土地所有制”为基础的社会生活状态中，“土地是一个大实验场，是一个武库，既提供劳动资料，又提供劳动材料，还提供共同体居住的地方，即共同体的**基础**。人类素朴天真地把土地当作**共同体的财产**，而且是在活劳动中生产并再生产自身的共同体的**财产**”②。在这种情形之下，人们对于空间的想象和认知，莫不局限在身边的土地、无机自然这一天然给定的范围之内。人们由此当然需要展开并形成关于“个人劳动的客观条件”之种种思考乃至行动，但不可否认的是，诸如土地之类的“客观条件”并不是人们劳动的“产物”，而是作为“前提”先期存在于人们再生产过程之前。在自然经济时代，这一前提是如此之不言而喻，更是如此之司空见惯，以至于不可能也没有必要与人的活动分离开来。在这种情况下，空间在这个时候固然还是有可能作为一个问题而出现在人们的日常生活中，但空间生产、空间实践肯定不会成为日常生活中的热门话题。

问题在于，“人的依赖关系”的社会状态，不过是人类的初始发展阶段。在这一阶段，“无论个人还是社会，都不能想象会有自由而充分

① 马克思恩格斯选集：第 2 卷．北京：人民出版社，2012：3.

② 马克思恩格斯全集：第 30 卷．北京：人民出版社，1995：466.

的发展，因为这样的发展是同原始关系相矛盾的”①。如果人的“自由而充分的发展”毕竟阻挡不了，个人也势必要越过自己所属共同体的边界，那么，“人的依赖关系”的解体和被取代，就是必然要发生的历史过程。不消说，这是人类历史的重大转折，毫无疑问归功于资产阶级“非常革命”的作用。正是通过创造普遍的社会物质变换、全面的关系、多方面的需求以及全面的能力体系，资产阶级完成了这场关乎人类的前途的“革命”。经过这一革命洗礼，原始的血缘和地域联系失去了社会约束力，商品、货币、交换等上升为人际关系的纽带，人们获得了自己的个性和能力——这是人类总体发展的一个极其重要的必经环节。在此基础上，资本主义社会创造了巨大的物质财富。

从“人的依赖关系”社会状态转变过来的历史性成果，除了确立“资本的绝对统治”作为社会生活主导原则之外，我们尚能发现的社会生活变化至少还有：其一，人的“原始的”丰富性让位于“人的独立性”，工人能够掌握自己的劳动，亦即“自由劳动”与“自由工人”的形成和实现。其二，作为劳动之客观条件的土地、无机自然界等，失去了与劳动“天然统一”的性质，而与劳动相分离并形成了实际的对立。劳动者与劳动之客观条件的再度统一，需要经过资本这个中介的连接和指引。其三，大工业的形成和发展，使“现实财富的创造较少地取决于劳动时间和已耗费的劳动量，较多地取决于在劳动时间内所运用的作用物的力量”②，亦即取决于科学发展水平和技术进步水平，进而取决于科学在生产上的应用。其四，交换价值以及交换价值生产占据统治地位，瓦解了以直接使用价值为目的的生产以及与这种生产相适应的所有制形式，导致“对象化劳动”与活劳动的对立以及前者对于后者的役使。同时，“平等和自由不仅在以交换价值为基础的交换中受到尊重，而且交换价值的交换是一切**平等**和**自由**的生产的、现实的基础”③。

类似的变化，当然还可以罗列出更多，但仅此四项即可标明资本这个“文明时代”的横空出世——这四点变化本质重要地培育了资本“文明时代”的基本元素：“独立的人”“劳动的客观条件”“大工业”“交换价值”。而更重要、更有影响力的意义还在于，在资本原则的普照之下，

---

① 马克思恩格斯全集：第30卷．北京：人民出版社，1995：479.

② 马克思恩格斯全集：第31卷．北京：人民出版社，1998：100.

③ 同①199.

这四个元素形成了不可分割的内在相关性，不仅成为资本“文明时代”的主导标志，而且是这个时代的社会系统得以正常运转的发动力量。毋庸分说，这些因素及其相互联系正是现代社会世俗生活领域的基本架构。既然如此，“人的依赖关系”的社会形式就被放进历史陈列馆之中了，现代生活及其辩证运动遂成为人们日常生活中的感性现实。这就是相当于以土地为支柱的农业文明而言的现代文明的降临。而且，由于构成元素的不可或缺的性质，我们当能相信整个现代文明的必然性和恒久性。这样的话，我们试问：当今学术界所焦虑和热议的空间问题，是不是与现代文明的发展相关？在现代文明中是不是有其根苗？这里的答案不仅是肯定的，而且可以说，空间问题正是现代文明的必然产物，或曰现代文明必然让空间成为日常生活中的一个问题。我们可以从现代文明的构成元素中找到可信的线索。

真正说来，在现代文明诸种构成元素中，与空间有着直接关联的乃是“劳动的客观条件”。不过，使空间作为问题出现在日常生活中，却是资本主导下的多重因素交互作用的结果。我们已有简略的交代，正如马克思所洞察的，在前现代社会，劳动的客观条件——如土地、原料、生活资料、劳动工具乃至货币等，是“生产的原始条件”；它们作为生产者的“自然生存条件”，与生产者的躯体一样，是天然给定的“自然前提”。随着生产力发展到一定水平，作为货币而存在的价值，一方面能买到劳动的客观条件，另一方面也能从“自由工人”那里换到活劳动本身。这就造成了劳动的客观条件与劳动相分离，货币财富转化为资本。“如果说我们看到，货币转化为资本，是以劳动的客观条件与劳动者相分离、相独立的那个历史过程为前提的，那么，从另一方面说，资本一旦产生出来并发展下去，其结果就是使全部生产服从自己，并到处发展和实现劳动与财产之间，劳动与劳动的客观条件之间的分离。”①就此而言，如果空间在内涵上与“劳动的客观条件”不可否认地具有诸如交叉、重叠、包含等关系，那么，在“劳动的客观条件”必然要被分离独立出来的历史进程中，这难道不就是空间游离于日常生活的另一种表达吗？这不恰好证明了正是现代文明才必然稳定地让空间成了日常生活中的问题吗？所谓空间生产难道不是由此定向才是现实的、可能的

① 马克思恩格斯全集：第30卷．北京：人民出版社，1995：480－482，497，501，507.

吗？既是这样，当今相关的学术讨论是不是只有立足于“物质生活的矛盾”才能获致正确而可靠的认识方向和解决问题的办法呢？

澄清了空间问题的现代性谱系或本体论意义上的归属，我们对于空间及其发展派生的问题无疑就有了大致的把握和评估，也有了更为合理的期待。由于资本“无止境的致富欲望”而成为**“发展社会生产力的重要的关系”**①，劳动的客观条件不可避免地被资本武装和控制起来，进而不可逆转地转化为与活劳动相对立的、归资本所有的人格化财产。在这种情况下，劳动的客观条件就失去了本来的天然给定性，而成为社会生活中的生产性要素，成为资本增殖运动的组成部分、重要载体乃至推动力量。基于此，空间生产和空间实践在日常生活中的开展，可谓顺理成章，而就资本增殖来说甚至是天经地义的事情。而且，劳动的客观条件因其所涉内容的广泛、多样和复杂，不仅有助于实现资本的多元化利益追求，而且能够推动资本的扩张。这表明，在现代文明生活中，空间生产迅猛发展及其各种流变，皆不是凭空而来，而是渊源有自。

20 世纪下半叶整个世界进入了总体相对和平的发展时期，世界现代化运动取得了新的成就，尤其是中国特色社会主义实践获得巨大成功，地球上超过一半的人口居住在都市地区。都市化成为当代生活的显著特征，都市世界给当代人带来了新的生存体验和境遇。正是在这个时候或这种情势下，社会生产和再生产越来越紧密地与空间勾连起来，越来越频繁地使空间成为现实生活中的问题或焦点，越来越突出地转化为空间的生产。于是，列斐伏尔适时地把“空间生产”当作分析当代社会日常生活的一个支点，“空间转向”便成为当代社会理论研究的一种热潮或时髦。

从其发生的历史背景和现实基础来考量，“空间转向”或空间生产理论的问世，形式上倡导学术新路，开拓了新的认识视野，但这并不是当代某些思想家或学者出于灵感而偶然的创设，而是无可辩驳地与人类现代化运动的历史性演进息息相关。从本质上来说，劳动的客观条件被资本化以后，就与劳动相分离而独立出来，空间问题正是由此转换而来，空间生产也就不可延宕地进入日常生活议程中。由此可知，空间问题没有任何悬念地从现代文明土壤中生发出来，空间生产更是现代世界

---

① 马克思恩格斯全集：第 30 卷．北京：人民出版社，1995：286.

晚近生成的重大现实问题。我们可以这样来推断，空间问题呈现出来的复杂性，空间生产表现为不同的样式或性质，皆由资本所发动或驱动，并为资本原则的实现开辟新的道路和可能性。

二、空间生产的多重面相与成因

我们的分析表明，作为问题而出现的空间生产，特别地属于现代世界。正是20世纪中叶以后世界范围的城市化运动，才把空间生产彰显为人们近距离观看和审视的切身问题。更加复杂的情况还在于，“资产阶级使农村屈服于城市的统治。它创立了巨大的城市，使城市人口比农村人口大大增加起来，因而使很大一部分居民脱离了农村生活的愚昧状态”①。资产阶级“使农村屈服于城市”，减少农村人口，大幅度增加城市人口，这是作为现代世界特征的重要事实，同时也制造了现代文明的内在紧张与冲突，由后来出现的“空间生产”淋漓尽致地暴露出来。随着城市人口膨胀乃至城市化扩张，诸如争夺“城市权”这类“寻求空间正义”的行动应运而生，且此起彼伏。这样说来，由资本原则主导的空间生产，始则遭遇不同利益的纠葛，继而充斥着“权力”之争，终将成为“空间政治”的角力场。如此之乱象丛生，实际说明空间生产已然获致更多的牵扯和寓意，难怪在当今热闹非凡的“空间转向”中找不到一个众人认可的有关空间生产的定义。就此而言，我们的确需要超越当今围绕“空间生产”而来的各种议论或认识，紧扣现代世界“物质生活的矛盾”，着眼于“社会生产力和生产关系之间的现存冲突”，深入剖析和发掘“空间生产”所负载的复杂寓意，由此才有可能把握并利用“空间转向”对于当代生活的实际意义。

真正说来，空间生产之所以在现代社会长时段发展中形成了不同的意义所指，关键在于，在现代文明波澜壮阔的历程中，嵌入现代文明体系中的空间先后被赋予了不同的内涵，人们讨论空间生产问题时自然获得了与之对称或匹配的语境，由之而来的则是富有区别的话语特征和理论指向。这里所说的，就是指在现代生活中次第出场的“物质空间”“心理空间”“社会空间”这三种样式，尽管这三者在当今的生活世界中似乎处于依存并立之势。那么，现代文明演历为什么形成了这三种

① 马克思恩格斯选集：第1卷．北京：人民出版社，2012：405.

空间——如果可以称之为种类的话？它们各自究竟有着什么独特的存在根据，以及通过何种方式来管理并实现自身的（生产）？如何把握它们相互之间的历史性联系？我们就此做出简明扼要的分析。

其一，物质空间及其生产。

物质空间，是指现实生活中客观存在的、有形的空间，是人们在日常生活中能够以这样那样的方式感觉得到的空间。可感性是物质空间的基本特征。更为原始地来看，物质空间本是人类生存须臾不可或缺的条件，人类注定要依寓物质空间才能生存下来。正因为物质空间是人之为人的天然寓所，以至于人们平常所说的空间大多数是指物质空间；正因为人类在本性上对物质空间是如此之熟悉，以至于人们平常往往对空间熟视无睹——当然，这里也有短暂回避那些自己无能为力的空间压力的情况。这就是说，人类最初并没有把空间当作自己身外的对象来看待，亦即没有让空间对象化。人类实现空间对象化的决定性步骤，就是货币转化为资本、“劳动的客观条件”被资本化这一历史性事件的出现；人类历史进程中真正意义上的空间生产正是滥觞于此，因为“劳动的客观条件”是空间的主要载体，资本主义迫切需要“占有空间”，“并生产出一种空间”：资本主义各种生产关系的再生产，就是作为一个整体的资本主义制度维系自己结构、延长自己存在的过程。“这些具有主导性的生产关系以一种具体的和人造的空间性形式得到再生产，而这种空间性已继续被一种处于不断推进中的资本主义所‘占有’，被分裂为（fragmented）各个部分，同质化为离散的商品，组织为各种控制场所，并扩展到全球性的规模。”①

不论人们——包括那些推动“空间转向”的思想家——是否愿意承认，就是在当今三种空间生产并存的时代情境下，物质空间仍是人们日常生存的基本条件，物质空间生产仍是当今所谓“空间生产”的实体部分和主导内容。我们可以做出这样的判断：如果没有物质空间生产，当今其他的空间生产就不可能产生；如果不是物质空间生产出现了问题——如全球化浪潮、都市化生活、城市建设的权力博弈等，当今所谓“空间转向”也无多大的必要，甚至也不可能作为重要的理论或文化问题进入人们的视野。毫无疑问，物质空间生产是空间生产的“第一性”

① 爱德华·苏贾．后现代地理学．王文斌，译．北京：商务印书馆，2004：139－140.

特征。这是由物质空间生产悠久的历史积淀和迫切的现实需要所决定的。现实需要想必已毋庸赘言，我们侧重简论物质空间生产的历史性生成进程。

马克思在 1840 年代思考“历史向世界历史的转变”时曾经指出，“如果在英国发明了一种机器，它夺走了印度和中国的无数劳动者的饭碗，并引起这些国家的整个生存形式的改变，那么，这个发明便成为一个世界历史性的事实”。马克思还独具慧眼地阐发了这一事实的成因：第一，大工业消灭了各国以往自然形成的闭关自守的状态，使每个文明国家以及这些国家中的每一个人的需要及其满足都依赖于整个世界。第二，大工业把所有的资本都变为工业资本，通过普遍竞争开创了世界历史，实现了民族历史完全转变为世界历史。① 这就能够让我们看出，在现代世界诸种要素（大工业、资本、世界历史等）的推动下，物质空间生产有着不可阻挡的必然性，而这一必然性或许通过诸如不断变换的形式、充满内在张力的生活选择、地理区域的转换等因素表现出来。

其二，心理空间及其生产。

与物质空间的有形、可感性质迥然相异，心理空间乃是无形的、不可捉摸的、易变的。不过，心理空间对于现代社会生活的影响，实际上一点也不比物质空间的小，有的时候甚至有过之无不及。这就是说，心理空间在现实生活中的真实存在，是不应怀疑的。19 世纪末问世的精神分析理论，致力于探究人的心理活动过程和形式，在独立的理论探讨中形成了颇有自洽性的思想阐述，并在一定范围内展开了行之有效的应用和推广，至今仍有广泛的社会影响力。我们大概不必讳言，精神分析理论开展其思想建树的过程，其实正是要提醒并指导人们如何合理地调适自己的心理活动。这恰恰就是对于心理空间的管理和呵护，无疑是心理空间生产的题中应有之义。

在现实生活中，心理空间总是摆脱不了来自物质空间生产的刺激或诱惑，以至于心理空间生产总是这样那样地与物质空间及其生产有着割不断的关联，并给予物质空间生产极其重要的反作用。可以说，心理空间生产乃是物质空间生产的对应极。当然，心理空间生产的真正动因，不是物质空间生产，而是现实生活过程的需要与推动。

---

① 马克思恩格斯选集：第 1 卷．北京：人民出版社，2012：168，194－195.

在资本追求利润增殖的驱动下，资本主义劳动过程被细分为多个环节，每个环节都有明晰的工作细则、量化的工作进度指标亦即单位时间内完成的工作定额。这些量化指标以统计学的随机分析为基础，形式上权威、可靠、可行，成为劳动过程予以参照的标准。在此影响下，劳动者势必形成了对于自身能力的心理预期，必定力求达到或超过这个基于“抽象计算”而得的工作目标。劳动者这一心理过程的发生，起初迫于生计，进而则是证明自己、发展自己的心理表达。不消说，资本主义社会恰恰充分利用了劳动者人性结构中诸如生存感、成就感、责任感等心理资质，作为刺激劳动生产率提高的途径，“泰罗制”的提出并迅速推广就是一个证明。“泰罗制”就是凭借人们可以接受的“心理学”分析，把劳动者个人“心理特性”作为影响价值增殖的重要参变量，纳入管理系统之中，不断地予以推广和完善。[①] 马克思一段切中肯綮的论断更是挑明了问题之实质：工业的历史及其已经生成的对象性的存在，是“感性地摆在我们面前的人的**心理学**”，但人们至今还没有从其同人的“**本质**的联系”，而总是仅仅从“外在的有用性”这种关系来理解。[②] 这就切近描述了现代社会的心理空间生产，并立足于社会生活之基层，入木三分地绽露心理空间生产的运行机制和社会效应。

当代互联网信息技术在全球的扩张乃至于网络社会的崛起，为心理空间生产提供了最直接的现实契机。当互联网把整个世界贯通起来，实现全球信息网络一体化，使得电脑网络成了人们现实生活的基本要素时，世界就进入了“网络社会”，人们就要面对在“虚拟世界”中谋划生活的境遇。这就是当代出现的虚拟化生存问题。它主要依赖于数字化的信息，按照具有不同意义或目的的编码规则，借助于媒介技术操作，加工处理信息，组合或创造出新的产品、新的现象或新的事件，并随着网络在全球普遍快捷地传播。不消说，所谓虚拟化生存，面对的却是真实的虚拟世界、真实的虚拟化生存处境。如此这般虚拟化的生存活动，既是心理空间生产现实开展的载体和标志，又为这一生产的可持续发展积聚了丰富的资源和坚实的基础。

其三，社会空间及其生产。

---

① 卢卡奇．历史与阶级意识．杜章智，任立，燕宏远，译．北京：商务印书馆，1999：152.

② 马克思恩格斯文集：第1卷．北京：人民出版社，2009：192.

的确，列斐伏尔等人发动“空间转向”所说的“空间”，主要就是指社会空间。爱德华·苏贾明确提出，“空间性是由社会生产的，而且如同社会本身一样，既以各种具有实质性内容的形式（各种具体的空间性）存在，也以个体与群体两者之间的一套关系，即社会生活本身的一种‘具体化’与媒质而存在”。既然空间性是“一种实体化了的并可以辨识的社会产物”，那么，如果历史是社会生活的物质化，那么，空间性必须作为社会存在的“第二种”物质化，社会存在的构建在“地理”和“历史”的结合中才成为具体。① 我们就此想必能够大致领会社会空间的一般寓意；而“空间性”的提法本身，大体透露了社会空间实际上与社会生活中以关系方式存在的结构具有同构性或相似性的重要信息。

不仅如此，爱德华·苏贾还做了一个明确的区分：“作为由社会生产的空间，空间性可以区别于具有物质特性的物质空间以及认知和表征的心理空间。不论是物质空间还是心理空间，都被利用并融合到空间性的社会构建之中，但不能因此被概念化为空间性的等同物。”我们从此可以看出“社会空间”与“物质空间”“心理空间”三者之间清晰可见的划界。爱德华·苏贾还证明，“物性的物质空间”与“人性的意念空间”亦即心理空间都必须被视为由社会生产和再生产的，必须被融合到“空间性的社会生产”之中而得到意义重大的“转换”。这一社会性的“融合-转换”，虽说给物质空间与心理空间的独立阐述设置了某些限制，但却使它们能够应用于具体的社会分析和阐释。② 这些分析蕴含的意义主要表现为：其一，针对传统的“物质空间”“心理空间”二分的阐释框架，“社会空间”的提出与确证，意味着人类对于现代社会本质和现代生活变迁的认识深化，而且在一定程度上触及核心层面。其二，在列斐伏尔等人的理论语境中，社会空间及其生产，拥有对于另外两种空间而言的发言权和统摄性。易言之，每一种空间都是在现实生活过程中才能有其存在，都需要当作现实社会生活体系的内容来加以理论化的分析和把握。

这些阐述表明社会空间所涉内容的丰富芜杂，既有以实体方式存在的具体空间，也有以关系方式表现出来的社会生活的某些结构。这是社

① 爱德华·苏贾．后现代地理学．王文斌，译．北京：商务印书馆，2004：182，193，196.

② 同①182－183.

会生活复杂性的确证或表达，也正是人类独有禀性之所在——动物根本不对什么东西发生“关系”，动物对他物的关系不是作为“关系”存在的；凡是有“关系”存在的地方，都是属于人的，人是通过“对象性的活动”而自我创生的，人原初就是一个对象性的存在物。[①] 与此相适应，社会空间生产，本质上无疑是人类现实生活筹划的实际行动，形式上则表现为社会关系的重组或再造，而且主要相关于那些具有张力、并存性质的社会关系。列斐伏尔就认为，“堪称‘第二自然界’的空间性，是业已转换的并在社会得到具体化的空间性，缘起于人类有目的的劳动的应用”[②]。

这样说来，如果社会空间生产在一般意义上意味着社会关系的生产和再生产，那么，这一定只有在最发达的社会关系状态下才是可能的。这就再次标识了空间生产问题的现代性归属，因为人类历史迄今最发达的社会关系是资本原则主导下的现代生活图景。正是这样，当今由空间生产引申的空间政治、空间正义等热门话题，可谓其来有自，它们都是现代文明所生发出来的现实问题。可以相信，从城市扩张以及都市化生存困境而来的，当有空间生产具有不可摆脱的政治性和意识形态性负载这一事。于是，社会空间生产的可能性、它在社会生活中的主导性及其发展前景，都是值得期待的。

三、力求阐释现实的本体论想象

由当今空间生产的复杂面相我们能够明白，空间的变动、组织和管理与人类生活变化相关，是人类生活转型的产物；而空间的意义生成及其流变，更是现代社会生活的杰作。虽然物质空间和心理空间在当今生活世界仍有存在理由且实际在场，但时下的空间生产理论研究，已然确凿无疑地把“社会空间生产”视为当代空间生产实践的主导成分或主要形式、当今“空间问题框架”的主干或核心内容。这些认识的确深入当代空间生产的实际和主要之点，切近把握并表达了当代都市生活的实情，有助于人们理解空间及空间生产对于现实生活的真正影响。如此展露出来的思想旨趣及路径选择，自觉不自觉地呼应了历史唯物主义关注“现实生活过程”的理论要求。正是这样，在列斐伏尔等人的理论阐述

① 马克思恩格斯选集：第1卷．北京：人民出版社，2012：161.

② 爱德华·苏贾．后现代地理学．王文斌，译．北京：商务印书馆，2004：122.

中，历史唯物主义被放在十分醒目的理论位置上，丰富发展历史唯物主义的理论热情随处可见。

20世纪中叶以后，已经处于现代化快车道的资本主义世界，通过一系列政策调整，克服和解决了诸多矛盾、冲突和弊端，在巩固了自身存在基础的同时还赢获了新一轮的高速发展，成为“先进的资本主义”。资本主义何以能够“淡化”乃至“解决”一个多世纪以来积累的内部矛盾，而实现了社会关系的再生产呢？毫无疑问，这种社会关系的再生产，就是资本主义通过维系既有结构而延续自身存在的过程。依照列斐伏尔等人的看法，“资本主义的生存就是建基于对一种日显包容性、工具性和从社会角度加以神秘化的空间性的建立，这种空间性隐匿于幻想和意识形态厚厚的面纱中，借以逃避批判视线”。资本主义的城市化革命和都市化生活，不可否认地需要并日益依赖于所谓“空间规划”，由此建构和支撑的空间性，无疑能够得到社会大众的认可，从而造就并实现了社会关系的再生产。可以说，“在先进的资本主义的统治下，空间组织已十分突出地与各种社会关系的主导性制度的再生产联系在一起。同时，这些占据主导性地位的各种社会关系的再生产成了资本主义本身生存的主要基础”①。社会空间生产正是各种主导性生产关系得到再生产的依靠或支撑。由此可见，资本主义的生存已然仰仗于具有独特性的生产，以及占有一种零散的、同质的且有等级结构特性的空间，而达到这一目的的手段主要是通过官僚国家控制的集体消费，将国家权力强行注入日常生活之中，多层面地区分主导性中心与依附性边缘。在这种情况下，城市的空间问题框架提升到阶级斗争的中心地位；围绕城市生存权利、区域平等、公共空间、空间产权等问题展开的斗争，已经变成在政治上更有决定性意义的内容。不消说，这就把事关当代重大生活变迁的空间问题与历史唯物主义的理论创新勾连起来，并毫不妥协地把空间问题框架运送到历史唯物主义理论建构的核心地带。

在爱德华·苏贾看来，诸如“城镇与乡村之间的对立、劳动的区域分工、产业资本主义制度下的城市居住空间的划分、资本主义积累的地理不平衡性、土地租借和土地私人所有制的作用、剩余价值的部分转移以及自然辩证法”② 等问题，马克思和恩格斯皆有深刻而独到的解答。

① 爱德华·苏贾．后现代地理学．王文斌，译．北京：商务印书馆，2004：77，139.

② 同①119.

但是，这些并不能证明历史唯物主义给予了空间问题以应有的理论位置，相反，马克思主义在一百多年的发展中一直与地理阐释方法、与空间分析相脱节。“马克思主义始终未曾窥见到与资本主义的发展和生存联系在一起的物质的和意识形态的空间化。这种空间化是与社会的劳动分工、国家体制的物质性，以及经济的、政治的和意识形态的力量的各种表现紧密相联的。”① 既是这样，赋予历史唯物主义一种“具体的地理学”，把空间生产整合为历史唯物主义理论阐述核心的一个积极因素，建立一种“空间政治经济学”，在认识空间生产中“恢复辩证法”，推动历史唯物主义转型为“历史地理唯物主义”，这正是当今空间生产理论研究刻意完成的任务，也是这一研究自视能够推动历史唯物主义以适应当代政治和理论挑战的希望所在。

倘若剥离其中纯属后见之明式的知识空缺指认和批评，我们可以看出，空间生产理论一定程度上可被看成当代富有建设性的一个思想标杆。在“历史向世界历史的转变”的现代性背景中，城市化运动带来的都市膨胀和扩张，派生出新的利益纷争，空间问题对于现代文明生活的影响日益突出。这就是说，“空间性必须由社会再生产，而且这一再生产是冲突和危机长流不息的源头”②。列斐伏尔等人敏锐捕捉到当代生活的这些新变化，力图尽如原貌地展露出来，并给出颇有说服力的理论阐述，恰逢其时地为人们合理筹划生活提供认识向导。如果这在立论取向上与历史唯物主义的基本要求别无二致，那么实际上则是自觉不自觉地回答了历史唯物主义在当代境遇中如何出场的时代课题，为当今社会科学理论研究切中现实而赖以立足和发展做出了示范。不宁唯是，列斐伏尔等人从当代都市生活之生猛绚烂的实际中，发现了空间生产本身不可遏止的发展势头而能成为社会生活组织建构原则的事实，遂富有卓识地提出并实际运用空间分析方法，以作为社会研究方法体系中的新贵。这是对当代社会科学研究的重大贡献，不言而喻地凸显了历史唯物主义对于解决当代问题的引领和指导意义。

当然，爱德华·苏贾认为，“西方的哲学传统原先古板地将时间分离于空间，而且在本质上将时间性置于优先考虑的地位，到了勾销空间

① 爱德华·苏贾．后现代地理学．王文斌，译．北京：商务印书馆，2004：181.

② 同①196.

性的本体论和认识论重要性的程度”①。但是，把空间视为“历史的能映照事物的容器”，忽视“空间母体”作为资本主义的物质根基这一本体论事实，我们就会极其严重地错失“社会生活的真正本源”，失去最能发现问题的批判视野。历史决定论是19世纪的一座最坚固的丰碑，但“历史决定论挡住了我们的视线，使得我们看不清存在着两种空间：一种空间是作为社会中一种具有构建力量的物质客观性，另一种空间是作为集体意识的一种愈益积极部分的观念主观性”②。正是这样，当今学术界的“空间转向”还试图建立“空间化的本体论”，通过纠正“历史决定论”沿袭已久的思想偏蔽，彰显社会生活空间性在本体论上的优先重要性，用以推动历史唯物主义的本体论建设，走进空间崛起的现实生活世界。这就是“将原先在马克思主义传统里十分肯定地附丽于时间的东西归因于空间：一种基本的物质性、一种具有问题框架性的社会谱系学、一种借助与社会生活的生产和再生产牢不可破的联系而被推动的政治实践，而在所有这些方面的背后存在着一种本体论上的先取权，即空间性与存在两者之间的一种本质联系”③。那么，“空间化的本体论”果真能够成立吗?

前文已经交代，列斐伏尔等人念兹在兹的是“社会空间”及其生产，由此清晰可辨地彰显了“空间化的本体论”的问题领域、基本旨趣和认识定向。首先，社会空间及其生产即便在当代生活中越来越突出、越来越重要，也的确是当代空间生产的核心，但肯定不是唯一的一种形式，不可能完全代替或覆盖物质空间、心理空间的实际作用。然而，当今的“空间转向”只看重社会空间生产这一种形式，最多也只是要求物质空间和心理空间转换为社会空间。由此而建立的“空间化的本体论”，不能反映和概括生活世界的全貌，其存在意义和适用范围都是有限的，无疑难以承担本体论应当拥有的思想责任。其次，从本质上来看，社会空间生产的动因不在其自身。资本之求利、创新的本性，是空间生产的驱动力；在资本主导的生活运动中，空间结构的固定化不啻天方夜谭。而现代技术力量的迅猛发展，不可遏止地向生活世界的各个向度渗透，为空间生产的顺利开展奠定了强大的物质基础。以资本和技术为支撑的

① 爱德华·苏贾．后现代地理学．王文斌，译．北京：商务印书馆，2004：181.

② 同①198.

③ 同①180－181.

当代空间生产，处于现代性的包围之中，必将这样那样地受到现代性的影响，毫无例外需要也接受了近代思想文化的引领。如果资本、技术和文化立体式地构成了现代空间生产的一般动因，那么，仅仅止步于社会空间生产来构建“空间化的本体论”，就是游离于自身存在根基的玄想或呓语。最后，“空间转向”学术研究的一个重要目标，就是要终结传统的“时间性的万能叙事”，张扬“空间叙事”。的确，现代文明生活的每一个方面，皆拥有一种深刻的“空间定位”或“空间隐喻”，若用理论化语言表达出来，当然也是合理的生活筹划之所需。问题在于，这并不意味着就必然要形成与时间性的对抗，否定和排斥时间性。设若历史决定论将空间附丽于时间，并果真由此而湮没了空间，那么，反其道而行之，真是合理的理论选择吗？这难道不是再度制造思想的对抗与分裂吗？“空间化的本体论”似乎满足于在不相容的对立中进行运思，这能够有助于人们的现实生活吗？现代世界生活果真还需要这样偏执的文化产品吗？

这样说来，“空间化的本体论”堪称针对现实而展开的“现实想象”，是脱离生活世界的理论情绪。既然如此，构建“空间化的本体论”的思想行动应当停止，“空间转向”的学术研究当有能够实现其真正价值的任务。列斐伏尔等人深入而确切地揭示了当代生活的某些实情，把生活世界中有着重大意义的本体论事实暴露出来，为当今的社会科学理论研究提供了可靠珍贵的素材、视角和问题，在理论和实践两方面给历史唯物主义注入了一种新的活力。这正是当今的历史唯物主义研究需要予以高度重视并充分吸收的。

第十一章 感觉贫困化的根本改造

自然环境变化带来的生态问题，空间及空间生产引发的生存境遇，人们总是能够找到切身的感受或体验而予以认同。这些因素的交互综合，组建了人的日常生活状态，构成了人们倾心追求也津津乐道的“存在感”。在现代社会的生活处境中，“存在感”具有看不见、摸不着却无所不在的性质，左右着社会大众的日常行为和价值取向，堪称人们生活态度的晴雨表。在《手稿》中，马克思独具慧眼地揭露了资本主义“私有制的生活”造成了人的“一切感觉的单纯异化”，人们只有一种感觉即“拥有感”或“占有感”。马克思这一论断具有针砭时弊的震撼力，凸显了已然流行于资本主义这个“文明时代”而人们熟视无睹的一般性弊病，即现实生活世界的“感觉贫困化”问题。在“拥有感”独霸人的精神世界的时代处境中，人们对于“存在感”的想象和解读理所当然地依据“拥有感”来展开。在这种情形下，所谓“存在感”还能够蕴含着人们念兹在兹的“自由感”“幸福感”吗？答案不言自明。现代这个“文明时代”的生活图景毋庸置疑是片面的、扭曲的，在诸如自然生态、空间生产等方面陷入严重的困境更是不可避免。我们试图通过梳理马克思所阐述的人的感觉贫困化问题，依据马克思开辟的历史唯物主义阐释路线，力求厘清这一现象的成因，启明生活世界变迁的源始动力，彰显“文明时代”发展动因的策源地，基于现实关切的历史唯物主义立场，阐发和弘扬马克思的深思。

一、感觉的贫困化及其成因

依照马克思的洞察和分析，资本主义私有制条件下发生的“一切感觉的单纯异化”，就是指人们“**一切**肉体的和精神的感觉”都趋向于一种感觉即“拥有的感觉”，或者被这种“拥有感”代替，或者这样那样地归顺于“拥有感”。马克思更为详细的描述则是：“一个对象，只有当它为我们所拥有的时候，就是说，当它对我们来说作为资本而存在，或者它被我们直接占有，被我们吃、喝、穿、住等等的时候，简言之，在它被我们**使用**的时候，才是**我们的**。”① 马克思这段论述有一个关键的提示，即对象“作为资本而存在”才被我们拥有。

正常状态下，人与外在世界的关系是丰富多彩的，联系的渠道是多种多样的，把握外在世界的方式是复杂可变的。这些情况的出现，与人的五官感觉具有不尽相同的特质或要求紧密相关。然而，在“拥有感”宰制和引导的生存状态中，人的五官感觉在内容上被凝聚为同一种意义指向，且始终固定在这个标准上。在这种情况下，五官感觉便丢失了本己的特质，徒有生理形式上的分殊。本来各各有别的五官感觉，却被挤压到同一个存在平面上。人的五官感觉走向如此这般的单一，意味着人将落入感觉贫困的荒漠之中，并且是显而易见的绝对贫困。这就是人的“一切感觉的单纯异化”。

人的感觉的异化，实即人性的残缺、人的单向度的片面发展，无疑是人之为人的危机，而且是起之于人性基层的生存危机。就此试问：人何以遭遇到如此这般的生存危机？换言之，这种状况何以能够发生且持存下来？是否有其必然性？马克思指出，“私有制使我们变得如此愚蠢而片面”②。

马克思所说的私有制，当然是以自己生活于其中的现实资本主义社会为依据的。我们知道，在马克思的语境中，现实的资本主义社会，是一个以商品为日常生活细胞、从事商品生产和商品交换、“以**物的**依赖性为基础的人的独立性”的生活状态。就此试问：这种社会生活状态究竟给人类带来了什么样的处境，以至于人类落入感觉的贫困化之中？

其一，人与人之间处于利己主义打算的冰水之中。正如很多思想家所揭示的，人类的行动都产生于他们的需要、热情和兴趣，人们在日常生活中都有其“自利的打算”。“个别兴趣”和“自私欲望的满足”，是人类一切行动的最隐蔽、最坚固、最恒久的内在动力源泉。③ 人类天性中的

---

① 马克思恩格斯文集：第1卷．北京：人民出版社，2009：189.

② 同①.

③ 黑格尔．历史哲学．王造时，译．上海：上海书店出版社，1999：21.

这种求利本能，在资本主义社会无疑获得了生长和发展的天然肥沃的土壤。更有甚者，资本主义私有制依其内在本性，必定要充分激活人类求利的本能，使之上升为日常生活建制的推动力，并不可遏制地为资本主义私有制输送必不可少的人性资质。一旦成为社会制度的构成元素或成分，人的求利本能就蜕变为人的贪欲，拜金主义遂成为社会生活风尚。所以，“资产阶级在它已经取得了统治的地方把一切封建的、宗法的和田园诗般的关系都破坏了。它无情地斩断了把人们束缚于天然尊长的形形色色的封建羁绊，它使人和人之间除了赤裸裸的利害关系，除了冷酷无情的‘现金交易’，就再也没有任何别的联系了”①。不消说，资本主义私有制没有任何例外地确立了“异化的物**对**人的全面统治”，“**物**对**个人**、产品对生产者的普遍统治”，催生了商品拜物教，由此导致“**人的个性**本身、人的**道德**本身既成了买卖的物品，又成了货币存在于其中的**物质**”②。

其二，物化社会关系的异己性。与利己主义的“孤立个人”相对的，是有史以来“最发达的社会关系”。这种状况的确十分吊诡，但却是人类历史发展的实情——这是商品经济运行的必然结果。在商品经济条件下，商品生产者最关心的莫过于商品的价值。商品价值能否实现及其实现的程度，直接决定了商品生产者的命运，而商品价值的实现是在商品交换过程中完成的。这就是说，商品的价值不是商品体本身所固有的，也不是商品生产者自封的，而是在交换中通过另一个商品体反映出来的。换言之，商品的价值具有“对象性”这一“纯粹是社会的”特质。“因为商品的价值对象性只是这些物的‘社会存在’，所以这种对象性也就只能通过它们全面的社会关系来表现”③。问题在于，商品价值的“对象性”是在资本主义私有制的园地里生长的，并借此获得了社会大众的公认和使用，进而才能有其现实的存在。正是这样，与“物对人的全面统治”俱在的，便是“人的社会关系转化为物的社会关系”，每个人“以物的形式占有社会权力”，以至于人们“在衣袋里装着自己的社会权力和自己同社会的联系”。④ 问题的严重性还在于，在资本主义私有制条件下，商品交换及其负载的“全面的社会关系”，恰恰是每一

---

① 马克思恩格斯选集：第1卷．北京：人民出版社，2012：402-403.

② 马克思．1844年经济学哲学手稿．北京：人民出版社，2000：176，169.

③ 马克思恩格斯文集：第5卷．北京：人民出版社，2009：83.

④ 马克思恩格斯全集：第30卷．北京：人民出版社，1995：106-107.

个人不能逃避的生存条件。

其三，“抽象统治”在资本“文明时代”大行其道。所谓“抽象统治”，是指近代以后资本和形而上学对于现实生活世界的绝对控制，人的感性活动乃至感性生命被放逐、被边缘化的生存境遇。资产阶级创建了以资本为主导原则的生产方式，奔走于全球各地，到处落户和开发，不遗余力地推行现代的资本文明，迫使人们“变成资产者”，接受并践行相应的生活方式。社会生活以资本为主导原则，主要标志或具体实行的路径，就是“抽象劳动”成为社会生活的定理或准则。由于抽象劳动撇开了劳动的具体感性形式，实质上不过是一般人类劳动耗费的标识，并且又是通过可计算、可通约的劳动时间表现出来，所以，以抽象劳动为活动轴心的社会生活就有着独立和平等的外观，指引着人们筹划生存的可能性方向。如果说资本原则为人们的现实生活制定了大致方向，那么，近代形而上学就为这种生活定向提供着文化辩护或理论纲领。海德格尔对此就有一段颇为深入的评价：“在黑格尔的《精神现象学》中，劳动的现代形而上学的本质已经得到先行思考，被思为无条件的制造（Herstellung）的自行设置起来的过程，这就是被经验为主体性的人对现实事物的对象化的过程。”① 这就明确证明了以黑格尔为代表的近代形而上学与资本社会“抽象统治”的原则同构性。就此而言，随着资本逻辑上升为社会生活主导原则，现代世界或现代文明从此得以开启，资本和形而上学就成了现代文明的两大支柱，两者相互作用为其构建了必不可少的存在根据。在这种情势下，“抽象统治”的实际运行自不待言。而尤其需要关注的是，这种抽象统治竟然成了现代生活的正常状态，表现出对于生活世界的超强的建构性和再生性，让人们陷入了深受其害却难以自拔的生存困境。

以上所论的三点，其实涉及社会生活的三个向度——个体、社群、文化。在一般情况下，这三个向度能够标明社会风尚的大致轮廓或走向，通常也被视为社会生活风貌的主要构架。尽管这三者在社会生活体系中承载着不同的功能或作用，但是，在资本主义私有制条件下，它们不过徒有其名，在内容或存在根基方面，皆皈依于“物的依赖性”。而且，因为“人的独立性”被鼓动起来，且不断地予以张扬，所以，“物

---

① 海德格尔．路标．孙周兴，译．北京：商务印书馆，2000：401.

的依赖性”通过这三个向度的中介而越来越隐蔽、越来越自然、越来越巩固地成为社会生活的内在构成力量。在这样一个生存环境中，人的感觉落入只有“拥有感”的桎梏中，就是再正常不过的事情了。

二、感觉贫困化的历史性延续

“拥有感”所标识的感觉的贫困化，是不是资本主义私有制某个发展时段突发的非常生存状态呢？不是。我们相信，马克思为资本主义时代概括的“以**物的**依赖性为基础的人的独立性”的特征，绝非率性随意式的旁出或余兴。在马克思的同时代或马克思之后，很多思想家做出了与其相同或相似的判断，我们大概不能轻易地视之为信口开河式的呓语或托词。人类对于物的态度，或者说，人与物关系的历史性演变，可以为此提供切中肯綮的佐证。

借用发生学方法来思考，我们可以发现，人对物的原初态度，可大体概括为人对物的敬重和倚靠。这种态度的形成，其实是人类对自身生存处境的本能反应。自人诞生以后，尽管自然界遇上了唯一的一支能够与之相抗衡的力量——人类社会，但无可辩驳的是，人类自身并没有自己赖以生存和发展所需要的那些生活资料，后者纯全依赖于人类向身外自然界去索取并加以改造。马克思对此有一个十分贴切的评价：“人靠自然界**生活**。这就是说，自然界是人为了不致死亡而必须与之处于持续不断的交互作用过程的、人的**身体**。”① 把自然界看作人的“身体”，这就毋庸置疑标识了物的存在性质——物是在人之外的、自在自足的存在物，同时也凸显了物对于人的意义——物是人的生命存在须臾不可或缺的基础和保证。正是这样，人们以积极的、肯定的态度与物相对待，无疑顺理成章。当然，这种态度滥觞于“原始的、通过自然发生的途径产生的人们”，在今天的社会生活中似乎只是人们心向往之的愿景。不过，即便是在当今文明时代，尽管人与物之间的关系越来越紧张，但付诸实施的修复或拯救方案也越来越多。这表明，透过浮云般的生活表象，深思身处其中的生活境遇，人类在总体上依然清醒地意识到，怀着敬意对待身外之物，与自然界友好相处，已然有着关乎人类自身命运的必要性。换言之，当代生活处境本质重要地证明，肯定并敬重物，自古至今

---

① 马克思恩格斯选集：第1卷．北京：人民出版社，2012：55－56.

都是人类对待物的主导原则或基本纲领。不消说，这里隐藏了一条最关问题本质的重要消息。人对物的这种最原始的敬重态度，在人类社会往后的历史发展中，并不像编年史叙事那样年复一年地延续，而是发生了变异乃至根本性的改变。引发这一变化的历史性事件，是原始社会末期出现了剩余产品。

晚近的社会发展史研究表明，原始社会末期，随着金属工具的使用，社会生产力水平得以提高，社会生活中开始出现了剩余产品，财产的私人占有逐渐成为现实，生产资料私有制成了现实社会制度的基础。毫无疑问，这是人类历史发展的一个根本变迁，由之而来的意义和影响当然不言而喻，人对物的态度发生改变也在情理之中。

生产资料私有制确立以后，私人占有财产迅速成为社会生活中普遍必然的行为。在这种情势下，一部分人占有另一部分人的劳动即经济剥削是不可避免的，社会财富不断地转移到少数权贵手中。而且，谁拥有的财产越多，谁的社会地位就越高，谁也就能够拥有更多的财富。生活世界如此这般的变化必然产生巨大的影响力和推动力，导致原初的“人对物的敬重”让位于现实的“人对物的占有”。这就是说，人对物的态度或关系出现了有史以来的根本性转变。从此以后，人对物的敬重，从理论上说的确不可能完全消失，然而，在现实生活中则逐渐遭到遮蔽或掩盖，以至于只是人们挥之不去的情结。

从敬重转向占有，人对物的态度的这一根本性转变，固然改变了物乃至自然界在社会生活中的原有地位，不过，最显著、最深刻、最持久的变化，还是发生在人及人类社会这一维度。正是在人类历史演变的这一转折点上，物或自然界通过人而来的现实存在，人之为人的自我建构，人与人之间的关系，社会生活风貌及其结构，等等，皆逐渐疏离“人的依赖关系”，而投靠“物的依赖关系”，最终不可遏制地遭到后者的吸收和熔铸。黑格尔富有洞见地勾勒了人占有物的历史性演变，恰好标识了“物的依赖关系”合乎逻辑地分阶段形成和推进的法理依据及其社会效应。

黑格尔把获得“他人的承认”当作实现占有的前提，由此按照“由单一性的规定到普遍性的规定的进展”，把人占有物的方式分为三种：“直接的身体把握”“给物以定形”“标志”。①

---

① 黑格尔．法哲学原理．范扬，张企泰，译．北京：商务印书馆，1961：62.

“直接的身体把握”，即“身体把握式的占有”，意为凭借身体或与之直接相关的力量而占有物。这种占有方式是人们轻易即可发动的，且可以亲身经历，触手可及，其效果立竿见影。正是这样，人们由此能够直接获得对于某物的所有权，外化并实现自己的意志，且自己当下就有直观的感受，从而当即生发一种自我满足的愉悦感。在这个意义上，“身体把握式的占有”可谓是“最完善的”占有方式。当然，这仅仅属于感性直观范围内的完善性，超出这个范围其立即露出巨大的局限性。人们通过这种方式实现对物的占有，所占有的物一定只是眼前的静止的现成之物，大量的流动之物却旁落在外。如果还包括每个人自身尚有认知水平和意志倾向的限制，那么，这种占有方式的缺陷就是无须赘论的。人类当然不会满足于这种简单的、初始的占有方式而止步不前的。

任何形式的对物的占有，莫不在于把物变成“我的东西”。“身体把握式的占有”实质上只是“主观的”“暂时的”，无疑还难以稳定地达到“这是我的东西”这样的水平和程度。黑格尔认为，“给物以定形”的占有方式，能够“把主观和客观在自身中统一起来”，遂应运而生。所谓“给物以定形”，实则是指人把蕴藏在自身内部的可能性、能力、素质等内在元素外化转移到某物之中，使该物体现自己的意志，而归属于自己。诸如耕种土地、栽培植物、驯养动物等行为，皆是“给物以定形”的占有方式的恰当例证。就此可以看出，这类占有已然超越了单纯的实物占有，范围上可以囊括无机物和有机物——亦可引申为不动产和动产，性质上已经真正凭借意志而实施占有——严格意义上的占有的基本要素，从而形成了向“标志”这一占有方式的过渡。

作为占有方式的“标志”，真正说来，旨在标明人们已把自己的意志体现于某物中，凭借观念而占有了物。与前述两种占有方式相比，人们通过“标志”来占有物，并不直接具体地实施占有，仿佛是凌空蹈虚的思想游戏。其实，“标志”是“一切占有中最完全的”。且不说前述两种占有方式的实行，最终都莫不是这样那样地为了获得一个某物归属于“我”的标志。而“标志”方式占有的目的，就是时时处处都要确立并公布一个不可移易的权属或权限——某物归“我”所有，他人莫动。“标志的概念就在于对事物不是如其存在的那样来看，而按其所应具有的意义来看”。比较起来，唯有通过“标志”而来的占有，能够克服有可能强取豪夺的主观性，在“肯定自我所有”与“否决他人占有”之间形成有效的沟通和平衡，力求通过可信、公正的方式获致社会承认，积极地建构权限，获取对物的所有权。就此可见，“人能够给某物以标志，因而取得该物，这样正表明了他对该物有支配权”①。

黑格尔这些研究，的确入木三分、发人深省。我们一般都会敬佩黑格尔的睿智和洞察力，但是，倘若由此完全把上述见解归结为纯粹是黑格尔个人的天才发挥或创造，就会失之偏颇。黑格尔本人清醒地意识到，哲学是“被把握在思想中的它的时代”。卢卡奇就有一个指认，即黑格尔“达到了对资产阶级社会的完全思想上的再现和先验的推演”②。由此可以推论，黑格尔对于人类占有方式的条分缕析，不过是对人类历史一段发展经验的哲学提炼和表达。而把“标志”当作最完备的占有方式，黑格尔正好贴切地描画了资本原则主宰世间以后生活世界的实际变化和现实图景。

就此试问：由于“标志”表征着人对物的“普遍占有”，这难道不是在相反相成的意义上确证了“物的依赖关系”的普遍性吗？由于“标志”是“借观念而占有”，这是否预示着人对物的态度将有新的变更？我们把视线对准 20 世纪以来人类生活的新颖变化。

到了 20 世纪，“资本主义生产的扩张，尤其是世纪之交的科学管理与‘福特主义’（Fordism）被广泛接受以后，建构新的市场、通过广告及其它媒介宣传来把大众‘培养’成为消费者，就成了极为必要的事情”③。这就是法国思想家让·波德里亚所说的消费社会的来临。波德里亚认为，尽管曾经辉煌显赫的工业社会至今仍有活力，但当今社会雨后春笋般涌现出来的症候表明，“消费本位主义”已然取代作为工业社会标志的“生产本位主义”，消费主宰一切的消费文化已然成为当今生活的主流风尚，当代人不知不觉地生活在由消费主导生活节奏和生活情趣的氛围之中。众所周知，消费是人的基本需要和基本行为。在工业社会，人的消费旨在满足生存活动的基本需要，生活必需品是人们消费的基本指向和当然选择。在这个时候，物对人的意义是物的使用价值，

---

① 黑格尔．法哲学原理．范扬，张企泰，译．北京：商务印书馆，1961：66.

② 卢卡奇．历史与阶级意识．杜章智，任立，燕宏远，译．北京：商务印书馆，1999：231.

③ 迈克·费瑟斯通．消费文化与后现代主义．刘精明，译．南京：译林出版社，2000：19.

“物品法则”成了筹划生活的一项组织原则，日常生活中时常出现为争取生活必需品的“零和博弈”。消费社会则使消费发生了性质上的变化。人们的消费活动并不总是与物品联系在一起，消费并非总是满足人们实际需要的享受过程，而是人们务必履行的“义务”。换言之，消费成为不断刺激并实际制造人们需要的手段，成为行使社会控制和社会驯化功能的“新生产力”。在这种情况下，物品失去了与人们某种实际需求相勾连的本义，而成为无休止欲望的载体或隐喻式表达。既然消费乃是被培养起来的生活欲望，原本作为生活必需品的物品被幻化为符号，那么，“消费系统并非建立在对需求和享受的迫切要求之上，而是建立在某种符号（物品/符号）和区分的编码之上”①。这就是说，在消费社会，“符号法则”取代了“物品法则”，成为社会生活运行的指导原则。现实的人毫无例外地进入符号编码营造的交换系统之中，以符号为轴心重建社会秩序成为人们的日常实践。在这种情况下，人们究竟是如何看待物的呢？

依皮相来判断，人们把物看作符号。不过，这种认知或判断显而易见适用于人类历史绝大多数发展时期。在消费社会情境下，物其实被贴上了“消费符号”的标签。由于消费已经疏离其本义，消费又是所有社会成员应当拥有的“一致性理想”，消费领域实际上成了“普遍化公理系统的领域、符号编码交换的领域、生活总体设计的领域”②，所以，人之为现实的人，必须实际进入消费过程才有可能，注定要由作为“消费符号”的物来支撑、调校和导航，并只有在“吸收符号”与“被符号吸收”的互动中标明自身的分量或成色。就此不难想象，人的生存性质已然凸显了人对物的新要求或新期待：从过去的“占有”转向当今的“炫示”——人要用物来炫耀显示自身，且并不在意物之所指，但求物之符号学功能。倘若我们由此来评价“物的依赖性”对于社会生活的影响，那么，这种影响究竟是增强了还是减弱了？答案当不言自明。

从人对物的态度演变的简要知识考古可知，私有制产生以后，“物的依赖关系”便在人类生活中形成，并逐渐上升为社会生活的主导观念。随着资本原则的确立，“物的依赖关系”便借用“人的独立性”的外衣，到处扩张和渗透。在当今的消费社会，“消费符号”极尽诱导之

① 波德里亚．消费社会．刘成富，全志钢，译．南京：南京大学出版社，2001：70.

② 波德里亚．象征交换与死亡．车槿山，译．南京：译林出版社，2006：16.

能事，人们由此浸淫于丰裕的物质生活享受之中，完全为“拥有感”所笼罩，更为严重地陷入了感觉的贫困之中。这表明，“感觉的单纯异化”，贯穿于资本的历史性运动从短缺经济阶段向过剩经济阶段过渡的全过程。

三、生活世界变迁的源始动因

问题在于，人的感觉贫困化不是人类历史进程中昙花一现的插曲，而是在人类历史绝大多数发展时期皆出场显像，至今仍有影响力。在人之为人的苦旅中，人是自我创生的，感觉贫困化当属人性中的一种缺陷，它何以能够不断地获致重构和再造？人类历史何以能够在如此这般的缺陷中仍有连续性的进展与前行？这样的发展态势是否还有前景？

不论其他，仅在资本主义“文明时代”，每一种事物好像都包含自己的反面，人们实际上过着马尔库塞所说的那种“痛苦中的安乐生活”，日常生活中弥漫着迷惘、挫折、沮丧、焦虑，由之而来的当有不满、抗议和诟病。众所周知，几个世纪以来，这个所谓“文明时代”遭遇到不计其数的批判，诸如宣布其终结、为其敲响丧钟等等激烈尖锐的论断可谓俯拾皆是。卢梭在1749年第戎学院“论科学与艺术的复兴是否有助于敦风化俗”的征文中，以“科学和艺术的复兴只会伤风败俗”的鲜明主题，直截了当地用“自然”来对抗“文明”，主张用自然的美好来代替“文明”的罪恶，由此开启了风靡整整一个历史时代的“返回自然”的文化运动。尼采在1882年出版的《快乐的科学》中首次提出“上帝死了”的断言。依海德格尔的解读，尼采所用“上帝”这个名称，根本上是用来表示“超感性世界”的。自柏拉图以后的西方社会，这个超感性世界就被当作“真实的和真正现实的世界”，并作为尘世生活的目标从外部高处规定了尘世生活。“上帝死了”意味着超感性世界没有作用力、没有生命力了。“如果作为超感性的根据和一切现实的目标的上帝死了，如果超感性的观念世界丧失了它的约束力，特别是它的激发力和建构力，那么，就不再有什么东西是人能够遵循和可以当作指南的了。”① 可以说，尼采通过“上帝死了”的话，确凿无疑地指证了资本文明的一根支柱（精神或观念支柱）的崩塌或腐烂。不宁唯是，尼采还

① 海德格尔．林中路．孙周兴，译．上海：上海译文出版社，2004：231.

道破了上帝是被谋杀的、人就是这个谋杀者的真相。20 世纪的福柯，接续了尼采的阐说思路。针对当今时代生存状况及其可能的走向，福柯不仅认同尼采“上帝死了”的判断，而且还进一步认为，尼采凸显了转折点，“并不是上帝的不在场或死亡，而是人的终结”。因为人谋杀了上帝，依据现代社会的法律，谋杀者注定要死亡，“人之死”当不可逆转。既然尼采的思想预告了上帝谋杀者之死，那么，人们可以打赌，人就会像大海边沙地上的一张脸那样注定要消失。① 福柯通过这般近乎调侃戏谑的话语，表达了对于当今生活处境和生存状况的担忧。由于显而易见与人直接相涉，所以，这种担忧也就有着相关于资本文明之根基的沉重。

类似的批判或评价，深入于时代问题的深层，触及问题之所在的核心，影响深远，催人深思。尤以其中的“人之死”等历史终结论的判断振聋发聩，不仅与惯常的世俗之见迥然相异，而且具有针砭时弊的彻底颠覆性。即便如此，倘若还原于人类历史整体发展历程来考量，我们还是不得不承认，尽管存在着这样那样的问题或困境，甚至也有严重的曲折，但是，人类历史的发展并没有中断，而是如同康德当年所坚信的那样，人类一直是“朝着改善前进，并使过去和目前时代的恶都会消失在未来的善之中”，从而将继续向前。② 就此我们可以想象，人类社会本身必定蕴藏着巨大的动力源，以至于人类历史永不停息地向前发展。由于社会是人们交互活动的结果和场所，所以，历史发展的动力必然在人的活动中有其源头，尽管在人类历史的较长时期人都沉沦于感觉的贫困化之中。马克思对此明察秋毫：“人的本质只能被归结为这种绝对的贫困，这样它才能够从自身产生出它的内在丰富性。”③ 可以说，这个“内在丰富性”是一个具有关乎问题本质之重要性的理论提示。

康德认为，人类拥有“非社会的社会性”品质，就是这一人性结构才生发了历史进步的动力。所谓“非社会的社会性”，是指人性结构中既有使自己“社会化”的倾向，同时还有“分裂社会”、要求自己“单独化”即孤立化的强烈期待。这也就是人类“在社会中的对抗性”的禀赋。虽说这种禀赋“本身确实是并不可爱”——“每个人当其私欲横流

---

① 米歇尔·福柯．词与物．莫伟民，译．上海：上海三联书店，2001：503－504.

② 康德．历史理性批判文集．何兆武，译．北京：商务印书馆，1990：202.

③ 马克思恩格斯文集：第1卷．北京：人民出版社，2009：190.

时都必然会遇到的那种阻力就是从这里面产生的”，但是，正是因为这种禀赋，人们相互之间必然形成一种张力，既制衡每个人的行为，又自发形成一个稳定的社会秩序，保护每个人的利益关切，由此人人都能够把“大自然”赋予的全部才智最大限度地发挥出来。“一切为人道增光的文化和艺术、最美好的社会秩序，就都是这种非社会性的结果。”①

以“一位睿智的造物主的安排”为前提，康德深入细致地论证了人基于内在品质之自我建构的可能性前景，富有远见地揭示了人之为人的创生过程与生活世界向善前行之间的现实统一性，这就实际上点破了历史变迁的源始动力。众所周知，康德毕生皆贯彻其基本的哲学志趣，致力于从应然状态出发讨论问题，他坚信历史进步问题是由“理性”推动的，是要从“理性”中寻找解答，而非“经验”所能解决的，所以，尽管康德有关人性结构的建设与历史进步关系的论断弥足珍贵，但是，只有马克思才真正切中现实生活世界的问题，讲述了生活世界的故事，把人的“内在丰富性”现实地呈现在人们的面前。

马克思认为，“当现实的、肉体的、站在坚实的呈圆形的地球上呼出和吸入一切自然力的**人**通过自己的外化把自己现实的、对象性的**本质力量设定**为异己的对象时，**设定**并不是主体；它是**对象性的**本质力量的主体性，因此这些本质力量的活动也必定是**对象性的**活动。对象性的存在物进行对象性活动，如果它的本质规定中不包含对象性的东西，它就不进行对象性活动”②。

我们认为，这一论断中提到的“对象性的本质力量的主体性”，实际上就是马克思对人的“内在丰富性”的指认。如果紧扣这一论断中三个相互连接、相互支持的关键词来思考，我们可以大致把握马克思这一指认的要义。第一，“对象性”。人是“有生命的自然存在物”，具有追求自己对象的迫切需要或强烈冲动，从而是对象性的存在物——对象对人来说就是另一个“感性地存在着的人”。人的主体性所蕴含的丰富内容由此豁然显现。第二，“本质力量”。人的主体性不是某种外在力量分派给人的，也不是人的时有时无、或多或少、可扬可抑的特性，而是人之为人的本质规定性或根据，并且是内在巩固意义上的性质。第三，“活动”。人的主体性不是人们所说的、所设想的、所想象的东西，也不

① 康德．历史理性批判文集．何兆武，译．北京：商务印书馆，1990：6－7，9.

② 马克思恩格斯文集：第1卷．北京：人民出版社，2009：209.

是停留于某种理论阐述中的逻辑证明，而是从事实际活动的人在现实生活过程中自我建构的品质，是人们可以通过经验观察到的现象实情。

我们由三个关键词而展开的简要分析，其实是从内容、根据、存在方式三个维度描画了人的“内在丰富性”的一般轮廓。就此可见，人的“内在丰富性”是人之为人的力量之源，是人的活动从其出发又向其复归的策源地。现实生活世界的变迁，乃至人类历史的前进或进步，毫无疑问都是从此发源，并获得了永不衰竭的动力支持，任何力量都扼杀或阻挡不了。正是拥有如此这般的内在品质，世间唯有人才是一个自我创生的存在物，唯有人才在现实生活的时时刻刻都要审视和追问自己的生存状况，以此确证自己生命的可持续性存在。这就是人之为人所特有的真正的“存在感”，是人类能够拥有全面丰富之感觉的源始基础。由此我们大概可以明白，人类社会何以能够在总体上越过各种弊端或困境，始终朝着改善而前进。

虽然马克思的阐述言之凿凿，更有切中现实问题之堂奥的洞察力和有效性，但是，在当今为了解决社会发展困境而纷纷出场的各种方案中，马克思这一深思并未获得应有的重视，以至于马克思基于“对象性的本质力量的主体性”而对人的“内在丰富性”的思考一直蔽而不显，或者说一直处于缺席的状态。倘若追溯到思想生成和发展的原初语境，我们可以发现，如果由黑格尔集大成的西方近代哲学决定性地参与了现代文明的创造与推广，并与资本原则共谋构建了拥有“绝对权力”的现代性“文化帝国主义”，那么，在汪洋大海般的现代性文化氛围中，马克思关于主体性的深思遭到遗忘和遮蔽就是不可避免的。我们这里着重挑明近代哲学所论证和阐扬的两种观念，是如何误导人们认识和接受马克思关于主体性的思考的。

其一，以意识“内在性”为支柱的“主体性”观念。众所周知，在西方近代哲学的整个思想运动中，主体和主体性论题一以贯之，凝聚了诸位哲学大家的智慧，在人类“认识你自己”的思想史进程中建树了极其重要的文化路标。近代哲学彰明较著地把主体提到十分突出的位置，近代哲学家总是这样那样地把主体与人相勾连，近代哲学享有高扬人的主体性之美誉。从本质上来说，近代哲学由笛卡尔开其端到黑格尔集大成，建构了意识“内在性”的存在论原则，用作解决所有问题的圭臬或指南。正是这样，近代哲学无一例外地坚守并推行着以“我思”或“意识”或“自我意识”为主体的主体性。以黑格尔的期待和研究为据，这种主体性要维护绝对精神的至高无上的权威，必然消极地对待对象，把对象理解为“正在消逝的东西”，易言之，是不需要对象的“绝对主体”的主体性。这样一个不尊重对象实质上也就是不要对象的神秘的主体性，内涵注定是单一的、贫乏的，无疑不能与“对象性的本质力量的主体性”相比拟。近代哲学通过宣扬“理性绝对自主”的哲学观念，培育了相应的时代精神和文化语境，以至于从“绝对主体”出发来领会人的“对象性的本质力量的主体性”成为一种学术时尚。在这种情况下，试图阻止或扭转这种颠倒的认知的任何努力都不是轻易就能达到目的的。

其二，主体和客体二元劈分的思维方式。从哲学史发展的实情来看，主客二元分立思维方式的问世，笛卡尔为始作俑者。随后康德在自己的哲学思考及理论表述中，极其坚决地使用了二元劈分的认识方法，并予以深化和推广。黑格尔意识到主客二元分立的弊端，主张“通过思维”来克服两者的抽象对立，在意识“内在性”基础上实现了两者的统一。黑格尔正确地发现并致力于实现“理性与现实的和解”，明确地把二元劈分当作达到精神一元的论证方式，使二元劈分的认识方式进入哲学基本原则的层面，逐渐被人们接受为认识活动的预设前提。在这种情况下，完整而充满活力的现实生活世界被人为地分割成“主体”和“客体”两大块；人虽被指定为具有无限能力的“主体”，实则只是一个仅有“理性”的“无对”的抽象。于是，主客二元分立作为认识方法和思维方法的源始依据就无人问津，人与世界的原初关联被看成是天方夜谭，把对象视同自身的“对象性的本质力量的主体性”当然就是不可理喻的事情。但是，马克思在这一问题上的态度则是十分明确和坚定的：“我们看到，主观主义和客观主义，唯灵主义和唯物主义，活动和受动，只是在社会状态中才失去它们彼此间的对立，从而失去它们作为这样的对立面的存在”①。

近代哲学为资本文明的创造和现代性的开展输送了至关重要的精神动力或文化纲领，这两种观念无疑在世俗生活世界扎下了根，可以直接为实际生活提供精神慰藉和文化辩护，把现实生活中的人引向“单向度的人”的生存轨道。这样的话，马克思相关思想的命运就是可以想象的

① 马克思恩格斯文集：第1卷．北京：人民出版社，2009：192.

了。但是，只要人们满足于“单向度的人”的生活境遇，这一切或许十分正常；一旦人们不再能够一如既往地生活下去了，现实生活世界的改弦更张则势在必行，其动力不可规避地蕴藏在具有“内在丰富性”的现实的人之中。

因此，人类社会的进步决不是预成的、自发的，人的感觉的绝对贫困决不必然催生出人的内在丰富性，历史动因决不会自动形成而发生作用。全部问题的关键仍在于人的觉醒和行动。历史唯物主义提倡深入每个时代的现实生活过程，探寻蕴藏在人们实际生存活动中富有推动性和创造性的力量，分析这些力量转化为历史动因的可能性前景，构建“具有丰富的、全面而深刻的感觉的人”。这就有可能突破并诊治时代发展的弊病，推动人类社会良性的可持续发展。

第十二章　市民社会的生存论透析

以资本为社会生活主导原则的“文明时代”，开启了以现代性为文化表达的现代化运动，并不可遏制地向前推进，市民社会正是构成其基础的一个必不可少的表现形式和动力源。在思想史上，让市民社会进入哲学视野，不是马克思的首创。马克思之前的很多思想家皆有过探讨，比较深入的研究当属黑格尔。依循理性是世界的“灵魂”和“本性”的原则要求，黑格尔设计了伦理精神由低而高的发展行程，把市民社会作为富有自身原则的环节凸现出来。黑格尔对于市民社会的阐述和论证所具有的重要意义是不能否认的，黑格尔的探究工作对马克思思想的影响也同样是不能否认的。然而，黑格尔把市民社会编排在令人陶醉的思辨架构之中，当作伦理理念实现自身的必要阶程，则是众所周知的。如此这般试图用隐秘晦涩的抽象思辨构造一个关于市民社会的知识图像，在充满活力的现实生活世界面前肯定没有立足之地，当然这也是生活世界不堪忍受的意识形态幻象。哲学让市民社会如其所是地呈现出来，责无旁贷。马克思贯彻深入于现实生活世界的存在论原则，阐明市民社会的原初基础及其功能领域，在关乎问题理解之根本的原则高度，与以往的哲学理解和阐释进行了明确划界，由此展示了市民社会的当代发展的可能性前景。

一、伦理精神发展阶程的中介

近代思想家中，霍布斯较早地提出，人并非天生就具有“社会性”和“政治性”，所有的文明社会皆由“自然状态”而生。为了结束“自然状态”，霍布斯推崇名之为“利维坦”的最高统治者即国家的实际责任或巨大权威，首开先河地论说了人类“政治社会”的存在。随后的洛克，不仅认同“自然状态”的存在，而且也认为可以通过契约建立国家而保护人们的自然权利。与霍布斯有所区别的是，洛克并不认为人们要转让自己的所有权利，主张只是转让一部分的权利。按照洛克的理解，在“自然状态”下，每个人都拥有两种自然的权力：第一，“他有权做在他看来适于保存他自己和其他人的合乎自然法的任何事情”；第二，“他有权惩罚违犯法律的任何罪行”。进入“政治社会”以后，每个人“完全放弃了惩罚的权力”，亦即第二种权力，但第一种权力并不能完全让渡。[①] 具体说来，诸如生命、自由、财产等权利，是人们保存自己和社会其他成员的最基本权利，需要作为个人保留的权力带入“政治社会”的。这些权利正是以后发展起来的市民社会的基本构架或内容。洛克尤为器重财产权的不能转让与不可剥夺，既解释了人类从“自然状态”过渡到“市民社会”的必然性，又实际指证了在“政治社会”之外一个社会“经济体”存在的可能性，为黑格尔界定市民社会做了铺垫。

严格意义上的市民社会概念是从黑格尔开始的。这一判断有两点意味：其一，黑格尔非常清晰地把市民社会与“自然社会”即家庭、与“政治社会”即国家区别开来；其二，与此密切相关，黑格尔具体探讨和阐述了市民社会的基本内涵。

我们阅读《法哲学原理》可以看到，市民社会是在伦理精神合乎自身原则的发展过程中出场的。伦理精神发展的第一个环节是以“爱”为基础的家庭。在黑格尔看来，家庭虽然体现了“精神的直接实体性”，但解体则是必然的。“子女经教养而成为自由的人格，被承认为**成年人**，即具有法律人格，并有能力拥有自己的自由财产和组成自己的家庭。”[②] 既然如此，伦理精神就进入“现象界”，即市民社会。由此可知，导致家庭解体的因素，主要就是“自由的人格”或“法律人格”以及“自由财产”。我们很快将会发现，这些因素正是市民社会赖以形成并获得巩固的本己特质。

伦理精神发展到市民社会，立马凝结呈现出两个原则，为市民社会

① 列奥·施特劳斯，约瑟夫·克罗波西．政治哲学史：下卷．李天然，等译．石家庄：河北人民出版社，1993：572.

② 黑格尔．法哲学原理．范扬，张企泰，译．北京：商务印书馆，1961：190.

的发展规范了大致的方向。其一，“具体的人作为**特殊的人**本身就是目的”。其二，“每一个特殊的人都是通过他人的中介，同时也无条件地**通过普遍性的形式的中介**，而肯定自己并得到满足”①。黑格尔具体论证了“特殊的人”和“普遍性的形式”的基本寓意，并在这种论证中标识了市民社会的存在理由。

所谓“特殊的人”，就是指把自身当作目的的“私人”。这里的“自身”，更多是指来自现实生活世界推动所形成的社会性内涵，主旨是意味着“个人的生活和福利以及他的权利的定在”。黑格尔认为，这种关心自身利益的人，自然不能与伦理精神的普遍性合拍，应该说乃是“伦理的丧失”，从而只能划归于特殊性的规定。基于此，市民社会就是“作为特殊性的领域的社会”。既然必须以“特殊性的独立性”为出发点，则市民社会盛行着追求自身利益的“利己”行动。市民社会的正当性正是维系于“特殊的人”的合法的追利行为。于是，市民社会必定要承认，“首先是需要和满足手段的**殊多性**，其次是具体的需要**分解**和**区分**为个别的部分和方面，后者又转而成为**特殊化了的**，从而**更抽象的**各种不同需要”。在这种情况下，个人拥有财产就不仅仅是个人的事情，更为重要的还是市民社会赖以存在的必然要求。于是，黑格尔才有如下区分：“在法中对象是**人**（Person），从道德的观点说是**主体**，在家庭中是**家庭成员**，在一般市民社会中是**市民**（即 bourgeois〔有产者〕)”②。这就毋庸置疑地把拥有财产确定为“市民”的最为一般的规定，或者说，“特殊的人”即是指具有“所有权”的人。这是与家庭中的“人”相比较所表现出来的特殊性。必须承认，这种认识是近代理解市民社会的重要理论发现，由之而来至少具有两点意义：其一，个人占有财产而获得了“特定的特殊性”，意味着个人成为“定在”，亦即达到了自己的现实性。这就是说，只有拥有财产而具有所有权的人才是现实的人，所有权对于人是不可剥夺的。其二，相应地，个人必定是自在自为地自由的，是“独立自主的人”，具有“自由的人格”。就是说，人“只有通过对他自己身体和精神的**培养**，**本质上**说，通过**他的自我意识了解自己是自由的**，他才占有自己，并成为他本身所有以对抗他人”③。据此，人才有

① 黑格尔．法哲学原理．范扬，张企泰，译．北京：商务印书馆，1961：197.

② 同①205.

③ 同①64.

可能去占有他物，把自己的意志体现于物内，获得所有权。归纳起来，“特殊的人”具有“所有权的自由”，市民社会的本质由此可见一斑。

依照黑格尔的理解，“所有权的自由”不是以“使用”某种有形物为标志的。“**使用**就是通过物的变化、消灭和消耗而使我的需要得到实现；这样，物的无我性质就显示出来，该物也就完成了它的使命。”由“使用”而把物变成“我的意志”，这才是所有权“首要的实体性的基础”。① 正如我有一百元人民币，并非意指我同时就应该拥有等价的物品。这表明，“所有权的自由”不是某种神秘力量赐给人的，不是指仅仅占有有形物意义上的自由，而是一种基于“一般抽象意志”的自由。那么，人们究竟如何才能取得所有权，而能够在“我”与“他人”的“个别的排他性意志”的张力中确保自己的“所有权的自由”呢？这一追问就把市民社会的第二个原则——“普遍性的形式”带到了我们面前。

黑格尔认为，所有权不是指因自然需要、任性冲动而使某物为我所有，此乃自然性占有，只有主观性而未能达到定在。只有真实而合法的占有，才是所有权的基本规定。这就提醒我们，真正意义上的所有权必定要依赖一定的关系才能存在，是一种出于个人“自由意志”的社会性占有，从而获得了“私人所有权”的性质。所以，“为了取得所有权即达到人格的**定在**，单是某物应**属于**我的这种**内部**表象或意志是不够的，此外还须**取得**对物的**占有**。通过取得占有，上述意志才获得**定在**，这一定在包含他人的承认在内”②。这里把“他人的承认”与取得所有权相勾连，乃是一个关键的提示。就是说，人们要把自己的意志体现在某物内，称该物是“我的”，就必须把它以外在的形式表示出来，以得到他人的承认，获得社会性。任何一种对物的占有都包含与他人的关系在内，只有得到他人承认的占有，才是能够实现的真正意义上的占有。如果我占有的东西是“无主物”，那我因之而得的所有权只能具有偶然的性质，根本不能确证和维护我的人格。因此，只有得到他人承认的“所有权”，本质上才是“**自由的、完整的**所有权”③。

基于此，在市民社会中，“以自身为目的”的每个人如果不同别人

---

① 黑格尔．法哲学原理．范扬，张企泰，译．北京：商务印书馆，1961：67.

② 同①59.

③ 同①68.

发生关系，就不能达到他的全部目的，就不可能获得所有权。他或许要把别人当作达到自己目的的手段，但是，特殊目的一定是通过与他人的关系而取得“普遍性的形式”，从而得以实现。“受到普遍性限制的特殊性是衡量一切特殊性是否促进它的福利的唯一尺度。”这就是说，“特殊的人”在促进自己的个人目的的同时，也在满足他人的福利，也促进了普遍物；而普遍物反过来又能促进个人的特殊目的。黑格尔说：“我必须配合着别人的行动，普遍性的形式就是由此而来的。我既从别人那里取得满足的手段，我就得接受别人的意见，而同时我也不得不生产满足别人的手段。于是彼此配合，相互联系，一切各别的东西就这样地成为社会的。”① 在此，黑格尔用哲学的语言勾勒了市场这一高度自律性的力量对人们行为的引导和调控，实际表达了亚当·斯密“看不见的手”的作用，从一个方面把市民社会的本质形成为哲学的话语。

那么，这种“普遍性的形式”究竟何指？黑格尔明确指证为“作为法律的法”。依黑格尔之见，市场是体现所有权自由的场所，但并不确保这种自由，唯有法律才能确保每个人的所有权。因为法是“自由意志的定在”，是“理念的自由”，具有真正的普遍性。法律不过是法的东西被设定为“客观定在”，同样具有毋庸置疑的普遍性，也就是“被知道为普遍有效的东西”。既然只有在获得承认的意义上，“我”占有某物才是可能的，我才能拥有定在的“个人权利”，那么，所有权的取得必定要采取完成自身定在所依赖的“普遍性的形式”，亦即法律。所以，黑格尔就认为，“在市民社会中，所有权就是以**契约**和一定**手续**为根据的，这些**手续**使所有权具有证明能力和法律上效力”②。

至此，我们大体上能够了解黑格尔根据两大原则所描画的市民社会。不可否认，经过黑格尔的努力，市民社会获致了非政治的生命，从而与国家即“政治社会”区分开来。洛克所揭示的具有可能性前景的市民社会，在黑格尔这里被赋予不可混淆的规定性而有其现实性。当然，黑格尔把市民社会的特殊性差别性与国家这一“地上的精神”的全面性相对照，以此衬托精神普遍性之伟力。于是，国家乃是市民社会的“内在目的”。在这种情况下，一方面，黑格尔基于绝对理念运动的总体需要，赋予市民社会一个“中介的基地”之名分，进而宣称市民社会向国

① 黑格尔．法哲学原理．范扬，张企泰，译．北京：商务印书馆，1961：198，207.

② 同①226.

家的必然过渡，以实现伦理精神。不消说，黑格尔关于市民社会的话语，根本上并不讲述人的故事——最多只是把人当作“物质需要的主体”亦即单向度的片面的人来看待，而是表现精神所具有的“想象的内部活动”，由此显示了十足的“非批判的神秘主义”。另一方面，黑格尔始终是以蔑视的心态来对待市民社会，但凡出现颂扬之辞，那一定是市民社会有助于绝对精神或伦理精神的缘故。依照黑格尔设定的逻辑理路，既然市民社会的缺陷是先期注定的，况且还有国家这样“绝对自在自为的理性东西”作为后盾来弥补和调控，所以，我们也就没有必要担心市民社会的不足，国家势必要扬弃市民社会的特殊性。就此说来，市民社会中的一切都被视为理所当然，市民社会的发展遵循着一定如此贯彻的必然性，市民社会获得了谜一般的存在。黑格尔正是这样而真正达到为资本主义社会进行粉饰和辩护的目的，这是典型的“非批判的实证主义”。因此，虽属思想史上首次把市民社会与国家区分开来，但是，黑格尔毫无例外地固守理性形而上学的存在论原则，且无比坚定和彻底地运用这一原则，所以，与达到或实现对于市民社会的真正追究和本质阐明相比，黑格尔是过于留恋或自信自己在思辨层面上的抽象化说明了。明察黑格尔的得失，马克思开启了解决问题的崭新路向。

二、资本时代稳定必然的生存建制

马克思认同把市民社会与“政治社会”区别开来的必要性，但断然拒绝黑格尔对两者关系的歪曲和颠倒。在马克思看来，市民社会是“真正的活动者”，是“原动力”，在此基础上才燃起“国家的火炬”；不是用国家来说明市民社会，相反的情况才是千真万确。“政治国家没有家庭的自然基础和市民社会的人为基础就不可能存在。”① 用“人为基础”来形容市民社会，马克思把视线指向人类现实生活过程，实际探究市民社会的历史性形成机制及其现实影响。

在马克思看来，“市民社会与政治社会的分离”，并不是因为市民社会是丧失了伦理精神的特殊利益相互争斗的名利场，而是资本文明时代“社会内部的分离”这一“主导规律”作用的结果和表现。所谓“社会内部的分离”，是指现代社会生活中人的二元化生存境遇：“在政治国家

① 马克思恩格斯全集：第3卷．北京：人民出版社，2002：12.

真正形成的地方，人不仅在思想中，在意识中，而且在**现实**中，在**生活**中，都过着双重的生活——天国的生活和尘世的生活。前一种是**政治共同体**中的生活，在这个共同体中，人把自己看做**社会存在物**；后一种是**市民社会**中的生活，在这个社会中，人作为**私人**进行活动，把他人看做工具，把自己也降为工具，并成为异己力量的玩物。"[①] 换言之，作为"政治社会"的成员，人是国家的公民，人们相互之间是平等的；作为市民社会的成员，人是世俗世界的"私人"，人们相互之间又是不平等的。然而，现代社会"把人变成直接与其规定性相一致"的生活建制，掩盖了人在现实生活中"双重主体"的实情，用"幻想的同一"使人成为"现实的主体"。唯其如此，全部问题的关键就是要廓清遮蔽世俗生活的迷雾，揭穿"世俗基础的自我分裂和自我矛盾"的真相，推翻那些使人成为被侮辱、被奴役、被遗弃和被蔑视的东西的一切关系。"正如**宗教**是人类理论斗争的目录一样，**政治国家**是人类实际斗争的目录。"[②] 毋庸置疑，马克思由政治国家对市民社会的分离，进展到现实生活世界，由此揭示市民社会自身矛盾的形成过程及其必然性。这是通过批判地分析社会生活中的异化劳动而表现出来的。

与国民经济学家在"虚构的原始状态"中梦游相区别，马克思从"当前的经济事实"出发，揭示资本主义社会的现象实情，形成了两个相互勾连的分析环节。首先，马克思概述了"人同自己的劳动产品、自己的生命活动、自己的类本质相异化"以及**"人同人相异化"**[③]，淋漓尽致地暴露了资本主义时代人类劳动的基本性质及其发展状况。其次，以异化劳动的深入剖析为基础，马克思勾勒了异化劳动与私有财产的"相互作用"关系："私有财产一方面是外化劳动的**产物**，另一方面又是劳动借以外化的**手段**，是**这一外化的实现**。"[④] 第一个分析环节，在劳动是人的生命活动的意义上，突出了人的一般生存活动的异化性质，亦即人的自我建构的异己性。第二个分析环节，在私有财产是资本主义基础的意义上，突出了异化劳动乃至人的异己生存的历史必然性。这样一来，既然现实生活世界在至为根本的基层已然处于分裂或冲突之中，那

① 马克思恩格斯文集：第1卷．北京：人民出版社，2009：30.
② 马克思恩格斯全集：第1卷．北京：人民出版社，1956：417.
③ 马克思恩格斯选集：第1卷．北京：人民出版社，2012：58.
④ 同③60.

么，以之为基础的社会生活（包括“政治社会”）的二元化存在，就是再正常不过的事情了。

异化特别是劳动异化，造成了人不成其为人的非人化生存境遇，毋庸置疑让人不堪忍受，也就不可避免地招致来自各方的批判和谴责。然而，如果这些批判仅仅抓住异化作为社会劳动过程的否定性质大做文章，而不能深入导致异化问题的根本，不能进展到在社会历史进程中发掘异化现象的存在论性质，那么，所谓批判即便尖锐和猛烈，却不可能击中异化问题的实质，只能算是徒有其表的道德感伤和不着问题要义的文化哀婉。更有本质重要性的提示还在于，这种批判的弊端乃至要害，我们还可以参照海德格尔对于尼采的一个评价而予以更为深刻的揭示和彰显。海德格尔曾认为，“作为单纯的反动，尼采的哲学必然如同所有的‘反……’（Anti）一样，还拘执于它所反对的东西的本质之中”。海德格尔的意思十分清楚，由于只是做到“对形而上学的单纯颠倒”，尼采对于形而上学的反动绝望地陷入了形而上学之中。[①] 海德格尔这一分析绽露了具有一般性参考价值的认识方法：任何不能从根本上、实质上、原则上展开的批判，都会这样那样地与所反对的东西殊途同归，共享所反对的东西的存在论前提。正是这样，我们完全可以相信，不能抓住问题之实质的异化批判，实质上姑息养奸地粉饰和掩盖了异化和劳动异化的危害性，甚至可以说与异化达成了同谋为伍的默契。马克思与众不同的独到之处，就是依据异化劳动这一“事实”而进一步追问：“**人**是怎样使自己的**劳动外化**、异化的？这种异化又是怎样由人的发展的本质引起的？”[②] 这一追问的意义尤其要紧。

综观人类历史发展历程，我们不难发现，尽管异化劳动造成了不利于人的后果，人类一刻也没有停止对于异化劳动的抨击和纠偏，但不可规避的是，异化劳动依然生长在人类现实生活过程之中，人类历史依然能够不断前行，人类自身也是朝向完善的程度而发展。很明显，在人类历史进程中生成的异化劳动，具有值得深究的寓意。马克思通过这一追问明确宣布，分析批判异化劳动当然不应停止，也是很容易做到的事情，但我们肯定不能止步于此，关乎根本的任务尚在于深思异化劳动何以可能。正是具有如此这般深邃的历史意识和开阔的问题视野，在批判

① 海德格尔．林中路．孙周兴，译．上海：上海译文出版社，2004：231.

② 马克思恩格斯选集：第1卷．北京：人民出版社，2012：62.

异化劳动时，马克思还独具慧眼地“把**私有财产的起源**问题**变为外化劳动**对人类发展进程的关系问题”①，毋庸置疑地道说了“异化劳动”“私有财产”“人类发展进程”之间不可割断的相关性。这对于我们认识资本主义时代人的生存性质乃至把握资本主义时代的全部生活过程，是一个具有本质重要性的提示和提升。海德格尔对此就做出了一个颇有识见的评价：“马克思在经验异化之际深入到历史的一个本质性维度中，所以，马克思主义的历史观就比其他历史学优越。”② 我们由此期待着更多地呈现马克思对于市民社会的更加深刻切近的分析与论证。

不可否认，资本主义“文明时代”实现了财富之源由“死的物”到“人的劳动”的转换，创造了比过去一切世代的总和还要多得多的物质财富，从而取得了史无前例的巨大胜利。在马克思看来，帮助资本文明获得成功的“人的劳动”，就是指资本主义时代的异化劳动。“通过**异化的、外化的劳动**，工人生产出一个同劳动疏远的、站在劳动之外的人对这个劳动的关系。工人对劳动的关系，生产出资本家——或者不管人们给劳动的主宰起个什么别的名字——对这个劳动的关系。”③ 换言之，与“工人对劳动的关系”一并形成的就是资本对劳动的关系。在这种关系体系中，工人可以称之为“作为**劳动**的私有财产”，资本则是“作为**资本**的私有财产”。这样，如果毕竟不能否认“工人与资本的关系”乃是资本主义社会最基本的内容和基础，那么，我们就不仅能够理解异化劳动对于资本主义社会的建构性质，而且也能够看出资本主义社会依靠并制造着工人与资本之间的互动，使双方真正地“相依为命”：“工人生产资本，资本生产工人”；工人失去资本就不能生存下去，资本失去工人的“活劳动”就不能增殖；工人只有使自己作为资本存在，他才能作为工人存在；资本的存在就是工人的存在、工人的生活，资本的存在规定了工人的生活的内容。④ 类似的关联，我们还可以做出更多的概括。对此，我们想问：究竟是何物带来了工人与资本之间如此这般牢固而恒定的联系？

显而易见的是，充当这种联系的纽带乃是异化劳动。那么，是工人创造使用价值的具体劳动吗？不是。一方面，资本并不需要工人具体劳

① 马克思恩格斯选集：第1卷．北京：人民出版社，2012：62.

② 海德格尔．路标．孙周兴，译．北京：商务印书馆，2000：401.

③ 同①60.

④ 马克思恩格斯文集：第1卷．北京：人民出版社，2009：170－171.

动所创造出来的商品，也对之没有真正的兴趣。另一方面，工人是作为商品进入生产过程的，根本不允许拥有自己具体劳动所生产的商品；况且，在生产高度分化的资本主义社会，工人往往生产非自己所需的商品。如此说来，把工人和资本家“捆绑”在一起的纽带就是“交换价值”，亦即以劳动时间计算的工人的抽象劳动。对工人来说，获取抽象劳动意味着工人的生存得到保障，尽管是最低限度的；对资本来说，抽象劳动是其存在的实体性内容，抽象劳动是资本成为自身的基石，是资本发展空间和前景的象征。所以，无论是工人还是资本，抽象劳动的增加皆是生命延续的基本保证，从而，尽可能地追逐最大化的抽象劳动遂成为整个社会生活的主旋律，尽管最终只有资本这一方才能如愿以偿。可见，抽象劳动构成了工人与资本之间亦即整个社会的“物质的生活关系”，并不可阻挡地成为资本主义社会内在巩固的东西。

然而，在资本主义社会现实生活中，抽象劳动以具体劳动为载体，隐藏在具体劳动的背后，不易被发觉，因为人们往往只把目光放在具体劳动上面。结果，资本主义社会在存在基础上的分裂就被掩藏起来，人们深受异化劳动之苦却难以识别其中的堂奥。马克思独具匠心地把具体劳动和抽象劳动区分开来，正本清源，指明了走出迷宫的通道。如果说黑格尔把追求利益作为市民社会的一个基本原则，那么，马克思则指出了这一原则的原始性及其具体展开的矛盾性；如果说黑格尔通过阐扬“所有权的自由”而确立私有财产对于市民社会的神圣性，那么，马克思则通过领悟抽象劳动对于市民社会的意义而披露了私有财产的普遍本质；如果说黑格尔用伦理精神充分实现的国家来克服丧失了伦理精神的市民社会，那么，马克思则深刻剖析了市民社会内部的分裂，不仅戳穿了黑格尔致思的虚妄性，而且呈现了市民社会的发展且能够发展的真正可能性。

超越具体劳动形式的抽象劳动，建构了资本主义社会的物质生活关系，成为稳定资本主义社会结构的一支向心力。倘若充分评估私有财产对于资本主义社会的实际意义，我们当能认同这个判断。我们知道，私有财产造成了严重的社会对立，但并没有把资本主义社会引向瓦解；私有财产引发了巨大的社会不公正，但仍然成为人们趋之若鹜的目标；私有财产制造了非人化的生存状态，但还是维持着人的生存——尽管是畸形的。资本主义社会的这些现象实情，理当标识了私有财产对于资本主义社会的建设性和巩固性。究其原因，只有深入私有财产本身我们才会发现可信的线索。在这方面，国民经济学家如亚当·斯密做了建设性的工作，他把“劳动”当作财富的本质，尽管还没有明确定位于抽象劳动。在马克思看来，“私有财产的**主体本质，私有财产**作为自为地存在着的活动、作为**主体**、作为**人**，就是**劳动**”①。一旦财富的本质被归结为劳动（抽象劳动），则私有财产就不再被看成是人之外的东西，而是就体现在人本身之中。这样一来，人本身就被设定为私有财产的规定，倘若私有财产必定与某种紧张关系有所牵扯，那也是人本身的活动制造了私有财产的紧张本质。于是，私有财产便由于人是主体而决定性地获得了一个主体本质。在这种情形下，人们理所当然地接受并实际参与私有财产的运动，私有财产在资本主义社会的生命力和吸引力也就不言而喻了。基于此，我们能够明白，马克思使用诸如“私有财产的普遍本质”“私有财产的积极的本质”等提法，无非是要强调并论证资本主义社会物质生活关系的现实性和必然性，进而提醒人们只有深入于生活世界的历史过程才能明察资本主义社会生活的本质。

这样说来，马克思就从世俗基础的分裂和矛盾入手，从人们现实的感性活动（具体表现为异化劳动）中发现了市民社会体现在两个向度上的寓意。

从广义来说，市民社会就是指社会物质生活领域以及社会物质生活关系。马克思指出：“市民社会包括各个人在生产力发展的一定阶段上的一切物质交往。它包括该阶段的整个商业生活和工业生活，因此它超出了国家和民族的范围，尽管另一方面它对外仍必须作为民族起作用，对内仍必须组成为国家。”② 这一论断说明：其一，市民社会是人们物质交往——“商业生活”和“工业生活”——过程中所形成的具有稳定性的结构，而维系这一结构的枢机乃是个人对切己的物质利益的追求。这就是马克思自己所总结的“物质的生活关系的总和”。其二，毋庸置疑，市民社会具有区别于“国家”和“民族”的自律性。国家的本质是阶级性，民族的特征是指一个人群共同体必须具有共同语言、共同地域、共同经济生活以及表现于共同文化上的共同心理素质，而市民社会仅指人们之间的“财产关系”。就此看来，近代讨论市民社会的有益成

① 马克思恩格斯文集：第1卷．北京：人民出版社，2009：178.
② 马克思恩格斯选集：第1卷．北京：人民出版社，2012：211.

果被马克思继承下来。其三，人们“物质的生活关系”终究摆脱不了与国家和民族的瓜葛，从而，市民社会必定是在国家范围内持存，超出这一范围就是自己所属民族的代表。不消说，市民社会总是被遮蔽的存在，虽说遮蔽者都必须以之为基础。其四，市民社会既然表征着人们之间的交往，则意味着拥有不可争辩的公共性。换言之，市民社会的存在根本不是某种势力的私人独占。这就表明，市民社会内部的矛盾不是通过诸如国家等力量来解决，而是遵循自身的发展规律来寻找解决的办法。解决矛盾不是“伦理精神”的回归，而是新的物质生活场景的展示。显而易见，马克思肯定了市民社会的历史正当性和积极意义。

从狭义来说，市民社会就是特指资本主义社会，或现代世界的“资本主义阶段”。马克思指出，“真正的市民社会只是随同资产阶级发展起来的”①。这是对人类生存历史性的实证描述，标识了马克思关于市民社会的又一种指认：市民社会是指现存的“资产阶级社会”。在这种意义上，马克思关于市民社会形成了一种强烈的价值取向，始终坚持批判否定的态度。的确，资产阶级通过发动资本的运动，创建了雄厚的社会物质财富。与此相适应，财产关系便是资产阶级视野中人与人联系的基础和中介，“所有权的自由”就被作为市民社会神圣不可侵犯的生活原则，我们知道，黑格尔为之提供了最好的哲学表达。问题在于，一旦坚决地追究所有权的来历，则资产阶级所标榜的自由就立即暴露其虚伪和偏蔽。因为在实际生活中，这种“所有权的自由”带来的是社会巨大的不平等，是人的感性生命的戕害，并且，资本主义社会命运般地使这些弊端不断地再生出来。当整个社会把建立在抽象劳动基础上的价值观念当作评判一切的合法标准，这种社会必然能够为人锻造一个生存空间，在强烈支持人的生存努力中把人导向“物性人”的发展境地。无须赘论，这是对人的真正的宰制。就此而言，市民社会的资产阶级性质注定了市民社会的历史暂时性，必然要抛弃。

总之，正是基于真切领悟“世俗基础的自我分裂和自我矛盾”②，马克思对市民社会做出了深度的具体剖析，从积极肯定与批判否定两个维度对市民社会的含义进行了适度的剥离，祛除了强加给市民社会的思辨性，把市民社会与人的现实生活过程相勾连，展现了市民社会的感性

① 马克思恩格斯选集：第1卷．北京：人民出版社，2012：211.

② 同①134.

存在性质。在此基础上，马克思认为，“市民社会这一名称始终标志着直接从生产和交往中发展起来的社会组织，这种社会组织在一切时代都构成国家的基础以及任何其他的观念的上层建筑的基础”①。

三、思想史的革命变革

在谈到与以往哲学理论的区别时，马克思曾有这样的自我定位：“旧唯物主义的立脚点是市民社会，新唯物主义的立脚点则是人类社会或社会的人类。”② 从马克思对于市民社会原初性质的本真呈现来看，“新唯物主义”的思想变革是不言而喻的。相比较而言，我们尤其需要谨记并阐扬马克思这一思想变革的原则高度以及指向未来的理论前瞻性。

马克思曾认为，市民社会是“全部历史的真正发源地和舞台”③。从市民社会这两种含义来看，马克思这一判断是对市民社会正面历史意义的实证描述。马克思对于物质生产以及物质生活关系之于人类历史发展意义的高度重视和积极评价是人所共知的。即便是对资产阶级和资本主义社会，马克思也是采取积极扬弃的态度。马克思明确把处于上升阶段的资产阶级与处于没落时期的资产阶级适度区分开来，把资产阶级“非常革命”作用的历史成果与资本主义的一般性制度适度区分开来，把资本主义社会烙上狭隘阶级印记的制度设计与反映社会化大生产发展规律的制度安排适度区分开来。这种认识态度，有助于清醒把握市民社会的真正价值，端正人类自我认识的方向。

正是胸怀源于现实、用于现实的理论抱负，马克思洞察市民社会实际展开所产生的负面效应，毫不妥协地揭露和抨击社会物质生活关系制造的物化社会关系之异己性。

物质生活关系及其动态开展，在资本主义社会属于基础性的建构力量，直接对抗和消解以“人的依赖关系”为基础的封闭性和地域性，把市场、商品、货币、资本等经济手段作为人与人发生联系的基本纽带。资本主义社会正是通过创造普遍的社会物质变换、全面的关系、多方面的需求以及全面的能力的体系，完成了一场关乎人的发展及其前景的“革命”：原始的血缘和地域联系逐渐失去其社会约束力，人的“原始

---

① 马克思恩格斯选集：第1卷．北京：人民出版社，2012：211.
② 同①136.
③ 同①167.

的”丰富性开始让位于“人的独立性”，人获得了作为人类总体发展一环的个性和能力。然而，随着资本君临整个社会，抽象统治大行其道，物的语言便替代或置换了人的语言，整个社会便受着物的力量的役使，人际交往也以物为媒介并因物才能发生，人的发展水平就以人占有物为取向和标准。换言之，资本主义社会通过塑造和发展“人的独立性”而消解“人的依赖关系”，却同时把人引向“物的依赖性”的生存状态和处境。结果，“人的独立性”实质上成了“物的依赖性”的证明和表现，人的现实生存依循物的逻辑或法则所规定的方向运行，从而必定只有有限的存在空间。马克思指出：“现代的市民社会是实现了的**个人主义**原则；个人的存在是最终目的；活动、劳动、内容等等都**只是**手段。”①毫无疑问，资本主义社会再度制造了人的生存分裂和对抗，带来了人的片面发展。把生活世界的实际生存状况暴露出来，其实正是揭穿了物化社会关系对于整个社会生活的普遍统治。如果充分考虑到市民社会实际构成现代社会的物质基础，那么，马克思无可辩驳地先期标识了当代问题之所在的那个核心。

市民社会催生并促进物化的社会关系，其消极的后果就是让“交换价值”成为社会生活的向导，整个社会生活包括人们的行为都笼罩在“物的依赖关系”之下。马克思指出：“毫不相干的个人之间的互相的和全面的依赖，构成他们的社会联系。这种社会联系表现在**交换价值**上，因为对于每个个人来说，只有通过交换价值，他自己的活动或产品才成为他的活动或产品；他必须生产一般产品——**交换价值**，或本身孤立化的，个体化的交换价值，即**货币**。另一方面，每个个人行使支配别人的活动或支配社会财富的权力，就在于他是**交换价值**的或**货币**的所有者。他在衣袋里装着自己的社会权力和自己同社会的联系。”② 在这种情况下，人们的现实生存筹划其实已经游离于真正的人的生活，在抽象劳动调控下人们过着抽象化的生活。

就此要问：既然物化社会关系造成了如此这般非人化的生存境遇，何以人类没有放弃甚至以不可延宕的加速度投身于以现代性为文化特征的现代化事业之中？不可讳言，以市民社会为物质基础的现代化，潜存着对于人类而言的建构性和建设性意义。马克思的一个追问，把问题之

① 马克思恩格斯全集：第 3 卷．北京：人民出版社，2002：101.

② 马克思恩格斯全集：第 30 卷．北京：人民出版社，1995：106.

堂奥展现出来："把人类的最大部分归结为抽象劳动，这在人类发展中具有什么意义?"①

我们认为，这种意义就在于：第一，抽象劳动为平等和自由的合法性提供着在形式上令人信服的辩护。既然整个资本主义社会是建立在追求"价值"一般即抽象劳动的基础之上，而价值是由社会必要劳动时间来计量的，表现为工人付出的可以量化的劳动时间，那么，下列现象就是再正常不过的事情了："一个用 3 先令购买商品的工人和一个用 3 先令购买商品的国王，两者职能相同，地位平等——都表现为 3 先令的形式。他们之间的一切差别都消失了。"② 这就是说，在抽象劳动为原则的社会生活条件下，所有的人不论其社会职能方面的不同，但作为商品所有者，在等价交换面前，在商品交换中一律平等，他们之间的一切差别都不复存在，一切尊卑、贵贱、长幼、上下等等差异都被置之不理，只要人们在纯粹的时间计算上不会出现差错即可。不言而喻，抽象劳动在计算形式上的通约性和公度性，使其得到了整个社会的认同，甚至是"崇拜"。这样一来，在商品交换活动中，只要服从等价原则，则交换双方被认可为彼此平等，由此也就获得了自由。在这种情况下，人们不会怀疑或担心平等和自由能否实现的问题，平等和自由是不会受到究诘的。可见，"平等和自由不仅在以交换价值为基础的交换中受到尊重，而且交换价值的交换是一切**平等**和**自由**的生产的、现实的基础"③。

第二，抽象劳动把资本主义社会人的自我异化彰显出来。真正说来，社会财富是由"活劳动"即"具体劳动"创造的，私有财产当然亦不例外。而且，"物化劳动"即抽象劳动也是被活劳动决定的。然而，就是在简单商品生产条件下，活劳动的"原动力"之地位也已被人淡忘。更有甚者，活劳动居然不得不沦为从属和附庸。因为假若商品不能在交换中让渡出去亦即转化为物化劳动，生产这一商品的活劳动就未能获得社会承认，活劳动就因难以为继而面临着萎缩或消失的命运。而在整个社会都只是关注抽象劳动的资本主义社会中，由于"个人劳动只有通过自身的异化（alienation）才表现为**抽象一般的、社会的**劳动"④，

---

① 马克思恩格斯文集：第 1 卷．北京：人民出版社，2009：124.

② 马克思恩格斯全集：第 30 卷．北京：人民出版社，1995：201.

③ 同②199.

④ 马克思恩格斯全集：第 26 卷第Ⅱ册．北京：人民出版社，1973：575.

所以，抽象劳动对活劳动的放逐和役使不仅是社会生活的常态，而且是整个社会得以存在的前提条件。在这个意义上，把资本主义社会归结为抽象劳动，可以暴露资本主义社会物化劳动对人的统治这一异化现实，从而认清资本主义社会扼杀人的感性生命、制造非人化生存境遇的本质。

第三，抽象劳动使资本主义社会向着有限性去生存。当整个社会围绕着“交换价值”这一轴心而运行，当物化劳动覆盖并支配着活劳动亦即人的感性活动时，“作为财产之排除的劳动”与“作为劳动之排除的资本”的分离和对峙也就达到了顶点。工人作为抽象劳动的发起者，却不能享受抽象劳动，反而只能不断地依靠出卖具体劳动才能换取自身赖以生存的“抽象劳动”。就此不如说，工人的现实生存就是处于矛盾之中，就是缺陷。作为资本人格化的资本家，通过无偿占有社会的抽象劳动而实际支配着社会的具体劳动，由此占有绝大部分社会财富，实际上是使自己的生存依赖于自身之外的力量，也不可避免地处于矛盾之中。于是，只有劳动才是“私有财产的主体本质”，但拥有私有财产的却不是劳动。在这种情势下，资本主义社会在生存根基上就落入分裂和对立的困境之中，整个社会也就不断地追赶着异化的“天命”，为扬弃异化而进入一个新的发展阶段建构了坚实的条件。

由此可知，正是抽象劳动内在巩固地支撑着资本主义社会物质生活关系的建构，并以合法化的形式引导人的生存筹划。毋庸置疑，马克思由道破资本主义社会的生存命运而切近领悟了现代性的生存建制和运行规则，尽管马克思没有具体论证抽象劳动与现代性的关联。倒是20世纪的卢卡奇，在捍卫“正统马克思主义”的理论探讨中，直接点明了这种联系。按照马克思的研究，抽象劳动是通过“社会必要劳动时间”来计量的，整个社会以抽象劳动为基础，就有着极其公正和平等的外观，自然能够赢获人们的认同而似乎有其合法性。卢卡奇据此指证了资本主义社会得以正常运行的主导原则：“根据计算、即**可计算性**来加以调节的合理化的原则”①。这里最引人注目的要害是“计算”，而且是“机械的”“抽象的”但却是“合理的”计算。必须承认，把公开透明的数字作为人们交往的媒介，社会生活以此维护着形式上的公正性。虽然这种

---

① 卢卡奇．历史与阶级意识．杜章智，任立，燕宏远，译．北京：商务印书馆，1999：152.

生活环境培育着人的“数字化生存”之命运，但本质上的确激活了人的生存愿望。而且，抽象计算原则的合理化外观，指引着人们忙忙碌碌地操心着自己的生存，就非常简便地训练了社会大众的单向度认同感。于是，卢卡奇明言，“正像资本主义制度不断地在更高的阶段上从经济方面生产和再生产自身一样，在资本主义发展过程中，物化结构越来越深入地、注定地、决定性地沉浸入人的意识里”①。

洞明市民社会制造并倚靠“抽象统治”的真相，马克思与旧哲学的分野就是不可避免的。这一不可逆转的必然性相关于近代哲学缔造的理性形而上学。黑格尔以“思维与存在同一性”原理完成了近代哲学存在论原则的构造，理性形而上学作为体系也大功告成。通过广泛传播“真理内在于人心，人心可以把握真理”② 的观念，理性形而上学实际参与了资本文明的建造。如果市民社会构成资本主义社会的世俗基础，那么，理性形而上学则是资本主义社会的观念领域。换言之，在事关抽象原则的实行方面，理性形而上学不折不扣地成了市民社会的理论纲领、精神动力和文化向导。两者共同支撑了资本降临以来的人类文明进程，决定了所谓“现代世界”的基本面貌和发展的可能性空间。卢卡奇就十分敏锐地指出近代理性形而上学所陷入的自相矛盾：“它的目的是从思想上克服资产阶级社会，思辨地复活在这个社会中并被这个社会毁灭了的人，然而其结果只是达到了对资产阶级社会的完全思想上的再现和先验的推演。”③ 这样说来，在市民社会这一问题上，马克思的“新唯物主义”与以黑格尔为代表的理性形而上学的脱离当是必然的。然而，马克思也与“旧唯物主义”进行了划界。莫非“旧唯物主义”与理性形而上学确有会通之处？的确如此。这里试以费尔巴哈为例略加分析。

费尔巴哈指出：“如果黑格尔哲学是哲学理念的绝对现实性的话，那么，黑格尔哲学里的理性的静止就必然要以时间的静止为结果。”④ 所谓“时间的静止”，是指黑格尔沉湎于抽象思辨而疏离了人的感性生命，实际放逐了人的生存时间性。费尔巴哈弘扬人的生命的“感性对象

① 卢卡奇．历史与阶级意识．杜章智，任立，燕宏远，译．北京：商务印书馆，1999：159.

② 黑格尔．小逻辑．贺麟，译．北京：商务印书馆，1980：157.

③ 同①231.

④ 费尔巴哈哲学著作选集：上卷．荣震华，李金山，等译．北京：商务印书馆，1984：49.

性”，以“清醒的哲学”来对抗凌驾于生活世界的醉醺醺的思辨哲学，有助于廓清黑格尔哲学的思辨迷雾。遗憾的是，费尔巴哈仅仅止步于对黑格尔哲学思辨性的最一般的批判，不仅武断和粗暴地对待黑格尔哲学，更为关键的是，未能指明黑格尔哲学在存在论上的性质及其内在缺陷。这当然不是偶然的失误，而是因为费尔巴哈没有在存在论上达到应有的原则高度。费尔巴哈并不了解人的现实的感性活动的真实和伟大的意义，只把人看作“感性对象”，而不是“感性活动”。这种没有切入人的现实生存的哲学之思，不可避免地在抽象王国中神游，自觉不自觉地分有着黑格尔理性形而上学之前提。因此，费尔巴哈一涉足历史领域，就立即见出肤浅，不但没有与黑格尔的抽象思辨进行理论划界，反而充当着巩固形而上学的同路人。恩格斯在评价包括费尔巴哈在内的青年黑格尔派成员时曾说过，“就他们没有离开哲学这块土地来说，都是黑格尔哲学的分支”①。既然如此，我们怎么能指望费尔巴哈对于市民社会的分析？我们怎么能满足于费尔巴哈的分析？包括旧唯物主义在内的以往哲学，在最好的情况下，只是看到了资本这一“文明时代”受抽象统治的事实，却没有指出这一事实的根由，且自觉不自觉地用抽象的解释框架掩盖和巩固了这一事实。不消说，马克思与“旧唯物主义”的划界必定是要发生的。

当然，作为“新唯物主义”立脚点的“人类社会或社会的人类”，并不是与市民社会一山相隔的山那边的美景，马克思从来不做现实世界之外的遐想。马克思所发现的肯定意义上的市民社会，并相应地阐发的理论观点，无疑要在“人类社会或社会的人类”的生存状态中延续。我们以市民经济实际上塑造并支持相适应的人格品质或人性素养为例，由此呈现马克思关于市民社会的相关分析及其理论成果，对于我们认识和把握市民社会的运行机制，从而更合理、更透彻地领悟和表达现代生活运动具有十分重要的方法论意义。

从本质规定来看，市场经济提倡和实行利益最大化与自由放任的两大原则。作为两大原则的具体执行和体现，每个人作为经济主体，必然在自己的行为中表现出“为我”的取向，或曰受着“利己心”的支配。依照市场经济的内在本质和运行逻辑，经济主体的这种行为选择不仅不

---

① 马克思恩格斯选集：第4卷．北京：人民出版社，2012：247－248.

应受到谴责，相反恰恰符合经济伦理而有着正当性而应该予以肯定和支持。这样说，绝非意味着每个经济主体可以随心所欲，我欲故我行。因为经济主体以“利己心”为内在驱动的“为我”倾向，是在各个经济主体之间等价交换各自的劳动产品过程中实现的。等价交换的深层意蕴，是指经济主体的行为决不是孤立的个人行为，而是社会化的个人行为，经济主体“为我”的同时必须能够“为他”。随之而来的行为通则就是：某一个经济主体必须能够“刺激”和“唤起”另一个经济主体的“利己心”，满足其“自利的打算”，才能达到利己的目的；反之亦然。从此可以看出，每一个商品所有者不仅具有“利己心”，而同时又应当具有“利他心”。这是从亚当·斯密的研究引申出来的分析，我们理当能够发现市场经济正常运行和持续发展必定需要并实际建构的人性品质，由此可以进一步推论为市民社会赖以存在和发展的一般性的人格范型。马克思曾经精练地概述了这一人格品质现实建构的内在机理，论证了“利他心”与“利己心”何以能够共存的基本理由：“每个人为另一个人服务，目的是为自己服务；每一个人都把另一个人当作自己的手段互相利用。这两种情况在两个个人的意识中是这样出现的：（1）每个人只有作为另一个人的手段才能达到自己的目的；（2）每个人只有作为自我目的（自为的存在）才能成为另一个人的手段（为他的存在）；（3）每个人是手段同时又是目的，而且只有成为手段才能达到自己的目的，只有把自己当作自我目的才能成为手段，也就是说，每个人只有把自己当作自为的存在才把自己变成为他的存在，而他人只有把自己当作自为的存在才把自己变成为前一个人的存在，——这种相互关联是一个必然的事实”①。正是这样，在市民社会中，每个人理当把自身内在拥有的“利他心”和“利己心”调整到共存耦合的状态，时时刻刻都葆有自我反省的热情，以便自我诊治和自我修复。原因极其简单，在“利他心”和“利己心”构成的矛盾统一体中，如果一方幻想消除或者遏制另一方，则这一方的发展同样是不可想象的。在这种情况下，一个人作为经济主体的现实存在就是不可能的，从而作为一个现实的人也是不可能的。这样一来，市场经济的现实存在还是可能的吗？如果说马克思深度揭示了市场经济条件下人性素养的大致要点，富有远见地点明市民社会的人文动因或根

① 马克思恩格斯全集：第 30 卷．北京：人民出版社，1995：198.

据，倘若市场经济的良性运行与造就相匹配的主体动力乃是双向互动、相互依存、相得益彰的过程，那么，从现代世界的资本主义时期即“市民社会”的生活境遇来看，这种相互促进的正态相关的状况，只有在“人类社会或社会的人类”的生存状态下才能成为生活世界的日常态势。

在当今世界如火如荼展开的现代化运动中，马克思对市民社会思考的解释力是不容争辩的。而且，马克思以切近现实生活过程的智慧，以实现“现存世界革命化”为旨归，由“改变世界”来建构哲学存在的前景，就突破前人地揭示了哲学参与当代问题的合理路径。马克思的确没有给我们一个具体答案，但他早年的一个论断切中肯綮，应当有助于我们的理解与选择：“意识的改革**只**在于使世界认清本身的意识，使它从迷梦中惊醒过来，向它**说明**它的行动的意义。”①

① 马克思恩格斯全集：第1卷．北京：人民出版社，1956：418.

第十三章　消费社会的存在论启示

20 世纪中叶以后，整个世界迎来了一个总体上相对稳定与和平的生存处境，人类社会进入了崭新的历史时期，全球的经济社会发展突飞猛进。正是在这样的发展状态基础上，早先就出现在西方发达国家的诸如“消费社会”、虚拟经济等等标识了与以往经济业态不同的新景象，开始在全球传播。生活世界的新变化，必然给人类的生存筹划带来新的问题和新的挑战，构成了关乎人们生存之根本的崭新的存在论事实，也给思想提出了新的任务。正是这样，我们主张阅读波德里亚。波德里亚用“消费社会”指证了当代生活的新颖变化，并以切中当代生活实情的实际成就而已然成了当代思想的一个标志。为了让思想的事业能够参与并满足人们合理地筹划当下生活的需要，我们与波德里亚的思想相遇，无疑是当今有所获致地从事思想的事业的当然选择。思想的事业向来具有引导当下生活的使命担当，从波德里亚论说的主题出发，探寻波德里亚提出的问题及其展现的理解空间，把握波德里亚对于当代生活世界新变化的深切洞察，这就突出了由存在论来透视波德里亚消费社会理论的必要性。我们在此着重讨论这样几个关键问题：第一，波德里亚由消费社会而切近当代问题之核心，揭示了当代人的何种生存性质？第二，由黑格尔集大成的西方近代哲学参与了资本文明的创造，为资本文明提供了不可或缺的文化辩护和精神推动，在资本文明方兴未艾的情形下，波德里亚与黑格尔哲学的遭遇和勾连是不可避免的，这在根本上究竟说明了什么？第三，波德里亚认定马克思以“生产主义”为核心的思考只是抓住了当代生活的镜像且仅仅止步于此，历史唯物主义“从根本上对我们就可能没有任何意义”①，便断然与马克思主义进行了划界。从论题触及当代问题之根本的意义上，我们如何才能对于波德里亚的划界做出存在论定位，从而把有价值的思想成果为我们所用？

一、当代生存境遇的实情

用“消费社会”来标识当代生活状况，形成了极具感染力和震撼力的社会诠释理论，波德里亚的自信和坚决表现在真切揭示了当代社会的基本风貌及其发展走向。波德里亚明言，在总体上，当代人生活在“物的时代”，处于由消费主导生活节奏和情趣的氛围之中。换言之，较之至今仍有活力的工业社会，消费社会的“消费本位主义”取代了工业社会的“生产本位主义”，不可阻挡地成为当代生活的主流。波德里亚从现实生活世界宛如雨后春笋般地涌现出来的症候中，富有识见地描述了消费主宰一切的一系列具有根本性意义的社会变革。

其一，人的社会角色的重新塑造——从“生产主人公”转变为“消费主人公”。

不仅是表现形式，而且在本质上，这一转变与消费社会的形成具有同步性。也就是说，现实的人获得了“消费主人公”的社会角色，乃是消费社会得以出现且能够持存的关键性因素，也构成了消费社会的本质规定性和基本特征。“消费主人公”之称谓，无非是对现实的个人的生存状态的一种写实性描述。这不过是表明：在如此之生存状态中，现实的人沉迷于消费，进而构筑了以消费为生存指向的生活世界。从人类文明演进的宏大视野来看，以“消费主人公”命名的此种生存状态，确凿无疑地表达了人类生活极其重要的转型。虽说这一转型的影响可谓良莠并存，但“消费主人公”的世界观已然发生了改变是不言而喻的。问题在于，人的“消费主人公”的身份本质上属于获得性的生成性质，这个时候的消费之于人的性质不可否认地溢出了消费源于人的本真需要的那种意义范围，消费的功能也相应地发生了变异：消费并不是满足人们实际需要的享受过程，而是不断地刺激且实际制造人们需要的手段，是行使社会控制和社会驯化功能的“新生产力”。在这种情况下，消费乃是被培养起来的生活欲望，实际的消费真正说来不过是“被消费了的意

① 鲍德里亚．生产之镜．仰海峰，译．北京：中央编译出版社，2005：93.

象”。尤为关键的是，如此这般性质的消费，创设并依寓于“本能诱导”胜于“客体诱导”的生活情境，导致“消费主人公”的需求成为不可捉摸的行为程式、令人费解的未知数、难以满足的贪欲。一旦人们的消费观念由意象来主导，这种看不见、摸不着却始终在场的消费意念却能够超过具体有形物的诱惑，为消费的全面扩张提供着源源不断的动力，使消费社会得以建立并内在巩固地发展。

其二，新的社会约束机制——从人时刻争取的“权利”转变为人务必履行的“义务”。

在“生产本位主义”时代，消费是受制于生产的后起因素，消费活动直接围绕物质产品而展开，满足人们生存需要是消费的基本功能。这个时候，人们日常生活所需要的物品是否充足，对于人们的消费活动具有关键性的奠基和引导的意义。恰恰是物品充足与否这个因素，成为生产本位主义时代直接制约人们消费活动以及消费心理的决定性变量。而且，不可否认的是，不管物品供给是何等充足，围绕物品而来的个人消费活动，无论如何也不可能像海平面那样平衡地展开。不消说，摆脱不了不足或匮乏的缠绕，正是以生产为轴心的工业社会的典型特征，更不用说工业社会以前的人类生存状态了。既是这样，人们进行消费，就是维持自身生命存在的基本行动。显然，这是人的基本生存权利，在物品短缺时期尤其是人孜孜以求的权利。然而，“消费本位主义”时代却使这一切发生了改变。在消费社会，人们固然需要从事生产活动，但是，“当代人越来越少地将自己的生命用于劳动中的生产，而是越来越多地用于对自身需求及福利进行生产和持续的革新。他应该细心地不断调动自己的一切潜能、一切消费能力。假如他忘了这样做，就立即会有人好心地提醒他没有权利不幸福。所以不能说他是被动的：这是一种他所表现的、他所应该表现的持续主动性。否则，他就有陷入安于现状并与社会不相适应的危险”①。这就是说，正像人不能脱离自己的皮肤一样，每个人都无法游离于自己生活的时代，生活于消费时代的人们，不可移易地需要接受社会生活的主流风尚，选择一般通行的生活模式，奉行大众化的价值观念。这是消费时代的时代精神和生存指令，是每个人都需要履行的义务，消费社会正是借此而获得了存在和发展的助力。

① 波德里亚．消费社会．刘成富，全志钢，译．南京：南京大学出版社，2001：72.

其三，社会生活的新型组织原则——从“物品法则”转变为“符号法则”。

在消费是为了满足人们正常生活需要的那种意义上，人与物的关系无疑是社会生活的主导内容或指挥棒，制约着社会生活其他关系（包括人与人关系）的性质，引导着社会生活发展走向。一般而言，人与物的关系无非就是由物之于人的意义而来的人对物的态度。人类文明迄今的演进说明，人与物的关系具有多方面的内容，且在多重向度上展开，人对物的态度也就复杂多样，而不是亘古不变的。然而，物对人的意义在于物的使用价值，则是历史长河中人与物关系的最初内涵或首要方面，这正是“生产本位主义”时代的典型特征。当物品作为使用价值进入日常生活，追求生活必需品便成为人们筹划生存的当然选择。为此，人们或相互斗争或相互联合，构成了丰富多彩的现实生活。由于人的需要不是停留于某一平台而止步不前，而是有着多重层次的动态开放体系，需要的满足又会产生新的需要，所以，生活必需品意义上的消费注定将刺激人们新的消费欲求，引发消费活动在性质上的改变。例如，就像波德里亚所提示的，本来是作为生活工具来使用的洗衣机，却被当作舒适和优越的要素来摆弄，就是消费性质改变的真实写照。在这种情势下，人们的消费活动并不是与物品合理地联系在一起的正常需求，人们的消费行为形式上虽然仍是关注物品实际上却指向了全然不同的目标——物品失去了理当与某种需求或功能相关联的本义，而成为无休止欲望的载体，亦即永远无法满足的欲望的隐喻式表征。就此说来，一旦物品被幻化为符号，人们的消费活动必定遵循“符号逻辑”。既然如此，由于符号的变幻莫测、不定形、象征性及其指代的广泛性，人们的消费就不再可能还有具体的专注，而是屈从于符号的诱惑或引导。于是，通过消费人们不断地再生新的欲望，新的欲望又会刺激消费及其扩张，消费就成为人们“精神生理歇斯底里的颠倒症状”，成为左右人们行为及其相互关系的力量。① 可以说，在消费社会，“物品法则”不再是构造社会生活格局的指导力量，现实的人毫无例外地进入符号编码编排的交换系统之中，以符号为轴心重建社会秩序成为人们的日常生活行为。

其四，大众文化表达内涵的转向——从“以所指为中心”转变为

① 波德里亚．消费社会．刘成富，全志钢，译．南京：南京大学出版社，2001：67.

“以能指为中心”。

文化是现实生活的投影或回声，是生活世界变更的晴雨表。现实变革愈甚，文化上的反响也就愈烈，由之而来的文化诉求也就愈迫切。所谓文化诉求，是指现实变革需要在文化上获得合法的辩护和论证，并通过这样的方式巩固和推广变革的成果，而文化因其固有的特质确实能够有此承担。“符号法则”跃升为社会生活的组织原则，势必支配着消费社会的文化走向，引致大众文化以颂扬符号法则为旨归。于是，为生产主义鸣锣开道的传统文化观念日益被颠覆，大众文化表达逐渐疏离了实际“所指”，转向了以“能指”为中心，并且极度凸显能指的“反复叙事”。“以能指为中心”，消费文化表达参照的并非某些真实的物品或真实的事件，而是另一个符号或另一条信息。如此这般让真实缺席的文化表达，不过是对生活世界的剪辑和诠释，正是符号编码规则的具体运用。结果，大众文化传播越来越急切地展示媚俗的激情，却使得人们越来越间接地与现实生活本身打交道：生活节奏明显加快了，但生活异乎寻常地外在化、游戏化了。能指“反复叙事”所透露的关键信息，是消费文化表达还具有兜售和建构的目的。从市场经济引发的世俗化潮流来看，文化上的媚俗取向正合时宜。问题在于，消费文化仅仅致力于祛除生产本位主义之魅，却变本加厉地把消费圣化、把符号法则圣化，实际上就是让社会生活再度返魅——接受符号编码之魅。就是说，用符号编码规则取代真实经历的事件，大众文化传播带给人们的不过是依据符号法则制造出来的“赝象”，人们实际经历的只能是“伪事件、伪历史、伪文化的世界”。既然如此，那种建立在真伪基础上的意义诠释标准无疑需要变更，以符号逻辑为依据的新的诠释标准已然形成。“无论何处，在真实的地点和场所之中，都有完全产自编码规则要素组合的一种‘新现实’的替代品。”①

我们撮要展示了波德里亚关于消费社会转型所做的论证和描述，就此必须追问的是，当代消费社会所带来的这些转型，给“消费主人公”们带来了怎样的生存前景呢？

消费社会注定是丰盛社会，每个人都应当是消费者，或者说，每个人都必然地被“动员”或被“培养”成为消费者。这一判断不过是表

① 波德里亚．消费社会．刘成富，全志钢，译．南京：南京大学出版社，2001：136.

明，在消费社会，没有人不进行消费，没有人能够找出理由拒绝消费。消费是如此这般地成为人的不可抗拒的生存命运，从而，与物品匮乏的“生产本位主义”时代相比，消费社会的主旨就不是使人灭亡，而是要人生存，并且是永远持续地生存下去。既是这样，消费社会有可能创设的生存条件或生存环境，尤其是由之而形成的对人筹划生存的最起码要求，就不可遮蔽地呈现出来。如果消费社会赖以形成并能够持续发展的基本前提就是人必须处于消费之中，而且人必得在观念上奉行消费文化，那么，消费已然成为对人说来的永久性制造，人们在消费之中不可避免地再造自身。在这种情况下，“由消费产生的基本问题是：生活是否根据其生存，或根据所赋予个人或集体的生命意义组织起来的呢?”① 波德里亚明察消费社会的造就性对于人的真正意义。

具体来说，在消费社会，“幸福神话”具有支配一切的影响力，人们无不拜倒在这一神话面前。借助于某些中介如物品、福利等——这些中介皆归属于符号，“幸福神话”将“平等神话”收藏起来，又通过这些中介把“平等神话”转化到现实生活世界之中。在具有可测性的中介的参照下，人们在消费中势必会产生的矛盾或冲突都可以被化解。尤为关键的是，所有人都能享受到舒适得可以测量出来的福利，帮助人们打消了任何不利于消费的顾虑或犹豫，实现“享乐经济”与“道德经济”的统一，让日常生活直接成为“消费地点”。消费社会就是这样地吸引人们的注意力，把人们集中在消费魔杖所画定的圆圈中。这样的话，我们应当能够领悟波德里亚所说的“消费暴力”之深意。就此无可讳言，在必须生存下去的生存指令中，“消费主人公”们实际上步入了身不由己的消费深渊。很清楚，消费社会实际制造了非人化的生存。

还必须指出的是，在消费社会，符号编码规则全方位地向生活世界渗透，蕴藏着巨大的同化与中和的能量，毫不妥协地化解那些抵制性或对抗性的因素，实现对整个社会“永久的总动员”，在人们享受种种丰盛和舒适的欢乐中不知不觉地达到对整个社会的控制。如此这般必定需要通过符号并且为了符号而又被符号掩盖的生存实情，毫无例外地标识了消费社会把符号化建构为实现非人化生存的基本路径。正是这样，消费时代的非人化生存境遇更为隐蔽、更为普遍、更为根本，也更为难以

① 波德里亚．消费社会．刘成富，全志钢，译．南京：南京大学出版社，2001：26.

辨认。应当承认，就是在工业化时代，人类也已经意识到非人化生存的危害，但到了消费时代，这种生存困境非但没有缓解，反而不断地被再造，不可阻挡地蔓延与扩张。但是，没有谁不清楚生存的非人化走向乃是社会发展的病态，没有谁不忧虑这一社会病态所引发的生存困境。这一颇有反讽意味的人类生存实情，不可否认地把工业时代与消费时代贯通起来，暴露了非人化生存状态却拥有敞开发展的持久动力。

二、为黑格尔式存在论原则做证

把消费奉为整个社会"一致性理想"，社会成员集体迷恋般地投入消费之中，所有不利于消费的因素都被无情地吸收，这是"消费本位主义"时代人的生存状况的真实图景。消费社会处境下的非人化生存境遇，较之以往，无论是广度还是深度，都展开得更加充分。如此积微而著、由弱而强的历史发展演变，表明非人化生存具有关乎根本的本质性根据，这一根据毋庸置疑建构了非人化生存从生成到持存的推动力。如果考虑到人类固有的自我纠偏、自我更新的特质及其实际行动，那么，我们必得要承认，这种推动力居然随着人类的自我发展而与日俱增。这是当代人筹划生存必须面对也必须予以解答的课题。非人化生存境遇在消费社会的广泛性，呈现出达于成熟之势，不可规避地把这一推动力及得以构成的那个本质性根据彰显出来。在此，波德里亚的研究无疑具有本质重要的意义。

波德里亚认为，消费社会的特点，就是"在空洞地、大量地了解符号的基础上，否定真相"①。这一简明扼要的提示具有根本性意义。如果说非人化生存境遇毕竟与消费社会的造就性息息相关，那么，消费时代人类生活的这一特征，毋庸讳言要归因于符号编码规则对于整个社会生活的渗透和组织，与符号编码的特点、存在方式以及由之而来的实际作用紧密相关。换言之，消费社会的重中之重乃是符号编码规则的普适性。

按照波德里亚的分析，在消费社会处境中，原本属于生产领域的社会构成要素皆发生了位置漂移，被消费领域吸收了。"生产、劳动、生产力的全部领域正在跌入'消费'的领域，这个领域应该理解为普遍化公理系统的领域、符号编码交换的领域、生活总体设计的领域。"② 消

① 波德里亚．消费社会．刘成富，全志钢，译．南京：南京大学出版社，2001：13.

② 波德里亚．象征交换与死亡．车槿山，译．南京：译林出版社，2006：16.

费不再是对物品功能的使用和拥有，不再是个体或团体名望声誉的简单表征，而是沟通和交换的系统，是被持续发送、接收和重造的符号编码。就是说，消费行为不是出于需求和享受的迫切要求，而是缘起于某种符号和区分的编码之需要；消费的个性化取向必得遵循符号编码调控下的“区分/个性化逻辑”。很明显，一个全面且缜密的符号编码系统乃是消费社会日常运转的枢轴，是引导人们交往的“语言”。

符号编码对于人们的消费（进而扩展到人们的日常生活）的调校和导航，是在消费被疏离其本义的情况下发生的。这两种生活场景是共生互动的，是同一个过程的两个方面，宛如一枚硬币之两面那样。当然，两者一旦形成了同谋性关联，符号编码就处于主导的地位，并始终起着决定性作用。正如上文所交代的，当人的需求被鼓动和幻化为无休止的欲望时，欲望的对象就不再是确定的东西，而仅仅是欲望的指称或表征，究竟是何物则微不足道。这里的关键是物品/符号或物品/象征的链接所催生的消费心态，是等同于物品消费带来的却又必定超越具体参照物的满足感与愉悦感，是实际上不必存在却又无时不在的寓意符号。就此可知，符号没有也不能有特指，没有原型参照，是放逐所指而让能指反复叙事的模式信号。波德里亚就指出：“这些信号不可解读，没有可能的阐释，如同在‘生物’体深处隐藏多年的程序母型——这样的黑匣子中酝酿着所有的指令和所有的回应。”① 这就是说，消费之归顺于符号乃是不可逆转的必然性，消费性质变更的影响亦以同等程度的必然性深入于现实生活世界之根基处，促成了“消费本位主义”时代的来临。既然如此，每个人就注定是在“吸收符号”以及“被符号吸收”的博弈中筹划生存，只有遵循符号编码规则且实际参与符号编码游戏才能内在巩固地生存下来。

一般而言，人们感受到非人化生存境遇造成的切肤之痛，且不说可以从众多的间接经验中获得有益的参照，就是在亲身经历的直接经验中也能够获得这样那样的体验，从而理所当然地要做出明确的取舍，加以否定和拒绝。然而，正如包括波德里亚在内的很多研究者所揭示的，特别是在“消费本位主义”时代，唯有知识分子从说教的理想主义深处才会批判和抨击当代的消费异化，社会普罗大众却麻木不仁，而且趋之若

① 波德里亚．象征交换与死亡．车槿山，译．南京：译林出版社，2006：81.

骛，以至于“消费者基本的、无意识的、自动的选择就是接受了一个特殊社会的生活风尚”①。这种状况的出现，仍然与符号编码规则的实际运行有关。在消费变成欲望的“橱窗”或“目录”的情况下，原本必得与某种合理需求相连的确定的物品就不可能还是确定的了，而是变成了可以任意地、无限地调换。如此永远无法满足的欲望，引致“符号逻辑”或“象征逻辑”破茧而出，成为消费的指路明灯。符号代替具体物品而引导消费，一方面，符号本身的无定性以及超强的指示性，与永无止境的欲望十分合拍，可以说正好迎合了欲望的多变性，能够把人们在物品消费状态的“犹豫的快乐”提升为毫无顾忌的狂喜；另一方面，符号的流动性可以转移并瓦解具体物品不足时必然引发的怨恨，符号在形式上透明的优点又能够度量和彰显最一般意义上的公正与平等，重建以张力凸显活力的新型的社会团结和社会秩序。就是说，“在符号层面上，没有绝对的富裕或贫困，也不存在富裕**符号**和贫困**符号**之间的对立：这只是区分鉴别键盘上的一些升降调而已”②。正是如此，无论人们是否进行消费，都不可避免地被吸收到由符号编码全面主导的分类与交换系统之中，并就此获得社会身份或角色，所有的人皆不由自主地嵌入这个庞大严密的符号编码体系之中而互相牵连或互动。

需要挑明的是，符号编码强大的整合力并不是要形成没有任何差别或任何分类的社会结构，相反恰恰是要鼓励和尊重个性化，并正是通过充分利用个性化力量来维护社会结构的平衡。这是消费社会得以运行的重要条件。真正说来，消费社会堪称“个性化丛林”，每个消费者都有自己的个性，而且都有“过分自我指向”的心理倾向或心理需求。仅此而言，人们之间的个性差异必定造成相互之间的矛盾，至少是摩擦。不过，符号编码的强力引导，不仅仅是化解或缓和矛盾，更为重要的，则是把引发矛盾的力量转化为社会建构的动力，并且构筑这一转化的长效机制，实现消费系统乃至整个社会生活的有序开展。这一过程可以简述如下：符号编码以分类和区分为前提，以社会“同质化”为归宿。如果说每个人的消费皆有再造自身的意义，那么，以符号为基础的个体消费，就必须实现“个性化逻辑”与“社会区分逻辑”的对接，寻找自身由以生存的那种角色“范例”，以之为基点而再生产自身。在这个时候，

① 波德里亚．消费社会．刘成富，全志钢，译．南京：南京大学出版社，2001：59.

② 同①85.

“无论怎么进行自我区分，实际上都是向某种范例趋同，都是通过对某种抽象范例、某种时尚组合形象的参照来确认自己的身份，并因而放弃了那只会偶尔出现在与他人及世界的具体对立关系中的一切真实的差别和**独特性**”①。应该说，这是富有差异的消费，但差异不再是排他性的，而正是服从符号编码整合的个性资质或个体凭证。在这种“积极的差异消费”中，每个人皆能获得与自己匹配的范例即符号，但又不满足自己的获得，而始终眺望着其他的范例，并力图实现向新的范例归并。消费的“个性化逻辑”建立在符号基础上，受着符号编码的调控且实际作为符号被重建起来，进而又促进社会的建构。于是，“消费本位主义”时代建构并实行了形式上匪夷所思、实质上无届弗远的社会构造与运行机制——“平等与区分的辩证法”或“类同性与独特性的辩证法”：“个性化逻辑”恰恰取消了人们之间的真实差别，现实生活中的人及其产品都同质化了，人们在丧失差别的基础上建立了“差异崇拜”；“差异不再是排他性的：它们不仅在模式组合中合乎逻辑地互为诉求（就像不同的颜色互相‘作用’一样），而且在社会学意义上也是如此：这便是**锻造了团体整合的差异交换**。”② 人们在消费中接受了富有强大感召力的符号编码的引领和指导，并且相互承认，形成了个人“爱好社团化”，在人人乐此不疲的持续竞赛中实现了“自恋式团结”，通过符号编码过滤了的“游戏式竞争”来“促进”和发展团体。

由此可见，正是凭借符号编码巨大的组织和调控作用，消费替代了一切意识形态，承担了维护社会一体化的“社会驯化”功能，成为实施社会控制的有利因素。符号编码如此全方位地扩张，毫无例外地表明，每一个人必得通过消费才能在社会关系网络中登录并获准注册，进而获得自己的社会定位，成为拥有确定身份的现实的人。据此我们理当相信，符号编码之于消费社会的关系，在消费社会内在巩固的高度上，不可能是外在给予的，也不可能是应急性的权宜之策，而必须是也应该是自生的、必然的。既然如此，我们要问：这样一个可以置换他物且支配一切的符号编码规则，已然本质重要地拥有关乎消费社会之命运的统摄性和优先性，其存在性质究竟怎样？这一规则无处不在的普遍性、坚如磐石般的必然性究竟是如何成为可能的？

---

① 波德里亚．消费社会．刘成富，全志钢，译．南京：南京大学出版社，2001：82.

② 同①89.

波德里亚并没有对符号做出明确的界定，而是从现实生活场景出发，实证性地描述了符号编码在生活世界中的实际作用。依照波德里亚的提示，我们可以发现符号编码的一些典型特质，如永远的流动性、超强的指意性、普遍的统摄力、极权式的建构性等。若是考虑到放逐原型参照物、让所指对象缺席的这一前提性存在条件，那么，符号编码毫无例外地属于资本家族的成员，毫无例外地执行着资本原则的一般性要求。这样说来，符号编码就是取消原型参照物的抽象，符码操纵本质上就是抽象统治，波德里亚由现实生活世界而归纳和描画的“符号学决定论”其实就是抽象决定论。于是，黑格尔的哲学原则决定性地进入了我们的视野。

在人类历史发展进程中，资本的出现标志着一个新的历史时代的来临。资本依其本性展开自身的运动，把抽象原则奉为圭臬，通过商品、货币、地租、利润等等样式表现出来，由此确立了对于现代世界的普遍统治，创立了崭新的资本文明时代。资本造成的如此巨大的时代变迁，势必需要相应的文化辩护和论证。这既是为了寻求必不可少的精神动力，也是为了推行自己的原则。而且，资本运动愈频繁，资本势力范围扩张得愈大，资本的这种思想观念上的需求就愈甚。众所周知，由黑格尔集大成的西方近代哲学正是这样的文化理论。这一哲学之所以能够有此等承担，关键在于其坚守意识“内在性”的存在论原则，精辟论证了抽象原则及其现实展开的必然性。换言之，抽象原则是资本和近代形而上学能够联姻共谋的关节点——无论是资本文明，还是近代形而上学，都把抽象原则当作维护自身的不二法门。就像卢卡奇所评价的，以黑格尔为最高成就的西方近代哲学试图从思想上克服资产阶级社会，思辨地复活被资本原则毁灭了的人，结果却达到了对于资本文明的思辨再现和先验推演。① 这就是说，资本与近代形而上学在发展中形成了休戚相关、相得益彰的联系，前者构成后者的世俗基础，后者成为前者的文化向导，两者共同支撑了资本降临以来的人类文明进程，决定了所谓“现代世界”的基本面貌和发展的可能性空间。既是这样，我们当能理解，符号编码规则在“消费本位主义”时代行使着绝对控制的抽象霸权，以至于波德里亚也时有“代码恐怖主义”之虞，但却能够大行其道，这与

① 卢卡奇．历史与阶级意识．杜章智，任立，燕宏远，译．北京：商务印书馆，1999：231.

近代哲学的文化教化有着本质重要的关联。因为只有抽象原则成为社会大众内在巩固的共有的成见，符号编码规则才能获致社会大众的认同，人们才以当下参与的方式接受并实行符号编码规则。至此，消费社会生存状况的本质性根据，消费社会的造就性及其运行机制，就昭然若揭了。

很明显，波德里亚探究消费社会所达到的远见卓识，切近地展示了资本文明合乎自身逻辑的发展态势及其前景，正好印证了黑格尔哲学作为消费社会之精神依托并能够实际提供精神动力的可能性，凸显了黑格尔所代表的哲学原则在当代出场的可能性。这就是波德里亚的研究工作自觉不自觉地展露的耐人寻味的存在论问题。当然，我们由此不可规避地遭遇另一个重要问题。在同样是以切中现实并揭示现实为使命的哲学致思中，马克思显而易见开辟了一条不同于黑格尔的存在论路向，揭穿了以黑格尔为最高成就的近代哲学用思辨概念置换现实的真相，毫不妥协地要求终止黑格尔式的“概念帝国主义”。这样一来，在波德里亚无可争辩地指证了黑格尔式哲学原则的情况下，波德里亚对马克思的批评必定有其存在论上的指向和取舍。那么，我们如何看待这一批评，发现富有建设性的启示？

三、弘扬马克思的存在论沉思

在波德里亚看来，马克思沉浸在“生产浪漫主义”的理论情绪之中。“如果说有一件事马克思没有想到的话，那就是耗费、浪费、牺牲、挥霍、游戏和象征主义。马克思思考的是**生产**（这不是一件坏事），他是根据价值来思考的。”① 既然马克思的思想触角没有达到消费社会这一当代人类生活园地，或者说，当今消费社会的诸种生存现象在马克思的视野之外，那么，马克思理论思考所形成的成果只能是落伍了的“历史的欧几里得几何学”。为了切入当代生活实情，需要另辟蹊径，构设新的理论路线，波德里亚就把消费问题当作自己理论研究的领域。

从实际研究成果来看，波德里亚描述了消费社会的典型症候，暴露了资本在消费领域运行不同于以往的特征，彰显了资本文明当代发展的内在机制。如果资本的历史性运动不可遏制地从生产领域过渡到消费领

① 鲍德里亚．生产之镜．仰海峰，译．北京：中央编译出版社，2005：24.

域，并实际造成了当今两个领域的共生共荣，那么，经过波德里亚，当代人对资本依其本性的运动有可能达到全景式的把握。在这种意义上，波德里亚的研究工作影响了当代思想走向。按照波德里亚的说法，马克思理论思考的世俗背景是“生产本位主义”时代，其时，“生产主义话语”支配着一切，马克思的理论注意力更多地指向资本主义社会的生产问题。的确，在马克思的思想历程中，尽管马克思多次提到消费及其作用，但消费在当时的时代环境中并没有达到像当代这样的水平和性质，与消费性质变化而产生的问题不可能是马克思思想关注的重心。就此说来，波德里亚的研究在一定程度上可以弥补马克思当年没有予以强调的问题，毋庸置疑地能够扩展和深化人类对于资本本性的认识。正是这样，“‘波德里亚’一词，对于被人们认为是能同过去的正统理论决裂，又能在传媒领域、计算机网络、信息高速公路以及当今时代一些偏远学科中指明新的理论道路的那些先驱理论而言，继续扮演着进入新理论领地的通行证的角色”①。

当然，从资本文明至今仍有影响力的发展态势来看，立足于人类历史性生存需要面对和总结具有世界历史性意义的基本经验的高度，我们理当以可持续发展的宏大视野来审视资本依其本性的运动，如此方有可能呈现资本文明的真相，进而解答当下生存问题。若依此来观照波德里亚关于消费社会的实证研究，我们无疑既要在波德里亚的研究成果中停留又必须走出波德里亚。波德里亚富有卓识地揭示了工业社会与消费社会确实具有的区别——即便波德里亚有时过分夸大了两者之间的断裂，但是，两者之间并非根本性质上的迥然相异乃是不可否认的事实。它们不过是资本文明发展的先后阶段，不过对应着资本运动从“短缺经济”阶段向“过剩经济”阶段的跃迁。不消说，没有前一阶段奠定的基础，后一阶段的出现是不可想象的。而且，究其实质，后起的消费社会仍然是在资本所有权规范的架构内运行，仍然执行着资本依其本性发布的生存指令，从而始终摆脱不了利润的引诱和最终的驱动。消费社会具有普适性的符号编码规则正是资本力量丰富性的体现，由消费而来的社会操纵正是资本力量极权主义专制的象征。

如果这些判断毕竟有其合理性，那么，倘若把波德里亚的贡献仅仅

---

① 道格拉斯·凯尔纳．波德里亚：批判性的读本．陈维振，陈明达，王峰，译．南京：江苏人民出版社，2005：2.

限定在开辟了一个研究领域，如消费社会理论，那肯定只能获得某些皮相之见，并且一定是紧紧跟随波德里亚。在这种情况下，我们有可能错过波德里亚的问题，特别是错过波德里亚对我们提出的问题，最终真正丧失与波德里亚对话的可能性。如果考虑到波德里亚研究课题切入问题的视角——在消费社会生活基点上揭示资本的本性及其现实运动，那么，进入我们视野的波德里亚，必定在作为理论之根本的存在论领域有其承诺，或者说应当是有着存在论关切的思想家。这样的话，我们就有了两种对待问题的诠释思路：以问题"是否存在"为视点的知识论路向和以问题"何以存在"为视点的存在论路向。若由此来对照和审视波德里亚对于马克思的主导态度，我们不难看出，波德里亚再明显不过地采用了前一种思路。

所以，波德里亚批评马克思只是思考生产问题，没有探讨诸如浪费、奢侈、游戏、象征财富这些属于消费社会的生存现象；波德里亚批评马克思没有探讨早期社会的"象征交换"问题，根本无法理解原始社会，导致对人类早期社会的无知；波德里亚批评马克思虽然对政治经济学进行了激进的批判，但仍然处于政治经济学的形式之中，并成为政治经济学的"辩证顶峰"，造成了"自我侮辱"。

总体上看，波德里亚认定马克思的理论存在着很多盲点，而且问题多多。即使在毕生倾心研究的生产领域，马克思也不过是未经分析地运用"生产话语"和"表现话语"这样的镜像来解释资本主义生产过程，解构资本运动秩序，实际上自觉不自觉地传播着"意识形态幻象"，结果却违背了自己的初衷，不仅没有击中资本主义要害，反而疏离了资本主义现实生活中的"根本性分离"以及从中生发出来的"根本颠覆性"，与"政治经济学"一道成为为资本服务的共谋者。波德里亚断言："历史唯物主义不可能超越政治经济学的模式来理解过去，就像它不可能实现对原始社会的解码一样，同样它也不可能面对未来。它越来越不可能描绘出真正超越政治经济学的革命前景。它'辩证地'挣扎在资本的死胡同里，就像它挣扎在对象征的误解中一样。"①

的确，以问题"是否存在"的知识论阐释框架来阅读马克思，包括波德里亚在内的后来者，都可以轻松地发现马克思思想触角没有到达的

① 鲍德里亚．生产之镜．仰海峰，译．北京：中央编译出版社，2005：72 注①.

问题域。这一人类思想史演进中层出不穷的现象，大概并不专属于马克思。倘若我们的视线仅止于此，那当然就会以后见之明式的自负与轻浮而把思想事业变成自恋式的智力游戏。不要说波德里亚指责马克思没有探讨与消费社会有关的各等问题，就是他所研究的消费社会的那些问题或现象，也会随着人类生活变迁而生灭变幻，相关的结论岂能不为后来研究者所诟病或淘汰？站在后来者的立场上，波德里亚这位前人始终存在着没有问津的研究领域和问题。这样波德里亚就和所有的前人一样，难逃被后来者责难和批评的命运。如此说来，波德里亚的研究就没有任何意义了吗？根本不是。波德里亚的研究工作作为人类思想历事的一种标识或一个路标，这是抹杀不了的。之所以能有如此之地位，完全在于波德里亚由消费社会现象揭示了资本依其本性展开自身的可能性变化，在于由此阐明了具有世界历史意义的人类生存经验，在于烘托了资本文明时代有助于人的生存与发展的合法生存筹划方式。毫无疑问，这是存在论意义上的问题意识。换言之，波德里亚用现身说法彰显了存在论沉思的优先性。然而，波德里亚却缺失对于马克思存在论原则应有的敏感。这是偶然的失误吗？

马克思曾把资本主义时代的本质特征概括为“以**物的**依赖性为基础的人的独立性”，而“物的依赖关系”作为社会生活的基础，也就是“抽象统治”或“观念统治”在资本主义时代的大行其道。① 不可规避的是，波德里亚呼应了马克思的论断，而且提供了很有力度的、可信的佐证。但颇为奇诡的是，波德里亚在批评马克思时却对此缺少起码的反省。与其说这是有意回避，不如说是存在论原则上的“弱视”。我们相信，当波德里亚楬橥符号编码规则在消费社会的肆虐，他道说了当代人的生活实情；当波德里亚热衷于阐扬符号编码规则，他毫不犹豫地充当了资本原则的陈情者。看来，把波德里亚称为当代最激励人心但也最富争议的思想家之一，是切中肯綮的判断。既然如此，波德里亚对马克思的批评，我们就有必要给予具有原则高度的分辨或清理，尤其不能像波德里亚那样随意让渡马克思存在论沉思的那个本质重要的向度。这里试以波德里亚对于马克思政治经济学批判的评价为例来略加提示。

在对马克思的所有批评中，波德里亚把对政治经济学的批评置于首

① 马克思恩格斯全集：第 30 卷．北京：人民出版社，1995：107，114.

位。波德里亚说："为了从根本上批判政治经济学，仅仅揭示隐藏在消费概念背后的人类学意义上的需要与使用价值是不够的，我们还必须揭示隐藏于生产、生产方式、生产力、生产关系等概念背后的东西。马克思主义分析中的所有基础性概念都必须加以质疑，首先就要质疑马克思主义对政治经济学的根本批判及其超越政治经济学的要求。"① 波德里亚的所指非常清楚，因为马克思使用的很多概念，如"劳动""匮乏""必然性""生产""生产力"等，恰恰是"政治经济学的螺丝钉"，所以，马克思不可能从根本上颠覆政治经济学，相反却再生出政治经济学体系的基础，导致在世界范围内复活政治经济学模式。就此而言，除非我们走向根本不同的路径或层面，否则就不可能最终消解政治经济学。波德里亚所表达的不同的致思路向，就是"象征交换及其理论"。

乍看起来，波德里亚的指责极具震撼力，尤其是从波德里亚的理论视域来看，显得非常有理。当然，这都是以马克思不在场为前提的，是人为遮蔽马克思的存在论原则的结果。我们不过是要说明，一旦站立在马克思的存在论原则高度来看，与波德里亚所论的完全不同的情况立即呈现出来。诚然，马克思的确大量使用了古典政治经济学的术语，就像大量使用近代哲学术语一样。但是，这难道就一定会失去自己的原则或立场吗？借用波德里亚的说法，"语词"运用是在"所指"和"能指"两个向度的编码关系中展开的，"语词"都是表达或负载意义的。就此试问：马克思所借用的古典政治经济学术语是否有自己的寓意或内涵呢？若否，波德里亚（当然还包括其他的批评者）就不会对马克思的沉思有兴趣，马克思对于当今世界的影响就是人为炮制出来的呓语，这是对人类文明发展的极大反讽。然而，举世公认马克思对于现实世界的影响明显远远超过了古典政治经济学，波德里亚这样的学者是不可能看不出来的，波德里亚断然不会故意制造学术思想史的丑闻。若是，则我们理当尊重马克思，有义务把马克思的寓意阐发出来。这样说来，我们可以获得两条重要的信息：其一，马克思高度重视前人的理论思考，充分吸收积极的思想资源，而不是离开人类文明发展大道主观臆造。其二，马克思不做现实世界之外的遐想，而是从自己时代的现实世界出发，"在批判旧世界中发现新世界"，"为世界阐发新原理"。两者综合起来，

① 鲍德里亚．生产之镜．仰海峰，译．北京：中央编译出版社，2005：1.

毋庸置疑标识了马克思从“何以存在”入手切入和解决问题的存在论路向。于是，马克思批判古典政治经济学，不是在“是否存在”意义上予以否定或肯定，而是从“何以存在”意义上考究其存在的合法性；不是纠缠于古典政治经济学的某个结论或观点做某一方面的批判，而是致力于批判古典政治经济学的前提和原则。这是可能的吗？

在古典政治经济学之前，重商主义和重农主义相继问世，为资本依其本性的运动提供了具有重要意义的精神推动，也引发了古典政治经济学。古典政治经济学固然有其不可缺失的学脉渊承，但与之前理论相比，则直截了当地把自身界定为“市民社会”的科学，形成了超乎前学且富有实效的理论成就，毋庸置疑地成为资本原则的卫道士。这样说来，古典政治经济学的现实存在乃是不容否认的事实，马克思对此了然于胸，拟定以“政治经济学批判”为主旨的分析思路或评价方案就是明证。正如阿尔都塞所觉察的，在马克思的方案中，批判政治经济学并不意味着纠正其中的不妥之处，也不是要填补某些空缺或空白，以便继续这门科学，而是提出了不同于古典政治经济学的“新的总问题和新的对象”——不仅对古典政治经济学本身提出问题，而且还把政治经济学的“对象本身”亦即现实根据作为问题提出来。如此这般的彻底性，实际上就是通过追究古典政治经济学的理论前提而宣布古典政治经济学“没有任何存在的权利”。阿尔都塞颇有领会地明言，在马克思看来，“如果说这样的政治经济学不应该存在，这是指的**权利**而不是指的事实”①。进而言之，“存在的权利”就是从“何以存在”意义上展开的分析，“存在的事实”则是在“是否存在”意义上展开的辨识。可以相信，“存在的权利”毕竟与存在之“根据”有着千丝万缕的联系，对于存在“权利”的追问必定需要考究存在之“根据”。马克思匠心独运地把问题与其“根据”相勾连，实际上就是把问题还原到“何以可能”的原发背景中，由问题之来历而洞明问题之真相。显然，这肯定不是像某些人所想象的那样滞留于狭隘的学科领域来思考问题，而是深入于问题之根本的沉思。由之而来的致思取向，就是从现实生活过程出发展露问题，让问题之解答服务于人类现实生活之筹划。具体地说，马克思由批判古典政治经济学而实际切入这一科学赖以产生的现实根据，毫不妥协地批判古

① 路易·阿尔都塞，艾蒂安·巴里巴尔．读《资本论》．李其庆，冯文光，译．北京：中央编译出版社，2001：182.

典政治经济学固守自身根据而裹足不前的局限性，以及掩盖现实生活实情的巨大虚妄。既然如此，马克思追究古典政治经济学的存在合法性，本质重要地指向了现实社会的世俗基础，旨在洞穿这一基础在资本原则驱动下“自我分裂和自我矛盾”的实质。正是基于真切领悟资本原则及其时代精神，马克思始终把彻底的批判精神与关注现实的理论思考相结合，依照“只向世界指明它究竟为什么而斗争”① 来定位自己的运思，为人类改造生活世界提供健全的精神向导。就此而言，我们有什么理由可以无视马克思这一关注现实生活世界的人文情怀呢？我们果真能够对这个最容易感知也最有吸引力的方面视而不见吗？进而言之，我们能够毫无顾虑地与那些高傲地撇开马克思思想的这一部分的言行并肩为伍吗？在这方面，波德里亚也概莫能外，但他确实处于失语的状态，与马克思的存在论原则性沉思失之交臂。

因此，波德里亚对马克思的批评需要予以全面评估，尤其需要上升到存在论原则高度来审视。阅读波德里亚，我们相信可以获得富有建设性的思想支持或思考灵感。然而，我们更需要超越波德里亚，从其所允诺的具有存在论意义的事实和问题中，摆脱其存在论上的掣肘和耽搁，致力于阐扬马克思的存在论沉思，启明触及当代问题之核心的思想道路。波德里亚对于消费社会特征的生动而深刻的揭示，让读者产生了强烈的代入感，近乎身临其境地感受到西方现代性的崭新变化；波德里亚对于消费社会的存在性质及其发展前景的分析，开启了新的观察视角，有助于人们把握现代生活的本质和现代社会的变迁；波德里亚以消费社会话题为依据，想当然地宣布“劳动的终结”“生产的终结”“社会性的终结”亦即马克思的问题群的终结，恰恰以“内爆”的方式强调，只有立足于历史唯物主义存在论原则高度才能切中当代问题，参与当代生活运动。

---

① 马克思恩格斯全集：第1卷．北京：人民出版社，1956：418.

第十四章 “文明时代”的生存矛盾

波德里亚以“消费社会”之名阐述新的生存境遇在当代的生成，同时也揭露了“消费社会”由商品逻辑衍变为符号象征逻辑的复杂性。“记号的过度生产和影像与仿真的再生产，导致了固定意义的丧失，并使实在以审美的方式呈现出来。大众就在这一系列无穷无尽、连篇累牍的记号、影像的万花筒面前，被搞得神魂颠倒，找不到其中任何固定的意义联系。”① 如果说波德里亚的研究工作让人们能够领略到资本从生产到消费的全景式运动，那么，波德里亚富有识见地描述的“商品逻辑的符号学”，确凿无疑地绽露了现代生活境遇的残酷性和现代生存矛盾的隐蔽性。卢梭的名言——“人生而自由，却无往不在枷锁中”，可谓脍炙人口，至今仍被人们津津乐道。或许人们传诵这句名言，是因为它能给人们追求自由提供不容分说的辩护和理据，但卢梭清晰可辨地表达了“自由”与“枷锁”同在的相关性，且显而易见指向现代社会。细究起来，卢梭言简意赅地诉说了现代社会这个“文明时代”的生存境遇或生存矛盾。由之而来当有关乎事情之根本的问题：文明时代如此这般的生存矛盾，究竟具有怎样的性质和影响？这一问题自现代之始就被郑重地提了出来，接踵而至的便有积极乐观与消极悲观这两种截然相反的判断或评价。现代世界的发展状况和态势，较之积极乐观的评价要欠缺一些，相比消极悲观的判断又要丰盈一些。全部问题的关键无疑在于，透过纷繁芜杂的生活表象，揭示现代生活的动因。马克思以“抓住事物的

① 迈克·费瑟斯通．消费文化与后现代主义．刘精明，译．南京：译林出版社，2000：21.

根本”为理论自律，独具匠心地阐释了现代社会本质，开启了植根于现实生活过程的哲学运思路向。虽然马克思的思想创制遭遇到诸种怀疑和批评，但20世纪的海德格尔基于透辟洞悉西方文化精神以及现代世界之急难，毫不犹豫地对马克思的思考给予了最关本质的回应和评价，耐人寻味。可以说，在马克思之后，经过包括海德格尔在内的众多哲学家的努力，哲学的发展迈上了以参与现代生活为动力导向的进路，与此同时也能够为解答当今时代问题提供弥足珍贵的思想参照。

一、现代社会的运行机理

正如现有很多研究或讨论所标识的，“现代”不能被简单地看成一个编年史意义上的时间单位，而是富有历史内涵积淀、具有开放性质、可进行多样解读的文化单元或历史符号。哈贝马斯曾认为，“1500年前后发生的三件大事，即新大陆的发现、文艺复兴和宗教改革，则构成了现代与中世纪之间的时代分水岭”①。这一判断的确颇得要领。据此可知，现代社会是一个革故鼎新的崭新时代。中断与传统的联系，终止以往沿袭下来的准则，制定属于自身的新规范，是现代这个崭新时代亟待解决的基本任务。特别是在资本上升为社会生活之主导原则的情况下，现代社会的优越性与危机同时呈现出来——亦即“自由”与“枷锁”并存，现代社会面临着过去时代无可比拟的自我理解和自我确证的要求。随着现代生活结构的成型与稳定，这一实际要求便转化为构建社会共识的一种推动力，进而发展为社会建制的动力元素，影响着社会大众的意见走向。现代社会拥有的这种特质，是以往时代罕有其匹的；而自我理解与自我确证、自我辩护、自我批评在基本旨趣上有着清晰可辨的相关性。我们由此当能推论，现代社会之需要自我理解，一定是现代生活世界蕴藏着如此这般的基本理由和本质根据，而且一定关乎现代文明的存在根基。而如何处理现代社会的自我分裂与自我矛盾，则是优先于其他问题的重中之重。可以说，现代社会正是在持续不断的批判中前行的，以至于“现代性批判”成为思想文化领域经久不绝的热门话题。与众多的现代性批判相比，马克思力求“按照事物的真实面目及其产生情况来理解事物”②，通过历史唯物主义的伟大创制照亮了现代生活。马克思

① 哈贝马斯．现代性的哲学话语．曹卫东，等译．南京：译林出版社，2004：6.

② 马克思恩格斯选集：第1卷．北京：人民出版社，2012：156.

的一段论述能够给我们提供较多的信息和启示：“我们的时代即**文明时代**，却犯了一个相反的错误。它使人的**对象性**本质作为某种仅仅是**外在的**、物质的东西同人分离，它不认为人的内容是人的真正现实。”①

依据这段论述的叙述语境可以推论，“对象性本质”是用来肯定性地表达人是现实的存在物的。现实的、有生命的个人皆有自己的“对象性本质”——“人有**现实的、感性的对象**作为自己本质的即自己生命表现的对象；或者说，人只有凭借现实的、感性的对象才能**表现**自己的生命。”② 人的“生命”与“对象”是如此这般不可移易地相关联，且毫无例外地属于原始的、本质的和必然的性质，以至于“对象”就是另一个“感性地存在着的人”③。这种情况下的“对象”，根本不是主客二元劈分关系中的那类“客体”：“对象”被当作“客体”是人类活动达到一定的水准和程度后才发生的事情——在以发生学为理据的存在论意义上，“对象”比“客体”更原始、更根本。正是这样，“对象性本质”蕴含着人的创造性冲动，是人之为人的本质力量之源。而且，既然人的本质规定中包含着“对象性”，那么，人在现实生活世界的实际身份，首先就不是一个拥有意识和自我意识的“思想者”——西方近代哲学家倾心构造的角色，而是一个通过“对象性的活动”筹划自己的生活、“现实地占有自己的对象性本质”的“活动者”。

从这些分析可知，“对象性本质”是人之为人的基本配置，是人之为人固有的、必然的性质。但是，人的“对象性本质”并不神秘，也不是停留在美妙文字所编织的话语世界之中，而是通过人的“对象性的活动”所创设的“对象性形式”表现出来的。较之“对象性本质”的相对稳定性，“对象性形式”是经常变化的；一般情况下，人们透过“对象性形式”是可以认识和把握“对象性本质”的。我们以马克思的一段论述为例略加分析。马克思指出：“黑人就是黑人。只有在一定的关系下，他才成为**奴隶**。纺纱机是纺棉花的机器。只有在一定的关系下，它才成为**资本**。脱离了这种关系，它也就不是资本了，就像**黄金**本身并不是**货币**，砂糖并不是砂糖的**价格**一样。”④ 这就是说，“黑人”的存在性质，

---

① 马克思恩格斯全集：第3卷．北京：人民出版社，2002：102.

② 马克思恩格斯文集：第1卷．北京：人民出版社，2009：210.

③ 同②194.

④ 马克思恩格斯选集：第1卷．北京：人民出版社，2012：340.

在一定历史时期是以“奴隶”这一“对象性形式”而显露出来；只有深究这个历史时期的生存条件和处境，人们才能把握“奴隶”的历史意义，从而认识“黑人”的现实存在地位。“纺纱机”作为生产过程中的生产工具，其存在性质是“不变资本”，是通过“机器”这一“对象性形式”表现出来的。由此可见，“人”（黑人）和“物”（纺纱机）在现实生活过程中的角色获得不可否认地表明，“对象性形式”与“对象性本质”并不总是保持一致或同步，适当的差距则是两者之间关联的常态。然而，在资本降临世间之后的“文明时代”，这种差距却演变为“对象性形式”对于“对象性本质”的背离，以至于生活世界到处充斥着“对象性本质的异化”，社会生活的性质也相应地发生了改变。这究竟是如何成为可能的呢？

马克思把以资本为原则导向的现代生活，称为“以**物的**依赖性为基础的人的独立性”的社会形式。一方面，与以往“人的依赖关系”的社会形式相对照，现代社会所实现的重大进步或历史性飞跃，就是建构了“人的独立性”。在马克思看来，“如果说经济形式，交换，在所有方面确立了主体之间的平等，那么内容，即促使人们去进行交换的个人和物质材料，则确立了**自由**。可见，平等和自由不仅在以交换价值为基础的交换中受到尊重，而且交换价值的交换是一切**平等**和**自由**的生产的、现实的基础”①。可以说，“自由”和“平等”正是现代社会“人的独立性”的基本构成或内涵。没有这种“独立性”，资本文明的这个崭新时代就是不可想象的。这是人类的内在资质发展的重大跃迁，展示了人的“对象性本质”的能够丰富与提升的可能性前景。更为关键的在于另一方面，“自由”和“平等”的原始出生地乃是“以交换价值为基础”的交换活动。“人的独立性”毫无例外地以“物的依赖性”为基础而形成，又倚靠这一基础而得以发展，并在服务于这个基础中与之结成了巩固的同谋关系。就此可以肯定，建基于“物的依赖性”的强大基础，资本文明时代的整个社会生活出现了根本的改观。“过去表现为个人对个人的统治的东西，现在则是**物**对**个人**、产品对生产者的普遍统治。”② 所谓统治着人的“物”，主要就是指作为资本表现形式的商品、货币等等。这就是说，商品、货币、资本这些“对象性形式”，作为人的“对象性

① 马克思恩格斯全集：第30卷．北京：人民出版社，1995：199.

② 马克思．1844年经济学哲学手稿．北京：人民出版社，2000：176.

的活动”的产物，本是充当人与人之间联系的中介，却随着执行其本务而获得了对于社会生活的统治权或支配权——就像马克思所说的，“货币从它表现为单纯流通手段这样一种奴仆形象，一跃而成为商品世界中的统治者和上帝”①。而且，“凡是我作为**人**所不能做到的，也就是我个人的一切本质力量所不能做到的，我凭借**货币**都能做到。因此，货币把这些本质力量的每一种都变成它本来不是的那个东西，即变成它的**对立物**”②。在这种情况下，人的“对象性本质”就蜕变为物化的、与人分离对立的外在的东西，如此这般的异化状态标识了社会生活在根基上的本末倒置。

基于深刻洞察现代社会生活的本质，马克思指出了作为“19 世纪特征的伟大事实”：每一种事物好像都包含自己的反面，“一方面产生了以往人类历史上任何一个时代都不能想象的工业和科学的力量，而另一方面却显露出衰颓的征兆，这种衰颓远远超过罗马帝国末期那一切载诸史册的可怕情景”③。真正说来，依照马克思深入于问题之根本的分析，这种二律背反式的生存状况，已经不是 19 世纪所特有的现象，而是现代社会的生活底色或基本处境。换言之，尽管根基上充满着缺憾与矛盾，但这种生存状况在现代社会生活体系中却有着毋庸置疑的普遍性及其必然开展的坚定性。如此这般虚幻的社会生活氛围，不可避免地扭曲乃至危害人的现实生活。然而，现代生活如火如荼地展开，现代社会依然前行不辍，全盘否定现代性无异于天方夜谭。不消说，与资本普遍统治相匹配，现代社会在实现自我理解的客观要求中已然确凿无疑地孕育了自我调整和自我纠错的动力机制。20 世纪下半叶以来全球范围内出现的相对安宁的发展环境，其实表达了一种期待：“人们也许能学会调整自己以适应用同归于尽威胁着他们的巨大力量，对现实的清醒估价和合理妥协的准备将开辟通向未来的道路。”④ 这样看来，只有实事求是地启明作为现代社会“真正现实”的“人的内容”，才能恰如其分地把握这个复杂多变却又绕不过去的现代社会生活，为人们的生存筹划绽露希望和前景。

---

① 马克思恩格斯全集：第 30 卷．北京：人民出版社，1995：173.

② 马克思恩格斯文集：第 1 卷．北京：人民出版社，2009：246.

③ 马克思恩格斯选集：第 1 卷．北京：人民出版社，2012：775－776.

④ 加达默尔．哲学解释学．夏镇平，宋建平，译．上海：上海译文出版社，1994：107.

二、社会现实的真切领悟

针对现代社会的“错误”，与众多“虚有其表的批判主义”迥然相异，马克思明确提出，“人的内容是人的真正现实”。透过纷繁芜杂的生活世界，马克思透辟挑明了人之生存在世的自我选择与自我创生的品质：“个人怎样表现自己的生命，他们自己就是怎样。因此，他们是什么样的，这同他们的生产是一致的——既和他们生产**什么**一致，又和他们**怎样**生产一致。”① 我们从此至少可以获得两条重要的信息：其一，在个人生存宇宙中，人们需要操心的人生课题，不仅在于追求“应当做怎样的人”，而更有本质重要的选择，还在于人自己把自己建构为“实际上是什么样的人”。这些正是现实生活世界中真正的“人的内容”。其二，由“生产”与人的内在本质相关而肯定“生产”的存在论意义，意味着历史唯物主义思想创制之理论硬核的正式确立。从内涵来说，“生产”可以看成是“感性活动”的实际展开和表现。因此，如果马克思以“感性活动”为原则对抗醉醺醺的思辨哲学，在哲学存在论高度实现了根本原则的转变，那么，揭明“生产”之存在论意义，则开通了哲学走向生活世界、参与现代生活的道路——这就是以马克思阐述的切中现代社会现实的基本原理为标志：物质生产或经济发展是社会生活的现实基础、时代发展的现实动因、全部历史的现实主题。这一原理乃是整个马克思主义一以贯之的理论主干。马克思这一思想创制的划时代意义，海德格尔了然于胸，简明扼要地指出，“经济发展与这种发展所需要的架构”乃是现今时代的两重独特现实，马克思主义是懂得这一双重现实的。② 海德格尔的指证，基于深切领悟现代社会的现实境遇，蕴含着切中现代生活之本质的深刻洞见，道说了文明时代的生存状况及其发展前景。

现代社会所遭遇的最严重问题，进而构成资本文明时代的生存矛盾，就是社会生活的异化。这种生存境况，用海德格尔的说法来表达，就是“存在的遗忘”。在海德格尔的论说语境中，世间唯有人这种存在者才是以“绽出之生存”的方式获得并维护其本质，人就是当下的

---

① 马克思恩格斯选集：第1卷．北京：人民出版社，2012：147.

② 吴晓明．当代学者视野中的马克思主义哲学：西方学者卷 上．北京：北京师范大学出版社，2008：43.

“此”之存在，以至于人就是“存在之澄明”，人以绽出地生存的方式守护存在之真理。① 由此可推论，存在的遗忘直接相关于人的地位和意义的失却，意味着人的生存出了故障，人在现实生活筹划中遇到了困境。问题的这种提法和性质，已然表明这不是某些个人的遭遇，而是现时代的时代难题。如果我们依此可以发现海德格尔把理论的触角伸展到现实生活世界，那么，海德格尔对现代世界富有识见的阐释能给我们带来什么样的收获呢?

海德格尔认为，在现代世界，存在者是在“被表象状态”中才成为存在者的，“世界成为图像”乃是现代之“本质”，由此可以把现代称为“世界图像的时代”。“世界成为图像”和“人成为主体”正是对于现代的本质具有决定性意义的相互交叉的两大进程，同时也照亮了初看起来近乎荒谬的现代历史的基本进程。“这也就是说，对世界作为被征服的世界的支配越是广泛和深入，客体之显现越是客观，则主体也就越主观地，亦即越迫切地突现出来”。因此，“现代的基本进程乃是对作为图像的世界的征服过程”，在本质上是以“人成为主体”为前提和根据的。②

近代哲学关于“人成为主体”的论证和表达，哲学史公认肇始于笛卡尔提出的“我思故我在”原理。这一原理固然肯定和彰明了“我在”的意义，但并不是无条件地、无原则地提出来的：唯有“我思”才是“我在”得以可能的根据。这是确定不移的。笛卡尔就此把“自我”确立为“一般主体”，把“我思”即“意识”指证为构成这个“一般主体”的基本内涵，呈现了这个“一般主体”在存在论意义上的基本性质，由此试图为哲学建造一个能够真正且完全地定居于其上的坚固“陆地”。当然，笛卡尔所开端的近代哲学，有着显著的存在论缺陷：思维与存在截然分立的二元论，表明“我思”有着自己通不过的区域而仅有十分有限的权能；笛卡尔力图通过“神助”来实现两者的统一，事实上消解了“我思”的权威。此后，西方近代哲学经过不同观点的碰撞与交锋，直到黑格尔以“思维与存在的同一性”的精详论证而完成了意识“内在性”原则的建构，“人成为主体”便在形式和内容一致基础上真正确立起来。相应地，随着黑格尔首次在体系中把形而上学的本质形诸语言，

---

① 海德格尔．路标．孙周兴，译．北京：商务印书馆，2000：381，389.

② 海德格尔．林中路．孙周兴，译．上海：上海译文出版社，2004：91，94－96.

形而上学便达到了自己的完成状态。于是，在近代哲学的完成阶段，人获得了作为“一般主体”的内涵标识：人乃是“自我”的“心灵活动”；“意识”就是“有生命的个人”，是“人成为主体”的“主体性”；人能够按照自身的理解、意愿来规定和实现主体性。基于此，人便“把存在者构想为作为对象的存在者，使之进入作为图像的世界之中”①。

在海德格尔看来，唯因为人根本上和本质上成了主体，标志着有别于以往时代的一个新时代的来临。在这个新时代，“决定性的事情乃是，人本身特别地把这一地位采取为由他自己所构成的地位，人有意识地把这种地位当作被他采取的地位来遵守，并把这种地位确保为人性的一种可能的发挥的基础”。易言之，人开启了支配存在者整体的存在方式。由于人是以“意识”为内涵而成为主体的，“表象”乃是表征“意识”并接受其指令的“心灵活动”，所以，人是“绽出之生存”的表象者。“表象”的意思在于：把现存之物当作某种对立之物带到表象者面前，使之关涉于表象者自身，并强行纳入与表象者的决定性关联之中。这就是说，人把自身设置为一个“场景”，通过表象活动把存在者摆置为“对象”，使存在者必然地摆出和呈现自身，亦即必然成为图像。② 可以说，“世界成为图像”乃是现代社会生活的必然产物。进而言之，人的“存在”，是在人作为主体而成为存在者的尺度和中心并把存在者当作客体化的对象时才是可能的；存在者的“存在”，是在存在者被表象状态中被发现的。这种情势下的“存在”，正是人类历史性实践的结果。人类对于物的态度，或者说，人与物关系的历史性演变，可以为此提供切中肯綮的佐证。

自人在地球上诞生以后，人类自身并不拥有自己赖以生存和发展所需要的生活资料，而是需要向身外自然界去索取。在这个时候，较之于强大的自然界的外在力量，人类自身力量非常弱小，只能本能地顺应身外自然界的改变，从而总体上对自然界、对身外之物皆十分地“敬重”。我们从古代流传下来的神话、寓言、传说等等文化形式中可以发现，且不说远古的人，就是临近现代时期的前现代社会状态下的人，对于自然界都采取膜拜或顺从的态度，就是可信的证明。正如马克思所洞察的，“人靠自然界**生活**。这就是说，自然界是人为了不致死亡而必须与之处

① 海德格尔．林中路．孙周兴，译．上海：上海译文出版社，2004：108.

② 同①93，111.

于持续不断的交互作用过程的、人的**身体**”①。把自然界当作人的“身体”，清晰表达了人对自然界的尊重和友好的态度。人们积极肯定地对待自然界，怀着敬意看待身外之物，在至为根本意义上关乎人类自身的存在命运。这就是说，肯定并敬重自然界和身外之物，始终是人类对待物的主导态度，即便在当今的文明时代，尽管人与自然界之间的关系呈现出越来越紧张的态势，但是人类在总体上已然有着清醒的意识和选择，生态文明被视为人类文明发展的愿景且越来越快地变为现实，就是活生生的感性证明。这就是恩格斯所告诫的，“我们不要过分陶醉于我们人类对自然界的胜利。对于每一次这样的胜利，自然界都对我们进行报复”②。

人类对自然界或对物的友好态度，在生产资料私有制确立以后发生了改变。随着私人占有财产成为社会生活中的必然行为，社会财富的聚集将越来越快捷、越来越普遍，财富不断地转移到少数人手中。而且，谁拥有的财产越多，谁的社会地位就越高，谁也就能够拥有更多的财富，成为社会的权贵。社会生活中的这种情况必然产生的刺激和导向作用，推动人们改变原初的对物的敬重态度，而衍变为对物的占有。众所周知，现代世界的“资本主义形式”把人对物的占有推到登峰造极的地步。这就是指人类社会虽然摆脱了“人的依赖关系”的束缚，形成了“人的独立性”，但却锚定在“物的依赖关系”的基础上；更为关键的是，“人的独立性”成为建设和巩固“物的依赖关系”的中介或手段，人对物的态度的改变与人和人之间关系的畸变互为表里。既然“人们对自然界的狭隘的关系决定着他们之间的狭隘的关系，而他们之间的狭隘的关系又决定着他们对自然界的狭隘的关系”③，那么，人通过占有物而逐渐确立了对于自然界的强权，逐渐把自身建构为“绝对主体”，现实的自然界或身外之物就被“绝对主体”设定为只是“物性”，亦即“抽象物”。由此可见，一旦人对物的敬重让位于人对物的占有，由之而来的最关本质、最有要害的变化，应该说还是发生在人及人类社会这一维度。人既然是“绝对主体”，则世界作为图像就是不可避免的、确定不移的。

---

① 马克思恩格斯选集：第1卷．北京：人民出版社，2012：55－56.

② 马克思恩格斯选集：第3卷．北京：人民出版社，2012：998.

③ 同①161注②.

黑格尔认为，作为占有方式的“标志”，是“一切占有中最完全的”。“人能够给某物以标志，因而取得该物，这样正表明了他对该物有支配权。”“标志”是人借助于“意志”而达到对物的“普遍占有”①。我们应该敬佩黑格尔的洞察力和远见！如果说人对物的“意志占有”在人类发展进程中出现具有历史的必然性，那么，作为人类历史发展的一个重要阶程，这种占有可以说恰恰在人类发展中有着不可回避的本质根据，当然也毋庸置疑地标志着人对物的态度发生了新的改变。当今所谓消费社会以人们可以感觉得到的方式提供了有力的佐证。依照波德里亚之见，在弥漫着“生产浪漫主义”的工业社会，人们的消费是为了满足生存活动的基本需要，人们消费指向的是基本的生活必需品，“物品法则”成为筹划生活和人际交往的组织原则。在消费社会，这一切都发生了变化。消费是不断刺激并实际制造人们需要的手段，消费活动并不总是与物品相关联，而主要是人们欲望的表达与实现。既然消费物品成为无休止欲望的载体或隐喻式表达，那么，人们一旦进行消费，就进入了一个全面的编码价值生产交换系统之中，而且所有的消费者都不由自主地互相牵连。这就是说，人们无一例外地遵从“符号逻辑”“象征逻辑”“欲望逻辑”。② 显然，消费社会用“符号法则”取代了“物品法则”，物被贴上了“消费符号”的标签。人只有实际进入消费过程才能作为现实的人而存在，并注定要在“吸收符号”与“被符号吸收”的互动中标明自身的分量或角色。在这种情况下，人对物的占有态度中不可阻挡地衍生出一种新的态度：炫示，亦即人用物来炫耀显示自身。这就意味着人实质上完全拜倒在“符号逻辑”面前。当然，物充当“消费符号”，对人极尽诱导之能事，归根结底仍归因于“人成为主体”的自己制造。不消说，这正好契合了海德格尔所谓“世界成为图像”之基本意涵。

由此观之，海德格尔所论述的现代社会的本质特征——“世界成为图像”和“人成为主体”，实质上是对现代生活实情与现代社会现实的透辟领悟和切近表达。在海德格尔看来，现代社会是一个技术力量大行其道、由技术力量支撑起来的文明时代，以至于包括自然科学在内的社会生活现象，都要这样那样地借助于技术来展示自身，技术成为具有决

① 黑格尔．法哲学原理．范扬，张企泰，译．北京：商务印书馆，1961：62，66.

② 波德里亚．消费社会．刘成富，全志钢，译．南京：南京大学出版社，2001：67，70.

定性意义的解蔽方式，而在现代技术中起支配作用的解蔽乃是一种“促逼”。基于此，海德格尔认为，我们可以大胆地用“集置”一词来表示现代技术的本质。“集置（Ge-stell）意味着那种摆置（Stellen）的聚集者，这种摆置摆置着人，也即促逼着人，使人以订造方式把现实当作持存物来解蔽。”海德格尔用“集置”来诠释技术所表达的寓意在于：第一，“强制”——把事物聚集在一起，摆置并促逼着人，使人以“订造”的方式把现实当作持存物。第二，“普遍化”的强制——所有的存在者毫无例外地都在技术力量的召唤下开启自身，并以在场为根据而被分类、排序和揭示。[①] 这就是说，技术“集置”之普遍化强制，所有的人时而显明时而隐蔽地受到集置所促逼，人根本上就处于集置的本质领域之中，这是现代这个时代的命运，是现代社会之不可更改的、不可逆转的客观必然性。

问题的关键尚在于，即便集置和强制制造了人类生存困境，人类也已然千方百计地寻找解困之策，但人类能够放弃订造的行为吗？进一步引申的问题则是，现时代的人能够放弃作为生产者的规定性吗？不能！海德格尔的否定性回答，表达了对于现代生存境遇的担忧、不满和批判，同时彰显了现代生活的真相。在现代社会，生产活动衍变为人类的基本订造行为，“进步强制”通过生产活动而规定了整个大地的现实，达到了对于生活世界的覆盖和统治。“这一进步强制引起了一种生产强制，后者又与一种对不断更新的需求的强制联系在一起。对不断更新的需求的强制具有这样一种性质，一切强制性地方生方新着的东西，同样也直接地已经变老变旧，并被‘又一个更加新的东西’挤掉并如此继续下去。”[②] 在资本原则的普遍统治席卷整个社会生活领域的情势中，“进步强制”“生产强制”“需求强制”毫无疑问各有最充分的理由和最强劲的动力，形成相互拱卫、相得益彰的关联。此等活灵活现的生活场景无疑纷繁芜杂、扑朔迷离，但却是社会生活的真正现实。其中交织着进步与颓废、发展与风险、治理与失序等没有解决的和不能解决的二律背反。因此，在归根结底的意义上，“资本主义社会的人面对着的是由他自己（作为阶级）‘创造’的现实，即和他根本对立的‘自然’，他听

① 海德格尔．演讲与论文集．孙周兴，译．北京：三联书店，2005：10，12，19，25.

② 吴晓明．当代学者视野中的马克思主义哲学：西方学者卷 上．北京：北京师范大学出版社，2008：51.

凭它的‘规律’的摆布，他的活动只能是为了自己的（自私自利的）利益而利用个别规律的必然进程。但即使在这种‘活动’中，他也仍旧是——根据事物的本质——事件的客体，而不是主体”①。如果说海德格尔从异彩纷呈的生活世界中发现了社会生活的真相，并富有识见地挑明当代生活中经济发展作用的多重变换和复杂呈现，那么，这就无可辩驳地证明和呼应了历史唯物主义基于社会生活基础和社会生活本质根据而真切揭示社会现实的理论创制。当今的哲学思考，依循历史唯物主义关于社会生活本质和基础的基本原理，紧扣经济发展这个轴心，由“经济发展与这种发展所需要的架构”来解读和把握生活世界的变迁，就能切中时代发展的核心，参与现实世界的生活过程。

三、哲学参与现实生活的可能性

在当代哲学家中，就其对历史唯物主义的评价而论，海德格尔的洞察力和视野无出其右。还原于思想史的演进逻辑系列中来看，19 世纪的马克思和 20 世纪的海德格尔都毫不妥协地批判了近代理性形而上学，后来的海德格尔用哲学话语清晰表达了马克思先期达到的存在论境域。由于马克思使用近代哲学的“语词”发动了旨在终结近代理性形而上学的存在论革命，如果不能把这些“语词”的近代寓意与马克思所赋予的新意区别开来，那么，马克思用以整合近代“语词”的“语法”与深意就难以被发掘出来——“第二国际”理论家曾经进行的至今仍有影响的“近代阅读”马克思即是有力的佐证。活跃在 20 世纪哲学舞台上的海德格尔，把追问“存在的意义”作为哲学之思的“绝对命令”，自觉地以批判和超越近代哲学为己任。海德格尔心知肚明，若想真正有助于推动“存在”问题的理解，就必须“在存在中把握存在者”，这就不仅要在“语法”上——像马克思那样，而且也要在“语词”上做出创新。海德格尔就此在哲学上开展了实际的行动，从而公认是 20 世纪彻底批判理性形而上学的革命家。在“倾听”存在的声音成为当代思想的主题和任务的情势下，海德格尔哲学的影响构成了当代精神和文化领域的思想背景。“正如尼采对本世纪初公众情感所具有的那种决定性影响一样，海

① 卢卡奇．历史与阶级意识．杜章智，任立，燕宏远，译．北京：商务印书馆，1999：213－214.

德格尔将把二十世纪后期的西方思想置于他的羽翼之下。”[①] 因此，海德格尔的哲学境域不仅有助于我们解读和阐发马克思哲学的真实意义，而且，海德格尔在 20 世纪的哲学沉思能够烘托马克思哲学境域在当代出场的现实可能性。这是当今哲学所面临的重要“事情”，也是哲学参与当代生活的重要抓手。

当然，海德格尔对于历史唯物主义基本精神和基本立场的评价，还是需要予以辨析的。在海德格尔看来，马克思主义强调物质生产的决定性作用，正是切中当今生活实际的思想。而全部马克思主义的依据在于这一论题：“所谓彻底，就是抓住事物的根本。而人的根本就是人本身。”[②] 在费尔巴哈颠倒黑格尔形而上学的整个语境中，黑格尔视野中的“事情”是辩证生成中的“绝对”，费尔巴哈把“绝对”置换为“人”，试图就此实现对于黑格尔的颠倒。不过，费尔巴哈力推的是“抽象的人”，依然是用一个形而上学命题颠倒黑格尔的形而上学命题。海德格尔就此宣称，人们通过追溯形而上学的历史则可以看出，马克思上述论题还是一个“形而上学命题”。[③] 海德格尔洞察到马克思哲学的伟大意义，但却没有明辨马克思借用近代哲学“语词”的真正意味。海德格尔把马克思与尼采相提并论，认为马克思不过是“颠倒”了黑格尔的形而上学命题而已，还仍然是“黑格尔信徒”，是“形而上学家”。[④] 这与其说是错误的，毋宁说是“近视”的。马克思已然从存在论原则高度与黑格尔哲学进行了划界，并指出了走出理性形而上学思辨迷宫的现实道路。就此而论，海德格尔对马克思哲学性质的这种估计，乃是虚妄的断语。由于海德格尔主动且能够与马克思交谈，所以，我们必须把海德格尔与马克思进行对照，揭穿并解构海德格尔对于马克思存在论境域的误读和误解，毫无遮蔽地展露马克思哲学及其存在论原则革命的深刻意蕴，标识历史唯物主义对于解决“文明时代”生存矛盾的发言权。

可以看出，海德格尔其实并不认可马克思的“抓住事物的根本”的态度和方法，这就蕴含着与存在论原则有关的不同的哲学取向。我们在

---

① 乔治·斯坦纳．海德格尔．李河，刘继，译．北京：中国社会科学出版社，1989：237.

② 马克思恩格斯选集：第 1 卷．北京：人民出版社，2012：10.

③ 吴晓明．当代学者视野中的马克思主义哲学：西方学者卷 上．北京：北京师范大学出版社，2008：55.

④ 海德格尔．面向思的事情．陈小文，孙周兴，译．北京：商务印书馆，1999：70.

此致力于揭示马克思是如何运用“抓住事物的根本”的方法，进而阐明马克思历史观对于当代问题的解答。

马克思开始理论活动的那个时代，人们“虽然对于‘从何处来’这个问题没有什么疑问，但是对于‘往何处去’这个问题却很糊涂”[①]。为了解决“人类往何处去”的时代课题，与当时纷纷问世的众多解决方案相比，马克思则独具慧眼地解剖作为“全部历史的真正发源地和舞台”的市民社会，抓住“异化劳动”这个“根本”来剖析市民社会。这一思想历程最有决定性意义的理论要点大致如下：第一，把现实生活中资本与劳动之间的对抗性关系凸显出来，即资本与劳动的关系，就是“作为资本的私有财产”与“作为劳动的私有财产”的关系，实即“作为劳动之排除的资本”与“作为财产之排除的劳动”的关系。这就确凿无疑地暴露了世俗生活基础的自我矛盾和自我分裂。第二，从斑驳陆离的异化现象中区分出“对象化”与“异化”这两种存在形式：对象化是一切劳动之共性，是劳动者自身本质力量的外化，意味着人的“自为的生成”。劳动者创造的产品反过来成为役使劳动者的力量，这就是异化。对象化是劳动的肯定方面和一般性质，异化是劳动的否定方面和特殊性质，社会生活的源始动力便昭然若揭。

可以说，正是抓住了“异化劳动”这个市民社会的“根本”，马克思便能够从现实根基和发展动因两个向度阐明市民社会的历史性运动，发现了隐藏在历史表象之下的、以往从未被发现的深层次现实，即所谓“资本主义”这一历史阶段背后的现实[②]，为人们探索“资本主义往何处去”的时代课题提供了不可缺少的思想资源。海德格尔就此指出，马克思在经验异化之际深入历史的“本质性维度”之中，形成了比其他历史学（如胡塞尔的现象学、萨特的存在主义）优越的历史观。只有在存在中才能认识到历史事物的本质性，我们才有可能达到与马克思主义进行一种创造性对话的维度。[③] 评价如此之高，至少标识了海德格尔对马克思思想的某种认同。这样说来，在如何对待马克思的哲学创制问题上，海德格尔无疑暴露出前后不一甚至是自相矛盾的评价，实质上涉及对于马克思哲学存在论原则的评判。从马克思主义之于现代生活的解释

① 马克思恩格斯全集：第1卷．北京：人民出版社，1956：415.

② 海尔布隆纳．马克思主义：支持与反对．马林梅，译．北京：东方出版社，2014：2.

③ 海德格尔．路标．孙周兴，译．北京：商务印书馆，2000：401.

力以及当代的某些回应来看，我们不赞同海德格尔对于马克思哲学性质的倒退式评价。当然，我们无意在此致力于纯粹的辩护或反驳，而是侧重讨论事关哲学能否安身立命的重要问题，即哲学如何解答生活世界的实际问题进而在现实生活世界实现自身。

“思想”究竟何谓与何为，海德格尔有一段精彩的论述：“思想乃是存在的，因为思想为存在所居有，归属于存在。同时，思想又是存在的思想，因为思想在归属于存在之际倾听着存在。作为倾听着归属于存在的东西，思想就是按其本质渊源而存在的东西。思想存在着（das Denken ist）——这就是说：存在向来已经命运般地支持着思想之本质了。”① 这段论述的大致寓意，可以简要归纳为三点：第一，“思想”的性质：思想归属于存在，存在向来命运般地支持着思想。第二，“思想”的内容：思想倾听存在，思想是存在的思想。第三，“思想”的状态：思想不是静默的、孤寂的状态，而是活性的、开放的，始终在存在中实现自身。海德格尔如此这般坚定地把“思想”与“存在”相勾连，立即让我们想起马克思的一个论断：“意识［das Bewußtsein］在任何时候都只能是被意识到了的存在［das bewußte Sein］，而人们的存在就是他们的现实生活过程。”② 通常把这一论断视为马克思哲学革命的标志性成果，从此可知，马克思所理解的“存在”，就是指人们的“现实生活过程”。就此说来，在哲学与现实世界的关系上，海德格尔自觉不自觉地延续并发挥了马克思的深思；马克思开启的哲学关注现实生活世界的路向，已然在当代获得越来越多的认同。在这方面，马克思有着高度的理论自觉：“理论在一个国家实现的程度，总是取决于理论满足这个国家的需要的程度。”③ 这就把哲学如何在现实生活世界出场、哲学如何实现自身作为一个问题明确地提示出来。

立足于当代生活处境，根据马克思的思想创制，哲学在当代的出场，首先就是要面对并把握当代社会的现实。恩格斯曾指出：“资本和劳动的关系，是我们全部现代社会体系所围绕旋转的轴心”④。当代生活虽然花样翻新、扑朔迷离，但并不是一盘散沙、了无头绪，关键就在

① 海德格尔．路标．孙周兴，译．北京：商务印书馆，2000：370.
② 马克思恩格斯选集：第1卷．北京：人民出版社，2012：152.
③ 同②11.
④ 马克思恩格斯选集：第2卷．北京：人民出版社，2012：70.

于当代社会始终没有也不可能游离于经济发展这条主干道。既是这样，资本与劳动之间的关系就无可辩驳地成为贯穿于当代生活的一条主线，是当代社会生活的内在构成元素。当然，在当今的生活处境中，资本与劳动之间的关系，生成了不同于且超越了对立性质的那些内容。当今的哲学研究在面对当代社会现实时，已然需要重新思考资本与劳动之间关系的新变化、新情况、新特点。这正是哲学在当代出场必须面对的事情本身，毫无疑问包括“文明时代”生存矛盾这一方面。

虽说当代哲学出场的方向及其问题域已经明确，但哲学在当代的出场并不是轻而易举的，而是受到很多因素的制约。当代哲学尤其需要摆脱哲学自身的重负，才有可能避免自己在当代生活中的缺席。这里是说形而上学与资本合谋而制造的抽象统治。在海德格尔看来，解决形而上学的抽象统治，首先就要返回到存在的根基处，由存在本身的揭示来说明存在何以可能，而不是基于存在者来追问存在。换言之，对存在本身的追问，或者说，对存在怎样存在的揭示，才是哲学摆脱形而上学统治的合理方向。这就需要把视线转向现实生活过程：“存在何以可能”或“存在怎样存在”的问题，纯粹是一个实践问题，更何况存在的意义唯有人在“绽出之生存”中才能给予真正的守护。马克思立足于现实生活过程，从哲学切近观照人的现实生存的视角而阐说存在何以存在的问题，先期启明了突破形而上学统治的可靠路径。这表明，马克思所建构并推动的以感性活动为原则的思考路向，为哲学描绘了“改变世界”的存在使命。就此可以相信，一旦能够击中当代生活世界的核心问题，当代哲学便能够深入于现实生活过程，探寻蕴藏在人们实际生存活动中富有推动性和创造性的力量，通过参与当代精神家园的建构，为解决当代生存困境而做出应有的贡献，从而无可辩驳地证明自身的存在意义。

第十五章　解决生存困境的合理取向

人类生存问题始终具有开放的性质。20世纪下半叶以来整个世界进入了总体上相对稳定的和平发展时期，全球经济社会发展出现了一些新颖的变化。与生活世界变迁同步呈现的，则是现实生活世界之中从来没有停息过的疑虑或担忧。生活世界的新变化究竟是利大还是弊大？这类问题毋庸置疑具有关乎人类生存的根本意义。类似的追问，频频出现在公共信息平台上，继而成了富有传播效应的公共议题。如此这般颇有反讽意味的现象，恰是当代生活实情的写照。这不过是表明：人类对于自身生存问题难以达到"确定的解"，或许永远没有这样的"确定的解"，真实的世界永远充满着可以变为现实的多种可能性，"如何生存"始终是人类需要不断地予以深思和谋划的切身问题。基于这样的认识和判断，通过梳理和透析当代经济社会发展涌现出来的新问题、新情况、新特征，抓住问题之根本及其应有的原则高度，我们可望能够廓清认知迷雾，深入于充满着不确定性和较多变数的生活世界，找到有利于人类生存与发展的合理发展方向。

一、当代生活处境的新变化

尽管当代有不同的看法或评论，但当今世界进入了全球化时代还是获得了广泛的认同。英国社会学家安东尼·吉登斯曾经把全球化当作现代性的一个"根本性后果"，现代性所导致的全球化乃是包含在"全球民族-国家体系"或"国际的劳动分工"之中的真正世界性联系的发展过程。全球化可以理解为并表现出"时空分延"（time-space distanciation）的特征，“使在场和缺场纠缠在一起，让远距离的社会事件和社会关系与地方性场景交织在一起”①。以这种在场和缺场的跨距离互动而引起的共同在场的关联为基础，吉登斯就把全球化定义为：“世界范围内的社会关系的强化，这种关系以这样一种方式将彼此相距遥远的地域连接起来，即此地所发生的事件可能是由许多英里以外的异地事件而引起，反之亦然。”进而言之，“地域性变革”与“跨越时-空的社会联系的横向延伸”，正是全球化的“组成部分”。② 倘若把吉登斯基于当代生活实情的写实性描述还原到人类历史发展的宏大进程之中，我们能够发现，当今所说的全球化这一历史现象，马克思早在 1840 年代思考“历史向世界历史的转变”时，就已然先期洞见其最初的实际存在了：“如果在英国发明了一种机器，它夺走了印度和中国的无数劳动者的饭碗，并引起这些国家的整个生存形式的改变，那么，这个发明便成为一个世界历史性的事实”③。就此可知，20 世纪后半叶以来蔚为壮观的全球化浪潮，并非突如其来，而是其来有自。我们在此更感兴趣的，是支撑和推动全球化浪潮发展成为显赫磅礴之势的动因及其不可掩盖的历史性效应。

马克思在论说生产力与交往形式之间的历史性矛盾运动中，特别强调了“大工业”的历史性作用。在马克思看来，大工业产生的推动力来自工场手工业。“在工场手工业中，我们看到了大工业的直接的技术基础。工场手工业生产了机器，而大工业借助于机器，在它首先占领的那些生产领域排除了手工业生产和工场手工业生产。”④ 因此，大工业使城市最终战胜了乡村，创造了交通工具，使竞争多边展开而普遍化，也使商品贸易成为各国发生关系的重要内容，于是，现代意义上的“世界市场”被真正地建立起来。而且，大工业还把所有的资本都转换为能够增殖的“工业资本”，并通过完善货币制度既加快了资本流通的速度，又实现了资本集中的愿望。特别需要指出的是，正是借助于资本这一中介物，大工业夷平了各个有别的复杂关系，“到处造成了社会各阶级间

① 安东尼·吉登斯．现代性与自我认同．赵旭东，方文，译．北京：三联书店，1998：23.

② 安东尼·吉登斯．现代性的后果．田禾，译．南京：译林出版社，2000：56－57.

③ 马克思恩格斯选集：第 1 卷．北京：人民出版社，2012：168.

④ 马克思恩格斯文集：第 5 卷．北京：人民出版社，2009：439.

相同的关系”，销蚀了“各民族的特殊性”。在此基础上，“世界交往”的普遍化就成为“经验的存在”。以“生产力的普遍发展”和“世界交往的普遍发展”为前提，大工业“首次开创了世界历史，因为它使每个文明国家以及这些国家中的每一个人的需要的满足都依赖于整个世界，因为它消灭了各国以往自然形成的闭关自守的状态”。而且，大工业“使自然科学从属于资本”，使分工丧失了自己“自然形成的性质”的最后一点假象，把所有“自然形成的关系”变成货币的关系。[①] 如果说正是在这样的历史情境下，历史向世界历史的转变成为每一个过着实际生活的，需要吃、喝、穿的个人都可以证明的行动，那么，马克思由分析“世界历史”的形成而道说了全球化赖以形成的深厚的物质动因——“科学技术”和“资本”这两种力量。

从晚近百年来的人类实践及其存在状况来看，正是科学技术和资本的推动，当代世界才变成一个人们共享共荣的社会空间，以至于一个地区的变化能够影响到另一个地区的个人或社群的生存筹划。在当代，科学技术和资本的力量已经嵌入人类的日常生活之中，成为世俗生活世界内在巩固的东西，规约和引导着人们的日常生活。而且，它们以一种不可遏制的势头从各个向度在生活世界到处渗透和扩张，把整个世界置于全球化的躁动之中。可以毫不夸张地说，科学技术和资本的相互支援、相互推动，为当代生活的巨变或转型构造了最为根本、最有实效的动力。这是当代社会发展的一个极其重要的特征，由之而来的巨大影响效应，仅由如下三点提示即可略见一斑。

其一，科学技术成为“第一生产力”。这首先相关于经济增长的动力供给问题，表现为经济增长取决于科学技术的进步，以至于形成了通过科学技术而推动经济增长的制度安排，科技进步已然纳入制度化需要的序列，且时刻处于这样的压力刺激之中。经济发展一旦稳固必然地从科技进步中获致动力支持，那么，社会经济生活乃至整个社会生活，较之以往，涌现出新的态势或症候，当是值得期待的。其二，科学技术成为新型的社会控制形式。只要社会系统的发展取决于“科技进步的逻辑”，随着科技进步劳动生产率日益提高，人们沉浸在越来越丰裕的物质生活之中，从而就会顺理成章地依此来设计生活方式，尤其是据此构

① 马克思恩格斯选集：第1卷．北京：人民出版社，2012：194－195.

建一种用来考量生活究竟是否合理的评价标准。毫无疑问，这种“经济的合法性”为社会团结和社会秩序奠定了坚实的物质基础，也不断地输出与之相适应的社会生活之合法化要求。其三，“一切科学都被用来为资本服务”。科学技术在生产工艺中的直接应用，使得整个生产过程不再从属于劳动者的直接技巧，财富的创造较少地取决于劳动时间和活劳动的耗费，较多地取决于“科学的一般水平和技术进步”。于是，表现为财富之“宏大基石”的，既不是人本身的直接劳动，也不是劳动时间，而是“对人本身的一般生产力的占有”，是“社会个人的发展”。显而易见，这正是资本的本性所向往的，也是资本发展程度或水平的标识。易言之，资本获得了与自己的本性相吻合的生产方式。①

正如马克思所洞察到的，“资本的趋势是赋予生产以科学的性质”②。既然资本的这一根本愿望已然变成了现实，那么，当今生活世界的巨大转变——始发于经济领域，继而延伸到整个生活世界，就是确定不移的。正是这样，就像很多研究者所揭示的，当今世界经济运行，在宏观层面上，已经由“短缺经济”走向了“过剩经济”；而微观层面上的一个重大转型，就是波德里亚等思想家所指证的，从“生产本位主义”跃迁为“消费本位主义”。这里所谓“消费”，当然不是指满足人们生存基本需要意义上的原初消费，而是那种旨在享受和炫耀的象征消费或符号消费。因为每一时代的经济发展构成社会之现实基础，所以，当代经济领域如此这般的变迁，其影响力无疑会辐射到社会生活的方方面面，以至于至今仍有活力的“工业社会”不可阻挡地要被新出的所谓“消费社会”取代。就此可以说，“过剩经济”—“消费本位主义”—“消费社会”，三者相互支援、相互印证，建构了当今时代最激荡人心，也备受争议的崭新生活图景，自然也营造了当代人生存筹划不得不面对的新境遇。我们在此姑且列举几种在当代生活中具有极其重要意义的典型现象或症候。

其一，真实的虚拟化生存处境。当代的虚拟化生存问题，直接相关于互联网信息技术在全球的扩张。当互联网把整个世界贯通起来，实现了全球信息网络一体化，使得电脑网络成了人们现实生活的基本要素时，我们就进入了“网络社会”，需要在“虚拟世界”中谋划生活。时

---

① 马克思恩格斯全集：第31卷．北京：人民出版社，1998：99－101.

② 同①94.

下出现的“虚拟空间”“虚拟社群”“虚拟休闲”“虚拟自我”“虚拟图书馆”“虚拟大学”“虚拟文化”“虚拟的全球办公室”等说法，正是当今人类虚拟化生存活动不同方面的形象而真实的表达。类似的现象，毫无疑问不同于人类以往的实践活动，而是一些新的现实。它们主要依赖于数字化信息，按照具有不同意义或目的的编码规则，借助于媒介技术操作，加工处理，组合或创造出新的产品、新的现象或新的事件。由此而来的结果，随着网络的全球性质而普遍快捷地传播。必须承认，如此这般实实在在的虚拟化生存活动，确为当代新出，至少在工作模式、生活方式、社会联系、价值观念、道德标准、审美情趣等方面，较之以往，有着重大的差异。由于“虚拟＝科技＝进步”在当代社会获得了广泛的认同，所以，虚拟化生存对于当代生活的影响，当自不待言。

其二，高风险的现代化生活。由于科学技术和资本的共谋而产生的强大驱动，当代社会形成了有史以来最为繁华丰盛的物质生活。在可以预料的时间内，这种发展的步伐不会停止。不过，正如马尔库塞所指证的，以物质享受为旨归的生活，其实是“痛苦中的安乐生活”。且不说沉迷于商品逻辑的物化生活已然有悖于人的本性，让人忘却自己的灵魂之所系，然而，即便就是这样的物化生活，也是充满着巨大的不稳定性和永远的变数，让人陷入焦虑和烦恼之中。尤其是那些环境污染、资源危机、核威慑等等所谓“全球问题”，有可能给人带来不可抗拒的威胁。问题在于，如此这般的无安全感，并不是某种神秘的外在力量强加给人类的；当代这种高风险的生活际遇，纯全是人类自身行为的结果，纯全是人类自己的选择而陷于危境。这就是乌尔里希·贝克所透析的，“从技术-经济‘进步’的力量中增加的财富，日益为风险生产的阴影所笼罩”。换言之，在当代，“风险生产和分配的逻辑”是比照着“财富分配的逻辑”而发展起来的，人类所遭遇的正是“现代化的风险和后果”。①这样说来，当代高风险的生活境况，不可规避地成为人类生存博弈的一个新的课题和难题。

其三，变幻透明的“云时代”。科学技术和资本依其本性，都是最活跃的、不停息运动的社会元素。马克思曾用“永远的不安定和变动”，来描绘资产阶级时代的社会存在状况，无疑一语破的。而马克思所说的

---

① 乌尔里希·贝克．风险社会．何博闻，译．南京：译林出版社，2003：6-7.

"一切等级的和固定的东西都烟消云散了"的生活图景，在当今的全球化时代确实达到了极致的状态。这就是因为电脑网络在当代的普及推广，及其与现实生活世界的无缝链接，以至于当今社会被称为"云时代"或"云世界"。与一切皆变、无物常驻、更新频繁同步呈现的，则是生活世界的公开与通透。托马斯·弗里德曼就此做出了一段淋漓尽致的描述："搜索引擎令整个世界变得平坦：消除了人们用来隐身的高山峡谷、岩石峭壁，排除了一切可以掩盖荣誉、粉饰过错的可能。在一个平坦的世界中，你不能逃跑，不能隐藏，因为即使再小的石头也会被翻遍。你必须诚实地度过你的一生，因为不论你做过什么，不管你犯过什么错误，总有一天都会被发现的。世界变得越平坦，普通人就会变得越透明。"① 生活在这样的时代处境中，每一个人所面临的挑战和鞭策，当是可以想象出来的。

二、人的生存问题的知识图绘

平心而论，康德当年精详论证的"人类朝着改善前进"的论断，当代生活确实可以为其提供肯定性的证词。人类社会由近代到当代的整体延伸和推进，虽说充满着曲折甚至逆流，但毕竟形成了前进性的总体趋势。当代生活的新变化、新特点，无疑有其存在的理由和合理性，否则也不可能现实地呈现出来。基于总体宏大的历史思维和观察视野，我们必得要承认，如果没有这些积极性的成就，当代文明所遭遇的批判就无从谈起。这样说起来似乎颇为诡异，却标识了当今所有的批判实质上不过是在做着维护或修复的工作，因为没有哪一种力量轻易就能再建一种文明。这正是当代人探讨自身生存问题不能摆脱的文化氛围，也是我们透析当今这一学术现象的基本依据。

真正说来，当代人把自身生存问题诉诸课题化，不是空穴来风式的思想把玩，而是缘起于实际解决当代生活中消极负面问题的迫切愿望。全部问题之实质、核心、要害，简单地说，就是经济增长和社会发展之间的紧张或对抗。当然，这是经济社会发展不平衡、不充分的结果。这方面的最极端表现，则是"现代人在肮脏的富裕当中受到了一种新的意

---

① 托马斯·弗里德曼．世界是平的．何帆，肖莹莹，郝正非，译．长沙：湖南科学技术出版社，2006：143.

义上的饥饿，即精神饥饿的威胁”[1]。针对这种情况，各种解决方案或办法频频出台，或交相呼应，或相互争执，轩轾难分。从总体上来看，不论诸说之间的同异，但却在当代人如何生存这个根本问题上形成了思想交集，都是为了解答人的现实生存问题。细究起来，这些解答表现出如下思想特征：

其一，按照“人是什么”的提问方式来定向人的问题的解答。

一般说来，问题的提法预示着解决问题的方向，问题的提问方式是解决问题的起点。柯林武德在思考如何判断和确定认识或知识真假的问题时，毫不隐讳地向包括“传统逻辑”、18—19 世纪的“观念论逻辑”和 19—20 世纪的“符号逻辑”在内的“命题逻辑”（propositional logic）提出挑战，力推“问答逻辑”（logic of question and answer）取而代之，富有卓识地阐发了提问之于问题的建构性、问题之于答案的优先性。柯林武德认为，“当柏拉图把思想描述为‘灵魂与自己的对话’时，他的意思（我们从他的那些对话中得以了解他的意思）是说，对话是一个问答的过程，而在问答这两项因素中，提问活动更为重要，也就是说，苏格拉底就在我们心中。康德说，回答法使一个聪明人知道，什么是他有充分理由提出的问题，这表明，康德实际上放弃了纯粹的命题逻辑，而要求逻辑包含问题和答案二项”[2]。柯林武德“问答逻辑”的要义特别是器重“提问”的识见一目了然地呈现出来。后来的伽达默尔高度认同柯林武德这一思考，并在此基础上精详论证了“提问”与“理解”之间的密切联系：“谁想思考，谁就必须提问”。提出问题，就是打开了意义的各种可能性。“提问总是显示出处于悬而未决之中的可能性。所以，正如不可能有偏离意见的对于意见的理解，同样也不可能有偏离真正提问的对于可问性（Fraglichkeit）的理解。**对于某物可问性的理解其实总已经是在提问。**”[3] 既然提问蕴含着“柏拉图对话实践”所证明的东西，那么，除非放弃理解或停止思想，否则我们就不可能与提问擦肩而过。这样说来，关注或重视提问方式的重要性，在学术史上可谓

① 池田大作，汤因比．展望 21 世纪．荀春生，朱继征，陈国梁，译．北京：国际文化出版公司，1997：50.

② 柯林武德．柯林武德自传．陈静，译．北京：北京大学出版社，2005：32，35－36.

③ 加达默尔．真理与方法：上卷．洪汉鼎，译．上海：上海译文出版社，1999：481－482.

其来有自，这能够为我们当下的问题思考提供必不可少的学术支持。

所谓按照“人是什么”的方式来提问人的生存问题，我们可从思想史上出现的类似表达结构的命题或提法中获致直观的了解，如“人是政治动物”“人是理性动物”“人是制造工具的动物”“人是语言的动物”“人是符号的动物”等。实际上，这些命题迄今仍有重大的影响，程度不同地左右着人们的认识方向，当今的诸多探究中皆有这样那样的运用或回声。在这种情况下，我们亦能发现人的问题所获得的多种可能性解答。这是因为，当世俗的认识受到这些提法所负载的思想的引领，人们思考和解答自身生存问题所依循的方向、所达到的水平，大体上可以依此固定下来，就此而形成一个解决方案。问题却在于，这些方案是否能够以及在多大程度上有助于解决人的生存问题。由于西方哲学自柏拉图而迄今的几千年思想历程中，“人是理性动物”始终是具有统率性的主导观念，支配着人们的思想方向，而作为提问方式无疑也有代表性或总括性，所以，我们试以“人是理性动物”这一命题为例，简要分析这类提问方式的合理性程度。

追问“人是理性动物”这一命题，我们很容易发现：第一，“人”作为这一命题的“主词”，是通过“宾词”的界定而获致“主词”之地位的。这是这一类命题的基本规则和基本特征。就是说，没有宾词的扩展和丰富，主词就是空无内容的符号，是空洞的非存在物。进而论之，在这一类命题所构建的语境中，主词其实身不由己，必须依靠与己不同的“他物”即宾词才有其存在。问题在于，我们能否把“人”在这一命题中的合理性推广到现实生活世界之中呢？换言之，这一命题所表达的“人”的这种存在合理性，是不是与人的现实生活状况等同呢？回答当然是否定的。第二，在这一命题中，宾词“动物”用来界定人，必须有所限定。虽说从发生学来说人来源于自然界，人就是一种动物，但现实生活中的人毋庸置疑优胜于任何其他动物，人类通过建构“生活的历史过程”而超越了“生活的生理过程”，摆脱或克服了生物学的局限性。用“理性”修饰或限定“动物”来界定人，问题或许就得到了解决。由此看来，作为宾词的“动物”只是充当“理性”的影子，“理性”才是真正起作用的力量。这就与西方哲学的主流观念联结起来，其权威性当是不容争辩的。第三，理性原本是人的本质力量之一，但在这一命题中形式上已然从人身上“跑”了出来，成为与人相对的力量，成为独立的力量，而且居然成为人势必要依赖的力量。既然如此，“理性”又是如何与人联系起来的呢？这就引出了此命题的系词——“是”的作用。可以肯定，“是”在此不可能是“等于”的意思，但正是它才把主词和宾词联结在一起，这一命题才被言说出来。那么，究竟如何把握这个系词“是”的含义呢？请看康德的一段阐释：“一个判断无非是使给予的知识获得统觉的客观统一性的方式。这就是判断中的系词‘是’的目的，它是为了把给予表象的客观统一性与主观统一性区别开来。因为它标志着这些表象与本源的统觉及其必然统一性的关系”①。依康德之见，联结着主词与宾词而构成一个命题的系词“是”，目的在于呈现这一命题作为知识所应当具有的客观有效性。由于只有“本源的统觉”才是客观有效的，所有联结的根据皆归因于“本源的统觉”的综合统一性，所以，“是”实际上就是与“本源的统觉”的综合统一性共属一体。既是这样，我们当能明白，从语法上来看的系词“是”，其实则是“纯粹自发性活动”，是客观的“纯思”。第四，正是因为系词“是”的联结作用，这一命题所要表达的主词与宾词之关系才被言说出来，且这种关系也肯定有其普遍有效性。这就没有任何悬念地标识了关乎这一类命题能够成立的根基和动因——纯全归功于“是”即“纯思”，或具有普遍效准的思维。不消说，这正是西方近代哲学的存在论基本原则。

通过简要剖析“人是理性动物”的命题，我们便能够看出“人是什么”这种提问方式的存在论倾向——对于西方近代哲学意识“内在性”原则的奉行和运用。在这种情况下，依照“人是什么”的提问方式来解答人的生存问题，我们可以大致判断其合理性的程度。

其二，把技术理性当作谋划人的生存问题的指导理念。

技术理性的形成和现实展开，与实证自然科学的迅猛发展息息相关。从19世纪这个被人们誉为“科学的世纪”开始，自然科学便进入了突飞猛进的发展轨道。“随着资本主义生产的扩展，**科学因素**第一次被有意识地和广泛地加以发展、应用并体现在生活中，其规模是以往的时代根本想象不到的。”② 与这样的时代处境相适应，现实生活过程及其条件便不可阻挡地“受到一般智力的控制并按照这种智力得到改造”。自然科学成为社会生活的“普照的光”，人们唯自然科学马首是瞻，依

① 康德．纯粹理性批判．邓晓芒，译．北京：人民出版社，2004：95.

② 马克思恩格斯文集：第8卷．北京：人民出版社，2009：359.

循自然科学来规范自己的行为，无疑是适合时宜的选择。

自然科学在当代所达到的发展水平，充分展露出构成自身的一些基本特质或要求，主要的方面就是精确性、实证性、标准化、数字化等。在现实生活中，人们传播、利用、推广这些特质，理所当然，也确有必要。正是这样，我们都可以切身感受到自然科学在当代生活中的运用以及由之而来的影响。必须承认，这种影响在主要的方面无疑是积极性的、建设性的，否则就不会有自然科学的现实存在。只是随着自然科学日益快捷地转化为技术，自然科学标准便以倍乘的速率、从各个向度向社会生活进行渗透和扩张，形成了对于社会生活的宰制或全面统治，以至于以法兰克福学派为代表的当代社会批判理论，锋芒所向之一即是自然科学及其实际应用。

值得注意的是，当代对于科学技术的诸种批判，即便是那些十分尖锐激进的批判，所达到的实际效果，不论批评者愿意与否，都不可能取消自然科学，也不可能阻断自然科学在生产中的应用，而是通过暴露问题来寻求发挥自然科学正面积极效应的合理道路。例如，哈贝马斯在批评的意义上把科学技术称为“第一生产力”，其实恰恰蕴含着提醒人们合理利用科学技术的重要性。于是，当代生活涌现出一个颇为吊诡的现象实情：科学技术一面遭遇到猛烈的批判，另一面却愈益深入地走进人的现实生活。这种情形看起来十分不可思议，但却确凿无疑地证明了实证科学在社会生活中越来越巩固的支配地位和影响力。简而言之，在当代，实证自然科学已然成为一切知识构造的榜样、生活风尚的标杆、信念建构的支撑。在这种情况下，人们为了解决自身的生存问题，从自然科学中寻找助力或支持，本是无可厚非的。问题在于，倘若把自然科学思维提升为日常行为的指导理念，人们实际上就接受了技术理性的引导和规范。

马尔库塞曾说：“技术理性的概念，也许本身就是意识形态。不仅技术理性的应用，而且技术本身就是（对自然和人的）统治，就是方法的、科学的、筹划好了的和正在筹划着的统治。统治的既定目的和利益，不是‘后来追加的’和从技术之外强加上的；它们早已包含在技术设备的结构中。技术始终是一种历史和社会的设计；一个社会和这个社会的占统治地位的兴趣企图借助人和物而要做的事情，都要用技术加以设计。统治的这种目的是‘物质的’，因此它属于技术理性的形式本身。"[①] 这就是说，技术理性一旦渗透到社会公众的意识中，便诱导人们形成物化的世界观，由此来理解自己和社会，"自由地"屈从于能够扩大舒适生活、提高劳动生产率的技术装置。换言之，技术理性实质上蜕变为社会的"隐形意识形态"，履行着统治人、役使人的功能。

究其实质，科学是人类精神生产活动的一种形式，其结果表现为各类知识。可以肯定，科学在本性上是中性的，与"非人化"是绝缘的。只是因为资本力量的强势介入之后，科学的存在意义便发生了改变。"资本不创造科学，但是它为了生产过程的需要，利用科学，占有科学。"科学一旦被招募来为资本服务，也就获致一项重要的使命，即"成为生产财富的手段，成为致富的手段"[②]。在这种情况下，以科学技术至上为主旨的技术理性，遂应运而生。更为重要的还在于，在经济增长实际上取决于科技进步的条件下，整个社会就会产生这样的观念：社会发展就是由科技进步的逻辑所决定的。这就为技术理性的持续扩张提供了深厚的现实物质基础。

从其形成和实质可知，技术理性是人的活动的产物，与生俱来就有对人而言的派生性质和工具性质。在生存问题堪忧的时候，人们继续接受技术理性的范导和操纵，或许可以找到各种各样的解决方案。不过，这些选择有着显而易见的本末倒置，果真能够让人安心吗？

其三，固执于描绘或兜售应然状态的生活图像。

针对社会生活中实际存在的生存问题或生存困境，人们施以猛烈的批判或抨击，无疑合乎情理。只是这类批判凸显出相关于解决人的生存问题的理论进路，在时下颇有代表性而流行开来。具体地说，众多批判者在针砭时弊的同时，合乎逻辑地畅想一种区别于且又超越于当下生活的生存状态，甚至还能形象地描绘这样的生活图景。而实际阐述又表现为两个向度完全相反的推断：一是着重讨论现实生活"应当"如何来展开，表现出憧憬未来的思想冲动；二是侧重讲述"曾经"在场的生活历事，流露着浓郁的思古怀旧之幽情。

还原到思想史宏大的演进脉络之中来审视，上述思想进路或许了无新意，乏善可陈。而值得我们关注的，则是其中已经固化了的思想态度

① 哈贝马斯．作为"意识形态"的技术与科学．李黎，郭官义，译．北京：学林出版社，1999：39－40.

② 马克思恩格斯文集：第8卷．北京：人民出版社，2009：357.

及其对于人们实践活动的实际影响。第一，这种进路对于人的现实生存状况比较失望，无意于寻找直接针对现实生活问题的解决办法，试图通过深入论证据说更加合理的生存状态，把视线指向未来，旨在展示一个与现状相对的应有的生活状态。如此这般放逐对于现有问题的深度思考，痴迷于应有状态的论说，就清晰可见地制造了“应有”与“现有”之间的对立。第二，正因为对现实生存问题的解决不抱希望，这种研究进路往往自恃道德优越，自设一个道德评断高点，满足于伦理道德层面的责问。这种做法把道德标准当作判断和解决人的生存问题的先决条件，凸显了道德标准之于一切评价的优先性，无可辩驳地张扬了道德力量在社会生活中的地位和作用。在社会弊端频出的情势下，突出道德评价的重要性，的确能够产生一定的社会感召力，一定程度上具有敦风化俗的意义，激发人们憧憬和创造美好生活的热情。不过，黑格尔当年批评康德的“实践理性批判”即道德哲学没有摆脱“形式主义”的窠臼，若用来评价时下的这种做法，则切中肯綮，十分合适。

总的来说，在寻思如何解决人的生存问题时，如果忽略或悬置现实存在的生活状况，只是热衷于“应当如此”层面上的阐说，无论出于何种考虑，这种思想进路的合法性都是需要予以审视的，不应存而不论。我们的确相信，这种进路可以表现出十分激进的批判外表，也能提出犀利尖锐的言辞，但只要对于那些扭曲的现实生活境遇表现出真正的冷漠，最终就只能流于一种文化哀婉而残留在人们的记忆中。而且，这样一种疏离现实生活状况的理论沉思，醉心于未来生活图景的设计，满足于脱离现实的自我深化，毋庸置疑持守着近代形而上学所专擅的抽象思辨。这种“不用想象某种现实的东西就能**现实地**想象某种东西”① 的学术进路，取消了对人而言最需要深思却未曾深思的问题，我们对此究竟应该怎么想呢？马克思青年时代思想演变中的一个片段，能够提供富有说服力的解答。

依据马克思自己的叙说，马克思初进柏林大学时，起初的哲学立场倾向于康德和费希特的主观主义，这与他本有的真诚的“理想主义”非常合拍契合。然而，当马克思开始进入法哲学等理论领域时，“首先出现的严重障碍正是现实的东西和应有的东西之间的对立，这种对立是唯心主义所固有的；它又成了拙劣的、错误的划分的根源”②。正是因为

① 马克思恩格斯选集：第1卷．北京：人民出版社，2012：162.

② 马克思恩格斯全集：第40卷．北京：人民出版社，1982：10.

康德和费希特的主观主义表现出与生活毫不相干的软弱无力，马克思陷入了精神危机——“由于他坚决同情自由民主运动，他不能再满足于浪漫主义世界观及其反动的政治与社会立场。”马克思对自己的哲学倾向产生了怀疑和不满，便毅然决然地放弃了“浪漫主义的理想主义”，转向比较具体的哲学领域。[①] 告别“康德和费希特在太空飞翔”的哲学取向和哲学立场，马克思则坚持“深入全面地领悟在地面上遇到的日常事物”[②]。这就出现了完全不同的思想转折和要求：“我们必须从对象的发展上细心研究对象本身，决不应任意分割它们；事物本身的理性在这里应当作为一种自身矛盾的东西展开，并且在自身求得自己的统一。”[③] 这样说来，如果说离开“理想主义”是马克思走出精神危机的必然选择，那么转而“向现实本身去寻求思想”则是马克思整装待发的必由之路。如果说马克思接受与运用康德和费希特的主观主义，却走进了应有与现有、理想与现实相对立的精神死胡同，那么，马克思转向被他称为“大海”的黑格尔哲学而寻找精神出路，虽说在当时的思想氛围中马克思的确没有更多的选择，算得上是被拖入黑格尔哲学的“大海”，但也不是为了进行无谓的思维训练，而是有着“明确的目的”——“这就是要证实精神本性也和肉体本性一样是必要的、具体的，并且具有同样的严格形式；我不想再练剑术，而只想把真正的珍珠拿到阳光中来。”[④] 虽说经过这次思想转向马克思还是停留在黑格尔哲学的怀抱中，还没有真正“成为马克思”，但是马克思没有任何例外地表达了批评乃至拒绝那些游离于现实生活状况而迷恋于“应当如此”的理论沉思的基本态度。而且，这一态度日后逐渐发展成为马克思发动哲学存在论革命的动力元素，也转化成为历史唯物主义的基本精神和基本立场。这就是马克思曾经的一段心路历程所提供的弥足珍贵的证明。

三、充分释放人性中的积极因素

我们选择提问方式、指导理念、思想进路三项指标，透视当下关于

① 奥古斯特·科尔纽．马克思恩格斯传：Ⅰ．刘丕坤，王以铸，杨静远，译．北京：三联书店，1963：106.

② 马克思恩格斯全集：第 40 卷．北京：人民出版社，1982：652.

③ 同②11.

④ 同②15.

人的生存问题的诸种解决方案或策略。这三项指标当然不是我们随意列举的，而是因为三者之间有着共性关联。仅就人的生存问题源始地属于实践问题这一性质而言，这三项指标虽说程度有所不同但实质上都是在理论范围内进行思考，都是用一种单纯的理论态度来看待人的生存问题，从而都是归属于知识论视域和立场的思考。这样说来，我们更应该把三者称为理论态度或知识论视域的三个理论环节。既然如此，与之有关的试图解决人的生存问题的各种努力——即便有些采用了当代的形式，都不过是对人的生存问题的可能性解答。

在人类思想史上，这种理论态度或知识论视域可谓源远流长，对于人的生存问题也有极其重要的理论建树。但是，诸如人类何以生存、如何生存这类核心问题，在每一个时代特别是在人类生活的重大转折关头之后，都会以不同的形式或面目再度表现出来。换言之，在知识论视域上，人的生存问题从来没有获得具有决定性意义的解决。更有甚者，当代的知识水平虽然达到史无前例的发达程度，但当代人居然陷入了更为残酷的“无家可归”的生存困境。请看海德格尔的诉说：“没有任何时代像今天的时代一样，关于人有着如此大量而又如此多样的知识；也没有任何时代像今天的时代一样，关于人的知识会以一种如此强烈和如此迷人的方式表现出来；迄今为止，更没有任何时代像今天的时代这样，能够如此迅速和如此容易地提供出这一切知识。但是，同样也没有任何时代像今天的时代这样，对人是什么的问题知道得如此之少；更没有任何时代像我们的时代这样，人竟然如此的成为问题。”①

由于知识论视域无助于人的生存问题的真正解决，人的生存问题根本就不是一个理论问题，所以，尽管当代人的生存境遇尤为紧迫和严峻，但我们没有任何例外地需要保持清醒，以便能够充分认识到人的生存问题的复杂性。首先，众所周知，自柏拉图以后，知识论视域在思想史上长期霸占着主导的位置，可以说已然形成人类的集体记忆。人们但凡遇到难题或困境，便自然而然地立足于知识论立场来寻求良方。由之而来的结果，自然不能让人满意，海德格尔就有一个切中要害的判断：“千百年来被人们颂扬不绝的理性乃是思想最冥顽的敌人”②。问题在于，人们在知识论视域上提出的每一种认识，都会产生叠加效应，甚至

① 海德格尔．康德与形而上学疑难．王庆节，译．上海：上海译文出版社，2011：199.

② 海德格尔．林中路．孙周兴，译．上海：上海译文出版社，2004：280.

构成一种思想遮蔽，陈陈相因。就此说来，当今学术界越来越重视对于人类认识合法化问题的追究，可谓事出有因。正是这样，我们相信，迄今为止关于人的生存问题的每一种认识，都不过是一种可能性解答而已，因为人的生存依然是一个问题，人的生存问题之症结依然晦暗不明。其次，从本质上看，人的生存问题不是一个理论问题，而是一个实践问题；人的生存问题具有开放性、个体差异性、不确定性、未完成性等特质。这就十分清楚，依照知识论视域来处理人的生存问题，只是在一个自设的理论任务中兜圈子，且仅仅被当作一个理论任务，而根本没有切中问题之本身，更遑论解决问题了。这样说来，难道人的生存问题就是一个不可捉摸的、神秘莫测的问题吗？即便在理论范围内不可能为人的生存问题找到一个确定的解答，人类也不可能把自身生存问题悬置起来，更何况人是“一个在他生存的每时每刻都必须查问和审视他的生存状况的存在物”①，所以，遵照现实生活中实践问题的基本要求，我们或许能够为人的生存问题从而也是为我们自身当下的生存筹划，找到一条合理解答的道路和方向。

在知识论视域无助于人的生存问题的解决、当代社会仍然流行着这种立场的情势下，我们需要面对这样的质问：怎样才能有助于解决人的生存问题呢？显而易见，没有谁能够自诩拥有解决人的生存问题的优先权，也没有谁能够让人们相信掌握着解决人的生存问题的万应药方，更没有谁能够对于人的生存问题置若罔闻。参照知识论视域力求一个普适性的准确答案却落入不切实际的虚妄性，我们理当明白，人的生存问题的解答，更有意义、更有现实性、更为重要的举措，可以说正在于如何能够尊重每个人的个性又激发其活力。请看马克思的一段论述：“如果说最发达的语言和最不发达的语言共同具有一些规律和规定，那么，构成语言发展的恰恰是有别于这个一般和共同点的差别。”② 由于语言是专属于人的现象，所以，我们就此有感而发，人的发展何尝不是取决于“有别于一般和共同点的差别”呢？从而，解决人的生存问题的首要选择，难道不是在人的问题之“一般和共同点”的背景下构建并彰显每个人的“差别”即个性吗？

虽说人的生存问题的合理解决就此获得了一个大致的取向，但最重

---

① 卡西尔．人论．甘阳，译．上海：上海译文出版社，1985：8.

② 马克思恩格斯选集：第2卷．北京：人民出版社，2012：685.

要的，当是这种取向的具体实行和展开。自古以来这就是一个难题，更是每一代人倾心尽力解决却始终无法越过的难题，以至于人们对于“认识你自己”这一古老的箴言仍然不敢贸然给予肯定性的回答。当然，尽管人的生存一直问题或困难多多，但人类文明毕竟延续至今，且总体上表现为上升和前进的性质，这必定与人性中的积极因素得以充分迸发有着本质重要的联系。正如马克思所洞察的，只要“按照事物的真实面目及其产生情况来理解事物，任何深奥的哲学问题……都可以十分简单地归结为某种经验的事实”①。综合思想史上的相关研究成果，我们以为，人类生存活动中有两个重要的品格，关乎人性之积极因素的建构与发挥，无疑是对于当今解决人的生存问题具有本质重要的参照意义。

其一，人的自我创生形成“有个性的个人”。人之为人的品质，首先是与动物进行对照而彰显出来。众所周知，人之外的其他动物，遵从自然遗传法则，无一例外都是被创造的，表现出复制性、现成性的存在性质。因为子代的生命特征已由自己的亲代确定下来，虽说也有变异，但对所属的那个种的性质而言却是无关宏旨。在人的生活世界，自然遗传法则仍然起着不可替代的重要作用，但人类社会世代延续根本上取决于文化遗传。每个人固然需要以自然生命为基础，但人的生命是在现实生活世界中延续并有意义。康德很早就有清醒的判断：“人类并不是由本能所引导着的，或者是由天生的知识所哺育、所教诲着的；人类倒不如说是要由自己本身来创造一切的。生产出自己的食物、建造自己的蔽护所、自己对外的安全与防御（在这方面大自然所赋予他的，既没有公牛的角，又没有狮子的爪，也没有恶狗的牙，而仅只有一双手）、一切能使生活感到悦意的欢乐、还有他的见识和睿智乃至他那意志的善良，——这一切完完全全都是他自身的产品。”② 生活世界的成就都是人们自己选择、设计、创造的结果，而且每个人的行为选择各个有别；现实世界正是每一个“有个性的个人”组成的色彩斑斓、复杂多变的生活画卷。就此可以说，现实生活中的人，形成了敞开性、生成性的存在性质。这就让我们更加深刻地领悟马克思所洞察到的真理：“个人怎样表现自己的生命，他们自己就是怎样。”③ 既然每个人创造了自己的生

① 马克思恩格斯选集：第1卷．北京：人民出版社，2012：156.

② 康德．历史理性批判文集．何兆武，译．北京：商务印书馆，1990：6.

③ 同①147.

活，构成了自己的现实存在，那么，人的生存问题只有人通过自己的活动才能加以解决，现实生活中的人一定具有此等智慧和责任担当。

其二，“人们交互活动”形成人类社会。在现实生活中，每个人都是按照自己的意志和愿望而自我创生的，相互之间的摩擦和冲突不可避免。不过，人类历史迄今的发展，虽有曲折、坎坷、混乱等不良现象，但总体上还是趋向一致、和谐、有序，人类社会还是朝向改善而前行。为什么是这样的结果呢？我们相信，这与人性中的积极因素释放有关。马克思指出：“只有在共同体中，个人才能获得全面发展其才能的手段，也就是说，只有在共同体中才可能有个人自由。”① 这就呈现了“共同体”或“社会”的积极意义。那么，社会究竟是什么呢？社会究竟是如何成为促进人性发展的积极力量呢？康德认为，“唯有在社会里，并且唯有在一个具有最高度的自由，因之它的成员之间也就具有彻底的对抗性，但同时这种自由的界限却又具有最精确的规定和保证，从而这一自由便可以与别人的自由共存共处的社会里；唯有在这样的一个社会里，大自然的最高目标，亦即她那全部禀赋的发展，才能在人类的身上得到实现”②。由此可知，康德在坚持“大自然”赋能的前提下，明确肯定“社会”培育了人性中的“彻底的对抗性”。正是这种“对抗性”，唤起了每个人皆有的自然禀赋，人们在相互对抗中充分展示自己的自然禀赋，形成了相互摩擦与相互调适的生存环境，让每个人皆能有所发展、有所获得。“犹如森林里的树木，正是由于每一株都力求攫取别的树木的空气和阳光，于是就迫使得彼此双方都要超越对方去寻求，并获得美丽挺直的姿态那样”③。按照康德的设想，“大自然”赐予人一种的确并不可爱的禀赋，能够激发人自身蕴藏的全部能力，推动人克服自身的弱点和缺陷，在实践中逐渐升华为积极的人性品质，且发挥着良好的作用，人与人之间形成了相互认同的一致性，组成了一个“道德的整体”即文明社会。就此可以推而论之，人类社会是一个复杂多样却井然有序的自组织系统，人则是这个系统的原动力，也是其中的关键变量，人自己构建的当下社会生活又反过来能够塑造和影响人。因此，马克思就高度认同，与探索自然界、“把自然科学发展到它的最高点”相同步，社

---

① 马克思恩格斯选集：第1卷．北京：人民出版社，2012：199.

② 康德．历史理性批判文集．何兆武，译．北京：商务印书馆，1990：8.

③ 同②9.

会建构在人类历史进程中同样有着不可或缺的重要性："培养社会的人的一切属性，并且把他作为具有尽可能丰富的属性和联系的人，因而具有尽可能广泛需要的人生产出来——把他作为尽可能完整的和全面的社会产品生产出来（因为要多方面享受，他就必须有享受的能力，因此他必须是具有高度文明的人）——，这同样是以资本为基础的生产的一个条件。"①

如果说人类在自我创生的同时，也自觉不自觉地创设一个社会共同体，从而能够最大限度地实现自己的潜能，这两点乃是人之为人的最基本品质，那么，人作为以"绽出之生存"的方式在世的存在物，这一基本品质毋庸置疑是人性之中不可阻挡地能够彰显出来的积极因素。可以说，人类文明迄今的发展，归根结底得益于这两个因素的积极作用。在知识论视域大行其道之时，人们热衷于为两者厘定清楚明白的内涵，结果却造成了巨大的遮蔽；甚至尚有在知识论立场上解决人的生存问题的企图，这更是严重的思维僭越。真正说来，这两者在每一个时代都有其特定的内容或情况，人们不可能依照知识论思维而为之概括出一个贯穿一切时代的一劳永逸的内涵。如果能够让人性中的积极因素依其自身的要求绽露出来，并在现实生活中是其所是，人类的生活筹划或许还会产生这样那样的问题，但我们一定可以发现一个既有活力又有张力、"使人的世界即各种关系**回归于人自身**"② 的现实生活场景。

---

① 马克思恩格斯全集：第 30 卷．北京：人民出版社，1995：389.

② 马克思恩格斯文集：第 1 卷．北京：人民出版社，2009：46.

结语　向现实本身去寻求思想

与以往的哲学家们不同，马克思没有留下一个知识论意义上的哲学体系，也根本不是一个愤世嫉俗的道德批判家。为了人类的幸福，马克思毕生始终不渝地投身于改变现实的运动中。正是拥有如此这般的情怀或境界，马克思密切关注“现实的个人”以及“他们的活动和他们的物质生活条件”，明确提出哲学要从“感性的人的活动”即实践出发，开启一个让哲学回归其源始出生地亦即现实生活世界的发展方向，直接面对并深度剖析资本主义的现实生活过程，深切阐明资本力量的巨大作用及其世界历史性意义，启明一个把握时代并给予实质性阐发的哲学问题视野。黑格尔之后，历史唯物主义越来越凸显其切中社会现实并切近地揭示现实的理论优势、马克思思想变革的重要性以及历史唯物主义面对当代问题所显示出来的现实针对性。这是其他思想学说所难以比拟的成就。谁都不能否认，只有认识并把握了社会现实，人的实践活动才能有的放矢而获得成功。历史唯物主义在领悟时代课题、把握时代精神中形成的理论优越性，不是用来与其他理论学说博弈比拼的，而是在指导人们筹划现实生存活动中得以形成和确证、丰富和完善的。历史唯物主义正是在满足并解决社会生活需要之中实现自身的理论抱负，在有效指导当代人类实践中拥有对于当代生活的话语权，并由此获致自身赖以发展的动力资源，葆有经久不衰的生命力。以“历史原则”和“现实要求”为理论自律性的历史唯物主义，毫无疑问地打动了人心。更为关键的还在于，当人们越来越清醒地认识到现代生存困境的根源、越来越急迫地寻找有效的解决方案时，马克思的呼声便越来越在全球获得广泛认同和传播，人们希望在马克思主义理论中或者通过马克思主义寻找可靠的理解、解答与慰藉。历史唯物主义在存在论原则高度所实现的思想革命，最关本质地宣布：哲学不是游离于现实世界的主观遐想，不是故弄玄虚的文化解密，不是孤芳自赏丢弃视野的智力游戏，而是时代精神的精华，是服务于人类解放的思想事业。马克思高扬以人的感性活动为动力支持的认识路线，把“改变世界”当作哲学的根本任务，顺理成章地开辟了一条哲学开展自身、实现自身的新路，当代人依然走在这条道路上。我们在前文研究的基础上，从现代性的批判性诊治与重建、哲学何以安身立命、历史观认识的优先突出三个方面，归纳论述马克思历史观立足于存在论高度为当代哲学构建的思想经验和发展前景。

一、破解现代生活难题

在人类历史长河中，19 世纪率先完成工业革命的那些西方国家，开启了人类现代化进程。向西方先进国家看齐，效法先进国家的经验甚至套路，便成为后发国家的现代化建设不能回避也绕不过去的参照或借鉴。但是，正如马克思所指出的，这个时代的每一种事物好像都包含着自己的反面，“一方面产生了以往人类历史上任何一个时代都不能想象的工业和科学的力量；而另一方面却显露出衰颓的征兆，这种衰颓远远超过罗马帝国末期那一切载诸史册的可怕情景”①。这一“19 世纪特征的伟大事实”，暴露了贯穿西方现代化进程之中的令人不堪忍受的生存境遇。现代性作为现代化进程的文化表达，为现代化输送必不可少的、相匹配的观念支持，具有稳定性和一般性。我们聚焦于西方现代性，通过透视和总结西方现代性的得失成败，探讨解决西方现代性难题的真正可能性，在克服西方现代性困境中塑造和筹划美好生活。

（一）资本抽象统治的真相

资本主义在人类历史上第一次把资本逻辑形诸为制度，并使之无限制地向生活世界各个向度扩张，进而成为现实生活建制的支配力量。正是得益于资本主义私有制的推动、使用，资本淋漓尽致地展示了自身的力量，充分发挥了自身的潜能而臻于极致状态，形成了人类历史上所谓资本文明时代。然而，借助并依靠资本主义制度的支持而成长起来的资

① 马克思恩格斯选集：第 1 卷．北京：人民出版社，2012：775－776.

本，从一开始就给人类带来了困境，制造了社会苦难。要害却在于，资本自始就是资本主义的支柱；从历史发展的长时段来看，资本始终能够展开自身、外化自身，至今仍活力四射。既是这样，我们今天以哲学的方式对资本进行任何形式的批判，都不可能是让资本销声匿迹，而只能是划定并呈现资本有助于人类生活有意义的合法存在范围。由此可以看出，马克思提出哲学应当从“感性活动”出发，就十分敏锐地切中了现实，开辟了一条永葆哲学生命力的认识路线。而哲学要想在当代生活境遇中保持发言权，无疑要面对作为当代生活基本建制之一的资本，要对资本的日常建构性保持高度的敏感，并有恰如其分的反应。就此而言，我们可以从马克思对于资本本性的透辟分析中获得弥足珍贵的理解和阐释资源。

第一，资本制造了物化生活状态。

马克思概括了资本主义时代的一般特征：“以**物的**依赖性为基础的人的独立性”。从马克思的阐释语境来看，“人的独立性”与前资本主义时代“人的依赖关系”相对照，是人类资质发展的重大跃迁。没有这种“独立性”，资本时代就是不可想象的，因为“人的独立性”的基本构成或内涵就是平等和自由的观念。正如马克思所指出的，“如果说经济形式，交换，在所有方面确立了主体之间的平等，那么内容，即促使人们去进行交换的个人和物质材料，则确立了**自由**。可见，平等和自由不仅在以交换价值为基础的交换中受到尊重，而且交换价值的交换是一切**平等**和**自由**的生产的、现实的基础”①。不过，我们在这一论断中也发现到平等和自由“以交换价值为基础”的指认，实际上凸显了“物的依赖关系”作为社会生活基础的资本主义时代之本质。这就是说，平等和自由尽管是人类梦寐以求的存在状态，并且是打破“人的依赖关系”的极其重要的人文动力和标志性成果，但在资本主义时代这一现代处境中，它们无一例外地都是在“物的依赖关系”基础上产生出来的，又倚靠这一基础发展起来，并在服务于这个基础中与之结为巩固密切的同谋关系。由此可见，马克思这一论断挑明了在资本文明时代平等和自由究竟是如何成为可能的问题，借此把“人的独立性”的真正价值和存在边界标识出来。

---

① 马克思恩格斯全集：第 30 卷．北京：人民出版社，1995：199.

在“物的依赖关系”基础上，整个社会生活在形式和内容方面皆发生了根本的改观。“过去表现为个人对个人的统治的东西，现在则是**物**对**个人**、产品对生产者的普遍统治。”① 所谓统治人的物，主要是指作为资本物化表现形式的商品、货币等。按照马克思的分析，在资本主义社会，商品、货币、资本成了人与人之间发生联系的牵线人，吸引了人们的注意力，带来了拜物教，最终导致社会生活的本末倒置：“货币从它表现为单纯流通手段这样一种奴仆形象，一跃而成为商品世界中的统治者和上帝。”② 在这种情况下，“凡是我作为**人**所不能做到的，也就是我个人的一切本质力量所不能做到的，我凭借**货币**都能做到。因此，货币把这些本质力量的每一种都变成它本来不是的那个东西，即变成它的**对立物**”③。在如此这般的物化生活氛围中，社会生活和社会关系对人而言的异己性就是可以想象的。马克思对此所做的深刻揭示，不仅是自己所开辟的认识路向的实行，而且让我们感受到从感性活动出发探究社会历史问题的理论优越性。

马克思认为，在资本主义社会，“工业的宦官”即生产者投合消费者“最下流的念头”，激起他们“病态的欲望”，窥伺他们的每一个弱点，下贱地用卑鄙的手段来骗取财富，“从自己按照基督教教义说来本应去爱的邻人的口袋里诱取黄金鸟”④。既然“会说任何方言”的货币是万物的“实际的头脑”，那么，一切东西在资本力量面前都会失去本色，连“道德教母”和“宗教教母”说些什么也不过成为时可有时可无的陪衬。可以相信，谁若拥有了资本，谁作为人的存在就会立即发生彻底的改变。

第二，资本具有强大的平衡整合社会的能力。

颇为诡谲的是，尽管资本引发生活世界的普遍物化及其异己性，但是，资本主义的发展，虽说充满着矛盾、冲突和曲折，总体进程却没有中断，资本也随着这一进程逐渐成长并扩张成为世界历史性的力量。究其原因，我们或许可以找到多种说法，不过，资本本身所蕴含的平衡、整合、建构社会的功能当是不可否认的内在根源。

① 马克思．1844年经济学哲学手稿．北京：人民出版社，2000：176.

② 马克思恩格斯全集：第30卷．北京：人民出版社，1995：173.

③ 马克思恩格斯文集：第1卷．北京：人民出版社，2009：246.

④ 同③224.

众所周知，需要是人的本性。在实际生活中，需要与需要的实现并不完全等同，“已经得到满足的第一个需要本身、满足需要的活动和已经获得的为满足需要而用的工具又引起新的需要”①。人们为了实现或满足自己的需要，总是程度不同地借助于一定的手段或中介。在资本主义社会，货币这样那样地充当了人实现需要的媒介，而且是最终的唯一媒介。进而言之，处于观念状态的人的需要，获得了货币的支持就能够变成现实的“有效需求”，而没有货币支持则只能是“无效需求”。世俗生活的这类表象，标识了货币是人与人之间联系的纽带，是“一切纽带的纽带”，是“社会的化合力”。毋庸赘论，货币的这种神奇“创造力”最集中也最典型地体现在商品交换过程中。在商品交换中，形式上作为个体的商品生产者，其实并不是孤零零的个人，而是以追求交换价值或价值增殖为目的的商品所有者，一定与他人有着利益关涉。只要个人注定只有作为交换价值的生产者才能存在，那么，个人的自然存在就要被替换或取代，人与人之间就形成了社会联系，个人就成为由社会所决定的人。而且，个人由此获得的某种社会规定性、社会联系或社会本质，“不是一种同单个人相对立的抽象的一般的力量，而是每一个单个人的本质，是他自己的活动，他自己的生活，他自己的享受，他自己的财富”②。这表明，商品交换形成了“社会存在”，商品生产者天生是“社会”存在物。正是这样，尽管“18 世纪的个人”是孤立的、原子式的个人，且又有“个人主义原理”与之相呼应并为之提供精神武装和文化辩护，但是，“产生这种孤立个人的观点的时代，正是具有迄今为止最发达的社会关系（从这种观点看来是一般关系）的时代”③。

如此说来，虽说个人与社会的对抗在整个资本主义发展过程中频繁出现，但资本本身所蕴藏的也实际发挥出来的保卫社会、建构社会的能力却是毋庸置疑的，以至于我们能够发现，18 世纪以来，在社会矛盾尖锐化到冲突时，资本主义仍能克服社会失序状态，实现社会生活正常化。我们在此当然不能忽略资本主义制度的某些调整所产生的实际推动力，而资本本身所具有的吸收消化社会不稳定因素的能力，理当是不可或缺的内在动力。所以，资本对整个社会的无限渗透和超强控制，不是

① 马克思恩格斯选集：第 1 卷．北京：人民出版社，2012：159.

② 马克思．1844 年经济学哲学手稿．北京：人民出版社，2000：170－171.

③ 马克思恩格斯选集：第 2 卷．北京：人民出版社，2012：684.

要人灭亡而是要人生存；资本权力在性质上乃是生产性的、肯定性的、造就性的。

第三，资本规划了“非人化”的生存境遇。

资本本身潜存的建设社会的能力，意味着资本拥有“按照自己的面貌为自己创造出一个世界”的要求，以及实现这一要求的坚强意志和决心。从其本性及其已经产生的实际影响来看，资本的这种要求十分坚定，未曾发生任何变更，在实际贯彻推行中表现出必定如此、势在必行的态势。就是说，资本构造的世界是现代社会人的生活家园，人应当理性地按照资本所规划的样式去生存。问题在于，人能否真正心安理得地生活在资本所建构的家园中？答案当然是否定的。人们寄宿在资本为自己安的“家”中，却失却了自己的本己性——“在资产阶级社会里，资本具有独立性和个性，而活动着的个人却没有独立性和个性。”① 人们依循资本意志行事，却带来了自己在现实生活中的真正“缺席”——“**人的个性**本身、人的**道德**本身既成了买卖的物品，又成了货币存在于其中的**物质**。”② 更为严重的，是日常语言的非人化。人们从事商品交换时，按照资本原则的要求，彼此之间能够听得懂以便可以交谈的语言，是人们所拥有的物品。而源始的反映人的本质和感情的人的语言，有时可能听不懂而被视为无效。资本原则的普遍统治，一定会使具体经济过程的这种“语言现象”无限推广，造成“人的语言”边缘化而物的语言充斥于市，以至于“物的价值的异化语言倒成了完全符合于理所当然的、自信的和自我认可的人类尊严的东西”③。

这就非常清楚，具有开放性、包容性的资本及其富有原则的实际展开，实质上仅仅相关于以资本原则为核心的行为选择。没有这样的原则选择，资本毫不妥协地呈现出封闭性和排他性，尽管是比较隐秘地发生的。既然如此，在资本彻底地要求且需要人生存下去的自我展开过程中，也彻底地使人向着“非人化”向度去生存。资本依仗人们无法抗衡和违背的绝对权力，挟资本主义制度之便，夷平一切异己力量和现象，给人带来了“无家可归”的命运，并试图从根子上堵塞人的回“家”之路。

---

① 马克思恩格斯选集：第1卷．北京：人民出版社，2012：415.

② 马克思．1844年经济学哲学手稿．北京：人民出版社，2000：169.

③ 同②183.

我们阐述的这三个方面，已经能够标明马克思从感性活动出发所取得的实际成就。马克思对资本本性的批判分析可谓鞭辟入里，富有卓识，影响深远，足以证明资本抽象统治的隐蔽性和复杂性。在当今生活仍然需要依靠资本力量的情形下，我们可以想象，资本对于生活的统治将更为隐蔽、更为细致、更为深刻，也更有欺骗性。真正说来，资本是因为人类生活的实际需要而降临世间的。自此以后，在人类倾心于现代化建设、追求幸福美好生活的艰巨历程中，资本始终与人类生活相伴，成为社会生活的构成力量。尽管人类利用资本并不都能获得幸福，资本甚至产生了戕害人类的负面效应，但是，迄今为止，资本及其实际作用已经是我们身边的感性现实，这是不容置疑的。尤为重要的是，资本在现代性运动中一直就是不可或缺的支柱。换言之，近代以来，人类社会生活受到“抽象统治”的基本性质未曾有过实质性的改变。这是当今条件下我们进行思想不能回避的现实，可以说正是当今的思想开展自身应当面对的事情本身。

（二）充满悖论和矛盾的现代性生活

现代世界的诞生，首先归功于资产阶级反对和推翻封建势力统治的历史性贡献。作为现代生活或现代世界标识的那些时代特质，在资产阶级建立新世界的实践中逐渐形成。资产阶级奔走于全球各地，到处落户和开发，毫不妥协地推行资产阶级的生产方式和生活方式，传播现代文明。资产阶级仿佛用法术从地下呼唤出大量的人口，充分激发了社会劳动中所蕴藏的巨大能量，创造了比过去一切世代的生产力总和还要多得多的生产力。这一崭新的生活世界呈现出以往时代所不可企及的流动的生活图景：生产的不断变革，一切社会状况不停地动荡，永远的不安定和变动，一切坚固的东西都烟消云散了。素被尊崇的等级观念开始瓦解，代之以适合自由竞争时代要求的独立性和个性观念。这就是资产阶级首创的现代世界的现实生活。资产阶级按照自己的要求，建立了“自由竞争以及与自由竞争相适应的社会制度和政治制度”①，精心打造现代世界体系，不遗余力地“为自己创造出一个世界”②。经过资产阶级的不懈努力和奋斗，一切民族甚至最野蛮的民族都被卷进现代文明之

① 马克思恩格斯选集：第1卷．北京：人民出版社，2012：405.

② 同①404.

中，以至于农村从属于城市、未开化和半开化的国家从属于文明的国家、农民的民族从属于资产阶级的民族、东方从属于西方。① 资产阶级精心打造的现代世界体系呼之而出，现代社会生活的存在性质无疑由此而获得了基本的规定。

在现代世界的这个“资产阶级时期”，资本上升为社会生活的组织原则，现代社会“不仅要生产使用价值，而且要生产商品，不仅要生产使用价值，而且要生产价值，不仅要生产价值，而且要生产剩余价值”②。一旦整个现代社会以无止境地追逐价值、实现价值增殖为终极目标，则资本原则对于整个社会生活的普遍统治就真正完成。毫无疑问，资产阶级在人类历史上第一次把资本逻辑形诸为制度——资本主义制度，使之无限制地向生活世界各个向度扩张，进而成为现实生活建制的支配力量，资本主义也随着这一进程而优先构造了现代性。

问题在于，“资本本身是处于过程中的矛盾”：一方面，资本是发展社会生产力的重要的关系，驱使人们超过自然需要的界限，创造物质财富，为发展“丰富的个性”创造物质条件；另一方面，资本总是竭力要把劳动时间缩减到最低限度，通过缩减必要劳动时间以增加剩余劳动时间，就越来越使剩余劳动时间成为必要劳动时间的条件。不消说，资本把自己建立并动员起来的生产力和社会关系，仅仅当作开展自身的手段，也就自觉不自觉地培育了摧毁自身的物质条件。③ 这种状况不过是表明，以资本原则为社会生活的枢轴，现代社会在根基上潜存着巨大的分裂和对抗，现代性生活充满着悖论和矛盾。“因为社会上文明过度，生活资料太多，工业和商业太发达。社会所拥有的生产力已经不能再促进资产阶级文明和资产阶级所有制关系的发展；相反，生产力已经强大到这种关系所不能适应的地步，它已经受到这种关系的阻碍；而它一着手克服这种障碍，就使整个资产阶级社会陷入混乱，就使资产阶级所有制的存在受到威胁。资产阶级的关系已经太狭窄了，再容纳不了它本身所造成的财富了。”④ 资产阶级以资本为原则构建了一个文明时代，振奋人心，却又给这个文明时代注入了邪恶的基因，制造了自身难以摆脱

① 马克思恩格斯选集：第1卷．北京：人民出版社，2012：405.

② 马克思恩格斯文集：第5卷．北京：人民出版社，2009：217-218.

③ 马克思恩格斯全集：第31卷．北京：人民出版社，1998：101.

④ 同①406.

的难题。

其一，个人本位优先的价值观。

资产阶级通过商品、货币、市场等经济杠杆，无情斩断了自然经济的“人的依赖关系”，打破了受封建宗法观念约束的封闭性和地方性，用赤裸裸的经济联系取代了田园诗般的血缘和地域联系。值得提出的是，除非资产阶级建构了一种不同于以往的人格品质、资本主义时代倡扬一种新的价值观念，否则，资产阶级建立新世界的上述努力是断然不能成功的。亚当·斯密在《国富论》中描述了一种不同于以往社会的价值观念：“我们每天所需的食料和饮料，不是出自屠户、酿酒家或烙面师的恩惠，而是出于他们自利的打算。我们不说唤起他们利他心的话，而说唤起他们利己心的话。我们不说自己有需要，而说对他们有利。”①毫无疑问，斯密这一论述最关本质地构成了“经济人”假设的核心要义，即人类行为的基本动机在于追求和实现个人利益的最大化。这正是适合现代资产阶级社会需要的人性品格。

“经济人”假设提出后，虽然受到某些质疑或诘难，但其核心要义恰恰是维系市场经济实际运行的两个基本原则，即利益最大化和自由放任。既然真实反映和表达了资产阶级社会生活运动中的人性特质，“经济人”假设无疑为现代资产阶级社会的人格建构与发展输送了十分重要的思想资源。在现实生活世界，现实存在感更强、更有典范性的人格范型，是有的经济学家在充分吸收“经济人”假设之精华基础上概括的“原子式个人”。真正说来，“原子式个人”不仅在内容方面而且在形式上都正好契合现代商品经济社会的实际要求，生动形象地标识了现代资产阶级社会所建构和推行的个人本位优先的价值观，且不可否认地与这一价值观互为表里。

还原于历史发展的长河，资产阶级倡扬个人本位优先的观念，有其历史必然性和存在根据。针对前现代社会“人的依赖关系”的束缚，没有人的个性解放和对利益的不懈追求，资产阶级建立新社会所必不可少的主体生产力就无从谈起。“人的独立性”正是在前现代社会向现代社会的历史性转型中同步形成，并成为现代社会这一巨大转型须臾不可或缺的具有推动性的、建设性的力量。问题在于，在资本原则的引导与激

---

① 亚当·斯密．国民财富的性质和原因的研究：上卷．郭大力，王亚南，译．北京：商务印书馆，1972：14.

励下，资本主义社会个人本位优先的价值观催生和激发了利己主义的人生观，导致了个人主义极度膨胀。

其二，以“坏的主观性”为认知基础的意识形态幻象。

追求个人本位优先的“原子式个人”，在现实生活中实际上只是张扬了个人自由这一维度内涵。西方近代以来的那些“有教养的阶层”，呕心沥血地论证和阐扬的“原子式个人”，大多数都执迷于这一维度，始终没有超出这个范围和水平。麻烦在于，过于强调和推广个人优先，却缺少必要的调节和平衡，所谓个人自由只能沉淀为人的纯粹主观性，在社会历史发展中必将走向“坏的主观性”。这是西方现代性实际开展中的又一个难题。

众所周知，人人都有主观性，人人皆希望把自身主观性充分发挥出来。在人类历史发展进程中，“现代世界是以主观性的自由为其原则的”①。如果说近代以后主观性或主观自由更为醒目昭著，这不过是意味着现代世界通过主观性或主观自由而构建新的历史场景：既创造了丰硕的文明成果，同时又酿造了不能摆脱的生存困境。从历史发展的实际进程来看，现代世界深陷积极效应与消极效应交织并存的生活境遇之中，现实生活世界本来应有的防止消极效应的保护性机制没有产生应有的成效。究其原因，透过众多的因素，我们把视线对准现代世界的原则即“主观性的自由”，是因为这一原则在实际生活过程中的片面化走向和膨胀。更关键的在于，西方社会以主观自由为基质所建构的“原子式个人”，其实不过是编造海市蜃楼般的人性神话。且不说在人类先前的历史发展中——如所谓“自然状态”，就是在资本统治的这个文明时代，现实生活世界皆未曾真正有过“原子式个人”的现实存在，但凡归为“原子式个人”的那些品质如自由，无一例外地都是在现实的社会生活处境中发生并借助于社会生活处境才能实现的。然而，现代世界的“资本主义形式”，不遗余力地把“原子式个人”颂扬为现代生活的人格范型，却人为割断“原子式个人”与现实生活世界的本真联系，遮蔽“原子式个人”从现实生活世界汲取营养和动力的真相，这就彻底暴露出现代社会以主观臆想为基础的精神生活状态。如此这般疏离生活世界之现实运动，固守自以为是的虚妄想象，其实是沉迷于自身的片面性而进

① 黑格尔．法哲学原理．贺麟，译．北京：商务印书馆，1961：291.

行不停息的旋转。这就无可辩驳地把“坏的主观性”当作认知基础，以资本为原则导向的现代世界必将沦为意识形态幻象的持续不断的再生产。

其三，二元劈分的思维方式带来的社会撕裂。

在西方哲学演进发展的历程中，柏拉图最早把整个世界划分为“可知世界”与“可见世界”两个部分，成为后世学术界习惯性地把世界加以两分来认识的方法开端。更重要的尚在于，柏拉图认为，“可知世界”是理念所在的世界，是真实的、稳定的世界，是真理的居住地；“可见世界”是感性的世界，是不真实的、可变的世界，只有分有理念世界的真理才能表明自身存在的合法性。这是后来的主客二元分立思维方式的思想滥觞，特别是柏拉图所论述的“主导-从属”关系结构，为主客二元分立思维方式进行了理论奠基，提供了可以直接使用的致思架构。众所周知，柏拉图哲学构成了西方哲学的传统，整个西方哲学此后的发展无非是柏拉图主义的注脚、展开与完成。

近代以降，笛卡尔提出“我思故我在”的原理，论证“我思”具有统领一切的绝对优先性，宣布了主客二元分立思维方式的正式问世。康德认同并延续“我思”作为绝对者的哲学思路，并在此基础上做了关键性的推进。康德至少在两个方面添加丰富了“我思”的内涵：第一，“我思”有可能伴随着“我”的一切表象——表明“我思”具有普遍性；第二，“我思”是“我”的单纯机能——表明“我思”具有必然性。这就实际建构了“我思”作为“行规定者”的主体地位。就此我们能看出，康德哲学极其坚决地使用和推广主客二元劈分的认识方法，可以说这一方法乃是康德哲学思考及其思想展开的基本形式或路径依赖。当然，康德最终以充满理论感召力的“应当”却无力解决“实然”问题而结束了哲学思考的任务。黑格尔充分意识到主客二元分立的弊端，大声疾呼哲学要实现与现实的和解，力图在意识“内在性”的本体论原则基础上克服主体和客体的抽象对立，实现两者的统一。黑格尔可谓独具慧眼，洞察到现代性所存在的问题，并着手加以解决和修复，但却没有彻底解决问题。症结在于，黑格尔用以解决问题的主导性哲学原则乃是意识“内在性”的原理。正如马克思所揭示的，这一原理的核心是“神秘的主体-客体”，是“笼罩在客体上的主体性”，是“作为过程的绝对主体”。就此可知，黑格尔为了维护精神一元的至高无上的权威，默认了二元劈分作为论证方式的实际存在，这就明确地把二元分立思维方式当作贯彻和执行哲学原则的工具。从黑格尔哲学对于民族精神和时代精神的巨大影响力中，我们无疑能够明了二元分立思维方式在现代性生活中牢固持存的可能性前景。

主客二元分立思维方式的现实运用，起始就把完整而充满活力的生活世界人为分割成两大块，而且是具有“支配-从属”关系的两大块。这种认识世界的方法在西方现代性生活场景中非常盛行，构成普罗大众的一般认知结构。在实际生活过程中，人们往往超越学术范围，把处于支配地位的一方看作“主体”，把处于从属地位的一方看作“客体”。本来就内蕴张力的二元分立思维方式，就是这样地引领生活世界的现实认知同时锻造着再生的可能性，从而获得了不断开展的内在推动力。因此，现代性处境中弥漫着撕裂和冲突的生存境遇，就是不可避免的。

（三）走出困境的可能性前景

资产阶级开创的现代世界和现代生活，经济发展毋庸置疑是头等要务。就像丹尼尔·贝尔所说的，“若不把经济发展当作自己的任务，资本主义**存在的理由**究竟又是什么呢?”① 资产阶级在创造有史以来最为繁华丰裕的物质生活的过程中，资本逻辑被建构为现实生活世界的主导原则，现代“文明时代”正是以资本原则为导向而形成了富有诱惑力和动员力的生活图景。可以说，资本主义制度把资本发展到成熟乃至极致的状态，把资本当作整个社会生活的支柱，成为社会生活体系的基础性的建制力量。正是这样，资本在其存在和历史发展进程中，始终能够展开和外化自身，活力四射。“资本不是一种物，而是一种以物为中介的人和人之间的社会关系。”② 资本的力量或作用是通过人的实际活动才能实现并表现出来，现代世界所构建的“人的独立性”正是十分重要的标识和动因。“人的独立性”事实上就是资本主义发展所需要的人性品格或精神气质。那么，我们如何合理地把握“人的独立性”的存在性质及其前景呢?

马克思曾指出，“如果说经济形式，交换，在所有方面确立了主体之间的平等，那么内容，即促使人们去进行交换的个人和物质材料，则

① 丹尼尔·贝尔．资本主义文化矛盾．赵一凡，蒲隆，任晓晋，译．北京：三联书店，1989：128.

② 马克思恩格斯文集：第5卷．北京：人民出版社，2009：877-878.

确立了**自由**。可见，平等和自由不仅在以交换价值为基础的交换中受到尊重，而且交换价值的交换是一切**平等**和**自由**的生产的、现实的基础"①。马克思从现代社会"以交换价值为基础"的交换活动中发掘出来的主体"自由"和"平等"，实际上就是"人的独立性"的基本构成或核心内涵。简要的回溯历史便可知，正是依赖于对自由的不懈追求而锻造的人格品质，近代以来人类创造了一个又一个人间奇迹，现代世界才能毫无悬念地取得超越过去一切世代的成果。就此可以相信，没有这种"人的独立性"，现代世界的"资本主义形式"就是不可想象的。但是，在现实生活过程中，原本相伴相生、相互依存的"自由"和"平等"，却没有也不可能获得平衡协调的发展。自由得到推动与张扬，平等却未有相同程度的发展。这种情况归根结底与资本原则作为社会生活的向导息息相关。

众所周知，利益最大化和自由放任，是市场经济的两大准则。两大准则的实际运行，不仅需要独立的人格品质才能执行相关的要求和任务，而且现实生活世界一定会培养相匹配的人格品质。这就是"人的独立性"能够存在且具有实际开展之必然性的现实基础。对照起来，"人的独立性"的自由内涵最先获得发展。一般说来，每个人皆有自己的私人利益、特殊目的或利己的企图，每个人的活动都是为了实现自己的某种愿望，依靠自身力量而开展的行动就是自由自觉的活动。这种情况在资本主义形式下因攫取利益的冲动而尤其突出，正如马克思恩格斯所揭示的，资产阶级"第一个证明了，人的活动能够取得什么样的成就"②。由此可知，在资本主义现代世界，自由更多地与个体直接相连，"人的独立性"的自由内涵优先凸显。但是，平等则一定是通过个体却必须在人们相互之间的联系中才能实现并表现出来，平等天生就具有社会化的性质，平等是"社会产物"。③ 可是，一旦与社会性有着牵扯，特别是与资本原则导向的社会生活处境有关，平等就不可避免地作为一个问题而绽露出来。这是因为，以资本原则为基础建立的平等，在资本主义"经济冲动力"的冲击下，是不可能如其本愿地得到实现的，经济不平等的影响必将延展到社会生活的广阔领域，带来严重的社会不平

---

① 马克思恩格斯全集：第30卷．北京：人民出版社，1995：199.

② 马克思恩格斯选集：第1卷．北京：人民出版社，2012：403.

③ 马克思恩格斯全集：第31卷．北京：人民出版社，1998：360－361.

等。换言之，“自由和平等、效率和自发、知识与幸福等等价值之间存在着内在的不可调和矛盾”①。晚近西方学术界把社会公平和正义当作热点问题来探讨，正是对资本主义现代世界存在的不平等问题的回应或抗议。

既然自由和平等在实际生活过程中并没有获得彼此平衡一致的发展，平等曾一度发展滞后，那么，现代社会的“人的独立性”在内涵上表现不足就是显而易见的。社会大众的一般人格品质的这种发展状态，毋庸置疑从根本上塑造了西方现代性的存在性质，左右并孕育资本主义现代世界的价值观，具有深远的世界历史性影响。一方面，现代世界把自由当作“人的独立性”的代名词或别称，人们但凡提到“人的独立性”，一般都指向自由，或者就是对自由的首肯。这种认知态度一直延续至今，可以视之为现代性文化的一个重要的标志。另一方面，平等虽然处于弱势不彰的状态，但简单商品经济活动的等价交换规则展示了堪称典范或公式的平等化行为，不可否认地奠定了社会大众对于平等的理解和想象，形式平等被建构为“国民的牢固的成见”。就此可知，现代社会在培育并不可移易地发展“人的独立性”的同时，也无可辩驳地自行建构了现实生活世界二律背反的生存境遇，以至于进步与颓废并存成了现代社会生活的现象实情。不过，现代世界陷入如此这般难以克服和摆脱的生存悖论，问题的症结果真归因于“人的独立性”的片面发展吗？无论是从概念分析还是从现实展开的情况来看，在“人的独立性”中，没有平等提供相匹配的实质性制衡与支援，个体为了实现自身目的或意愿，有可能罔顾其他人的正当诉求或其他情况的正常存在，把追求自由变为个人随心所欲的活动，如此便走向恶性膨胀的主观性。更为严重的还在于，这种情形之下的自由活动，其实是假借自由之名，行恣意任性之实，自由就真正失去其正面的意义，自由的实现就意味着自由的失去。这就确凿无疑地证明，现实生活世界中所谓形式平等，说到底不过是具有象征性意义的凌空说辞，可以说恰恰掩盖了事实上的不平等。依照马克思“抓住事物的根本”的认识方法，我们可以看到资本原则的绝对普遍统治乃是全部问题的最终根源。现代社会的人性品质的畸形和扭曲发展，归根结底在于资本原则的导向无一例外地让“人的独立性”

① 丹尼尔·贝尔．资本主义文化矛盾．赵一凡，蒲隆，任晓晋，译．北京：三联书店，1989：69.

植根于“物的依赖关系”的基础上，且只有倚靠这一基础才能发展起来，并在服务于这一基础中与之结为巩固密切的同谋关系。

这就十分清楚，在“资本主义形式”的现代文明生活中，每一种事物好像都包含自己的反面，现实生活世界在资本原则基础上建构了复杂多样的严密体系。马克思明察秋毫：“资本主义生产过程，在联系中加以考察，或作为再生产过程加以考察时，不仅生产商品，不仅生产剩余价值，而且还生产和再生产资本关系本身：一方面是资本家，另一方面是雇佣工人。”① 资本原则引导现代生活的建设性意义就此豁然呈现，这是资产阶级在历史上的“非常革命”的作用。如果资本原则培育的“人的独立性”释放了巨大的主体动力，资本的“伟大的文明作用”正在于“发展社会生产力”，资本在展开过程中实际上具有并发挥出生产性、建构性、造就性等正面积极的性质，那么，我们理当明了经济发展构成现代社会现实的真正根源，理当清楚现代性开展的深刻基础。正是史无前例地激发了“人的独立性”，尽管资本制造了普遍的物化及其异己性，生活世界弥漫着物化的社会关系，社会生活充满了矛盾和紧张，但资本原则却表现出强大的平衡整合社会生活的能力，逐渐成长并扩张成为世界历史性的力量。但是，在资产阶级的现代社会，资本具有独立性和个性，活动着的个人却没有独立性和个性。“资产阶级一方面赋予个性以一种前所未有的意义的同时，另一方面，它又通过这种个人主义的经济条件，通过商品生产建立起来的物化取消了任何一种个性。”② 以资本原则为导向的现代文明，把人锻造为“物性”的人，制造人的片面发展。既然支撑人的“对象性本质”不是人的本质力量，而是资本的物的力量，那么，在资本绝对权力的控制和普遍统治的情势下，现代性难题的根源与成因就不言而喻了。只要现实生活世界充满着矛盾和对抗，西方现代性的发展无疑就走向动力不足的衰颓之势。丹尼尔·贝尔认为，现代社会由经济-技术体系、政治、文化三个领域组成，分别服从于不同的“轴心原则”，依循不同的“节奏”而发展。然而，“资本主义是一种经济-文化复合系统。经济上它建立在财产私有制和商品生产基础上，文化上它也遵照交换法则进行买卖，致使文化商品化渗透到整

① 马克思恩格斯文集：第5卷．北京：人民出版社，2009：666－667.

② 卢卡奇．历史与阶级意识．杜章智，任立，燕宏远，译．北京：商务印书馆，1999：121.

个社会”[①]。于是，问题随之而生：一旦文化领域也遵循商品交换法则，意味着“经济冲动力”在社会生活体系中确立了霸权地位，“文化冲动力”失去其自性原则而萎靡式微，文化力量丧失了本该不应失去的引领生活世界的能力，以及为生活世界输送必不可少的合法辩护的热情。“文化冲动力”转变为现实生活世界的批判力量，晚近西方社会风起云涌的所谓后现代主义文化运动正是典型突出的证明。更值得关注的严重问题还在于，文化遵循商品交换法则无疑与文化自性原则根本上不能相容，特别是与现代社会标榜的“人的独立性”相去甚远，更遑论激励或推进人的自我实现的梦想了。西方世界的经济发展所需要的架构并没有提供与经济发展相匹配的支援。这就是西方世界众多社会批判家所担忧并着力抨击的现代社会结构与文化之间的断裂，亦即“文化矛盾”。

众所周知，针对西方现代性的弊端与不足，各种补救和诊治措施、替代性方案在西方世界层出不穷，20 世纪中叶以后尤其盛行。无可争辩的是，问题的根本解决有赖于抓住“事物的根本”。正如马克思所洞见的，“人类要洗清自己的罪过，就只有说出这些罪过的真相”[②]。举例来说，资产阶级培育并发展了现代意义上的自由和平等，由此推进了人之为人的精神气质和主体能力。正是依赖于这样的品质提升，现代社会才能获得史无前例的成就，以至于自由和平等被人们视为现代社会和现代文明的基本标识，进而被提升为公式化的、符号化的一般人性标签。应该说，对于自由和平等的这种认知已经成为社会大众的基本认同和判断，就是在当下也十分流行。问题在于，过滤掉社会历史内容的自由和平等，形式上的确很纯净，也没有了差异和摩擦，即便能够普遍流行，但这就是自由和平等的现实存在状况及其意义吗？因为我们已经揭示了自由和平等在生活世界中的实际开展状况，所以如此这般“无人身的”自由和平等只不过是一种抽象说辞而已。还是马克思一语道破真相：“作为纯粹观念，自由和平等是交换价值过程的各种要素的一种理想化的表现；作为在法律的、政治的和社会的关系上发展了的东西，自由和平等不过是另一次方上的再生产物而已。”[③] 这就是说，如果只有在

① 丹尼尔·贝尔．资本主义文化矛盾．赵一凡，蒲隆，任晓晋，译．北京：三联书店，1989：56-57，60.

② 马克思恩格斯全集：第 1 卷．北京：人民出版社，1956：418.

③ 马克思恩格斯全集：第 31 卷．北京：人民出版社，1998：362.

“交换价值过程”中才能发现自由和平等的真章，那么，交换价值正是在资本为主导原则的现代世界才获得其真正的、完整的存在。正是这样，我们把分析视线聚焦于资本的普遍统治，就切中了现代社会问题之所在的核心和根本。

资本原则在现代世界拥有至高无上的决定性地位，“只有资本才创造出资产阶级社会”①。马克思恩格斯淋漓尽致地描述了资产阶级实现自身愿望的迫切性和雄心：“它迫使一切民族——如果它们不想灭亡的话——采用资产阶级的生产方式；它迫使它们在自己那里推行所谓的文明，即变成资产者。”② 在现代性生活场景中，正是资本原则的开放性、建构性、生产性才带来了生活世界的繁荣和现代性的兴盛。但是，资本原则这种正面的开放性质，只是对与资本原则保持同步的利益行为呈现出来，而对那些不遵循、不顺从资本原则的行为，资本毫不妥协地选择了排斥和打压，甚至是迫害。这就暴露出资本原则实际展开中的狭隘性和封闭性，其实正是资本原则依其本性而摆脱不了的存在限度。尤为关键的是，资产阶级不遗余力地加强制度设计和安排，把资本的绝对权力发展到登峰造极的地步，遮蔽了资本原则的消极存在性质，实际上制造了通过现代性难题而表现出来的人类发展的历史性悲剧或灾难。这种情况也表明，从资本原则入手探寻现代性难题的解决办法，是方向正确的合理可靠选择，但这又不是要终结资本原则的实际存在，而是要扬弃资本原则所制造的现代文明不能容忍的时代错误——使人的对象性本质力量仅仅作为物的东西与人相分离。具体说来，就是要高扬劳动原则的本源意义，结束资本作为生活原则的抽象统治，让资本重现其本是人的活动产物的原初面目，在劳动原则的引领下发挥其“伟大的文明作用”。

劳动原则的本源性质或意义，可以在两个方面获得决定性的支持。其一，人是通过劳动而自我创生的。“人们生产自己的生活资料，同时间接地生产着自己的物质生活本身。”③ 劳动作为人的“生命活动”，构成人之为人的本质，也是人的现实存在方式。换言之，强调劳动的本源性，把劳动提升为社会生活的主导原则，实即展示人的本源地位，从而廓清覆盖在人身上的认识迷雾。其二，资本和劳动的关系是全部现代社

① 马克思恩格斯全集：第30卷. 北京：人民出版社，1995：390.

② 马克思恩格斯选集：第1卷. 北京：人民出版社，2012：404.

③ 同②147.

会体系所围绕旋转的轴心。从发生学的角度来说，资本是在人类劳动过程中形成的，并借助于劳动才能降临世间；劳动是资本的原始出生地，是资本的度量衡。如果说资产阶级的现代世界是以资本和劳动的分离与对立为前提的，以资本的普遍统治为时代标识，那么，只有依靠劳动的力量才能决定性地破解资本的统治，构建新型的人类生活世界。

既是这样，我们相信，立足于历史唯物主义劳动史观的原则高度，以劳动为原则引领和重构现实生活世界，不仅能够释放人的对象性活动的本质力量，展现“在批判旧世界中创造新世界”的革命活力，而且构建以劳动原则为主导检视现代性意识形态所论证的虚假劳动原则、筹划变革现代性的合理道路。

作为西方哲学的集大成者，黑格尔构筑了一个态度鲜明且立场坚定的存在论原则，“在抽象的范围内”理解和阐释劳动，成为现代性意识形态的理论依据和思想背景。对劳动做“形式的”“抽象的”理解，无可辩驳地疏离了现实的真正的劳动，曲解了人的“对象性本质”，却迎合并佐证了资本原则。正是这样，我们有理由相信，由黑格尔哲学提供精神支柱的现代性意识形态，在劳动问题上兜售着“原则的谎言”。海德格尔的一个相关指证可谓击中要害：“在黑格尔的《精神现象学》中，劳动的现代形而上学的本质已经得到先行思考，被思为无条件的制造（Herstellung）的自行设置起来的过程，这就是被经验为主体性的人对现实事物的对象化的过程。”① 劳动的“现代形而上学的本质”清晰可见地提示人们，资本原则对于现代性的统治已经达到如此普遍和深入的程度，以至于只要是一般性地谈论劳动问题，哪怕延伸到相关于劳动解放这样激动人心的程度，都不过是滞留在资本原则立场上，充当资本原则现实开展的同谋者。这种情况证明，何以在现代性历程中对于资本原则的批判未曾停息，但现代性难题不仅依然故我而且还越发严重。这种情况也证明，资本原则与形而上学两者在根本上是相互拱卫的关系，对于资本原则的批判离不开对于形而上学的批判，真正说来，如果不同时展开对两者的批判，就不能真正地批判其中的某一个。这种情况更证明，只有坚持并落实劳动原则，才能通过击中资本原则与形而上学的要害而完成对两者的批判。重中之重尚在于，除非立足于历史唯物主义的

① 海德格尔．路标．孙周兴，译．北京：商务印书馆，2000：401.

基本立场和理论视域，直指问题之所在的本质、核心和真相，否则就绝无可能抓住真正的现实的劳动，并达到相应的高度来领悟以劳动为生活原则的革命性转型与前景。

问题的这种提法，昭示了解决问题的复杂性和迫切性，也蕴藏了解决问题的正确方向：现代性难题的破解，必须跳出现代性的框架，穿透现代性意识形态幻象，同时进行“双刃的批判”——既要批判资本的普遍统治，又要批判形而上学的思辨专制。马克思恩格斯曾经明确提出：“共产主义革命就是同传统的所有制关系实行最彻底的决裂；毫不奇怪，它在自己的发展进程中要同传统的观念实行最彻底的决裂。”① 所谓“传统的所有制关系”，主要是指以资本原则为轴心的资本主义所有制。而“传统的观念”，主要是指由黑格尔集大成的近代形而上学。就此可以肯定，马克思倡导的“共产主义革命”，就是突破现代性困境的历史性实践。就此进而论之，社会生活以劳动原则为导向，意味着人类生活性质的改变，人类新型文明的开启。以资本为原则导向的现代社会生活，虽然培育了“人的独立性”，实质上是“以物为本”。以劳动为原则导向的社会生活，实则弘扬“以人为本”，新型文明构成要素和力量由此而形成，人类将迎来崭新的生活图景。如果现代世界已然发生的“消灭现存状况的现实的运动”标识了劳动在资本统治中的觉醒和突围，那么，依照劳动原则组织社会生活，毋庸置疑要同“传统的所有制关系”和“传统的观念”实行“最彻底的决裂”，以“人的解放”为标准诊治现代性缺陷，走出现代性的困局，创造美好生活。正是这样，在资本统治达到极致状态的西方发达国家，越来越多的人重新阅读马克思的著作，相信马克思能够为当代社会“驱魔祛邪”，帮助当代人疗治精神创伤。就此而言，如果当今的哲学研究已然不能疏离如此这般的生活处境和思想状态，那么，马克思开创的认识方向以及由之而来的宏富思想，仍然值得我们去吸收和弘扬。

二、哲学自我确证的本真道说

现代世界较之于以往时代的最大不同，就是资本和现代形而上学相互依存、相互支援、相互作用，构成这个时代的基本支柱，并在共生合

① 马克思恩格斯选集：第1卷. 北京：人民出版社，2012：421.

谋的历史性运动中不断地向生活世界展露据说是可以依靠的本质根据。现代世界迄今的发展，生生不息，扑朔迷离，但始终没有脱离或偏离资本和形而上学所构造的存在基础，反而已经越来越巩固、越来越隐蔽、越来越自然地使之成为自身内在的构成力量。马克思深知，资本的抽象统治，使人过着不成其为人的生活，造成了与社会前提相对立的社会关系。这一“时代错乱”或“文明缺陷”，只有通过人的觉醒才能克服。近代哲学家们试图用思辨的思想复活资本统治下的人，结果却让人陷入更为严重的迷误之中，这注定是一个不可挽回的损失。十分清楚，在纷繁复杂的现实生活过程中，人们需要富有思想地筹划自己生存，以便区分善恶良莠。马克思并不自诩掌握着真理的发布权，也没有想着给世界一套“现成的新原理”，只是致力于“使世界认清本身的意识，使它从迷梦中惊醒过来，向它**说明**它的行动的意义”①。从马克思开辟的“感性活动”认识路线出发，我们便决定性地能够走进现代生活世界。这既是依循马克思的哲学路向的必然结果，更为关键的，还有打破现代世界的抽象统治及其放逐人的感性活动的迫切需要。在这种情况下，哲学便通过切合现实需要的富有成效的行动而实现自身。

（一）抽象统治对感性活动的放逐

所谓抽象统治，就是指资本和现代形而上学对于现代世界生活过程的实际影响和控制。“真正说来，资本和现代形而上学是彼此支撑、彼此拱卫的，正像前者构成后者的世俗基础和强大动力一样，后者乃成为前者的观念领域，成为它的理论纲领、它的‘唯灵论的荣誉问题’，以及它获得慰藉和辩护的总根据。”② 从直接结果来看，资本与形而上学的共谋，全面放逐了人的感性活动。资本主义现实生活中的异化劳动状态，正好标识了人的感性活动被放逐的性质、范围和程度。问题的关键还在于，抽象统治假借资本的正面作用而发展和呈现出来。这就是马克思所分析揭示的，“资本作为孜孜不倦地追求财富的一般形式的欲望，驱使劳动超过自己自然需要的界限，来为发展丰富的个性创造出物质要素，这种个性无论在生产上和消费上都是全面的，因而个性的劳动也不再表现为劳动，而表现为活动本身的充分发展，而在这种发展状况下，

① 马克思恩格斯全集：第1卷．北京：人民出版社，1956：418.

② 吴晓明．思入时代的深处．北京：北京师范大学出版社，2006：330.

直接形式的自然必然性消失了；这是因为一种历史地形成的需要代替了自然的需要。由此可见，**资本是生产的**，也就是说，是**发展社会生产力的重要的关系**”[①]。换言之，既然资本对于现实生活有着不可替代的积极意义，那么，资本在生活世界的实际在场就是不可动摇的，抽象统治的出现及其持续就是确定不移的。

马克思深切透辟地揭示了私有财产关系中人的抽象化生成及表现：“在工人身上主观地存在着这样一个事实，即资本是完全失去自身的人；同样，在资本身上也客观地存在着这样一个事实，即劳动是失去自身的人。”[②] 且不说现实生活中的现象实情，即便是依照黑格尔为“异化”概念确定的内涵，人“失去自身”这样的生存状态，确凿无疑地就是异化劳动的典型症候。在马克思看来，资本使人在劳动中失去自身，劳动对人来说并不是属于他自身的劳动；劳动创造出来的对象，并不确认人的本质力量，相反却成了抗衡并奴役人的力量。就是说，一方面，工人的“活劳动”创造了与自己相对抗的“资本”；另一方面，作为“死劳动”的资本，实现自身的载体是工人的“活劳动”，当然是以压迫和剥削的方式开展的。这样的话，资本也不能随其所愿地存在下去，始终都面临着“活劳动”的反抗。毫无疑问，异化劳动包含着工人与资本家之间完全颠倒的相互关系：工人是劳动的承担者，却并不能占有自身的劳动，而是生产出不生产的人（即资本家）对劳动的占有。工人生产资本，资本生产工人；工人只有作为资本存在才能作为工人存在，资本只有转变成工人的劳动才能维持自己的存在。同样毫无疑问的是，异化劳动制造了“敌对性的相互对立”，导致整个社会关系处于否定性的发展态势：工人知道资本家是自己的非存在，反过来也是这样；这是一种“作为劳动的私有财产”与“作为资本的私有财产”的关系，实质上又是“作为财产之排除的劳动”与“作为劳动之排除的资本”的关系。但是，工人与资本并非完全分离。资本乃是工人作为工人存在的前提，即工人的“非现实性”才是他的“现实性”，他作为“非人”存在的时候他才是作为“人”存在。这表明，在资本统治下，作为资本的“劳动”把人变为“单纯的**劳动人**的**抽象**存在”，进而成为“现实的非存在”、一种非人的存在物：“生产不仅把人当做**商品**、当做**商品人**、当做具有**商**

① 马克思恩格斯文集：第8卷．北京：人民出版社，2009：69－70.

② 马克思恩格斯文集：第1卷．北京：人民出版社，2009：170.

品的规定的人生产出来；它依照这个规定把人当做既**在精神上**又在肉体上**非人化的**存在物生产出来。”① 这样一来，如果私有财产关系通过异化劳动的普遍性让资本抽象统治彰明昭著，那么，全部社会生活及其运行都不可避免地要遵循资本的抽象逻辑，人的感性活动陷入被遮蔽、被蔑视、被褫夺的境地就是显而易见的。

资本又借助于形而上学实现或完成抽象统治。众所周知，形而上学把世界分割为现象领域和本体领域。一般说来，现象领域是人们在日常经验中所发现和面对的对象，本体领域乃是现象世界的原因、根源和基础。形而上学思辨逻辑的主导倾向，就是根据超验的本体追求普遍必然性的结论。这恰恰迎合了资本统治的胃口。人们对超验世界的追求，其实就是对普遍原则的追求。在资本逻辑大行其道的处境中，人们渴望自由并追寻人与人之间的平等，这是每个人梦寐以求的生活状态，无疑是整个社会生活运行所建构的普遍性。然而，从实质上来看，这不过是以承认人的本质和人的独立性为名而衬托私有财产的本质存在，从而赋予资本逻辑的抽象统治具有合法性。只要把具有活动形式的私有财产当作主体、当作人的真正本质，任何对于人的本质的赞美和追求，其实都是毫无例外地高扬私有财产的“主体本质”，都是这样那样地为资本逻辑统治提供辩护。这就是马克思为什么要毫不妥协地揭露和批判国民经济学具有“敌视人”“排斥人”的错误的原因。国民经济学固然提出以劳动为原则，实际上只是片面地发挥了劳动是财富的唯一本质的论点，实质上则是以资本为前提，是为资本原则服务的。既然仍是在资本原则限制的范围之内，国民经济学的劳动原则不过是阐述了异化劳动原理而已，依然肯定资本对人的否定和统治。如此这般的本末倒置，只能说是为了维护和张扬资本逻辑抽象统治的需要。所以，马克思说：“劳动所生产的对象，即劳动的产品，作为一种**异己的存在物**，作为**不依赖于**生产者的**力量**，同劳动相对立。”② 人作为一种具有感性活动性质的存在物，他的劳动的产物或对象本应属于他自身，作为他自身力量的一种确认，并能够证明他自己真正的现实存在，但在资本统治下，人的感性活动的产物并不属于人，却反过来成为束缚人、约束人的一种力量。在这种力量面前，人不是感觉到自己是自己存在的原因，而是感觉到这种对

① 马克思恩格斯文集：第1卷．北京：人民出版社，2009：171.

② 马克思恩格斯选集：第1卷．北京：人民出版社，2012：51.

象才是他确立自己存在的原因。在这个意义上，人自身的存在就变为一种"工具性"的存在，人的现实感性活动不属于他自己，而是属于另外一种力量。从这一结果来看，当马克思把资本看作人的感性活动异化为私有财产的运动时，这是对现代社会中人之生存处境的一种存在论揭示。由于现代社会服从于资本逻辑结合形而上学而完成的抽象统治，所以，这个社会的一切都归顺于资本的"安排"与"处理"。结果，人的现实感性生命活动必将被无情地抽象与分裂，人成为一种"单纯的劳动人"的抽象存在——"这种劳动人每天都可能由他的充实的无沦为绝对的无，沦为他的社会的从而也是现实的非存在"①。

把人规定为抽象的存在物，使人的存在沦落为一种抽象的空虚，意味着人已然成为商品，意味着商品形式不可遏制地渗透到社会生活的所有领域，抽象统治遗弃和放逐感性活动遂大功告成。与此相关，影响到社会结构的且更有关键性历史意义的"基本事实"还在于，现代世界在"资产阶级时期"形成了影响深远的社会建制力量，亦即关乎社会生活运行的内在机制，也可以引申为现代生活的一般性构成原理，这就是卢卡奇所揭示的"形式相同性原则"。这一原则的基本内涵，我们可以顾名思义地想象出来，要害在于它的实质性影响：只要商品形式上升为社会构造和社会运行的普遍形式，抽象劳动对于社会生活的统治力就是不言而喻的，按照社会必要劳动时间可以精确测量的抽象劳动不可阻挡地建立了形式上相同、可以比较的原则；这一原则不仅成为商品关系中不同对象都可以归结的"共同因素"，而且成为支配商品生产和商品交换全过程的"现实原则"。因此，如果毕竟需要承认资本主义时期与商品结构相关的"幽灵般的对象性"发展到最发达、最丰富、最隐蔽的程度，那么，这在根本上要归功于"形式相同性原则"在现代生活体系中的隐而不彰的决定性作用："这个社会范畴对这样形成的社会的客体和主体的对象性形式，对主体同自然界关系的对象性形式，对人相互之间在这种社会中可能有的关系的对象性形式，有决定性的影响。"② 从"形式相同性原则"延伸出来的，是表征抽象统治的"可计算性的""合理化的""机械化的""直观的""原子化的"等构成要素和症候，

① 马克思恩格斯文集：第1卷．北京：人民出版社，2009：172.

② 卢卡奇．历史与阶级意识．杜章智，任立，燕宏远，译．北京：商务印书馆，1999：151－152.

由此我们无疑能够窥见抽象统治在资本主义时代达到登峰造极状态的成因。

（二）批判近代形而上学的思辨专制

如果资本及其现实展开构成了现代世界的世俗基础和物质领域，那么，以黑格尔哲学为最高成就的近代形而上学作为现代生活的观念领域，毋庸置疑为之提供了文化辩护和精神动力，成为资本原则普遍统治的“抽象继续”和“观念的补充”。伽达默尔认为，“黑格尔哲学通过对主观意识观点进行清晰的批判，开辟了一条理解人类社会现实的道路，而我们今天仍然生活在这样的社会现实中”①。必须承认，伽达默尔的这一判断，绝非信口开河之论。这样说来，历史唯物主义坚持从感性活动出发，批判形而上学毫无疑问是题中应有之义。基于合理把握和定位资本与形而上学的共谋关系，以及在此基础上切近领悟时代愿望，马克思对近代形而上学的批判毫不妥协地把矛头对准其基本原则即意识“内在性”。

近代形而上学的意识或思维“内在性”原则，黑格尔在评说笛卡尔哲学时曾有明确的陈述：“按照这个内在性原则，思维，独立的思维，最内在的东西，最纯粹的内在顶峰，就是现在自觉地提出的这种内在性。”② 依黑格尔之见，哲学的真正出现，是以哲学把“从自身出发的思维”亦即“内在性”当作基本原则为标志，思维才是哲学自己的“家园”。这样说来，笛卡尔乃是近代引领哲学回“家”的开创者，因为内在性原则肇始于笛卡尔提出的、被黑格尔喻为“转移近代哲学兴趣的枢纽”的“我思故我在”原理。而意识内在性之为哲学原则从而真正成为近代形而上学的基础，是笛卡尔之后经过众多思想家的努力，直到黑格尔提出“思有同一”原理才大功告成。海德格尔一语破的：“形而上学在体系中首次由黑格尔把它的绝对地被思的本质表达出来了。”③因此，黑格尔自信地宣布：“思维是全世界每一个人的共同事业、共同原则；凡是应当在世界上起作用的、得到确认的东西，人一定要通过自己的思想去洞察；凡是应当被认为确实可靠的东西，一定要通过思维去

---

① 加达默尔．哲学解释学．夏镇平，宋建平，译．上海：上海译文出版社，1994：111.

② 黑格尔．哲学史讲演录：第4卷．贺麟，王太庆，译．北京：商务印书馆，1978：59.

③ 海德格尔．路标．孙周兴，译．北京：商务印书馆，2000：396.

证实。”①

黑格尔的自信是有可能的。

黑格尔明言，哲学“是被把握在思想中的它的时代”。这样一种自我约束，当能说明黑格尔本人及其推向极致的近代形而上学的理论抱负和时代关切。倘若的确不可抹杀资本之于人类生活的意义，我们毕竟需要承认资本在人类发展进程中的实际作用——就像马克思所做的那样，而且至今仍要立足于这样的认识高度，那么，资本在展开自身的历史性运动中，需要一种理论为之提供融洽的文化辩护及精神支撑，则是十分正常的事情。近代形而上学通过倡扬“每一个人都生来就是思维者”“真理内在于人心，人心可以把握真理”等观念，向世人展示了对于现实和未来的信心，进而从思想旨趣、性情品质、问题视野、认识能力等方面，复活也塑造了适应资本时代要求的现实的人，就毫无疑问参与了资本文明的创造。何况在当今的日常生活中，依附资本之必然性支持，近代形而上学时不时崭露头角，即便那些后现代主义思想家猛烈抨击也无妨。

黑格尔的自信理当是有限度的。

深受黑格尔乃至全部近代哲学家推崇的思维或意识，实质上不过是人性内在结构中众多品质或能力之一。黑格尔等近代哲学家却用概念、逻辑等手段，通过主观反思活动，让思维或意识从其源始出生地超脱出来，毫无顾忌地对之进行实体化改造或包装，最终赋予其一个具有无限能力的可以决定一切的“绝对主体”身份和地位。这种做法其实就是对意识进行形而上学的改装，同时即是形而上学的理论成形过程。问题在于，近代形而上学的内在可能性和必然性，真实地来自彻底改造原本就是有限的意识；可是，这种通过意识来生产意识的真相却被掩盖起来且存而不论。

这就是说，黑格尔之所以自信，是因为他自己主观设定了意识“内在性”原则。既是这样，黑格尔乃至整个近代哲学的内在悖谬立马暴露出来。按照黑格尔哲学的本质要求，意识内在性是基本原则，是用来说明他者的核心原理，理当拥有绝对的、无限的权威，具有普遍的效准。但是，从黑格尔的观点来看，意识内在性作为原则不是自然生成的，而

① 黑格尔．哲学史讲演录：第4卷．贺麟，王太庆，译．北京：商务印书馆，1978：60.

是他用逻辑范畴主观制作出来的，是抽象思辨运作的结果。于是，意识内在性就是被规定者，就是有限的东西。这样一来，错乱就是不可避免的：一个其实是由他者支撑、培育起来的原则，却被用来作为统摄、说明他者的规范，换言之，这样一个其实只能在有限规定中活动的思维原则，却被当作可以产生有限规定的东西，这难道不是不折不扣的本末倒置吗？

马克思恩格斯在剖析思辨结构秘密时就有一针见血的评判："首先，黑格尔善于用诡辩的巧妙手法把哲学家借助感性直观和表象从一个对象过渡到另一个对象时所经历的过程，说成是臆想出来的理智本质本身即绝对主体所完成的过程。其次，黑格尔常常在**思辨的**叙述中作出把握住**事物**本身的、**现实的**叙述。这种在思辨的阐述**之中**所作的现实的阐述会诱使读者把思辨的阐述看成是现实的，而把现实的阐述看成是思辨的。"①

在如此这般颠倒中，黑格尔实际上违背了自己的初衷。抱着对于绝对理性之无限性的坚信和持守，黑格尔把意识内在性建构为哲学的基本原则，也就赋予这一原则居于支配作用、起规定作用的至上地位。可是，这一切都是黑格尔使用概念范畴建构起来的。由此非常清楚，黑格尔其实是用知性来填充、装扮、建构理性，可以说理性被知性僭越，理性屈就充当了知性表现自身的材料。在这种情形下，理性的失落乃是不言而喻的。让知性放肆的哲学致思真能有助于人类的生活吗？后来的海德格尔十分尖锐地洞穿了事情的本质要害："唯当我们已经体会到，千百年来被人们颂扬不绝的理性乃是思想最冥顽的敌人，这时候，思想才能启程。"②

为了突破近代形而上学的思辨专制，《形态》有一段专门讨论意识问题的论述③，堪称切中肯綮。在马克思看来，"意识的生产"直接与人们的现实生活活动交织在一起，是在人的感性活动中进行的。意识是人"生产"出来的，人是意识的"生产者"。人"生产"意识，并不是为了培植可供欣赏的"思维花朵"，而是为了满足自己筹划生存的实际需要——意识是被意识到了的人们的现实生活过程。在"人们生活的历史过程"中，意识转化为意识形态之后，形式上就有着独立的外观，有

① 马克思恩格斯文集：第1卷．北京：人民出版社，2009：280.

② 海德格尔．林中路．孙周兴，译．上海：上海译文出版社，2004：280.

③ 马克思恩格斯选集：第1卷．北京：人民出版社，2012：151-152.

可能试图摆脱现实生活世界的纠缠而构造据说是“纯粹的”理论，从而提供非现实的世界图景，具有虚幻和颠倒的性质。无产阶级的现实生存状况以及否定这种生存状况的实际行动，坚决要求终结意识形态的虚幻性。马克思哲学作为无产阶级的“精神武器”，矢志于把颠倒了的世界图景重新颠倒过来，为人类提供“伟大的认识工具”。

马克思从源始根据、基本性质、发展变化等方面，阐述了意识内在性由以可能的真相。由此证明，意识内在性确是人类心智世界拥有的特质，但作为思想的原则，必定有赖于生活实践的需要，以及思想家们的阐发和建构。易言之，意识内在性作为原则，并不具有原发性，最多只有继起性和派生性。近代哲学家把意识内在性提升为哲学之存在论原则，无疑始终面临着合法与否的追问，始终承担着为其确证合法性的责任。可是，以黑格尔为代表的近代哲学家，却视之为理所当然，异常坚决地把意识内在性当作决定一切的基础和原则，“为整个西方世界的青年们准备下了丰富的、极度复杂的哲学体系，而这个体系把宇宙的各个角落都笼罩上一层厚厚的、华美的、柔软而温暖的天鹅绒”①。不消说，黑格尔的盲目自信，自行制造了近代形而上学自身不可克服的矛盾，并借用抽象思辨的力量掩盖起来。不消说，依照近代形而上学所制定的路向，哲学面对现实生活过程的出场是难以想象的。

（三）让哲学是其所是

众所周知，马克思一走上哲学舞台，直接面对着黑格尔集大成的近代哲学。基于坚信并坚持在思想中把握自己的时代，黑格尔实现了自己的哲学参与资本文明建构的愿望，借此展示了一个完美极致的哲学体系。正因为黑格尔哲学对人类的精神发展所具有的史无前例的意义，以至于被人们看成整个近代哲学的标志，进而被当作哲学之为哲学的范例、标志杆、唯一的模式。正如恩格斯所描述的，“从 1830 年到 1840 年，‘黑格尔主义’取得了独占的统治，它甚至或多或少地感染了自己的敌手；正是在这个时期，黑格尔的观点自觉地或不自觉地大量渗入了各种科学，也渗透了通俗读物和日报，而普通的‘有教养的意识’就是从这些通俗读物和日报中汲取自己的思想材料的”②。当然，恩格斯同

---

① 怀特．分析的时代．杜任之，主译．北京：商务印书馆，1981：9.

② 马克思恩格斯选集：第 4 卷．北京：人民出版社，2012：226.

时也十分敏锐地挑明，黑格尔哲学的“这一全线胜利仅仅是一种内部斗争的序幕罢了”①。

如此这般对比鲜明的巨大反差，无疑凸显了这样一个事实：滥觞于笛卡尔终结于黑格尔的近代理性形而上学，致力于推行意识内在性，试图为哲学建造一个稳固可靠的“家园”，但黑格尔之后的哲学毅然决然“叛离黑格尔”，呈现出纷纷离“家”出走的态势。这表明，黑格尔等近代哲学家为了实现哲学在现实生活中出场，可谓殚精竭虑，也的确取得了极其重要的文化成就，但显而易见的是，哲学之为哲学而能安身立命，并真正实现自身，黑格尔等近代哲学家所建构的家园已然不能满足这样的要求。

黑格尔曾认为，“哲学可以定义为对于事物的**思维着的考察**”②。若仅从认识论或知识论意义上来理解，黑格尔的这一界定相当规范工整，并大体上点出了哲学如何才能在人类知识地图上有其位置的努力方向。倘若哲学的意义或存在范围仅止于此，这当然就是十分正确的。问题在于，就是黑格尔本人，也反复论证哲学溢出知识论范围的重要意义和实际可能性，并始终以这一论证来标明哲学超越“知识因素”的存在论指向。正是出于存在论意义上的考量或关切，黑格尔认为，“哲学的任务在于理解**存在的**东西，因为**存在的**东西就是理性。”③ 这就出现了关乎哲学开展自身的根本问题的根本判断。前文已经交代，黑格尔所强调和倚重的，是意识内在性的绝对权威和普遍效准，由此而把哲学建构成为严密顽固的思辨体系。在这种情况下，哲学之“所是”，虽说理论上可以给予周详的论证和阐述，但实质上不过是“逻辑学”这一“精神的货币”的自我展示过程，是以“逻辑学”为轴心旋转的思辨游戏。

针对抽象思辨对于哲学的垄断和独占，费尔巴哈挺身而出，“以**清醒的哲学**来对抗**醉醺醺的思辨**”。费尔巴哈指出：“思辨哲学一向从抽象到具体、从理想到实在的进程，是一种颠倒的进程。从这样的道路，永远不能达到**真实的**、**客观的**实在，永远只能做到将**自己的抽象概念现实化**，正因为如此，也永远不能认识精神的真正**自由**；因为**只有对于客观实际的本质和事物的直观，才能使人不受一切成见的束缚**。”而与思辨

① 马克思恩格斯选集：第4卷．北京：人民出版社，2012：226.

② 黑格尔．小逻辑．贺麟，译．北京：商务印书馆，1980：38.

③ 黑格尔．法哲学原理：序言．范扬，张企泰，译．北京：商务印书馆，1961：12.

性同构共生的是“理性神秘论”。黑格尔思辨哲学不过是用理性的语言来表达上帝创造世界的神学学说，是一种“理性化和现代化了的神学”，是“宗教真理之彻底的完成”。因此，“只有那通过感性直观而确定自身，而修正自身的思维，才是真实的，反映客观的思维——具有客观真理性的思维”①。就此可知，费尔巴哈把“感性直观”当作评判思维真理性的标准，与抽象思辨相抗衡。

那么，费尔巴哈由“感性直观”为哲学开辟了什么样的发展前景呢？

费尔巴哈从“神是人的本质的异化”的论证中，指证了感性对象性的实在性，直截了当地提出，“主体**必然**与其发生**本质**关系的那个对象，不外是这个主体**固有**而又**客观**的本质”②。如此这般地强调对象之于主体的本质重要，实际上就是承认绝对主体尚有一个与之相对待且不可或缺的东西，这就毋庸置疑挑战甚至颠覆绝对主体的权威。而且，与黑格尔“不能被思想的东西就是不存在的”判断迥然相异，费尔巴哈则代之以“不能被直观的东西就是不存在的”观点，高扬主体只有通过直观对象才能确证其真理的“感性哲学”。

既然直观可以提供直接明确的真理，且又能够与思辨哲学相抗衡，那么，费尔巴哈对之深信不疑，就是再正常不过的事情了。然而，现实感性世界丰富多彩，千变万化。费尔巴哈使用直观时，总是遭遇到阻碍甚至破坏他进行直观的东西，也就是说，他所谓直观总是难以达到他最初的设想。“费尔巴哈的错误不在于他使眼前的东西即感性**外观**从属于通过对感性事实作比较精确的研究而确认的感性现实，而在于他要是不用**哲学家**的‘眼睛’，就是说，要是不戴哲学家的‘眼镜’来观察感性，最终会对感性束手无策。”③ 莫非费尔巴哈重归思辨哲学？的确如此。全部问题的症结，乃在于费尔巴哈对“感性直观”过分倚重乃至迷恋。他周围的感性世界决不是开天辟地以来就直接存在的始终如一的东西，就连樱桃树这类最简单的“感性确定性”对象，也都是历史的产物，是

① 费尔巴哈哲学著作选集：上卷．荣震华，李金山，等译．北京：商务印书馆，1984：108，178.

② 费尔巴哈哲学著作选集：下卷．荣震华，王太庆，刘磊，译．北京：商务印书馆，1984：29.

③ 马克思恩格斯选集：第1卷．北京：人民出版社，2012：155注③.

世世代代活动的结果。就此试问：仅仅通过“感性直观”，我们能够发现周遭感性世界中这一最为关键的部分吗？撇开这一关键部分，却还在致力于直观感性世界，这难道不是错失了现实世界并且与之越来越远吗？显而易见，尽管现实的感性世界活生生地呈现在费尔巴哈的面前，但他始终未能与之发生算得上是感性的联系，而只能是自己想象出来的抽象联系。这让我们想起了恩格斯的一个论断：“施特劳斯、鲍威尔、施蒂纳、费尔巴哈，就他们没有离开哲学这块土地来说，都是黑格尔哲学的分支。”[①] 我们由此当能清楚哲学从“感性直观”出发而来的终局。

不言而喻，费尔巴哈本着“严肃的”“批判的”态度，力图打破思辨哲学的束缚，却因固守“感性直观”的运思理路，没有切中现实生活世界，不可避免地滞留在抽象层面上，分享着黑格尔理性形而上学的前提，自觉不自觉地充当着巩固这种形而上学的同路人。究其原因，费尔巴哈虽然正确地承认人是“感性对象”，但是，却未能更为深入而切近地把人与“感性活动”联系起来，“从来没有把感性世界理解为构成这一世界的个人的全部活生生的感性**活动**”[②]。马克思恩格斯富有原则高度的思想划界和突破由此清晰可见。

从人的感性活动出发，马克思哲学不会再像以往哲学那样，给人发布行动指令或行动方案，而是引导人们关注自己的现实生活过程，审视自己的生活处境，从而合理地筹划当下的生活。这样一来，哲学就回到自己的源始出生地，并且真正承担了自己的本务。

马克思恩格斯认为，“个人怎样表现自己的生命，他们自己就是怎样”[③]。这是他们发动哲学革命的标志性论断之一，所蕴含的深意就在于，与以往用意识、或宗教、或随便别的什么来理解和阐说人不同，现实的人都是人自己通过自己的感性活动而自我创生的，并由此而生存和发展。按照这样的阐释思路，我们就能切近地发现，现实生活中的人，总是面临着层出不穷的新问题、新挑战和新的发展可能性，本质重要地依赖于自己的取舍，思想的重要性就此无可辩驳地呈现出来。这是人的特质，也是人之为人的生存命运。

---

① 马克思恩格斯选集：第 4 卷．北京：人民出版社，2012：247－248.

② 马克思恩格斯选集：第 1 卷．北京：人民出版社，2012：157－158.

③ 同②147.

在人类历史长河中，文艺复兴之后，人类对自身特质的认识，所获得的重要成果，就是毫无疑虑地把思想当作人从动物世界超拔出来的决定性标志，进而高度重视思想之于人的意义。帕斯卡尔就是颇为突出的代表，人是“一根能思想的苇草”，至今仍是脍炙人口的名言。帕斯卡尔不仅把思想看成人的“全部的尊严”，甚至把“努力好好地思想”视为一个“道德的原则”。由于思想，我们就可以囊括宇宙。① 就此我们当可相信，近代哲学提出并推行意识内在性的存在论原则，必定与这种文化氛围的熏陶和滋养有关。然而，意识内在性成为至高无上的哲学原则之后，思想就遭到了实体化的处置。尤其是经过技术化阐释和武装之后，思想便试图无限地扩张。在这种情况下，哲学就难以履行“思想思想”的职责，相反却不得不在诸种技术性的、实用性的“科学”面前为自己的存在进行辩护。与此同时还有另一种窘境，在资本和形而上学共谋的抽象统治下，人们往往习惯于享用现成的思想，充当现行思想的消费者，自觉不自觉地放弃思想的主动权。正如马尔库塞所察觉到的，“思想和行为在多大程度上同既定现实相符合，它们就在多大程度上表达着一种对维护事实虚假秩序的任务作出响应和贡献的虚假意识。这种虚假意识已经具体化在反过来再生产它的流行技术装置之中”②。

如果资本文明时代的生活境遇以不可延宕之势彰显了“思想”的必要性和可能性，那么，哲学要想真正走上守护思想的道路，改变由近代形而上学创设的并一直沿袭下来的“思想”路向就刻不容缓。马克思提出从人的感性活动出发进行思想，毋庸置疑在存在论原则高度为哲学制定了前进的方向。海德格尔认为，“思想乃是存在的，因为思想为存在所居有，归属于存在。同时，思想又是存在的思想，因为思想在归属于存在之际倾听着存在”③。就此说来，哲学作为守护思想的事业，究竟是跪拜在某种现成解决方案面前，还是切入现实生活世界而致力于发现思想的事情呢？我们毫不犹豫地以后者为唯一选项，这难道还有例外吗？

三、历史观认识和叙事的优先性

本真地倾听现实对于思想的实际召唤，亦即切近领悟思想的任务，

---

① 帕斯卡尔．思想录．何兆武，译．北京：商务印书馆，1985：158.

② 马尔库塞．单向度的人．刘继，译．上海：上海译文出版社，1989：130.

③ 海德格尔．路标．孙周兴，译．北京：商务印书馆，2000：370.

我们由此就把自己带到了思想的事情面前。依照马克思“向现实本身去寻求思想”所确立的认识方向，我们需要面对的真正的思想事情，当然来自现实生活世界及其矛盾运动过程。海德格尔曾有一个担忧：“在我们这个时代里，一种千篇一律的思想方式在全球所有地方都达到了一种世界历史性的统治地位，那么，我们就必须明确地看到，这种千篇一律的思想仅仅是那种历史性的思想形态的已经得到平整和利用的形式。我们把这种思想形态称为西方-欧洲的，而对于它的命运性的唯一性，我们几乎还没有经验，很少想加以充分体认。”① 海德格尔所谓“西方-欧洲的”思想形态，主旨当指现代形而上学。海德格尔在此同时清晰可见地表达出对于思想形态的“历史性”的向往或期待，自觉不自觉地回应和确证了马克思先期达到的历史观创制：思想是源于现实又要用于现实的，现实是历史性生成的又是历史性发展的，历史是追求着自己目的的人的现实活动。如果我们必定要承认辩证法历史性地进入思想的必然性及其所达到的原则性认识高度，那么，只有立足于历史观的视野，才能明了资本作为社会生活之主导原则的历史性形成，进而通过厘清资本的存在性质而把握其存在前景；也只有在以唯物史观为指导的历史观视野中，我们才能透过当今世界变局所面临的纷繁芜杂的任务或课题，把握和遵循历史规律，站在历史正确的一边，领悟并参与世界变局的历史进程。这些关乎根本地标识了辩证法正是历史过程本身的本质，历史观认识与历史观建构乃是整个现实生活矛盾运动的一部分，历史观认识在参与现实生活运动中本质上具有理论优先性。

（一）历史观主题话语的统摄性

马克思的一个判断道说了现代生活真相，凸显了把历史观认识置于优先突出地位的历史正当性和必然性：“在土地所有制处于支配地位的一切社会形式中，自然联系还占优势。在资本处于支配地位的社会形式中，社会、历史所创造的因素占优势。”② 这就是说，在土地所有制条件下，所有的事物和过程都遵循自然联系的逻辑，依照自然联系的要求而存在，人们可以根据自然联系或者以自然联系为中介来加以认识和评价。一旦历史发展进入资本支配一切的时期，自然力量开始逐渐退却，

① 海德格尔．同一与差异．孙周兴，陈小文，余明锋，译．北京：商务印书馆，2011：133.

② 马克思恩格斯选集：第2卷．北京：人民出版社，2012：707.

自然联系的地位发生了退行性的转化，社会历史力量跃升为主导的决定性力量，以至于自然力量和自然联系需要以社会历史联系为中介才能获得合法性的存在，并由此才能得到真正的说明和解答。举例来说，在资本主义社会，劳动产品具有谜一般的性质，这是与其必然要成为商品这一社会历史形式息息相关的。“商品形式在人们面前把人们本身劳动的社会性质反映成劳动产品本身的物的性质，反映成这些物的天然的社会属性，从而把生产者同总劳动的社会关系反映成存在于生产者之外的物与物之间的社会关系。由于这种转换，劳动产品成了商品，成了可感觉而又超感觉的物或社会的物。”① 这就是马克思所揭示的商品形式奥秘，再明确不过地挑明现代生活世界在资本原则范导下社会历史力量的决定性的建构性质。既是这样，当今的哲学为什么能够在生活世界出场、如何才能出场从而能够实现自身，就一目了然呈现出来：除非以历史观的认识为前导，否则哲学就会疏离生活世界而不能切中社会现实，酿造时代错误。换言之，只要哲学实际参与现实生活运动，历史观认识和历史观叙事就一定成为哲学思考的先声。这种情况可以说正是人类历史发展进步的要求与反映。

特别是在时代变局之际，社会生活急剧变动，各种不确定性因素日益增多，机遇与风险同在，唯有坚持宽广的历史观视野，人们才能理性面对生活世界的变迁，把握人类活动的性质，洞悉“从何处来”而合理筹划“往何处去”。历史观何以有这等的担当？这对于历史观的自身建设究竟有什么意义呢？

通常对于“历史”的领会，无一例外地将历史与“过去”相勾连，认为历史中居住着“过去”是大家的共识。海德格尔明确归纳了关于“历史”的几种世俗用法：其一，在“这事或那事已经属于历史”这种表达式中，历史是指具有“后效”的过去之事。其二，从处于发展中的“有历史的”东西来看，历史是指渊源于过去的联系。其三，从区别于自然的角度来看，历史是着眼于人的生存的本质规定性而来的存在者的一种领域。其四，历史还常常作为过去流传下来的事物这种含义来使用。在这些用法的基础上，海德格尔富有启发地进行了概括：“历史是生存着的此在所特有的发生在时间中的演历。”② 虽说这几种用法歧义

① 马克思恩格斯文集：第5卷．北京：人民出版社，2009：89．

② 海德格尔．存在与时间．陈嘉映，王庆节，译．北京：三联书店，1999：428－429．

颇多，各有侧重，但还是异中有同，都强调过去之于历史的显著地位，认可“过去”在言说历史中的主导性。这种情况不是偶然的巧合，深究便有关乎问题之要旨的发现。就此可以追问：成为过去的东西究竟是什么？已经是过去的东西为何能够进入历史学家的视野？

一般说来，人们总是把摆在博物馆里的家具看成是历史的，因为这种家具显然是在以前的某个时间段是家具，但现在却是博物馆里供人们观赏的展品。这种家具当前仍然现成地放在博物馆里，还不曾过去，那么它何以被称为历史呢？很明显，这一当前仍现成存在的家具中必定有一种过去曾存在而现在不再存在的“东西”，家具成为历史纯全与之有关。或者说，过去了的乃是这种东西。海德格尔把这种东西指认为家具“曾在其内来照面的世界”。家具正是在这个世界中被使用才成为家具的；没有这个世界，这种家具也就没有了存在价值。因此，这种家具虽然还能以有形的形式遗留到当前，但使其成为家具的那个世界已经不再存在了，从而家具就只能被当作人们曾经使用之物而储放在博物馆中。这就是说，已经过去了的东西，乃是家具在其中成为家具的“那个世界”，而并不是家具本身。① 那么，这个过去了的世界，是不是就像水面上某个泡沫的消失那样永久地消失了呢？我们如何评估这个世界的性质呢？

这个过去了的世界，实质上就是人类曾经生活于其中的世界，亦即海德格尔所称的人类的“曾在世界”。作为人类曾经拥有的一种实际生存状态，“曾在世界”虽然在物理时间上已经属于过去时，但仍像梦魇一样纠缠着后人，对于后人的生活筹划依然保持着巨大的影响力乃至塑造力。诸如家具之类遗留下来的流传物，原本就是曾在世界中的一个使用物，今人称之为古董，却正是我们今天探析和把握这个曾在世界的主要凭证。这表明：以流传物为中介而绽露的“曾在世界”，才是通常所称“过去”的真实内涵；人类“曾在世界”才是真正具有“历史”性质的东西。就此我们能够明白，“历史”的本质重心既不在过去之事，也不在今天之事，而在人类生存的本真演绎的历史中，亦即人类生存的“过去”“现在”“未来”三个时间向度交互作用而成的过程中；“历史”专属于人，是人类生存的历史性在存在论意义上的根本规定性，人原本

---

① 海德格尔．存在与时间．陈嘉映，王庆节，译．北京：三联书店，1999：430.

就是一个历史性的存在物。马克思的一段论述能够引导我们走近问题之切要处："正像一切自然物必须**形成**一样，**人**也有自己的形成过程即**历史**，但历史对人来说是被认识到的历史，因而它作为形成过程是一种有意识地扬弃自身的形成过程。"①

我们有必要追问由"历史"支撑的"过去"或曰作为历史过程的"过去"的实际意义。柯林武德富有洞见地区分了两种意义的"过去"。在自然过程中，"过去"乃是一种"被取代了的和死去了的"过去。就是说，过去一旦为现在所替代就会永恒地消逝。历史过程中的"过去"则与此决然有别。希腊数学并没有因为赖以产生的社会条件的消失而成为永恒消逝的过去，相反，它们至今仍然是当代数学的基础，是作为一种财富而为当代数学研究所享受着的过去。"在历史过程之中，过去只要它在历史上是已知的，就存活在现在之中。"历史的过去"是一种活着的过去，是历史思维活动的本身使之活着的过去；从一种思想方式到另一种的历史变化并不是前一种的死亡，而是它的存活被结合到一种新的、包括它自己的观念的发展和批评在内的脉络之中"②。易言之，柯林武德"活着的过去"观念告诉我们，历史过程的"过去"都寓于"现在"之中，每个"现在"都有自己的"过去"。

厘清历史过程中"过去"与"现在"相互依存、相互作用的关系，"历史对人来说是被认识到的历史"的存在论寓意及其重要性便清楚明白。人类历史进程纷繁复杂，世代更替此起彼落，世俗生活宏富多样。凡此种种，都给历史涂抹了捉摸不定、神秘莫测的色彩，让人感到历史是不可知的神秘过程。历史唯物主义问世以后，把历史与现实的人的自我创生和自我生成相联系，高扬"历史专属于人"的观念，廓清了笼罩在历史上空的神秘迷雾。"被认识到的历史"，意味着历史具有可理解性，同时表明了人的"形成过程"的开放性质。历史的可理解性本质上为人的"形成过程"的可持续性提供了至关重要的支援，也奠定了理解历史作为"有意识地扬弃自身的形成过程"的方向。所谓"有意识地扬弃自身"，本质重要地蕴含着基于未来生存的自我筹划与塑造。"扬弃自身"，不是指人消极逃逸或让自身虚无化，而是自身生存的激活，是不

① 马克思恩格斯文集：第1卷．北京：人民出版社，2009：211.

② 柯林武德．历史的观念．何兆武，张文杰，译．北京：中国社会科学出版社，1986：255－256.

可阻挡的自我生成与进展。

从语义上把“形成过程”“被认识到的历史”“有意识地扬弃自身”几个关键词连接起来，就绽露了人作为“对象性的、感性的存在物”之源始的根本的性质。这就最关根本地构成了历史观的一般要旨：人类生存的历史性贯通于“过去”“现在”“未来”三个时间性向度或环节的全过程；“历史感”原本就是人的存在方式；道说历史乃是人类的生存命运，必然在“诠释过去、理解现在和展望未来的内在的联系”① 中扎根。这种命运般的生死攸关清晰可见地表明，所有的历史观乃至历史哲学只有围绕人类生存的历史性来筹划主题设计和话语建构，才能获得自己的自律性，从而成为自我授权的。倘若与流传物打交道是认识历史的必要路径，那么这正是人类生命的“自我照面”。因此，海德格尔认为，“历史学的中心课题向来是曾在此的生存的可能性”②，实际上就是对历史观或历史哲学主题的指证或表达，显而易见，在关乎人之为人的意义上描述了人所独有的存在性质——“因为我们自身是历史的存在，所以我们只是历史地认识”③。可以看出，这里对于历史观主题的澄清，乃是切入事情之根本的分析，具有存在论意义上的重要性。与其说是在讨论历史观的事情，不如说更相关于一般意义上的哲学学术建设。历史观诚然是哲学知识体系的一个部门或分支，但是，从其主题——人类生存的历史性之所属问题的性质来看，历史观建基于人的现实生存的深层，在社会存在的层面上扎根，不折不扣地属于哲学存在论领域的关键内容或组成部分。

这些学理层面的分析毋庸置疑地证明，立足于历史观问题激荡的时代处境，倾听时代呼声，历史观认识的优先叙事可谓顺理成章，而且不可否认地属于存在论意义上的哲学自我建设。黑格尔自觉不自觉地提供了一个可信的例证：历史性为黑格尔哲学的意识“内在性”存在论原则做了奠基，“被概念式地理解了的历史，就构成绝对精神的回忆和墓地，也构成它的王座的现实性、真理性和确定性，没有这个王座，绝对精神

① 约恩·吕森．历史思考的新途径．綦甲福，来炯，译．上海：上海人民出版社，2005：64.

② 海德格尔．存在与时间．陈嘉映，王庆节，译．北京：三联书店，1999：447.

③ 加达默尔．真理与方法：上卷．洪汉鼎，译．上海：上海译文出版社，1999：298.

就会是没有生命的、孤寂的东西"①。黑格尔整个哲学之思充满着前所未有的"巨大的历史感"，这是黑格尔哲学在存在论上的伟大创制，黑格尔不会平白无故地在存在论原则建构中添加历史性元素的，可以说这是黑格尔哲学理论建构的必然要求和原则高度。当然，更加重要的还在于，"思想并不是由于'扩散'而传播的，像是商品那样，而是靠每个国家在其自身发展中的任何一定阶段上独立发现它所需要的东西"②。黑格尔明察自己时代的实际需要，把具有存在论意义的历史进程和历史事实引进哲学中，力求在哲学中把握并表达时代精神，形成了被恩格斯称誉为"宏伟的""划时代的"历史观。黑格尔以公认的思想成果向世人宣布：哲学接受时代的号召，就能获得强有力的实体性内容，人类就不会在精神的沙滩上建立思想的海市蜃楼。

黑格尔哲学的发现，构成弥足珍贵的精神资源和理论参照，以思想史的逻辑必然性烘托出当代生活处境中进行历史观话语建构的必要性，更让我们充分意识到这一建构不可偏移的合理走向。我们应当把黑格尔哲学思考的合理内核据为己有，同时也要毫不妥协地与其缺陷区别开来。"从思想上把握历史过程"，黑格尔构造的"思辨的历史哲学"，成为后来的"一般历史哲学理论"的思想滥觞。马克思的态度告诉我们，"一般历史哲学理论"无疑是运用历史观叙事的一个反面例证。这种"一般历史哲学理论"完全不管各民族历史环境的独特性，坚持把马克思"关于西欧资本主义起源的历史概述"，当作一切民族都注定要走的"一般发展道路"。马克思断然拒绝这种貌似带来过多的荣誉实则造成过多的侮辱的理论解读和发挥。在马克思看来，"历史是不能靠公式来创造的"③。"极为相似的事变发生在不同的历史环境中就引起了完全不同的结果。如果把这些演变中的每一个都分别加以研究，然后再把它们加以比较，我们就会很容易地找到理解这种现象的钥匙；但是，使用一般历史哲学理论这一把万能钥匙，那是永远达不到这种目的的，这种历史哲学理论的最大长处就在于它是超历史的。"④ 不消说，"一般历史哲学

---

① 黑格尔．精神现象学：上卷．贺麟，王玖兴，译．北京：商务印书馆，1979：275.

② 柯林武德．历史的观念．何兆武，张文杰，译．北京：中国社会科学出版社，1986：81.

③ 马克思恩格斯文集：第1卷．北京：人民出版社，2009：624.

④ 马克思恩格斯文集：第3卷．北京：人民出版社，2009：466－467.

理论”的要害在于无视实际内容的历史性生成，止步于抽象的理论说辞和形式上的思想推演。这就真正放逐了历史问题和历史思维，如此这般的错误当然不能容忍。

马克思通过批判重建“历史性”原理，义无反顾地扬弃了黑格尔青睐于抽象普遍性的虚妄性，坚持在纷繁复杂的现实生活中把握历史过程，建立了“关于现实的人及其历史发展的科学”（恩格斯语）亦即历史唯物主义。从此以后，历史观就不应“从头脑中想出联系”，而要“从事实中发现联系”①。历史唯物主义先期构成的合法可靠的问题视野，能够引领历史观面向当今的世界变局，把握并阐明世界变局的堂奥，确证自身的现实存在。所以，当今在历史唯物主义导引下复兴的历史观，正是马克思所期待的，“这个由历史运动产生并且充分自觉地参与历史运动的科学就不再是空论，而是革命的科学”②。

众所周知，蕴含生存历史性的人类生活世界，构成哲学人文学术的现实基础。如果人类的知识体系毕竟植根于且服务于人类历史性的生存活动，那么，历史观认识和叙事在时下生活处境中的优先突出，其影响效应势必扩展到整个哲学人文社会科学。生活世界不是凝固不变的，而是动态的、开放的、具体的和总体的。为哲学提供源头活水的生活世界，原本就是一个生生不息、新陈代谢的发展过程，具有不断生成的性质；认识和把握生活世界的变迁，始终是哲学安身立命的基本要求。如果哲学无视生活世界的变化，疏离自身赖以立足的基础，对于自身最容易感知和理解的部分懵懂无知，如此这般凌空蹈虚的哲学运思与建构能有生命力吗？在现实生活面前失语的哲学究竟有什么意义呢？正是这样，历史观在当今的复兴，恰好以得天独厚的方式，观照并涵养人类生存的历史性，从而能够时刻提醒当今的哲学人文学术如何才能实际参与当代生活。这种努力毫无疑问对于当下中国的哲学研究构成了直接的相关性。

（二）把握社会现实的历史性原理

基于现代社会的实情，我们决定性地把历史观认识在当今人类认知系统中的优先性提出来，这对于当今的哲学乃至整个人文科学思考如何

---

① 马克思恩格斯选集：第 4 卷．北京：人民出版社，2012：247，264.

② 马克思恩格斯文集：第 1 卷．北京：人民出版社，2009：616.

才能在当代处境中立足和出场，具有极其重要的意义。马克思认为，理论在一个国家的实现程度，总是取决于理论满足这个国家的需要的程度。在世界大变局的情势下，生活世界变迁的节律加快，人类的生存面临着更多的不稳定性和不确定性。然而，人类向着未来筹划生存的实践是不会停止的，也是不能延宕的，相反却显得尤为迫切和紧要。在这种情况下，哲学除非拥有深邃的历史意识和历史眼光，否则就断然不能因应时代变局、参与当代问题而能满足生活世界的实际需要。这就出现了时代变局条件下哲学认识如何取位的问题，亦即哲学学术应当从何处入手确定一个问题视域，从而才能清楚明白地意识到时代发展所允诺的历史任务，认识和把握现实问题，在解决问题中维护并确证自身存在的合法性。在这方面，历史唯物主义提供了弥足珍贵的思想资源和理论智慧。

历史唯物主义是“科学思想中的最大成果”，马克思明确宣布哲学不是世界之外的遐想，真正的哲学都是自己时代精神的精华，在思想史上第一次匠心独运地提出以哲学在现实生活世界的实现程度为标准来衡量哲学的存在价值，把哲学能否满足社会需要确立为哲学实现自身的立足点。马克思承接黑格尔的深思而又超越黑格尔的一个伟大创举，是把“现实-矛盾”原理和“历史-发展”原理的建构延展为认识世界的基本方法论，为哲学的现实存在开创了切实可行且富有前景的发展道路，为当今的哲学思考提供了十分重要的思想资源和方法论启示。

其一，“现实-矛盾”原理。人们对于社会生活的认识，一般都是从身边的可以感觉到的事物或现象着手，形成观点或判断。这是近便地抓住“现象的矛盾”，属于常识性的认知活动。黑格尔颇为深刻地把这种单纯依靠指认的认知概括为“直接知识论”，其特点就是排斥任何中介性，事实上只是抓住事物外在的和表面的关系，在狭隘的片面性与有限性中止步于远离事物及其真理的抽象性和非真实性。① 马克思所批评的那些“抽象的经验主义者”，热衷于寻找“僵死的事实”，纵使能够给予确有思想含量的辨析与阐述，实质上也莫不是停留于“现象的矛盾”这样的认识层面，遑论真正认识和把握社会生活。黑格尔富有洞见地试图用“本质的矛盾”来解说“现象的矛盾”，从而揭示了事物矛盾问题的

① 黑格尔．小逻辑．贺麟，译．北京：商务印书馆，1980：159，163，167.

复杂性，推动世俗认识告别肤浅而深入现实。

在黑格尔看来，直接知识只有经过中介环节才能成为真实的知识，真理性认识是通过中介而获得的，“我在这里”就包含着“我如何在这里”这一中介过程。通过中介作用展现真理，可以说正是矛盾作用的体现。黑格尔力主从各种规定的差异或对立出发，通过发现和论证事物“作为中项环节而存在”的基本规定，寻找可以履行“中介作用”的中项，凭借这个中项形成“合乎理性的关系”，如此遂把“**现象的矛盾**”理解为“**观念中**、本质中**的统一**”，希望就此阐明和解决“现象的矛盾”。黑格尔把视线指向了现实生活世界，指出“市民社会和政治社会的分离是一种**矛盾**”，这是其“比较深刻”之处。[①] 黑格尔的思辨阐述虽说仅“从表面上”解决问题，但透露了关乎问题之根本的思想深化：进展到“本质的矛盾”层面的思考，无非是要揭示这些矛盾赖以产生的根源和必然性，透露了从这些矛盾的“本来意义”上来把握它们的关键信息。一旦把阐明矛盾的根源作为本质重要的理论要求提示出来，解决问题的真正前景就溢出了黑格尔框定的思辨范围：矛盾的解决，不在于到处寻找或辨认逻辑概念的规定，而在于“把握特有对象的特有逻辑”；“现实的矛盾”蕴含着“本质的矛盾”的秘密和出路，任何矛盾都植根于现实生活，生活世界才是矛盾产生而又能够得以解决的舞台。

从“现象的矛盾”到“本质的矛盾”再到“现实的矛盾”，马克思批判黑格尔法哲学所蕴含的这一思想进展，提升并运用了一条重要的历史认识原理，即“现实-矛盾”原理。矛盾是生活世界中的矛盾，矛盾指向现实事物，矛盾意味着现实生活关系进入了人们认识视野。马克思对思辨哲学结构秘密的批判，揭示了“现实-矛盾”原理与思辨哲学方法的原则性区别：第一，思辨哲学把人们从一个对象过渡到另一个对象的认识过程，看成“绝对主体”所推动和完成的过程。第二，思辨哲学常常用“**思辨的**叙述”替代“**事物**本身的、**现实的**叙述”，造成人们认识上的颠倒。[②] 这不仅彰显了马克思超越黑格尔思想的距离与进展，更重要的是，在历史唯物主义的理论视域中，“矛盾分析”稳定地作为认识社会历史问题的基本方法。马克思从“直接生活的物质生产”出发，把社会基本矛盾运动理解为整个历史的基础，把“现实的生活生产”指

---

① 马克思恩格斯全集：第3卷．北京：人民出版社，2002：105，114，94.

② 马克思恩格斯文集：第1卷．北京：人民出版社，2009：280.

证为“时代的现实动因”，把现实理解为“社会过程”和“历史过程”，探讨了“真正的历史主题”。

其二，“历史-发展”原理。每一个矛盾都有其现实成因，事物都有一个发展过程，现实存在的事物就是对活动、变化、发展的承诺。众所周知，黑格尔哲学以“巨大的历史感”为基础，黑格尔是“第一个想证明历史中有一种发展、有一种内在联系的人”①。我们可以从黑格尔这段论述中窥其思想之端倪：“发展的原则包含一个更广阔的原则，就是有一个内在的决定，一个在本身存在的、自己实现自己的假定作为一切发展的基础。这一个形式上的决定，根本上就是‘精神’，它有世界历史做它的舞台、它的财产和它的实现的场合。‘精神’在本性上不是给偶然事故任意摆布的，却是万物的绝对的决定者。”② 从此可知，第一，发展是自因的，是自己决定自己，发展具有必然性；第二，精神是绝对的决定者，发展以精神为主体；第三，世界历史是精神自我发展和自我实现的舞台，发展是一个过程。黑格尔在“发展”“精神”“世界历史”三个关键词之间建立勾连，本质重要地描述了相关于发展的基本原则。不仅如此，黑格尔还始终坚持精神的实体或本质就是自由，强调自由是精神的唯一真理和目的，“世界历史表现原则发展的阶程，那个原则的内容就是‘自由’的意识”③。“自由”意识的进展，经历了历史性的逐级提升，也就是构成了世界历史的行程。

如果说我们就此已能体会到“发展”与“历史”之间的必然相连，黑格尔的深刻之处还在于论证了这种必然性是富有内容支撑的充满着活力的客观普遍性。黑格尔独具匠心地把“观念”和“人类的热情”并称为“世界历史的经纬线”。所谓热情，就是指从私人的利益、特殊的目的或利己的企图而产生的人类活动，是为了完成公众事业所应有的推动力，是“观念”为了实现自身目的的工具和手段。推而论之，假如没有人的热情这个“原动力”，世界上的一切伟大事业都不会成功。因为人作为历史主角，没有对利害关系的关切，则什么事情都无从发生；而且，现代人不像古代人那样轻于信任他人和信赖权威，而是要根据自己

---

① 马克思恩格斯文集：第2卷．北京：人民出版社，2009：602.

② 黑格尔．历史哲学．王造时，译．上海：上海书店出版社，1999：57.

③ 同②17，59.

的理解、独立的确信和意见来决定是否献身于一种事业。[①] 把人的热情引进哲学中，并作为阐释框架运用于实际问题的分析，黑格尔显而易见关注现实生活的故事，思辨叙述中蕴含着“生命的呼吸”。黑格尔令人信服地让哲学视线投向现实生活世界。

当然，黑格尔在事关哲学原则的问题上是十分坚定的，“观念”和“热情”是不可能无原则、无区别地并列融合的。黑格尔始终坚持，观念、逻各斯是“原则”，是“最后的目的”和“使命”，而人的热情、激情则是“实行”和“实现”。就是说，人类历史展示为一幕人的热情的表演，并不证明历史脱离了理性的控制。所以，马克思一语道破，黑格尔“只是为历史的运动找到抽象的、逻辑的、思辨的表达”。换言之，除非终结绝对理念的抽象思辨，通过哲学原则上的改弦更张，扬弃“被概念式地理解了的历史”，否则，“历史-发展”原理就不可能真正形成。马克思敏锐地揭示，绝对理念不过是“形而上学地改了装的”“**现实的人和现实的人类**”，黑格尔用“思辨的发展”来代替“现实的发展”，在“思辨的叙述”中做出关于事物本身的“真实的叙述”。马克思明确提出：“全部历史是为了使‘**人**’成为**感性**意识的对象和使‘人作为人’的需要成为需要而作准备的历史（发展的历史）”，“是人通过人的劳动而诞生的过程”[②]。这就通过哲学原则或哲学立场的格式塔式转变，宣布历史不是自我意识、宇宙精神或某个形而上学怪影的某种纯粹的抽象行动，而是把“生活资料和生活本身的现实生产”确立为历史的起点，把“人类的历史”同工业和交换的历史联系起来。

正是把黑格尔对于历史的哲学思考当作“新的唯物主义观点的直接的理论前提”，马克思明确与“观念的历史”进行了划界，也毫不妥协地解构“用词句虚构历史的哲学叫卖”，致力于揭示和阐发“内容丰富的”现实的、世俗的历史。正是这样，在马克思确立的原则高度，“历史-发展”原理同时成为认识社会历史问题的基本方法。

毋庸置疑，在历史唯物主义理论体系中，“现实-矛盾”原理和“历史-发展”原理乃是相辅相成的，它们共同构成了历史唯物主义对于“历史性”的基本理解。作为“关于现实的人及其历史发展的科学”，历史唯物主义在“绝对精神的瓦解过程”中形成并问世，马克思彻底解构

---

① 黑格尔．历史哲学．王造时，译．上海：上海书店出版社，1999：23－26.

② 马克思恩格斯文集：第1卷．北京：人民出版社，2009：194，196.

了黑格尔以绝对观念为动力机制的思辨哲学原则，在面向现实生活过程中，充分吸收黑格尔所阐发的“历史性”原理的精华，通过剖析现代资本主义社会而解答“人类往何处去”的时代课题，深入“历史的本质性”中，批判地重建“历史性”原理。进而言之，与黑格尔以绝对精神为本质根据来阐发“历史性”原理相区别，马克思则是以人们的实际生活过程为本质根据来彰显“历史性”原理的实体性内容；与黑格尔在思辨叙述中表达“历史性”、把历史当作“在时间里外在化了的精神”相区别，马克思则紧扣现实社会生产方式的历史性运动，着眼于现实生活过程把握和提炼“历史性”。一言以蔽之，马克思在现实生活世界中认识到历史事物的本质性，在参与时代问题中建构并展露了“历史性”原理的真理性和现实性。与此同时，马克思把源自现实的“历史性”原理，转换为“矛盾分析”与“历史考察”方法，具体应用于认识分析现代社会生活，为人们理解资本主义社会提供了可以抓住问题之根本的指导线索。

“每个原理都有其出现的世纪。”① 众所周知，理解现代社会存在的真实过程，在于透过社会生活表象，探求历史表象之下的深层现实。现代社会的一切社会现象的“对象性形式”在其不可避免的相互作用中始终在变化。在资本主义社会中，“经济形式的拜物教性质，人的一切关系的物化，不顾直接生产者的人的能力和可能性而对生产过程作抽象合理分解分工的不断扩大，这一切改变了社会的现象，同时也改变了理解这些现象的方式”②。不消说，经过马克思的革命性改造与提升，“历史性”原理已然发展成为内涵自洽稳定、可以运用操作的认识方法，能够引领人们把握真实的生活过程。在世界百年未有之大变局的历史关头，马克思概括的“历史性”原理或方法，能够帮助人们走进时代深处，澄明时代变迁的内在机理，无疑成为当今哲学走进当代社会现实的基本配置。如果世界变局有其现实的动因，这些现实动因显然不是晴天霹雳般的出现，而是历史地产生并起作用的，那么，何种哲学可以高傲地撇开社会生活这一巨大的现实内容而能够自立呢？哪一种哲学可以绕开富有建设性的矛盾分析与历史考察方法而能够发现社会生活现实呢？如果对

① 马克思恩格斯文集：第 1 卷．北京：人民出版社，2009：607.

② 卢卡奇．历史与阶级意识．杜章智，任立，燕宏远，译．北京：商务印书馆，1999：53.

于类似的问题必然直截了当地给予否定性的回答，那么，马克思制定的哲学发展方向，历史唯物主义所开创的认识道路，标识了当今哲学学术的开展方式则是不言而喻的。这就是说，在世界变局的时代处境中，现实生活过程及其各种关系皆属于社会总体中的实际存在，皆具有变化发展中的历史性质，辩证地、历史地把握和阐明社会存在构成当今哲学赖以立足的根本遵循，以历史唯物主义为思想导引的历史观必将在当今哲学学术地图中处于核心的位置。

（三）哲学何以可能让事实说话

我们致力于论证：只有深入历史深处，才能领悟历史规律及其发展大势，从而合理地把握当代生活的本质及其变迁。这就关乎根本地彰显了历史观问题的重要性，提示了历史观认识和历史观叙事在当代生活中的优先突出。这些判断绝不是虚张声势或言过其实，而是根据当下中国社会亟待解决的思想任务提出来的。当今新一轮科技革命、产业革命正在重塑世界，世界经济中心加快自西向东的转移，国际格局和国际体系出现了深度调整，全球治理体系发生了深刻的变革，世界经济发展面临诸多风险和不确定性。“世界怎么了？我们怎么办？”当今世界变局彰显了这一当代不可回避的课题，解答这一时代之问是当代中国不可回避的任务。

现代文明的隐忧与缺憾已经无须赘论，现代世界本身找不到行之有效的解困办法，现代社会变革与转型乃是历史发展的必然。中国共产党坚持以人民为中心的伟大宗旨，紧紧依靠人民，开辟了与西方国家的现代化发展道路相区别的中国式现代化。这是一条文明发展新路，堪称人类历史上的伟大壮举。中国特色社会主义进入新时代，中华民族迎来了伟大复兴的曙光，“中国应当对于人类有较大的贡献”正逐步实现。在现代文明处于深度矛盾和危机的情形下，中国式现代化通过“有原则高度的实践”，坚持以劳动为原则导向重塑社会生活，为解决现代文明难题、探索和构建人类新型文明贡献了中国智慧和中国方案。不可否认，中国特色社会主义道路创造了富有说服力的实体性成就，展露了关乎人类社会未来发展的历史担当。当下中国的哲学学术回应当代生活世界的变化，做出应有的贡献，责无旁贷。在全面把握世界百年未有之大变局和中华民族伟大复兴战略全局的过程中，当下中国的哲学学术只有深究当代中国场景中人类生存历史性的实际开展及其动力机制，才能切中当今中国社会发展的核心问题以及当代问题的实质，从而形成富有实体性内容支撑的世界历史视野，保持对于当今世界问题的发言权。这些只有在历史观的广阔视野中才能达到和完成。当下中国的哲学学术建设也迫切需要历史观视野来修补某些偏颇。

中国新时期实施改革开放政策以后，学习并吸收西方发达国家的先进经验和优秀思想成为中国社会的共识。这在形式上延续了近代以后中华民族向西方国家学习的态度，实质上则是中华民族在新的历史条件下深入探索自身发展道路的一种必要的方式，以便尽快实现建设社会主义现代化国家的宏伟目标。困扰中国人一个多世纪的"古今""中西"问题虽说仍然存在，但中国特色社会主义举世瞩目的成就，根本改变了解决问题的时代处境与可能前景。当下中国社会对于"古今""中西"问题的求解，无一例外地服务于建设中国特色社会主义现代化国家的目标，以有助于解决当下中国的实际问题为取向。倘若固守近代屈辱境遇中形成的唯西方马首是瞻的认同思维，在当今世界百年未有之大变局的时代背景中，我们就看不出改革开放以来中国特色社会主义的巨大成就以及中华民族伟大复兴的曙光，必将脱离中国社会实际。必须承认，这种情况不是危言耸听，而是当下中国哲学学术活动中一度存在的现象实情。我们着重剖析两种哲学致思倾向。

其一，脱域化的致思。"脱域"是吉登斯用来描述西方现代性动力机制的术语，基本意思就是指社会关系从彼此互动的地域性关联中、从穿越不确定性的时间而重构的关联中脱离出来。"象征标志"和"专家系统"是脱域机制实际运行的两种类型。[①] 这是现代性特征的正面表达。社会生活基础领域的变化，必然在社会观念领域会有相应的反响或回声，脱域机制尤其支撑并建构了现代生活中一种颇为流行的思想取向。脱域化的哲学致思，就是疏离生活世界的实际变化和新鲜可见的差异，把基于某种事实而来的理论当作普遍适用的标准，用以分析活生生的现实问题。其具体的理论特征或表现，主要有：一些研究者把现有的某种理论当作度量问题的标准尺度，用来评判问题；或者依照某种理论模型，采用合并同类项的方式处理问题，形成解答。不顾各民族文化传统的特殊性，也不顾随发展而来的时代背景的差异，把现代资产阶级的

① 安东尼·吉登斯．现代性的后果．田禾，译．南京：译林出版社，2000：18－19.

人权观念普遍化；撇开马克思进行哲学思考的时代处境及问题域，却依照当今西方某些学者关于政治哲学的理解，擘划马克思的政治哲学思想以及马克思主义的政治哲学体系。诸如此类，不一而足，正是脱域化哲学致思的实际开展。

其二，中立化的致思。这种致思与实证主义哲学的扩张有着决定性的关联。实证主义自我标榜，“实证精神”因其“卓越的相对性”“唯一性”能够贯通于一切历史时代，也能够体现在历史演变的各个特定阶段，因而能够始终“前后一贯”“不偏不倚”地对所有的人类活动做出正确的哲学解释。[①] 中立化的致思就是倚靠这一理念而形成，并在自身开展过程中成为这一理念最忠实的践行者，从而不断地得以巩固，对当今的哲学学术产生了深远的影响。德里达十分敏锐地揭露了一种“哲学-语文学”地对待马克思的哲学时髦，能够让我们大致领会“理论主义中立化”的构思：“我们将平和地、客观地、不带偏见地对待他：依照学术规则，在大学，在图书馆，在学术讨论会上！我们将系统地研究他，遵守阐释学、语文学、哲学的注释规范。”[②] 中立化的致思正是如此这般力图告别主观情感，追求“公正无私”和“一视同仁”的学术研究，淋漓尽致地暴露出游离于现实生活世界的麻木不仁。

这两种致思有一个共同的特点，就是自觉不自觉地远离中国社会的实际，不能理解中国问题和中国实践，把自身看中的理论（主要是西方社会新出的某些理论）当作规范，用来评判中国经验，剪裁中国的现实生活世界。深究起来，这两种致思都坚守一个理论信条，即“崇拜事实”。脱域化的致思用来指导分析问题的理论，原本就是立足某种事实而形成的；中立化的致思则一味寻找某种事实作为依据，试图由此确定理论研究的可信度和合法性。既然这两种哲学致思已是当下实际存在的思想倾向，我们需要追究和审视：被它们奉为圭臬的事实实质上具有什么样的性质。

人们在日常生活中总是要与很多事情打交道，胡塞尔主张哲学“面向事情本身”而受到哲学界的热捧，能够反映社会大众对于哲学意义与功能的期待。问题在于，与事情有关的所谓事实，不是现成地出现在人们的面前、始终如一的东西，而是变化的。实际上，我们只要一提到某

---

① 奥古斯特·孔德．论实证精神．黄建华，译．北京：商务印书馆，1996：49．

② 德里达．马克思的幽灵．何一，译．北京：中国人民大学出版社，1999：46．

个事实，这个事实一般都处于过去时了。实证主义哲学家把自然科学当作知识的榜样，极力推举像自然科学那样的“客观”事实。然而，正如卢卡奇所明察的，“自然科学的‘纯’事实，是在现实世界的现象被放到（在实际上或思想中）能够不受外界干扰而探究其规律的环境中得出的”①。自然科学在一个设定的理想化环境中发现的事实，若予以普遍推广，毫无疑问需要给予更多的补充条件。以实证主义为主导理念的历史编纂学，最终落入“空前的掌握小型问题和空前的无力处理大型问题”② 的结局，难以自拔，毫无悬念地暴露了自然科学客观事实的存在限度。这就提供了极其重要的启示：所谓事实，不是天然给予我们的东西，不是我们通过知觉而直接把握到的东西，而是源出于活生生的实际生活过程的现象。我们必定要了解每一个事实的来龙去脉，探究事实在事情总体过程中的定位，这是“历史感”的基本要求和表现。说到底，只有把握了事实的“历史性质”，亦即事实处在一种连续不断的变化过程中，我们才能厘清事实的真正意义。在这种情况下，我们就能够把生活世界中的孤立事实，当作生活世界的历史发展的环节，归结到一个现实生活过程之中，达到对于事实的现实认识，从而也把握了生活过程这个具体的总体。事实的“历史性质”，提示了事实的存在根基在于人们当下的生存活动，认识事实必须了解他们本来的有机联系及其历史制约性。厘清了事实的“历史性质”，直接就把真正的现实性带到人们的面前。

在此基础上，我们理当还要关注卢卡奇转述黑格尔的一个观点所蕴含的深意：“生成表现为存在的真理，过程表现为事物的真理。这就意味着，**历史发展的倾向构成比经验事实更高的现实**。”③ 这里标出了关乎合理阐述和把握事实性质的另一个关键点，即事实的“过程性质”。如果说事实的“历史性质”突出了事实的产生和存在的社会生活基础，以至于在世俗生活中人们即便属于不自觉地固守事实的孤立性和僵化性也已然不合时宜，那么，这在方法论上也就本质重要地呈现了“事实也

---

① 卢卡奇．历史与阶级意识．杜章智，任立，燕宏远，译．北京：商务印书馆，1999：53.

② 柯林武德．历史的观念．何兆武，张文杰，译．北京：中国社会科学出版社，1986：149.

③ 同①273.

是由过程组成的"本来面目，毫无疑问暴露了排斥过程的认识倾向的主观臆想性和虚幻性。应该说，坚持事实的"过程性质"，这是马克思主义的基本观点和方法。请看恩格斯的论述："世界不是既成**事物**的集合体，而是**过程**的集合体，其中各个似乎稳定的事物同它们在我们头脑中的思想映象即概念一样都处在生成和灭亡的不断变化中，在这种变化中，尽管有种种表面的偶然性，尽管有种种暂时的倒退，前进的发展终究会实现"①。然而，正如恩格斯所敏锐洞察到的，口头上承认这一思想是一回事，实际上运用这一思想则是另一回事。这是因为，特别是在自然科学研究中，人们习惯于首先研究事物，然后才研究过程以及事物的变化，由此便有可能遗忘后者，进而形成用前者替代乃至僭越后者的认知与判断。培根和洛克引发的形而上学思维方式，大体上就是这种认知模式的哲学表达。问题在于，只要不能抓住事物的变化以及过程性质，我们同样不能真正地认识和理解事物，更遑论把握时代的本质和变迁了。就此而言，马克思关于"历史性"的深邃思考，正是以原理化的方式切中和揭示了事实原本就有的"历史性质"和"过程性质"。返回到现代生活世界场景中来看，任何一个事实都不可否认地是整个社会生活过程的一个部分，是现实生活过程中必然发生的人为抽离出来的单个或孤立的环节。在这种情况下，整个发展过程才真正代表着活生生的更高级的社会现实。

既然自然科学事实的客观性在现实生活过程中决定性地从属于"历史性质"和"过程性质"，那么如何评价自然科学意义上的世界图景就是一个不可忽略的重要问题。自然科学转化为技术并运用于实际生产过程，是现代世界的标准配置，构成西方现代性的一个重要症候。随着"自然科学从属于资本"② 成为19世纪的一般特征，资本主义生产过程便不可阻挡地推动自然科学为直接的生产过程服务，为资本服务。在资本"抽象统治"的驱动和带领下，自然科学成为一把善恶并存的"双刃剑"——既产生着积极作用又衍生出负面效应。问题在于，在现实生活世界完全化简为科学的世界、人类生活在唯科学技术马首是瞻的时代，如果不遵从自然科学标准，这是否还有可能？然而，一旦人们以为科学思维是唯一的和真正严格的思想，实证科学思维衍化为思想的标准思维

① 马克思恩格斯选集：第4卷．北京：人民出版社，2012：250.

② 马克思恩格斯选集：第1卷．北京：人民出版社，2012：194.

样式，我们将不再有可能领略和享受到思想的丰富性和包容性，只能迎面碰上单调的、武断的技术性知识。如果技术理性大行其道乃是自然科学世界图景中的主导画面，那么为这一世界图景添加人文精神画面并不是可有可无的率性而为，相反却是引领和丰富自然科学世界图景的客观需要。无论我们做出怎样的选择，但让自然科学游离于现实生活世界，这是不得人心的。胡塞尔就清醒地看出，欧洲科学的危机在于科学丧失了对于生活的意义，是欧洲人根本生活危机的表现。“在 19 世纪后半叶，现代人的整个世界观唯一受实证科学的支配，并且唯一被科学所造成的‘繁荣’所迷惑，这种唯一性意味着人们以冷漠的态度避开了对真正的人性具有决定意义的问题。单纯注重事实的科学，造就单纯注重事实的人。”① 这样说来，自然科学论证的世界图景，除非置于人类生存历史性的地平线之中，否则就不可能有现实性。当今越来越多的生存境遇都为这一判断提供佐证。就此简要区分“历史性”与“历史学”是有必要的。

一般说来，“历史性”是指事情的实际发生过程，“历史学”是指对事情实际发生过程的叙述。黑格尔分别称之为“客观的历史”和“主观的历史”，并指出“没有主观的历史叙述，没有纪年春秋，所以也就缺少客观的历史”②。这就突出了“历史学”的存在意义。到了 20 世纪，“历史学”有了无比迅猛和丰富的发展，卡尔·洛维特在诠释黑格尔历史哲学时，直言“历史学的意义已经如此远离其词源，以致在现代历史学家们那里，对‘历史主义’的反思几乎排斥了对所发生事情的考察”③。洛维特察觉到“历史学”偏离其“原初”意义的弊端。必须承认，这个问题非常要紧，暴露了 20 世纪以来人类知识发展的某种状况。倒是海德格尔针对这种状况的批评，可谓振聋发聩，发人深省：“本真的历史性不一定需要历史学。无历史学的时代本身并非也就是无历史的。”④ 海德格尔毫不犹豫地挑明“历史性”之于“历史学”的存在论意义上的优先性，提示当今的知识界要正确把握和处理“历史性”与

---

① 胡塞尔．欧洲科学的危机与超越论的现象学．王炳文，译．北京：商务印书馆，2001：15－16.

② 黑格尔．历史哲学．王造时，译．上海：上海书店出版社，1999：63－64.

③ 卡尔·洛维特．从黑格尔到尼采．李秋零，译．北京：三联书店，2006：287.

④ 海德格尔．存在与时间．陈嘉映，王庆节，译．北京：三联书店，1999：447.

“历史学”的关系，尤其是不能本末倒置地让“历史学”置换或褫夺“历史性”。海德格尔这一洞见的意义，当然并不仅限于历史领域问题研究这一个案。对于富有学术志向的当今历史观建构来说，回应和表达世界变局的时代精神作为须臾不可失却的责任，只有在关注“本真的历史性”而不是沉湎于“历史学”的语词世界中确立自己的立论视野，历史观建构才能拥有存在的合法性，这是不言而喻的。

正是这样，历史唯物主义构建的“历史性”原理再度呈现出理论光辉，“现实-矛盾”和“历史-发展”就是本真的历史性。如果说哲学在黑格尔之后重返缺失“历史感”的思维构造乃是时代的错误，那么，处于当今世界变局境遇中的哲学学术，只有遵照历史唯物主义的“历史性”原理，植根于“曾在此的生存可能性”，才能真正实现“让事实说话”。这是关系到哲学自身的生命力乃至哲学承担时代精神文化建设重任的关键抉择。

既然建基于自然科学的客观事实，还不是严格意义上的真正客观性，还需要紧扣“本真的历史性”来建构自身的客观性，游离于现实生活过程的主观想象，显然无助于哲学人文学术加强自身自律性的建设，那么，哲学“让事实说话”如何才能避免这一类“坏的主观性”而又能达到促进各抒己见的客观性呢？我们寄希望于“历史感”的现实开展以及由之而来的推动力。

伽达默尔曾说过，“历史客观主义”虽然通过其批判方法从根本上消除了与过去实际接触的任意性和随意性，却安然自得地否认了自身赖以存在的根本性前提，以至于像统计学那样通过“让事实说话”而成为“最佳的宣传工具”。① 这种“天真的客观主义”所遗弃的那个“根本性前提”，正是以时间性为源始条件的人的生存历史性。由此推而论之，严格意义上的客观性，是植根于现实生活过程、从“过去”“现在”“未来”的联系中获得决定性的建构、能够被理解的活生生的客观性，是不可更改的、人们必须适应的客观性，是阻止不适当的、带偏见的、任意构造理论假定的客观性。换言之，以“本真的历史性”为依据，我们拒绝或抛弃了知性自然科学的幽灵般的客观性，却弥足珍贵地拥有了充满着“生命的呼吸”、作为意义策源地、新鲜活泼的客观性。就此可以相

① 加达默尔．真理与方法：上卷．洪汉鼎，译．上海：上海译文出版社，1999：386.

信，哲学在这种客观性基础上“让事实说话”，必将与“非批判的实证主义”做出明确划界，形成生动丰硕的理论成果，在参与当下生活现实中保持话语权。在这种情况下，哲学关注生存历史性的变更及其意义，就不会是一种思想姿态或诠释策略。

人类始终只能提出自己能够解决的任务。我们只能在我们时代的条件下进行认识。如果历史观扎根于生存历史性的主题定向无可辩驳地关乎哲学的时代责任及存在价值，那么，在当今世界变局的历史关头、人类发展面临重大转型之际，历史观的复兴正就是当今时代发展的必然要求。历史观的主旨与话语建构可以提示哲学学术在直面时代境遇中形成现实的认识，在把握时代课题中提供现实的解答，由此标识哲学在当今世界变局中的存在价值。正是这样，当今哲学学术的前景才是值得期待的。新时代中国特色社会主义的伟大实践，正以其举世瞩目的成就做出了可贵的探索，展示了远大的发展前景。

在中华民族伟大复兴成为当代最有吸引力的历史性实践并构成当代最有影响力的社会现实的情况下，当下中国的哲学面临着如何领悟和表达当代中国现实乃至于当今时代精神的历史任务。全部问题的关键在于，当下中国的哲学能否把握和参与中国社会的实际问题。只有走进时代深处，哲学才能切中时代问题之所在的中心，从而构成自身的任务，并通过表达生活世界的问题而表明自身的存在必要性。问题植根于生活世界。黑格尔讲解哲学史时有一个提醒：我们在哲学史中可以找到很多著述，但找不到所了解的哲学。哲学可以在何处寻找？黑格尔认为，哲学的真正出现，在于与现实的和解，即理解和把握现实。马克思随后明确提出，哲学不仅在内部通过自己的内容，而且在外部通过自己的表现，都要同自己时代的现实世界接触并相互作用。马克思的提示与阐发告诉我们，在黑格尔之后，让哲学疏离现实的任何做法，都将是“时代错乱”或“文明缺陷”。这为当下中国哲学的学术构筑了一座思想丰碑。依据马克思恩格斯的“按照事物的真实面目及其产生情况来理解事物”① 的认识路线，我们既要了解问题的现状，又要探寻问题的来历；只有洞悉问题何所来，才能真正认识把握问题。这就允诺了哲学思考只有拥有深邃且开阔的历史观视野才能深入时代深处，从而才能揭示时代

① 马克思恩格斯选集：第1卷．北京：人民出版社，2012：156.

的真理。当今世界的大变局，毋庸置疑突出了从历史发展大势把握当今时代问题的本质重要性。只有领悟到历史观认识在当今世界变局背景中的理论优先性并实际地加以应用，当今的哲学才能通达当今时代精神，获得坚实巩固的存在基础。

主要参考文献

马克思恩格斯选集：第1-4卷．北京：人民出版社，2012.

马克思恩格斯文集：第1-10卷．北京：人民出版社，2009.

马克思恩格斯全集：第1卷．北京：人民出版社，1956.

马克思恩格斯全集：第1卷．北京：人民出版社，1995.

马克思恩格斯全集：第3卷．北京：人民出版社，1960.

马克思恩格斯全集：第3卷．北京：人民出版社，2002.

马克思恩格斯全集：第20卷．北京：人民出版社，1971.

马克思恩格斯全集：第30卷．北京：人民出版社，1995.

马克思恩格斯全集：第31卷．北京：人民出版社，1998.

马克思恩格斯全集：第40卷．北京：人民出版社，1982.

马克思．1844年经济学哲学手稿．北京：人民出版社，2000.

卢梭．论人与人之间不平等的起因和基础．李平沤，译．北京：商务印书馆，2007.

笛卡尔．谈谈方法．王太庆，译．北京：商务印书馆，2000.

康德．纯粹理性批判．邓晓芒，译．北京：人民出版社，2004.

康德．纯粹理性批判．蓝公武，译．北京：商务印书馆，1960.

康德．任何一种能够作为科学出现的未来形而上学导论．庞景仁，译．北京：商务印书馆，1978.

康德．历史理性批判文集．何兆武，译．北京：商务印书馆，1990.

黑格尔．小逻辑．贺麟，译．北京：商务印书馆，1980.

黑格尔．法哲学原理．范扬，张企泰，译．北京：商务印书馆，1961.

黑格尔．哲学史讲演录：第1卷．贺麟，王太庆，译．北京：商务印书馆，1959.

黑格尔．哲学史讲演录：第3卷．贺麟，王太庆，译．北京：商务印书馆，1959.

黑格尔．哲学史讲演录：第4卷．贺麟，王太庆，译．北京：商务印书馆，1978.

黑格尔．历史哲学．王造时，译．上海：上海书店出版社，1999.

黑格尔．精神现象学：上卷，下卷．贺麟，王玖兴，译．北京：商务印书馆，1979.

费尔巴哈哲学著作选集：上卷．荣震华，李金山，等译．北京：商务印书馆，1984.

费尔巴哈哲学著作选集：下卷．荣震华，王太庆，刘磊，译．北京：商务印书馆，1984.

尼采．历史对于人生的利弊．姚可昆，译．北京：商务印书馆，1998.

胡塞尔．现象学的观念．倪梁康，译．上海：上海译文出版社，1986.

胡塞尔．欧洲科学的危机与超越论的现象学．王炳文，译．北京：商务印书馆，2001.

海德格尔．存在与时间．陈嘉映，王庆节，译．北京：三联书店，1999.

海德格尔．路标．孙周兴，译．北京：商务印书馆，2000.

海德格尔．形而上学导论．熊伟，王庆节，译．北京：商务印书馆，1996.

海德格尔．林中路．孙周兴，译．上海：上海译文出版社，2004.

海德格尔．同一与差异．孙周兴，陈小文，余明锋，译．北京：商务印书馆，2011.

海德格尔．面向思的事情．陈小文，孙周兴，译．北京：商务印书馆，1999.

海德格尔．康德与形而上学疑难．王庆节，译．上海：上海译文出版社，2011.

雅斯贝斯．历史的起源与目标．魏楚雄，俞新天，译．北京：华夏出版社，1989.

卢卡奇．历史与阶级意识．杜章智，任立，燕宏远，译．北京：商务印书馆，1999.

卢卡奇．关于社会存在的本体论：上卷，下卷．白锡堃，张西平，李秋零，等译．重庆：重庆出版社，1993.

克罗齐．历史学的理论和实际．傅任敢，译．北京：商务印书馆，1982.

柯林武德．历史的观念．何兆武，张文杰，译．北京：中国社会科学出版社，1986.

加达默尔．真理与方法：上卷．洪汉鼎，译．上海：上海译文出版社，1999.

加达默尔．哲学解释学．夏镇平，宋建平，译．上海：上海译文出版社，1994.

奥古斯特·孔德．论实证精神．黄建华，译．北京：商务印书馆，1996.

德里达．马克思的幽灵．何一，译．北京：中国人民大学出版社，1999.

卡西尔．人论．甘阳，译．上海：上海译文出版社，1985.

马尔库塞．单向度的人．刘继，译．上海：上海译文出版社，1989.

哈贝马斯．现代性的哲学话语．曹卫东，等译．南京：译林出版社，2004.

威廉·巴雷特．非理性的人．杨照明，艾平，译．北京：商务印书馆，1995.

沃尔什．历史哲学——导论．何兆武，张文杰，译．桂林：广西师范人学出版社，2001.

E. H. 卡尔．历史是什么？．陈恒，译．北京：商务印书馆，2007.

阿尔都塞．保卫马克思．顾良，译．北京：商务印书馆，2006.

路易·阿尔都塞，艾蒂安·巴里巴尔．读《资本论》．李其庆，冯文光，译．北京：中央编译出版社，2001.

施密特．马克思的自然概念．欧力同，吴仲昉，译．北京：商务印书馆，1988.

马克斯·韦伯．新教伦理与资本主义精神．于晓，陈维纲，等译．北京：三联书店，1987.

丹尼尔·贝尔．资本主义文化矛盾．赵一凡，蒲隆，任晓晋，译．北京：三联书店，1989.

波德里亚．消费社会．刘成富，全志钢，译．南京：南京大学出版社，2001.

鲍德里亚．生产之镜．仰海峰，译．北京：中央编译出版社，2005.

卡尔·洛维特．从黑格尔到尼采．李秋零，译．北京：三联书店，2006.

卡尔·洛维特．韦伯与马克思以及黑格尔与哲学的扬弃．刘心舟，译．南京：南京大学出版社，2019.

弗朗西斯·福山．历史的终结及最后之人．黄胜强，许铭原，译．北京：中国社会科学出版社，2003.

乔纳森·休斯．生态与历史唯物主义．张晓琼，侯晓滨，译．南京：江苏人民出版社，2011.

爱德华·苏贾．后现代地理学．王文斌，译．北京：商务印书馆，2004.

安东尼·吉登斯．现代性的后果．田禾，译．南京：译林出版社，2000.

海尔布隆纳．马克思主义：支持与反对．马林梅，译．北京：东方出版社，2014.

特里·伊格尔顿：马克思为什么是对的．李杨，任文科，郑义，译．北京：新星出版社，2011.

陈先达．走向历史的深处．上海：上海人民出版社，1987.

吴晓明．黑格尔的哲学遗产．北京：商务印书馆，2020.

吴晓明．马克思早期思想的逻辑发展．上海：上海人民出版社，2016.

杨耕．为马克思辩护．哈尔滨：黑龙江人民出版社，2002.

张一兵．回到马克思．南京：江苏人民出版社，1999.

何兆武．历史理论与史学理论．北京：商务印书馆，1999.

张文杰．历史的话语．桂林：广西师范大学出版社，2002.

Wilhelm Dilthey. Introduction to the Human Sciences. Princeton: Princeton University Press, 1989.

G. W. F. Hegel. Reason in History. New York: The Liberal Arts Press, 1953.

Martin Heidegger. Kant and the Problem of Metaphysics. Bloomington: Indiana University Press, 1990.

Raymond Aron. Introduction to the Philosophy of History. London: Weidenfeld and Nicolson, 1961.

图书在版编目（CIP）数据

历史的存在论维度：马克思历史观的当代阐释/陈立新著．--北京：中国人民大学出版社，2024.6
（当代马克思主义哲学研究文库）
ISBN 978-7-300-32885-0

Ⅰ.①历… Ⅱ.①陈… Ⅲ.①马克思主义-历史观-研究 Ⅳ.①A811.692

中国国家版本馆 CIP 数据核字（2024）第 109433 号

国家出版基金项目
当代马克思主义哲学研究文库
主编　杨　耕
历史的存在论维度
——马克思历史观的当代阐释
陈立新　著
Lishi de Cunzailun Weidu

出版发行	中国人民大学出版社		
社　　址	北京中关村大街 31 号	邮政编码	100080
电　　话	010－62511242（总编室）		010－62511770（质管部）
	010－82501766（邮购部）		010－62514148（门市部）
	010－62515195（发行公司）		010－62515275（盗版举报）
网　　址	http://www.crup.com.cn		
经　　销	新华书店		
印　　刷	北京联兴盛业印刷股份有限公司		
开　　本	720 mm×1000 mm　1/16	版　　次	2024 年 6 月第 1 版
印　　张	24.5 插页 1	印　　次	2024 年 6 月第 1 次印刷
字　　数	383 000	定　　价	108.00 元